第九辑

主编 徐有威 陈东林

小三线建设研究论丛

内蒙古小三线建设资料选辑

王利中 主编

上海大学出版社
上海

图书在版编目(CIP)数据

小三线建设研究论丛.第九辑,内蒙古小三线建设资料选辑/徐有威,陈东林,王利中主编.—上海:上海大学出版社,2023.10
ISBN 978-7-5671-4813-0

Ⅰ.①小… Ⅱ.①徐… ②陈… ③王… Ⅲ.①国防工业-经济建设-经济史-研究-中国 Ⅳ.①F426.48

中国国家版本馆 CIP 数据核字（2023）第 186233 号

责任编辑　盛国营
封面设计　柯国富
技术编辑　金　鑫　钱宇坤

小三线建设研究论丛（第九辑）
内蒙古小三线建设资料选辑
徐有威　陈东林　主编
王利中　主编
上海大学出版社出版发行
（上海市上大路99号　邮政编码200444）
（https://www.shupress.cn 发行热线021-66135112）
出版人　戴骏豪

＊

南京展望文化发展有限公司排版
上海华业装潢印刷厂有限公司印刷　各地新华书店经销
开本787mm×960mm　1/16　印张35.5　字数562千字
2023年10月第1版　2023年10月第1次印刷
ISBN 978-7-5671-4813-0/F·236　定价　68.00元

版权所有　侵权必究
如发现本书有印装质量问题请与印刷厂质量科联系
联系电话：021-56475919

内蒙古第一通用机械厂遗址

内蒙古第二通用机械厂旧址

原内蒙古第三通用机械厂

跃进发电厂遗址俯瞰图

红旗化工厂全景图,张保良提供

六五四医院旧址

内蒙古小三线军工文化纪念馆

刘利雄（左二）和李欣荣（左一）陪同王利中（左三）和徐有威（右四）参观内蒙古小三线军工文化纪念馆

本书编委会

主　　编　王利中
副 主 编　李欣荣　李俊姝
　　　　　　牛　婷　张诗萌
　　　　　　关奕男　张程程

序　言

20世纪六七十年代，中央出于国防战备的需要，开始在西北、西南广大地区进行大规模的三线建设。这些建设项目对于改善中国的工业布局、促进西部地区的工业化发展，起到了重要作用。目前，学术界有关三线建设的研究成果颇为丰硕。无论是对云、贵、川、陕、甘等地的大三线建设，还是对上海等地的小三线建设，相关的学术论文和著作均层出不穷。

内蒙古自治区在国家三线建设布局中不属于大三线地区，但内蒙古自治区党委在1964年已经开始筹划自治区三线建设布局问题。1964年底，中央确定将在内蒙古自治区建设小三线军工企业。1965年4月开始，在今乌海地区和清水河县一带建设了一批地方军工企业及其配套项目。在今乌海市海南区和海勃湾区相继建成了内蒙古第一通用机械厂、内蒙古第二通用机械厂、内蒙古第三通用机械厂、内蒙古工具厂、内蒙古胜利机修厂、内蒙古第二铸锻厂、内蒙古木器厂、内蒙古跃进电厂等军工项目，以及六五四医院、六五四物资供应站、内蒙古军事工业局招待所、国防工业技工学校等后勤基础配套项目。在清水河县城关人民公社西侧瓦窑沟和小庙子人民公社贾家湾相继建设了红旗化工厂和先锋电厂两个企业。

内蒙古小三线企业生产的产品主要是56式半自动步枪、子弹、地雷、手榴弹、炸药、雷管等。20世纪80年代后，三线企业军转民，境遇各不相同。六五四物资供应站1985年划归乌海市经济委员会领导，成立经委供销公司。六五四医院并入了海南区医院。跃进火力发电厂下放乌海市领导后，因机组设备老化，人员全部划归海勃湾发电厂。1998年，在内蒙古第二铸锻厂和内蒙古木器厂均已宣布破产的情况下，内蒙古第一通用机械厂转产摩托车减振器，后又兼并了内蒙古胜利机修厂、内蒙古工具厂。同年，该企业改制为股份制公司——内蒙古一通机械有限责任公司，成为当时国内最大的摩托车减振器生产厂家之一。至2005年，内蒙古一通机械有限责任公司因市场变化、产品滞销，企业破产倒闭。内蒙古第二通用机械厂在1986年转型为化工企业，开始生产聚氯乙烯和纺织布水泥包装袋，先后兼并了乌海地区的乌达化学工业总公司、长青包装材料厂、代兰塔拉铅矿后，组建了内蒙古黄河化工集团，成为内蒙古最大的氯碱化工企业。2004年，黄河化工集团改制为内蒙古君正化工有限责任公司，并于2012年成功上市。内蒙古第三通用机械厂军转民后生产民用工业导火索，在此基础上逐步转化为化工企业。2003年，企业改制为内蒙古北方保安民爆器材有限责任公司。清水河县的先锋火力发电厂1983年归并至红旗化工厂。2000年，红旗化工厂开始体制转换，成立红旗化工有限责任公司。2009年，公司被生力资源集团收购，成立内蒙古生力资源集团红旗化工有限公司，产品以民用工业爆破雷管为主。

　　内蒙古的小三线建设距今近半个多世纪，不少企业经过转型至今仍为地方社会经济发展贡献着力量。对于这段历史，相关的学术研究并不多，只是在地方志和地方党史著作中略有提及。因此，尽快地整理相关历史文献和档案资料，以为今后的内蒙古小三线学术研究奠定基础，这一工作十分必要。这也是笔者编著本书的目的所在。

　　本书共有上下两篇，上篇分为三编。

　　第一编的主要内容摘选自中国人民政治协商会议内蒙古自治区乌海市委员会文史资料委员会编的《乌海市文史资料选辑（第四辑）》。该资料由乌海市海勃湾矿务局印刷厂1988年12月印刷，主要是以当事人的角度记录了乌海小三线企业单位的发展历程，涉及十二家单位。此外，清水河县先锋电厂厂史由笔者的学生牛婷撰写，红旗化工厂的厂志因保存完备、内容翔实而被列在上述十二家单位之前。

　　由于三线建设的保密性，有关内蒙古小三线建设的相关档案并未完全开放，所幸经过联系，乌海市档案馆和清水河县档案馆开放了部分档案，笔者查阅并复制了这些档案资料，同时，红旗化工厂由于改制，并没有上交档案，而是由企业一直保存档案，这样，笔者有幸能够较完整地接触该企业的档案。

经这些单位的允许，笔者选择了一些档案资料，作为本书的第二编内容，公开出版。

第三编主要是小三线建设者的回忆和口述资料。其中，清水河县小三线建设者的回忆录，主要摘自红旗化工厂四十年厂庆纪念文集《奋进中的红化》。由于第一代内蒙古小三线建设者均已年逾古稀，他们的建设经历是一种宝贵的历史记忆，尽快发掘整理这一方面的资料，也是历史工作者义不容辞的责任。

有关内蒙古小三线建设的资料浩繁，本书不可能囊括全部内容，仅是抛砖引玉，以此发掘更多的文献资料，吸引更多的力量加入进来，共同为内蒙古小三线建设的研究与宣传工作贡献智慧。

行文到处，不由得回忆起我的内蒙古小三线建设研究的一段经历。2019年，笔者因研究内蒙古工业发展史的需要，搜集、查阅了一些内蒙古小三线建设的资料，写就了一篇论文，发表在了《内蒙古师范大学学报（哲学社会科学版）》第3期上，本是一个无意之举，不想却引来有心人的关注。

2019年，受乌海市海南区教育招生考试中心李欣荣同志的邀请，笔者来到乌海市，考察了乌海市小三线建设遗址，并受到了时任海南区党委统战部刘利雄部长的盛情接待。在这短短三四天的时间里，亲身感受到了当地对弘扬三线精神、三线企业文化的热情。作为历史工作者，有责任也有义务助力当地历史文化的传承和发展。

因此，笔者开始参与乌海市小三线建设历史的资料发掘工作。在此期间，有幸结识了上海大学历史系教授徐有威老师，了解到了中国三线建设研究领域的最新动态，而内蒙古在此方面还乏善可陈。这更激励了笔者深耕此领域的意志。

2021年和2022年，笔者先后赴清水河县档案馆和乌海市档案馆，专门查阅小三线建设档案，并对当年的建设者进行访谈工作。几年下来，收获不菲，笔者的两位学生牛婷和张诗萌，也参与其中，这也对她们的学术成长有所帮助。就此，现将搜集的部分资料整理成辑，以供学者们研究，期为内蒙古小三线建设研究和宣传工作尽绵薄之力。

在研究期间，笔者得到了乌海市、清水河县相关部门人员的帮助，在此对以下人员表示感谢：清水河县政协张全载，清水河县档案馆赵芳；内蒙古生力资源集团红旗化工有限公司总经理高明、党委组织宣传部张保良、档案室王瑛；原红旗化工厂李洁；乌海市委宣传部副部长杨勇、乌海广播电台副总编郭臣、乌海市档案馆曹乐、金铭，以及内蒙古云环境科技有限公司总经理郑禹。

王利中

2023年3月20日 于呼和浩特

目　录

上篇　内蒙古小三线资料汇编

第一编　内蒙古小三线企业历史资料辑 (3)
内蒙古自治区乌海市地方军工企业的建设 (5)
内蒙古红旗化工厂厂志节选 (18)
内蒙古第一通用机械厂简史 (121)
内蒙古第二通用机械厂简史 (136)
内蒙古第三通用机械厂简史 (147)
内蒙古木器厂简史 (160)
内蒙古第二铸锻厂简史 (176)
内蒙古电梯厂简史 (191)
内蒙古工具厂简史 (209)
内蒙古跃进火力发电厂简史 (218)
内蒙古六五四物资供应站简史 (223)
内蒙古六五四医院简史 (227)
内蒙古国防工业职工中等专业学校简史 (231)
内蒙古先锋电厂简史 (240)

第二编　内蒙古小三线建设档案资料选辑 (249)
乌海市档案馆有关小三线建设档案资料 (251)
清水河县有关小三线建设档案资料 (259)

第三编　内蒙古小三线建设回忆录及口述资料……（277）

厂初建工作的回忆……（279）

我的一点回忆……（283）

建厂与体会……（285）

对红旗化工厂恢复性整顿中一些情况的回忆……（288）

四十年的回顾……（293）

回忆片段二则……（296）

梦中的六五四——跃进火力发电厂……（298）

技术工作回忆——1988年底所做的个人工作回顾……（303）

原内蒙古第一通用机械厂副厂长李志忠的访谈……（306）

原内蒙古第二通用机械厂职工丁贵本及其妻子的访谈记录……（318）

原内蒙古第三通用机械厂职工刘建福及其子刘刚的访谈……（326）

原内蒙古木器厂工会主席胡世俭及其子胡荣军的访谈……（331）

内蒙古乌海地区三线建设述论……（336）

下篇　三线建设研究者回忆录

因绵阳结缘：团队三线建设研究回顾　　　　　张　勇（353）

一个暑期三下乡活动参与者眼中的四川自贡三线建设　　曹　芯（365）

告别"旧友"：我的小三线学习历程　　　　　　杨炎韬（377）

八赴河池，完成了我的三线建设博士论文　　　刘朝华（386）

感恩与坚持：我的小三线学习之路　　　　　　张　胜（399）

浙江省"小三线"探寻日记……
……浙江财经大学经济学院"寻三线·学四史"暑期社会实践团队（410）

游走在教育研究与历史研究之间：我写三线建设时期高校迁徙的
　　博士论文　　　　　　　　　　　　　　　廖　霞（429）

十驾难及：我的三线建设研究经历　　　　　　张　杨（441）

我与北京"小三线"的情缘　　　　　　　　　　李晓宇（459）

在故纸堆与田野中寻访三线工程皖赣铁路的往昔　黄华平（464）

探寻一段特殊的工业历史——我的三线建设研究经历 .... 崔龙浩（468）
我与三线建设"歪打正着"的缘分和我的口述史研究经历
.... 粟薪樾（483）
记录与纪念：我与锦江油泵油嘴厂的三线情缘 .... 都 蕾（497）
我们小三线的不了情——谨以此文献给上海小三线的山友们
.... 徐梦梅（516）

《小三线建设研究论丛（第一辑）》目录 ....（523）
《小三线建设研究论丛（第二辑）》目录 ....（526）
《小三线建设研究论丛（第三辑）》目录 ....（528）
《小三线建设研究论丛（第四辑）》目录 ....（530）
《小三线建设研究论丛（第五辑）》目录 ....（532）
《小三线建设研究论丛（第六辑）》目录 ....（534）
《小三线建设研究论丛（第七辑）》目录 ....（538）
《小三线建设研究论丛（第八辑）》目录 ....（544）

后记 ....（547）

上 篇
内蒙古小三线资料汇编

第一编
内蒙古小三线企业
历史资料辑

内蒙古自治区乌海市地方军工企业的建设

靳文龙

1. 地方军工建设的由来

在20世纪50年代末60年代初,根据当时国内外形势的需要,中央在部分省市进行了紧急战备生产动员。

由于当时中苏关系日趋恶化,苏联在中苏、中蒙边界屯兵百万,虎视眈眈,战争大有一触即发之势。内蒙古自治区和苏联、蒙古的边防线总计超过3000千米,战略地位十分重要,被视为祖国的北大门,如有战争,内蒙古自治区就是"前沿阵地"。因此,为了应对可能发生的战争,中央于1958年在呼和浩特地区筹建军工厂,这是全国第一批为数不多的几个地方军工厂之一。工厂命名为内蒙古第三机械制造厂,主要生产7.62 mm口径半自动步枪。该厂开始建设不久,国家遭受了严重的自然灾害,在国民经济十分困难的情况下,工厂不得不停建下马,并转交内蒙古军区后勤部管理,成为中国人民解放军的一个军械修配工厂(代号:中国人民解放军第7325工厂)。

1964年6月至7月,毛主席对建设小三线地方军工问题先后作出多次指示,中心思想是各省、市自治区都要搞兵工厂,要自己造步枪、冲锋枪、轻重机枪、迫击炮、炸药,打起仗来不能全靠中央,要以省为战,准备打游击战争,要有根据地,要抓紧在和平时期搞点枪弹,武装民兵和地方部队,"小三线可以解决一个长远的战略性大问题。现在不为,后悔无及"。

根据毛主席的指示,国务院国防工办在周恩来总理和罗瑞卿总参谋长的直接领导下做出了规划,上报了《关于一二两线各省、市、区建设自己后方和备战工作的报告》(以下简称《报告》)。《报告》经中央批准于1964年10月正式下达。《报告》中明确了地方军工的任务主要是解决民兵和地方部队需要的装备,也可以供应正规军的需要,生产的品种为团以下的轻兵器及其弹药。这些地方军工既是各省、市、自治区管理的为民兵和地方部队服务的地方国营企业,又是我国兵器工业的重要组成部分。在领导上,地方军工由第五机械工业部负责,并批准在第五机械工业部下成立地方军工局,专门负责管理地方军工生产。

2. 内蒙古自治区地方军工企业的前期准备

第五机械工业部接受归口建设地方军工任务后,于1964年10月下旬成立地方军工局并派出三名副总工程师赴内蒙古自治区帮助筹建小三线军工厂。内蒙古自治区党委研究决定,选择较好的企业作为地方军工厂的基础厂进行包建:确定由商业厅五金厂筹建半自动步枪厂,由呼和浩特拖修厂筹建子弹厂;由包头工业局抽调人员筹建地雷/手榴弹厂。

1964年12月,国务院国防工办召开全国各省、市、自治区和中央有关部委参加的小三线建设会议。传达贯彻落实中央的批示精神和地方军工的建设项目和投资计划。会议由国务院国防工办主任赵尔陆同志主持。内蒙古自治区参加这次会议的有:人委三线办主任、经委副主任王孟樵,重工业厅副厅长王振邦,重工业厅二处处长杨振声,内蒙古商业厅五金厂厂长卢克勤和呼和浩特拖修厂厂长靳文龙。会议上确定先搞主机厂、枪厂、子弹厂、地雷/手榴弹厂及配套厂,五机部给三个主机厂排了工厂代号。同时还组织到河北某枪厂参观学习建厂经验,以便加快小三线军工厂的建设速度。会后与会人员向内蒙古自治区党委做了全面汇报,确定了各厂厂名和筹建人员。枪厂代号为国营九六四厂,第二厂名为内蒙古第一通用机械厂;子弹厂代号为国营九五四厂,第二厂名为内蒙古第二通用机械厂;地雷/手榴弹厂代号为国营五五六厂,第二厂名为内蒙古第三通用机械厂。并决定先将主机厂建起来,然后尽快把配套厂如工具制造厂、机床大修厂、木器生产厂、铸锻件生产厂和战备电厂等筹建起来。关于地方军工的筹建工作,自治区决定由计委副主任阿木古郎、人委三线办主任王孟樵、重工业厅副厅长王振邦全面负责，直接到现场进行指挥。

3. 厂址选建方针

中央指示地方军工厂选厂建设的方针，一是靠山、隐蔽、分散；二是不占良田，如少占耕地企业义务劳动造田还民；三是先生产后生活。按"该精则精，该简则简"的原则，生活福利设施从简。

内蒙古自治区党委在研究小三线建设厂址时，提出在海勃湾一带的山沟中进行建设，并指定由内蒙古自治区副主席李质带队赴海勃湾市选择厂址。

1965年4月，遵照内蒙古自治区党委的决定，自治区副主席李质以及阿木古郎、王孟樵、王振邦、杨振声、卢克勤、靳文龙等同志赴海勃湾市进行实地选点考察。海勃湾市党委、市人民委员会非常重视这项工作，派市委副书记王言荣、市委办公室主任李桂庭同志具体接待。市里全力以赴，大力支持这项工作，市委在条件相对困难的情况下借来小车载着自治区副主席李质一行人员到各处考察选点。

厂址第一次选在市区东北方向的摩尔沟。只因该地河槽太宽，担心雨季遭洪水袭击而未采纳。经过反复考察比较，最后确定在市区以南约30公里的拉僧仲庙地区建枪厂和子弹厂，在市区以南约6公里的地区建地雷/手榴弹厂，并决定成立工程指挥部。因为建厂地址确定时是在1965年4月，故将筹建工程称为"六五四工程"，将工程指挥部称为"六五四工程指挥部"。

地方军工的土建安装任务确定由包头华北建筑公司承包施工。华北建筑公司接受任务后，立即把施工队伍开到现场，并得到了海勃湾市各单位的大力支持和协助。施工人员一到现场，海勃湾市邮电局当天就把施工工地的电话线路接通了；市人民医院在施工现场设置了医务室，并派驻了骨干医生；市商业局服务公司分别在工地开设理发馆、饭馆；市物资局以姜向春局长为首的大部分工作人员全力以赴，及时组织供应各类物资；市人民委员会将市机械厂的厂房、设备、人员全部交给枪厂，使该厂在工装制造和试产前的准备工作有了一个理想的场所；市矿务局将办公楼和食堂腾出供"六五四工程指挥部"和各厂筹备人员使用。由于自治区党委的高度重视和强有力的领导，以及各个方面给予的大力支持，内蒙古自治区地方军工的筹建工作进展得十分顺利。

4. 人员调配

地方军工所需的专业技术干部和关键生产工序的技术工人,均由第五机械工业部按产品对口从有关部属企业抽调支援。为了使各地方军工厂迅速掌握兵器工业专业生产技术,五机部确定从对口厂抽调支援人员外,还要求对口厂担负新厂的技术培训和专业参观学习的任务。枪厂由重庆二九六厂和北安六二六厂配套对口支援;子弹厂由沈阳三二一厂支援;地雷/手榴弹厂由北京五〇六厂支援。各对口厂除完成本厂的生产任务外,还承担着对全国各省、市、自治区军工厂的技术培训和支援的重要任务,为此,他们都做出了最大的努力。内蒙古自治区的三个主机厂都从对口厂调进了一批技术人员,包括技术副厂长、工程技术人员以及关键工种的技术工人,并且派出两批工程技术人员和技术工人到重庆培训实习,为试产及转入批量生产奠定了基础。

对于各地方军工厂,除对口厂给以支援外,全区各机械加工行业也都给予了支援。当时内蒙古自治区对所辖各盟市都进行了布置,态度坚决,要求严格。全区各盟市较大的工厂都接受了支援军工建设的光荣任务。从厂级领导到技术干部、管理干部乃至技术员,都按军工条件严格审查,坚决服从抽调安排。除几个基础厂外,支援的主要单位还有海拉尔牧业机械厂、通辽农机厂、赤峰水泵厂、集宁轴承厂、集宁农机厂、内蒙古农牧业机械厂、呼和浩特机床厂、内蒙古铸锻厂、包头拖拉机配件厂、包头三〇三厂等。此外,五机部的直属企业和包头四四七厂也支援了一批工程技术人员和管理干部,包头六一七厂还承担了培训新工人的任务。特别是内蒙古军区后勤部第73251厂,抽调八十多人由厂长王富荣同志带领,从呼和浩特赶到海勃湾市,积极参加地方军工的生产建设,成为三线厂的主要力量之一。

职工家属到达海勃湾市后,受到了各级政府的关怀。根据自治区人民委员会副主席李质的指示,由海勃湾市粮食局专门组织供应大米,照顾从南方调来的职工吃大米的生活习惯,使他们逐步适应北方的生活。同时,经上级批准,海勃湾市公安局解决了一百多户由对口厂调入的职工家属的农村户口问题,稳定了广大职工的思想和情绪。伊克昭盟(今鄂尔多斯市)公署还专门对地方军工各厂进行慰问,给每位职工赠送羊肉。海勃湾市市长唐宝山,为职工作了关于海勃湾市建设发展的专题报告,使职工们了解到当年开发建设海勃湾市的艰苦,鼓励投身地方军工建设的职工和家属,同时也介绍了海勃湾市资源丰富,发展潜力很大,从而坚定了职工和家属扎根三线、建设三线的信心。职工们还以大庆人为榜样,以艰苦勤劳为荣,一下火车就申请下工地、要任务,投入紧张的工作,很少有人以个人问题为由向组织"讨价还价"的。

职工进入工地后,生活上出现的问题之一是吃不上蔬菜。于是各厂纷纷动员职工家属开荒种菜。这样做,既解决了生活上的困难,又使职工家属有了一部分经济收入,改善了职工的家庭经济状况。在开荒种菜的初期,由于各级领导带头,干部、工人都抽出工余时间参加了垦荒劳动,当年就见到了收成和效益。据统计,内蒙古第一通用机械厂开荒达230亩,内蒙古第三通用机械厂也开荒种菜150亩。内蒙古自治区地方军工建设和生产的二十多年来,这些菜地除基本保障了职工的夏菜供应外,还解决了一部分蔬菜的冬储。内蒙古第一通用机械厂的农副业生产还被评为国防工业战线的先进集体。农副业生产的发展为内蒙古自治区地方军工的巩固发展提供了条件,使广大职工解除了后顾之忧。为了改善生态环境,每逢春秋两季,各地方军工厂还广泛发动职工育苗种树,一改厂区周围满目荒凉的景象。夏季当人们进入厂区的山沟,绿树成荫、郁郁葱葱,一派生机盎然的景象,它也记录下了建设者们付出的辛勤劳动和走过的脚步。

为解决技术后备力量培养的问题,内蒙古自治区各地方军工厂在建设伊始便着手筹备了一所中等专业学校。经主管局报请内蒙古自治区人民委员会批准,内蒙古第一通用机械厂半工半读学校于1965年正式成立,隶属于内蒙古第一通用机械厂。在当年大中专统一招生考试中,按中专录取分数线录取学生100名,设机械制造专业两个班。教师配备了当年分配来厂的内蒙古大学、内蒙古工学院、山西大学等几个大专院校的毕业生。学校设在一座地方军工建设之前只盖了一层就停工的矿务局半截楼中(该楼现为乌海市人民政府办公大楼),条件十分艰苦。师生们本着"边建校边开课"的原则,对教室、宿舍做了简单的整修后便立即开课。后来学校虽然经历了"文化大革命",影响了正常的教学秩序,但仍为地方军工培养了一批中等专业学校的毕业生。经过几十年的工作实践和锻炼,这批学生均已成为所在工厂管理、技术和生产的骨干。

5. 建设速度和产品试制

在六五四工程指挥部的领导下,由包头华北建筑公司负责施工的土建工程建设速度很快。1965年当年三个主机厂生产所需的土建工程就全部完工。当时施工所需的材料得到了整个内蒙古自治区的支援,在各方强有力的保障中,没有因材料问题造成窝工。华北建筑公司在施工中对质量严格要求,一丝不苟,直到现在,内蒙古自治区的各地方军工厂厂房仍坚固如初。

内蒙古自治区的各地方军工厂于1966年开始安装设备。各地方军工厂所需的设备均由国家按设计要求成套分配供应。内蒙古机电公司负责通用设备的订货,专用设备由五机部所属对口厂负责制造和供给。对于非标设备,内蒙古自治区的各地方军工厂根据对口厂提供的图纸组织制造。内蒙古第一、第二、第三通用机械厂的非标设备和专用工装,多为包头四四七厂和包头六一七厂承制。通用工装由内蒙古机电公司负责组织货源及时供应。由于土建完工快,设备和工装制造到货及时,内蒙古自治区的各地方军工厂在1966年的上半年便已完成设备安装并开始进行产品试制。各地方军工厂先后按对口厂提供的产品图样和技术工艺文件开始了产品试制工作。产品鉴定及定型工作均按国家军工产品的有关规定执行。之后,为主机厂服务的几个专业配套厂也先后建成。工具厂专门负责主机厂的刀卡量模具制造;机修厂负责各厂设备的修理;铸锻厂负责各厂铸锻件的加工;木器厂负责军品木件和包装箱的制造。跃进电厂也及时为第一、第二通用机械厂的生产开机供电。与此同时,六五四医院、六五四物资供应站和六五四招待所等服务性的事业单位的建设也相继完工。至此,除内蒙古红旗化工厂和先锋电厂建在清水河县外,其余小三线各企事业单位都建在海勃湾市。

20世纪70年代以后,六五四工程指挥部的历史使命已经完成,其建制转入筹建梯恩梯炸药厂。筹建工作于1971年5月开始,因此称为"七一五工程",六五四工程指挥部转为"七一五工程指挥部",炸药厂代号为五四四五厂,第二厂名为内蒙古黄河化工厂。炸药厂根据形势于1979年停建并成立留守处,负责处理停建后的善后事宜。

由于地方各厂远离市区,为解决职工子弟的入学问题,随着工厂的建设发展,在几个职工家属聚居区分别由内蒙古第一通用机械厂、内蒙古第三通用机械厂、内蒙古胜利机修厂和内蒙古黄河化工厂建起四所中小学,对发展海勃湾市的教育事业起到了积极的作用。黄河化工厂停建后,又筹建成立了内蒙古国防技工学校和内蒙古国防职工中专,为国防系统培养了大批技术人才。在此基础上,乌海市于1987年成立了乌海市工业学校,并在随后发展为一所面向社会招生的普通中等专业学校。

  1965年至1966年,内蒙古自治区的各地方军工厂的建设、生产进展是很快的。当时他们响应党中央的号召,学习大庆精神,在一无居住条件、二无充足设备的情况下,本着"先生产后生活"的原则,边建设边试制,土建和生产同步进行。内蒙古第一通用机械厂于1966年9月23日打响了"第一枪",宣告试制成功,结束了内蒙古自治区不能生产轻武器的历史。此后,经努力,又在1967年5月1日庆祝内蒙古自治区成立二十周年前夕制造出能够武装一个连队的步枪,顺利接受了庆祝检阅。内蒙古第二通用机械厂于1965年12月在呼和浩特市试制枪弹成功并进入小批量生产,只待海勃湾一带的土建完工后,即可搬迁并投入批量生产。内蒙古第三通用机械厂也在1966年10月试制手榴弹并通过鉴定,投入生产。至此,三个主机厂全部转入定型产品的批量生产。但是"文化大革命"使小三线的生产建设遭到了严重的干扰和破坏。尽管中央通知二、三、四、五、六、七机部所属企业事业单位不得介入社会,但地方军工仍没有抵挡住当时的政治风波,使工厂处于半停产状态。特别是内蒙古第一通用机械厂,局面堪忧。从1966年9月23日试制成功第一支枪到1969年12月的三年间,内蒙古第一通用机械厂只生产了260支枪,1969年10月,为平息风波,保护军工厂的正常生产秩序,内蒙古军区发布命令,对内蒙古第一、第二、第三通用机械厂实行军管。但实行军管后也只是部分控制了风波带来的混乱局面,仍然没有有效地组织和发挥生产指挥系统的作用。1969年12月19日,中央决定对内蒙古自治区实行军管,这一举措对各军工厂的生产起到了积极作用。内蒙古自治区的三家主机厂都陆续恢复到了设计产能。内蒙古第一通用机械厂于1970年首次完成了10 000支步枪的生产制造,达到了设计产能和生产要求。此后,内蒙古第一通用机械厂直到1979年每年都能顺利完成生产任务,产量逐年递增,最高达到年产步枪22 000支。尤其是子弹的生产,产量成倍增长,生产线由一条扩建成两条,比当初的设计产能提高了一倍多。此外,内蒙古第一通用机械厂还生产了一批援外产品。在技术革新方面,内蒙古第一通用机械厂承担了五机部关于靶场技术改革的科研任务,把工业电视和激光等新技术应用于靶场测试,并配套生产了幻灯投影、自动换靶等一系列现代化的靶场设施,使当时我国的轻武器测试技术达到了国际先进水平。经五机部鉴定,内蒙古第一通用机械厂于1981年在乌海市召开全国靶场会议,向全国推广了这一新技术,并均由内蒙古第一通用机械厂负责设计、制造、安装、调试。在随后我国援建国外项目中,靶场测试成套设备也均由内蒙古第一通用机械厂负责提供。

6. "军转民"以来的发展

1976年年初,原海勃湾市一带的小三线军工企事业单位一并随海勃湾市并入乌海市。分布在乌海市一带共有12家小三线军工企事业单位,除跃进电厂、六五四医院、六五四物资供应站、六五四招待所、国防工业中专以外,其余7家均为军工企业,共有在册职工4 801人。其中工程技术人员279人,占职工总数的5.8%。截至1984年,这7家军工企业累计投资4 335.5万元,形成固定资产原值5 324万元,净值3 747.8万元,厂房面积共计10.1万平方米。拥有各类设备1 296台。其中,军品专用设备244台,化工专机73台,缝纫专用设备42台,通用设备937台。7家军工企业的金属切削、铸造、热处理、电镀等加工工艺及其设备设施都比较齐全。7家军工企业自成立以来,均基于各自的生产特点和产业布局为国防建设作出了积极贡献,从1965年至1979年,累计实现利润2 579.95万元。更重要的是,它们为国家培养了一批作风优良、技能过硬的企业管理干部和技术工人。

随着国民经济的发展变化,为了适应新形势的需要,内蒙古自治区党委和内蒙古自治区人民政府决定,从1985年1月1日起将各军工企业划归乌海市管理。值得一提的是,在划归乌海市管理以前,各地方军工企业的领导管理曾先后隶属于内蒙古自治区重工业厅、内蒙古自治区第二机械工业局、内蒙古自治区国防工业办公室、内蒙古自治区军工局等。

从1980年内蒙古自治区小三线军工企业实行"军转民"以后,全体职工虽已有较为充分的思想准备,但这些军工企业还是面临了"找米下锅",由于生产任务不足，造成连年亏损的困难局面。在这种情况下，乌海市委、市政府明确了"军转民"工作指导思想，市经委把"军转民"工作列入重要议事日程，帮助这些军工企业迈开了"军转民"的步子，取得了积极进展。

首先，帮助各军工企业的领导提高认识，在思想观念上做到"三个转变"。

第一个转变是明确转轨定向是新时期经济发展的需要。过去几年，各军工企业"军转民"工作进展缓慢的一个重要原因是领导思想上的因循守旧，存在着对军品任务的依赖思想，存在着等待观望的思想，存在着上民品难的思想，结果行动不积极，耽误了时间。通过学习中央关于"军转民"的指示精神，使各军工企业的领导认识到等军品任务已没有希望，靠躺在军品生产上过日子已没有出路，只有坚决地转到民品生产上才是小三线军工企业的出路，各军工企业才能有生存和发展的希望。

第二个转变是由企业封闭型企业转变为开放型企业。过去，军工企业实行高度集中统一管理，生产任务由上级下达，物资材料由国家调拨，产品由国家包收，所以刚转产总感到不适应。在市委、市政府的帮助支持下，各军工企业要放下军工的架子，要既能当主角，也能当配角，走向社会，打破行业界限，敞开大门，外引内联，由封闭型转为开放型，走经济横向联合的道路，积极开发新产品，加快了"军转民"的步伐。内蒙古第三通用机械厂从太原岩棉厂引进了年产5 000吨岩棉的生产线，1985年开始施工，1986年开始试制生产，1987年开始批量生产岩棉加工板和岩棉管。内蒙古第一通用机械厂与重庆嘉陵机器厂联合，生产JH70型摩托车前叉总成。1986年经由内蒙古自治区经委批准这一技术改造项目，1987年完成全部技术改造任务，并组织其他企业与内蒙古第一通用机械厂协作生产，预计1987年当年即可完成2 000套摩托车前叉总成的生产任务。前身是机修厂的内蒙古电梯厂与自治区内外有关大专院校、科研单位联合，引进技术并开始生产的客货电梯，受到了市场的欢迎和好评。内蒙古工具厂与呼和浩特机床附件厂联合生产四爪卡盘，给两家企业带来了继续发展的动力。从1986年以来，内蒙古自治区各小三线军工企业已真正从自我封闭状态中走出来，逐步树立起市场观念、竞争观念、时间观念、效益观念，开始走向了联合发展的道路。

第三个转变是由单纯生产型企业转变为生产经营型企业。由于过去搞军品生产，各军工企业的商品观念很差，比较习惯过去那种与市场脱节以

"统"为特征的规章制度和适应卖方市场的经营方式,以及听从上级主管部门的指令来组织生产的工作方法。然而,这种单纯生产型企业也无法适应经济发展的需要,必须转向生产经营型企业,摆脱过去面对现实,对接市场求生存、促发展,才能让企业的路越走越宽。为了实现这一转变,乌海市政府、市经委引导小三线军工企业改变那种只管生产,不管经营的死板模式,注重市场信息,树立以质量求生存,以品种求发展的思想。内蒙古电梯厂在这种思想指导下,不但为用户提供高质量的电梯,而且提供高质量的安装服务,为企业赢得了信誉。内蒙古第一通用机械厂与牧区旗县科委联系,举办风力发电机安装维修培训班,为牧民讲授风力发电机的基本知识,提供安装维修和技术咨询服务,逐步打开了风力发电机的销售市场。

搞好"军转民"工作,主要依靠企业的主观努力。但也有许多客观的具体困难是企业自身无力克服和解决的。在这种情况下,乌海市委、市政府以及业务主管部门对军工企业给予了大力支持和热情帮助。在市内资金比较困难的情况下,乌海市对这些军工企业实行了重点扶持,把人力、物力、资金优先用于"军转民"。1985年乌海市政府拨款228万元用于各军工企业的民用产品开发;1986年,正是各军工企业处于"军转民"的转折时期,乌海市政府又在国家给予这些军工企业140万元亏损补贴的基础上增拨了160万元,为这些军工企业转型发展提供了的平稳过渡的保障。市计委、市科委、市物资局、市财政局、市协作办、市工商银行等有关部门也相继深入各军工企业了解情况,帮助这些军工企业排忧解难,使其在"军转民"过程中遇到的困难能得到了及时解决。

7. 牵线搭桥,加强横向联系

市里帮助企业发展,主要是调动企业自身的积极性,增强企业的活力,为重庆嘉陵机器厂配套生产JH70型摩托车前叉总成就是较具代表性的一例,市经委根据乌海市军工企业的生产能力和技术水平积极促成了这一联合的实现。乌海市经委一方面与重庆嘉陵机器厂加强联系,一方面组织军工企业和其他企业组成生产联合体,分工协作进行生产,逐步克服军工企业"大而全""小而全""万事不求人"的弊病。发挥各军工企业的技术优势,开展协作生产，有利于提高各军工企业的技术水平，促进各军工企业新产品的开发试制，增强各军工企业的市场竞争能力。自此，内蒙古第一通用机械厂与重庆嘉陵机器厂建立了比较稳定的、相互依赖的经济协作关系。

过去，乌海市一些工矿企业所需要的非标设备主要靠外地加工供应，小三线军工企业划归乌海市管理以后，全市机械加工能力大大加强了。通过对全市非标设备和一些备品、备件需求情况的调查，根据市机械加工的实际能力和水平，市政府提出了在不保护落后，质量相同、价格相当的前提下，市属工矿企业需要的非标设备等，一律由市内组织加工供应。这样做，对本市经济效益的提高起到了积极作用。比如，市摩尔沟煤矿新建洗煤厂需要洗煤机，市经委通过协调，由内蒙古第一通用机械厂加工制造，并提供安装服务，效果很好。海南区电石厂需要的电石桶也由内蒙古第一通用机械厂加工制造，不仅增加了内蒙古第一通用机械厂的经济效益，也降低了电石厂的运输成本。这样，既能促进军工企业"军转民"工作的进展，也有利于全市经济的发展。

大力开发新产品，进行技术改造，是"军转民"的根本出路。在开发新产品过程中，部分军工企业也曾走过一些弯路。内蒙古第一通用机械厂在各方面的支持下初步具备了批量生产家用缝纫机的能力，产品质量也不错。但是由于市场基本饱和，销售十分困难，被迫停止了生产，给企业造成了很大的经济损失。全厂职工在总结经验教训的基础上，以实事求是的态度研究问题、分析问题，得出结论：对新产品的开发，一是要积极，要广泛收集技术信息、市场信息，解放思想；二是要慎重，要尊重科学，以科学的精神，从实际出发，进行周密的可行性分析。为此，对开发新产品提出了"一个坚持，四个不上，三个树立"的方针。"一个坚持"：看准了的产品坚持抓住不放，调动各方面的力量，打破行业、地区和所有制的界限，外引内联，人、财、物统一协调，全力以赴，从调查研究到产品试制、批量生产，一抓到底。"四个不上"：没有经过充分的经济技术可行性分析的项目不盲目上；材料没保证，"无米之炊"的产品不硬要上；滞销产品、没有市场竞争能力的产品不强迫上；经济效益不高，"划不来"的产品不凑合上。"三个树立"：树立全局观念，上一个产品带动一大片，坚持走机械工业专业化协作的道路；树立为用户服务的思想，确保产品质量第一，搞好售后服务；树立以提高经济效益为中心的思想，发挥军工企业技术力量比较雄厚、设备比较齐全先进的优势，以质取胜，提高企业的社会效益和经济效益。

由于把新产品开发和技术改造作为军工企业"军转民"的主攻方向和目标,在1985年、1986年这两年的时间里,乌海市有关部门先后调查了六十多种新产品,在认真研究分析的基础上,筛选出十六种新产品作为开发的重点。

为了加速新产品开发和技术改造,从自治区政府、经委,到乌海市政府及有关部门,如银行、财政局等都给予7家军工企业以大力支持,各项投资、拨款总金额达3 854.5万元。

对内蒙古第一通用机械厂的支持:为摩托车前叉总成开发项目拨款357万元,齿轮加工项目拨款50万元;为电石桶开发项目拨款20万元;为100 W风力发电机创优项目拨款5万元。

对内蒙古第二通用机械厂的支持:为新建洗衣机烤漆车间拨款14.6万元,为拔丝制钉技改项目拨款8万元;为聚氯乙烯碱项目总投资2 710万元。

对内蒙古第三通用机械厂的支持:为5 000吨岩棉生产线拨款150万元;为元明粉技改项目拨款15.9万元。

对内蒙古铸锻厂的支持:为小型轧钢项目拨款45万元;为稀土高铬铸球项目拨款13万元。

对内蒙古工具厂的支持:为四爪卡盘项目拨款152万元;为短锥四爪卡盘开发项目拨款20万元。

对内蒙古电梯厂的支持:为电梯生产线改造项目拨款200万元;为微电脑控制电梯开发项目拨款20万元;为交流调速电梯开发项目拨款25万元。

对内蒙古木器厂的支持:为锯代刨项目拨款3万元;为不饱和树脂漆项目拨款10万元;为装载机锅炉改造项目拨款36万元。

乌海市有关部门不仅在经济给予军工企业"军转民"大力支持,而且帮助这些企业做了大量的协调工作,使各军企业相继有了各自的支柱产品,并且初见成效,取得了可喜的效益。根据乌海市当时的测算,预计各军工企业"军转民"技术改造全面完成并均投产后,年产值可达到5 000万元以上,全员人均年劳动生产效益可达1万元以上,不仅可为各军工企业的发展奠定坚实的基础,更可有效提高乌海市的生产总值,为经济建设作出积极贡献。

当时,根据小三线地方军工的建厂方针,这些企业大多远离城市,所以它们既是一个工厂,又是一个"小社会",客观困难较大。再加上"军转民"初期的连年亏损,物资和产品积压,营业外支出又很大,企业欠账很多,负担很重,造成职工福利差、子女就业难等问题,大多数职工出现了思想和情绪上的波动。这就给企业"军转民"工作带来新的困难。在这种情况下,各军工企业除了加强思想政治工作外,采取了多种措施,安定职工的思想。各军工企业都想办法从实际出发,大搞多种经营,发展第三产业,办好劳动服务公司。几年来,这些军工企业兴办的第三产业涉及建筑业、修理服务业、种植业、养殖业、运输业等,种类多,覆盖面广,并相继在各自的军工企业内部成立了下属单位。各军工企业对下属的这些单位都实行经济上独立核算,给予扶持的办法。第三产业的开辟和发展,给这些企业带来了生机。据不完全统计,仅1985年一年,各军工企业的第三产业的产值就高达164万元,累计安排职工家属和子女就业579人。这样,不仅增加了职工家庭的收入,而且减轻了各军工企业的负担,同时对稳定职工的思想和情绪也起到了很好的作用。

随着改革开放的不断深入,各军工企业普遍推行了以经营承包为主要形式的经营责任制,在"军转民"的道路上显出了新的活力和稳步地向前的发展动力。

内蒙古红旗化工厂厂志节选

1. 概述

内蒙古红旗化工厂于2000年1月13日改组为内蒙古红旗化工有限责任公司,是生产工程雷管的国家定点企业。该厂原属内蒙古国防工业办公室,后归内蒙古经济贸易委员会管理,现隶属于呼和浩特市经济贸易委员会。第一厂名为国营九一一四厂。

内蒙古红旗化工厂位于今内蒙古自治区呼和浩特市清水河县城关镇瓦窑沟,主厂区呈人字形,东至东沟上沿,南至城关永安大街,西至小瓦窑沟东侧上沿,北至小庙子乡边墙壕村南山顶。副厂区位于清水河县城关镇贾家湾村西,主、副厂区相距4千米。

内蒙古红旗化工厂占地面积为41万平方米,建筑面积4万平方米,主副厂区地形均系黄土高原水土流失冲刷而成的沟汊形,为土砂石结构。生产工房建筑多建于沟内和土坡上。西沟为制药车间,东沟依次排列四车间注塑班、四车间群模2组、机加工车间、动力车间、一车间、四车间机器焊线班、七车间、五车间矿用班、四车间群模1组、六车间、三车间、五车间、试验站、成品库。沟的南侧约8米宽,最深处4米,长1.4千米的排水沟蜿蜒曲折顺沟而出。厂区海拔最高点为1 380米,最低点为1 145米。

内蒙古红旗化工厂是在20世纪60年代中期,响应中央"加强战备,准备打仗"的号召,在全国大上国防工业的背景下开始筹建。工厂于1966年动工,1969年基本建成,1970年投产。工厂设计时核定职工人数为375人,总投资300万元。工厂设计产品年产量:手榴弹雷管290万发;工业8号火雷管1 200万发;工业8号电雷管500万发;8-A地雷雷管10万发。建厂40年来,内蒙古红旗化工厂的生产规模不断扩大,产品品种由建厂初期的3种增加到现在的4类、7个系列18种产品。以2005年为例,全年生产11个品种的产品,完成雷管生产总量9 028.77万发,并先后试制定型了导爆管、非电瞬发雷管、秒延期雷管、煤矿许用瞬发电雷管、无起爆药雷管、煤矿许用毫秒延期电雷管和毫秒延期导爆管雷管、半秒延期导爆管雷管、1/4秒延期导爆管雷管等产品。其中,工业8号火雷管、工业8号电雷管、煤矿许用瞬发电雷管等产品先后被评为内蒙古自治区优质产品。

由厂改为有限公司后,到2005年底,公司设有卷管、冲压、制药、火管装配、电引火药头加工、延期体制造、电管装配等7个主要生产车间和机加工车间、动力车间等2个辅助车间。公司设有4个党群部门、12个行政技术业务部室和2个分公司。公司有固定资产2 554.4万元(原值),固定资产净值为886.3万元。其中,公司设备有220台,主要包括锅炉、金属切削机床、锻压机、冷冻机、电热机、汽车、油压机、空气压力机、激光编码机、自动焊线机、铅管拉拔机、曲柄压力机、20通道雷管测试仪、粒度分析仪等。

至2005年底,公司员工总数为1 056人,主要由汉族、蒙古族、满族等组成。全部员工中,合同制员工811人,其他员工245人;男员工464人,女员工592人;生产工人637人,管理人员128人。全部员工中在岗党员166人,团员76人。公司级领导7人,中层管理干部56人。公司有高级职称10人,中级职称42人,初级职称42人,医师1人,医士2人。

从1970年投产至2005年,已有36年的生产历史。36年的生产建设和企业管理情况,从管理体制和管理方式上可划分五个阶段,即建厂初期、军事管制阶段、内蒙古自治区国防工办管理阶段、内蒙古自治区经济贸易委员会管理阶段、转制后企业自主经营管理阶段。

第一阶段(1966—1969年):工厂从1966年开始动工兴建,1967年基本完成土建工程,1968年、1969年两年中一边安装设备一边进行产品试制。其间,由于受"文化大革命"的冲击,工厂一度无法正常生产,投产准备工作受到极大影响。

第二阶段(1969—1973年):1969年12月,工厂实行全面军事管制,全厂按团级性质编制,下为6个连队,机关分为办公室、政治组、后勤组、生产组、财务股、供销股。

1970年投产后,当年生产工业8号火雷管813万发、电雷管105万发,实现利润6.9万元。从1971年开始,工厂生产管理机构逐步建立健全,建立了相应的管理制度,生产逐步趋于正常。自投产到移交地方管理前的4年间,在内蒙古自治区国防工办和厂党委的领导下,年年超额完成国家下达的生产任务,4年实现工业总产值597.12万元、利润24.8万元。

第三阶段(1973—1983年):1973年工厂撤销军事管制,军队干部调回原部队或就地转业,厂领导班子由地方干部组成,归内蒙古自治区国防工办领导。从1974年开始,工厂经过一系列的整顿、调整,企业管理水平明显提高,特别是党的十一届三中全会以后,工厂先后进行了两次大规模的整顿即恢复性整顿和建设性整顿。1978年7月内蒙古自治区国防工办以郝继唐副主任为组长的工作组进驻红旗化工厂指导开展整顿工作,并配备了新的党委书记、厂长。经过整顿工厂面貌开始发生变化,当年跨入了"学大庆先进企业"行列。1979年全厂上下艰苦奋战,年底建成"大庆式企业",内蒙古自治区国防工办主任苏杰同志代表自治区人民政府到厂授予锦旗。1982年,红旗化工厂被列为内蒙古军工系统的企业全面整顿试点单位,厂党委带领全厂职工狠抓五项工作,搞好三项建设,进一步改变了工厂面貌。1983年1月,内蒙古自治区军工局组织本系统各厂领导至红旗化工厂检查验收,认定红旗化工厂达到整顿验收标准,验收合格。1983年11月,内蒙古自治区军工局决定将内蒙古先锋火力发电厂合并于红旗化工厂,原发电厂成为一个发电车间,一直到1984年10月底停止发电,机组全部封存,人员全部转到红旗化工厂上班。

第四阶段(1984—1998年):1984年10月,党的十二届三中全会通过了《中共中央关于经济体制改革的决定》,当年11月1日,内蒙古自治区经贸委对我厂领导班子进行了调整,任命了党委书记、厂长,并组成了新的党委和行政领导班子。1986年,工厂推行厂长负责制,采用由党委实行监督、保障,由职工代表大会实行民主管理的领导体制,进一步完善了责权利相结合的经济承包责任制。

这一时期,随着经济体制改革的进行,国家对企业产品不再进行统购统销,工厂生产出的产品要靠自己去营销。在这种情况下,工厂果断作出"巩固区内用户,开发山西市场,坚持用户至上,扭转被动局面"的决定,工厂领导和供运科的领导积极走访用户,掌握市场信息和动态,使用户由原来的30多户增加到50多户。

1986年开始,工厂进入稳定发展期,产品、产值、利润、税金每年都有提高。当年工厂完成了全厂职工的工资核定及调整工作,为43人办理了离退休及补员。此后,全厂职工思想稳定,干群团结,管理秩序良好,职工收入逐年提高,逐渐形成自己的企业文化和企业精神,工厂进入了的稳定发展时期。

1986年,工厂成功地举行了建厂20周年厂庆,开展了征文、艺术节、灯展等活动,编写了厂志,举办了歌舞晚会,并邀请了部分曾在工厂工作过的老领导回厂参加厂庆活动。

这一阶段,新产品试制工作也做得比较好,先后组织技术人员试制成功了毫秒雷管、非电毫秒雷管、无起爆药雷管、覆铜电管、覆铜火管等产品。技改工作也取得了较突出的成绩。

工厂完成了计量定级工作。计量定级是企业升级的一项重要内容,工厂计量室组织人员整理了计量工作的原始资料和检定记录,经乌兰察布盟科技处验收通过,定为国家计量三级单位。1988年,工厂又由国家三级升为国家二级。红旗化工厂在1988年升为国家二级的基础上,于1990年12月进一步通过了国防计量机构的认可验收。

工厂的理化室经国防理化考评组检查验收,理化工作水平升为国防理化三级,年底被评为国防理化先进单位。工厂的全面质量管理工作顺利通过第三方机构验收,达到了合格水平。工厂在节能工作方面也取得了一定成绩,被评为内蒙古自治区先进企业。工厂成立了综合档案室,充实了档案管理人员,完成了工厂档案升级工作,经内蒙古自治区、乌兰察布盟组成的验收组考核验收,工厂的档案管理工作水平升为国家二级。工厂的火雷管、电雷管等产品先后取得了生产许可证,且在以后每5年一次的复审中均通过了现场检测。

1989年,红旗化工厂又成功地进行了内部工资改革,实行了结构工资。当年六车间QC小组荣获兵器工业总公司QC质量成果三等奖。

1995年,红旗化工厂承办了1996年内蒙古自治区民用爆破器材订货会,由于服务热情、安排合理,订货会取得了圆满成功。

第五阶段(1999—2006年):1999年,按照上级精神,红旗化工厂脱离内蒙古自治区经济贸易委员会的领导,划归呼和浩特市经济贸易委员会管理。工厂随即进行了新一轮的改制,于2000年1月13日改组为内蒙古红旗化工有限责任公司,并召开了股东大会和职工代表大会,选举产生了董事会和董事长、监事会和监事长,由董事会任命了公司经理层,实现了由工厂向公司的转型。

这一时期,公司完成了主体车间的成本单独核算工作,撤销了托儿所,压缩了机关科室人员,在公司内部建立了局域网,并相继举办了第五届、第六届"火工安全、技术、质量知识竞赛"。

公司根据内蒙古自治区和呼和浩特市有关部门关于公有住房改革的文件精神进行了房改,顺利地出售了388户公有住房,并办理了产权证。这一时期公司的技改工作也取得了好成绩,完成了90多项技改项目和2个新产品的开发。第三方机构对公司的工业雷管生产线、总仓库、周转库、试验场、销毁场及公用工程系统和安全管理现状进行了检查考核,公司通过了安全性评价。

2004年公司通过了GB/T 19001—2000质量管理体系认证审核,并获得了资质证书。

这一时期,公司在工资分配中试行了岗位绩效工资方案,对个别职能机构进行了优化组合,同时,加强了中层领导班子建设,提拔任用了部分德才兼备的年轻干部,使企业更具活力,职工收入也逐年提高,到2005年人均收入已达到16 300元,实行承包单位的人均收入也达到了17 400元。

公司努力抓好产品销售工作,为企业发展奠定了扎实的基础。到2005年底,公司在安全工作方面取得了连续14年无重大安全事故的优异成绩。

2003—2005年,公司取得了突飞猛进的发展,物质文明和精神文明双双获得丰收,三年共完成雷管生产总量22 906.2万发,完成商品产值16 783.6万元,上缴税金2 738万元,实现利润1 882.8万元。公司投入大量资金对环境进行改造,使公司环境更加优美、更加宜人。在设备上,公司也进行了投资,购买新的检测设备、制造设备,使公司的生产能力得到了进一步的提高,产品质量的检测能力得到了进一步的加强,安全生产能力得到了进一步的保障。

内蒙古红旗化工有限责任公司从1970年投产到2005年底,累计完成工业总产值64 831.82万元,实现利润4 819.97万元,上缴税金6 586.7万元,为清水河县的地方经济建设作出了积极贡献。

2. 建厂筹备建设与投产

2.1 筹备建厂

(1)建厂背景

1964年6月至7月,党中央根据国内外形势,对建设小三线地方军工厂工作先后作出多次指示。根据党中央的指示,国务院国防工业办公室具体组织规划,地方军工厂由各省市自治区组织建设,由第五机械工业部归口管理。

1966年6月8日,五机部在济南召开了全国地方军工厂建设会议,会议确定地方军工厂在建设时要重点抓好以下几个方面:

一是要大力突出政治,大学毛主席著作,大学解放军,加强思想政治工作。

二是要立足于"大打",立足于"在我国国土上打",贯彻"靠山、隐蔽、分散"的方针。工厂要建在人民群众之中,要搞军民结合,缩小目标,工厂要延伸到村社之中,外观尽量与当地民房一样,为避免敌机的轰炸,厂址还应选在山高、坡陡、沟窄的地方。

三是要准备"早打",力争在战争爆发前,完成各军工厂的建设。

四是要试行厂社结合,加强工农联盟,缩小三个差别,有条件的地方还要搞亦工亦农的轮换工作制度,不迁居民,少占耕地。

五是要发扬八路军办军工的光荣传统,政治上要高标准,生活上要低标准,反对条件论,以土代洋;反对因循守旧、怕担风险的消极思想。

内蒙古红旗化工厂就是在这种背景下于1965年8月开始筹建的,继内蒙古第一通用机械厂、内蒙古第二通用机械厂、内蒙古第三通用机械厂之后开始定点,属于内蒙古第三通用机械厂的配套厂,所以最初厂址选定在海勃湾地区。后因海勃湾气候干燥、风沙大,工房密封困难,不适宜起爆药的生产,经内蒙古自治区的有关部门批准后,决定重新选取厂址。

当时由于战略上的需要,北京军区决定在京包线以北,呼和浩特以东的地区不能建设此类工厂。根据这个原则,筹建组先后到凉城县、和林格尔县、准格尔旗、清水河县等地选择厂址,历时一年,最后厂址选定在清水河县城关镇西侧的瓦窑沟内。筹建组也于1966年入驻清水河县。当时筹建组中有毕恩田、赵义、彭宝芝、刘观峰、魏举良、赵连湘、那忠喜、贾舍一、李慧敏、郭志敏、韩淑敏、王永绪、戚继文、韩龙贵、李金顺、候长慧、洪希彬、刘久福、宋玉干、张万才、冀生、董丽、史庆玉、刘贵铎、赵玉喜、崔希耀、刘清林等约30人。

(2)厂址选择

1965年10月,内蒙古自治区计委、内蒙古自治区工交委地方机械工业局和内蒙古自治区国防工业办公室等单位一起,历经10个月的时间,先后走了7个地区的数十个地点进行选择,最后经内蒙古自治区党委书记王逸伦同志批准,确定在清水河县城关镇西侧的瓦窑沟作为内蒙古红旗化工厂的厂址。

在此建厂的理由是:山沟蜿蜒曲折,两侧山体高约50米,沟宽约40米,沟长约2 000米,便于对空隐蔽;沟内风沙较小,山的结构为土质结构,便于绿化,沟内无居民和高产田;生产用水近,生产用煤来源为县境内的窑沟乡,距离厂区60千米;生产用电可组建一个小型发电厂;交通运输方面也有公路直通呼和浩特市;建筑用料可就地取材,施工中可雇佣当地民工;工厂职工生活区可与城镇结合,便于"厂社结合"。

该厂址也有不足之处,即燃料运输略远,厂址距城关镇太近,山略矮,沟较窄,动土石量大。

1966年7月15日,内蒙古自治区工交委地方机械工业局局长田恩民同志等一行五人赶赴清水河县,就红旗化工厂建厂的基建方面的问题与县委领导协商,县委参加会议的有6人,商定结果如下:

一是组织统一指挥部。由盟委派一名代表,县委抽一名县级干部,建设单位和施工单位各抽一名主要负责干部,联合组成基建指挥部,内蒙古自治区计委主任阿木古朗同志任总指挥兼现场党委书记,田恩民同志和县委的负责同志分别任副书记和副总指挥。

二是施工队伍方面。县委抽调约700名民工负责家属宿舍、食堂、办公室、简易工房和库房的建筑,并负责修路、开土方及砖瓦石沙的短途运输;技术施工、供水、供暖、供电线路及设备安装、复杂工房建筑,由内蒙古自治区建设厅第五施工队承建,壮工从民工中抽调。

三是工程进度安排方面。半个月时间准备,在三个月内将厂房全部建成,并完成一定数量的职工生活建筑。

1966年8月2日,内蒙古自治区工交委地方机械工业局转发了《中共中央华北局经济备战小组国防工业办公室关于九一一四厂厂址的批复》,同意厂址建在内蒙古自治区清水河县城关镇瓦窑沟内。

内蒙古红旗化工厂的基建设计图全部由包头城建局设计室负责设计。

红旗化工厂的总平面布置图经请示内蒙古自治区国防工业办公室,同意本厂自主设计的平面布置图。

内蒙古自治区建设厅第五施工队很快进驻瓦窑沟,民工也全部调来,经过两个多月的施工,到1966年底,完成了第一批和第二批主体工程的建设。

第一批工程是食堂、101工房、102工房、401工房、402工房、202工房、302-1工房、302工房、503工房、500吨水池、200吨水池、挡水坝等。

第二批工程是201工房、203工房、301工房、303工房、304工房、501工房、502工房，5号库等。

两批工程的建筑面积为3 044平方米，投资共计24万元。至此，红旗化工厂厂区初具规模。

2.2　工厂设计和产品试制

内蒙古红旗化工厂的工厂设计由五机部第五设计院具体指导，四七四厂有关同志大力协助，结合当地具体条件及生产特点，由红旗化工厂技术人员具体编写。

设计生产能力为年产木柄手榴弹铝雷管291.16万发，8-A地雷雷管10.04万发，纸壳火雷管502万发，主要用于地方军工厂地雷、手榴弹装配用和民用工程爆破。

设计全厂总人数375人，其中工人318人（生产工人254人，辅助工人64人），干部47人，服务人员及其他人员10人。

设计全厂设备209台，其中标准设备84台、专用设备34台、非标设备91台，总设备电容量为498.045千瓦，设计生产用蒸汽2 246千克/小时，设计全厂用水量431.43吨/日，货物运输量7 069吨/年。

全厂设计总投资300万元。

筹建初期，生产技术人员主要来自辽宁省抚顺市华丰化工厂，1966年2月第一批技术人员到厂，他们是彭宝芝、王永绪、唐盛意、韩龙贵、刘清林、贾舍一、史庆玉、宋玉干、戚继文、洪希彬、解玉荣、李青云、孟兰菊、刘九福、李惠敏等共15人。以后，又陆续调来张荣康、马致金、吕春元、臧惠兰、张秀荣、王显臣、姚廷敏、张淑芹、韩淑兰、郑增贵、阎福云、弓射敌、刘国才、杨素芝、刘国发、周英芹等16人。还有从山西阳泉晋东化工厂来厂支援的崔希耀、刘贵铎2人。这些人员一到红旗化工厂，就分别开展设计、施工现场指导、协助安装设备、参加外协非标工装加工、购买材料或到车间做试制准备等工作，为红旗化工厂的建设作出了巨大贡献。

1966年10月，红旗化工厂招收的第一批徒工共148人，在厂内集训一个月后，首批选送70人到抚顺华丰化工厂培训。1967年10月，又送第二批徒工到抚顺华丰化工厂培训。

1967年2月，八〇四厂支援红旗化工厂的制药工艺工装入厂，四七四厂支援红旗化工厂的装配工艺工装入厂。

1967年的11月—12月，由宋玉干同志负责一车间生产线的工艺设计。一车间在宋玉干同志的带领下，试制完成加强帽、纸管壳。参加试制的主要人员有张华、李世英、张爱富、王文英、李兴群、孔鲜花、赵秀梅、张秀芹、张秀兰、郭素贤等人。

1969年10月—11月，由李金顺和洪希彬两位同志负责二车间的生产线工艺设计。二车间在两位同志的带领下试制完成了二硝基重氮酚。参加试制的主要人员有刘德亮、王秀兰、康斌、张瑞敏、张成俊、杨来生、武杰、赵美玲、吕秀英、程淑清、郝凤莲等人。

同年冬，由李惠敏同志负责三车间火雷管生产线的工艺设计。三车间85号火雷管装配在刘九福、郑二祥、李来才三位同志的带领下试制成功。参加火雷管装配试制的主要人员有臧惠兰、王殿平、李凯、郭存、杨茂森、米瑞山、安文明、李谊梅、魏兰弟、彭悦、李俊、张继英、郝秀芬、王当厚、武玉连、曹铁柱、董秀英、窦培华、张兰花、段利勋等人。厂部组织参加试制工作的干部有彭宝芝、张荣康、马致金、唐胜意、李金顺等人。

工厂的85号火雷管、85号电雷管等产品执行的是五机部的部颁标准。

在厂领导、技术人员、新老工人的共同努力下，1970年1月14日，内蒙古红旗化工厂正式投产，生产的主要产品是85号纸壳火雷管。5月，内蒙古自治区国防工办下达《关于85号工业雷管定型的批复》文件，批准红旗化工厂进行批量生产。

1970年7月，由史庆玉同志负责电雷管生产线的工艺设计。85号电雷管装配在李来才、崔希耀两位同志的带领下试制成功。参加电雷管试制的主要人员有王殿平、刘玉梅、王俊英、秦建业、张秀花、李爱平、孙平、孟秀兰、刘忠等人。王殿平负责试制工艺技术工作。

1970年9月，二车间在韩龙贵、王秀兰、李平、曹秀英、崔秀珍、刘在、郭厚、安明武、赵步高、王惠奇等人的努力下，试制成功了军品起爆药三硝基间苯二酚铅、氮化铅。

1972年秋,由李惠敏同志负责木柄手榴弹铝雷管的工艺设计。三车间在刘九福、郑二祥、王殿平、随国栋、王占军、张继英、彭悦、郭存、安文明、杨茂森、李俊、王当厚、仉素兰、窦培花、武玉连、段利勋、董秀英、郝秀芬等人的努力下,试制成功了木柄手榴弹铝雷管,开始了红旗化工厂生产军品的历史。

木柄手榴弹技术标准执行的是五机部的部颁标准。红旗化工厂此后进入平稳生产期。经过五年的辛勤劳动,工厂按设计要求建成,1970年,当年生产火雷管813万发、电雷管105万发,工业总产值77.91万元;销售火雷管543.97万发,当年上缴利润6.9万元。红旗化工厂终于迈出了自己的第一步,书写下了红旗化工厂成长史中的第一页。

2.3 工艺产品

内蒙古红旗化工厂为中型一档火工品生产厂,以生产工业雷管为主。1973年以前,生产的产品主要是85号工业火雷管、85号工业瞬发电雷管、木柄手榴弹铝雷管(1979年以后停产)。1979年组织技术人员研制生产85号秒延期电雷管,1980年定型开始批量生产;1983年投资建成了煤矿许用电雷管生产线,试制煤矿许用电雷管,1984年9月定型批量生产;1984年派人调研生产塑料导爆管和导爆管瞬发雷管,于当年6月定型批量生产;1985年又组织技术人员试制煤矿许用毫秒延期电雷管和导爆管毫秒雷管,1988年完成了毫秒延期电雷管和非电毫秒延期雷管的定型工作,经内蒙古自治区经委批准正式投入批量生产,为内蒙古自治区火工产品填补了空白。1992年7月,工厂完成了无起爆药雷管的试制定型工作,并转入批量生产。1995年研制了1/4秒非电雷管、半秒非电雷管。工厂先后生产过三大品种、9个系列、18种产品,生产车间也由最初的三个主体车间、一个辅助车间扩展到七个主体车间和两个辅助车间。煤矿许用火雷管和普通火雷管的装配方法基本一样但有三点不同:一是煤矿许用火雷管用5层纸管壳,普通火雷管用4层纸管壳;二是煤矿许用火雷管在二次炸药中添加了15%的氯化钾作消焰剂,普通火雷管不用添加;三是煤矿许用火雷管要做瓦斯试验,普通火雷管不用做。

毫秒延期电雷管和非电毫秒延期雷管的区别是:毫秒延期电雷管是用聚氯乙烯爆破线作连接的,非电毫秒延期雷管是用塑料导爆管作连接的。

全厂有两个辅助车间,一个是动力车间,负责全厂的动力供应。一个是机加工车间,负责设备维修及工具、模具制造。

质量检测部负责对全厂的原材料、半成品、成品的检验,负责对工厂的卡具、量具的检验和计量。

技术部负责全厂的工艺编制和工艺技术管理、技改和新产品开发工作。

2.4 基本建设

1966年10月,内蒙古自治区建设厅第五施工队来到瓦窑沟,正式开始了红旗化工厂的土建工程。经过三年的施工,到1969年底,建设厅所负责的工房和一些大型生活设施项目已全部完工,验收合格,可交付使用。第五施工队共完成建筑面积12 447.44平方米,建筑投资2 416 060.80元。其中,生产区面积5 829.64平方米,投资2 060 284.03元,生活区面积6 617.8平方米,投资355 776.77元。

内蒙古自治区建设厅第五施工队完成了红旗化工厂全部主体工房和大型生活设施项目的建设后于1969年冬季陆续撤走。此后,红旗化工厂的基建维修由本厂总务科负责。总务科接手后建设的生活设施和职工宿舍主要有职工俱乐部、办公大楼、单身宿舍楼、厂区宿舍楼、前大院宿舍楼等;建设生产工房主要有秒延期电雷管生产线、焊线工房、毫秒生产装配线、新库区五栋库房、6.5吨新锅炉房、汽车配件库、化工库等。

3. 企业体制

3.1 体制沿革

内蒙古红旗化工厂成立于1966年,至2006年已有40年历史,其企业体制随着党和国家的形势发展要求不断改变,大致经历了以下六种管理体制。

一是党委领导下的厂长负责制。这种领导体制规定企业中的一切重要工作和重大问题,必须由党委集体讨论决定。企业党委决定的问题,属于生产行政工作方面的,由厂长负责组织实施并讨论决定。日常政治工作则由政治机关负责。党委书记和厂长在企业党委的集体领导下,对企业的工作共同负责。在企业的党委员会中,担任生产、技术工作的党员干部应占半数左右,以便加强党对生产、技术工作的领导。在管理体制上,企业要实行统一领导,分级管理的原则,一般实行三级管理,即厂—车间或分厂—工段或班组。企业的主要管理权力集中在厂部,企业的生产工作实行集中统一的指挥,在厂长的领导下,由生产副厂长负责指挥。计划管理工作要根据国家计划,编制本企业年度的生产计划、技术计划、财务计划,以及季度的生产计划和月度的作业计划。技术管理工作坚持质量第一的方针,好中求多,好中求快,好中求省。劳动管理工作方面要制定合理的劳动定额,教育职工遵守劳动纪律,招工要通过地方劳动部门,不得私自招工。财务管理方面要按照国家财务规定进行成本核算,实现利税要全部上缴,工厂的新建或技改项目要申请立项批准后由上级主管部门拨款。企业的工资制度工人实行八级工资制。从1966年到1968年,红旗化工厂一直实行这一体制。由于是新建厂,后又受"文化大革命"的影响,该体制并没有很好地实行下去。好在企业正处于建设阶段,新招工人绝大部分去抚顺四七四厂实习,留厂人员较少,虽然受"文化大革命"的影响,生产秩序比较混乱,但没有造成停工。这一体制下,工厂的厂级党组织为党支部,由毕恩田、赵义、冀生、刘观峰、彭宝芝等同志组成,支部书记为毕恩田同志。行政领导方面,厂长由毕恩田同志担任,副厂长由赵义、彭宝芝两位同志担任。

二是军事管制。内蒙古红旗化工厂从1968年底到1971年10月实行该体制。由于"文化大革命"的影响,工厂党组织和行政领导机构一度陷于瘫痪状态,党中央决定在全国实行军事管制这一特殊的管理方式,将军队干部派到各个单位主持日常工作。从1968年底到1969年12月,派到红旗化工厂的军队干部就有三批。第一批是1968年底,上级派来军队干部王宣同志担任厂革委会主任,副主任为毕恩田同志,常委为赵义、彭宝芝、崔希耀等同志。第二批是1969年7月,以军队干部任万贵、王成海两位同志为首的军宣队进厂主持工作。第三批是1969年12月,工厂实行全面军事管制,按团级进行编制,车间改为连队,原一车间为一连、二车间为二连、三车间为三连、机动科为四连、检验科为五连,机关设办公室、政治组、后勤组、生产组、财务股、供销股。工厂行政领导机构为军事管制领导小组,组长为宝音达来同志,副组长胡为东、高尚仁、李义、王海等同志。军官组随后改为革命委员会,1971年10月,内蒙古自治区国防工办对工厂行政领导班子进行了重新任命:革委会主任为宝音达来同志,副主任为胡为东、彭宝芝、高尚仁等同志。从1968年底以后,工厂的党组织由于受"文化大革命"的影响便停止了活动,直到1971年整建党组织后,经内蒙古自治区国防工办党组批复，才成立了中共内蒙古红旗化工厂委员会，党委书记为宝音达来同志，副书记为胡为东同志，常委为彭宝芝、高尚仁、段云智等同志。

三是党委一元化领导体制。这种体制是"文化大革命"极"左"思潮的产物，也是"文化大革命"后期的一种特有体制。企业的一切生产经营活动都在党组织的领导下进行。工厂的党委主要负责人和行政领导主要负责人均由一人担任，充分体现这一体制的特征。红旗化工厂的这种体制从1971年整建党组织后一直延续到"文化大革命"结束。这一期间，工厂的党政主要领导进行了更替，组织机构也进行了更改。1972年10月，经内蒙古自治区国防工办批准，工厂实行厂—车间—班组三级直线管理。机关设政治处、生产计划科、技术科、检验科、供运科、劳资科、财务科、技安科、机动科、总务科、办公室，车间设一车间、二车间、三车间共三个车间。1973年6月，工厂撤销军事管制，绝大部分军队干部返回部队。工厂领导班子中的军队干部全部撤走后由革委会副主任彭宝芝同志主持党政工作。1974年5月，经内蒙古自治区国防工办党组决定，由高才晓同志任厂党委书记、革委会主任，党委副书记为郑增贵同志，革委会主任副主任为彭宝芝同志，革委会成员为刘观峰、刘国才、弓射敌等同志。这届领导班子一直工作到1978年7月。

四是党委领导下的厂长分工负责制。1976年10月，"文化大革命"结束，随之而来是拨乱反正，工厂领导体制也由党委一元化领导重新回到"文化大革命"前的党委领导下的厂长负责制上来。但这次的领导体制和"文化大革命"前的不完全相同，厂长的职权相对要比以前更大一些。同时要求大中型企业的党委书记和厂长要分设，不能一人兼两职。红旗化工厂在实行党委一元化领导期间，由于"文化大革命"的影响，工厂领导班子无法团结形成"一个拳头"。1975年下半年，内蒙古自治区国防工办召集领导班子成员办学习班，力图解决团结问题，但效果不明显。1977年厂主要领导因病休息，1978年5月包装工房发生爆炸，死亡一人，重伤一人。鉴于企业生产管理形势十分严峻，内蒙古自治区国防工办于1978年7月对工厂领导班子进行了调整，调四四七厂的白云飞同志担任厂党委书记，昌义祥同志担任厂长兼党委副书记，原厂郑增贵同志任副书记，弓射敌同志任党委常委、副厂长，高才晓同志任党委常委、副厂长，杨策同志任党委常委。这次调整为工厂注入了活力和动力。通过恢复性整顿，当年工厂就跨入了学大庆先进企业的行列，第二年建成"大庆式企业"。1982年，红旗化工厂又进行了全面整顿，成为内蒙古自治区地方军工企业的排头兵。1983年初，内蒙古自治区国防工办组织全区地方军工企业的主要领导来厂召开企业整顿现场会，使企业走上了稳定发展的轨道。其间，工厂主要领导也有调整。1980年9月，昌义祥同志任党委书记兼厂长，高才晓同志任副书记，弓射敌、杨策两位同志任副厂长。1981年5月，经内蒙古自治区国防工办党组决定，由昌义祥同志任党委书记，高才晓同志任副书记，弓射敌同志任厂长，张荣康、杨策两位同志任副厂长。1982年，刘德亮代副厂长之职。1984年11月，内蒙古自治区经贸委对工厂领导班子进行了重大调整，由刘德亮同志任党委书记，弓射敌同志任厂长，杨策同志任副书记，张荣康、芦荣两位同志任副厂长，领导班子按"四化"标准要求组建，专业化水平提高，文化水平也是这几届领导班子中最高的。

五是厂长负责制。随着城市经济体制改革的深入，1986年9月15日中共中央、国务院先后发布了《全民所有制工业企业厂长工作条例》《全民所有制工业企业职工代表大会条例》《中国共产党全民所有制工业企业基层组织工作条例》。这三个重要文件明确规定国有企业应实行厂长负责制；由中国共产党在企业中的基层组织，对党和国家的方针、政策在本企业的贯彻执行实行保证、监督；企业通过职工代表大会和其他形式，独立自主地开展工作；企业工会组织职工参加民主管理和民主监督。1988年4月13日第七届全国人民代表大会第一次会议通过了《中华人民共和国全民所有制工业企业法》，以法律的形式进一步明确了企业的上述体制。同时还规定企业贯彻按劳分配原则，在法律规定的范围内，可以采取其他分配方式，赋予企业的权利比党委领导下的厂长负责制的宽泛得多。例如，企业有权自行安排生产任务并调整产品生产销售计划，有权自行购买物资，有权依照国家有关规定支配使用留用资金，有权确定工资形式和奖金分配办法，有权依照法律和国家规定录用、辞退职工，有权决定机构设置及其人员编制，等等。《中华人民共和国全民所有制工业企业法》还规定厂长是企业的法定代表人，厂长领导企业的生产经营管理工作，依照法律和国家规定、决定或者报请审查批准企业的各项计划，决定企业行政机构的设置；提请政府主管部门任免或聘任、解聘副厂级行政领导干部；任免或者聘任、解聘企业中层行政领导干部；提出工资调整方案、奖金分配方案或重要的规章制度,提请职工代表大会审查同意,提出福利基金使用方案和其他有关职工生活福利的重大事项的建议,提请职工代表大会审议决定;依法奖惩职工;提请政府主管部门奖惩副厂级行政领导干部。《中华人民共和国全民所有制工业企业法》也进一步规定了职工代表大会是企业实行民主管理的基本形式,是职工行使民主管理权力的机构。职工代表大会的工作机构是企业的工会委员会,企业工会委员会负责职工代表大会的日常工作。职代会的职权有听取和审议厂长关于企业的经营方针、长远规划、年度计划、基本建设方案、重大技术改造方案、职工培训计划、留用资金分配和使用方案、承揽和租赁经营责任制方案的报告,提出意见和建议;审查同意或者否决企业工资调整方案、奖金分配方案、劳动保护措施、奖惩办法以及其他重要的规章制度;审议决定职工福利基金使用方案、职工住宅分配方案和其他有关职工生活福利的重大事项;评议、监督企业各级行政领导干部,提出奖惩和任免的建议;根据政府主管部门的决定选举厂长,报政府主管部门批准。

从1988年到1999年底,红旗化工厂实行该管理体制。其间,工厂党委、行政领导班子组成是:厂长弓射敌同志,党委副书记杨策同志(1991年任党委书记),副厂长陈宝琪同志、芦荣同志,总工程师张荣康同志。1995年1月,经内蒙古自治区经贸委党组决定,任命陈宝琪同志为党委副书记、第一副厂长,苏建明同志为副厂长、白官清同志为纪委书记。1995年11月,又任命陈宝琪同志为厂长兼党委书记,张瑞敏同志为党委副书记,白官清同志为工会主席,张映华同志为厂长助理。1996年,任命张映华同志为副厂长。1998年,工厂由内蒙古自治区直属企业划归呼和浩特市经贸委管理,工厂同时进入改制阶段,到2000年初正式改为有限责任公司,开始按照公司法的相关规定运营。

六是有限责任公司管理体制。按照公司法的相关规定,有限责任公司由2个以上50个以下股东共同出资设立。公司的组织机构为股东会、董事会、监事会、经理层。股东大会是公司的权力机构。股东大会的职权为决定公司的经营方针和投资计划;选举和更换董事、决定有关董事的报酬事项;选举和更换由股东代表出任的监事、决定有关监事的报酬事项;审议批准董事会的报告;审议批准监事会或监事的报告;审议批准公司的年度财务预算方案、决算方案、利润分配方案和弥补亏损方案;对公司增加或减少注册资本,发行公司债券,股东向股东以外的人转让出资,公司的合并、分立、变更公司形式解散和清算等事项作出决议；修改公司章程，等等。董事会对股东大会负责，其职权是负责召集股东大会，并向股东大会报告工作；执行股东大会的决议；决定公司的经营计划和投资方案；制定公司的年度财务预算和决算方案；制定公司的利润分配和弥补亏损方案；制定公司增加或减少注册资本的方案；拟定公司合并、分立、变更的形式，解散的方案；决定公司内部管理机构的设置；聘任或解聘公司经理，根据经理的提名，聘任或者解聘公司副经理、财务负责人，决定其报酬事项；制定公司的基本管理制度。监事会的职权是检查公司财务；对董事、经理执行公司职务时违反法律法规或者公司章程的行为进行监督，当董事和经理的行为损害公司的利益时，要求董事和经理予以纠正；提议召开临时股东大会；监事列席董事会会议。经理对董事会负责，其职权是主持公司的生产经营管理工作，组织实施董事会决议；组织实施公司年度经营计划和投资方案；拟定公司内部管理机构设置方案；拟定公司的基本管理制度；制定公司的具体规章；提请聘任或者解聘公司副经理、财务负责人；聘任或者解除应由董事会聘任或者解聘以外的负责管理人员；公司章程和董事会授予的其他职权。

实行公司制后，公司党委的主要职能没有改变，仍然发挥监督保证作用。公司职工代表大会仍然按照相关要求正常开展工作，企业工会也按照规定的职能开展工作。

在公司改制过程中，按照呼和浩特市体改委的要求，公司对企业的资产进行了评估，通过置换职工的国有企业职工身份、对退休职工的妥善安置、对企业国有净资产的买断，从此退出了国有序列。1999年12月28日，呼和浩特市体改委下文批准内蒙古红旗化工厂改组为内蒙古红旗化工有限责任公司。根据公司法的有关规定，2000年1月20日，公司召开股东代表大会，选举产生了公司董事会和监事会成员，董事会由陈宝琪、张瑞敏、苏建明、张映华、周玉满、高明、任斌等同志组成，陈宝琪同志为董事长，监事会由白官清、陈沙河、曹瑞亮等同志组成，白官清同志为监事长。经董事会研究决定，聘任陈宝琪同志为总经理，聘任苏建明、张映华、张瑞敏等同志为任副总经理。

公司党委委员有陈宝琪、张瑞敏、白官清、苏建明、张映华、陈沙河、周玉满等同志，陈宝琪同志为党委书记，张瑞敏同志为党委副书记，白官清同志为纪委书记、工会主席。

2001年2月,经公司董事会研究决定,聘任高明同志为总工程师。2002年9月,经公司董事会研究决定,聘任高明同志为副总经理。

2004年1月,经公司董事会研究决定,聘任张瑞敏同志为总经理,聘任郝新民同志为总工程师;经公司党委会研究决定,由苏建明担任党委书记。

2005年3月15日,经公司董事会研究决定,更改各行政管理部门的名称并调整部分管理部门。

2006年1月19日,公司召开股东代表大会和二届一次职工、会员代表大会,选举产生了新一届董事会和监事会。

董事会由任斌、孙二润、苏建明、陈宝琪、张瑞敏、周玉满、高明等同志组成,董事长为陈宝琪同志。经董事会研究决定,聘任张瑞敏同志为总经理。由公司总经理张瑞敏同志提名,经董事会、党委扩大会议研究决定,聘任高明同志、周玉满同志为副总经理,聘任郝新民同志为总工程师。

监事会由白官清、陈沙河、曹瑞亮等同志组成,白官清同志为监事会主席。会议还选举白官清同志担任工会主席。

公司党委委员由陈宝琪、苏建明、张瑞敏、白官清、高明、周玉满、陈沙河等同志组成,苏建明同志为党委书记,白官清同志为纪委书记。

2006年2月,经董事会研究决定,设立七车间。

3.2 党委组织机构

1966年3月,内蒙古红旗化工厂正式成立了党支部,由毕恩田同志任党支部书记,委员有赵义、彭宝之、刘观峰、冀生等同志,当年全厂共有党员15人。

1971年11月19日,红旗化工厂召开中国共产党内蒙古红旗化工厂首届党员大会,选举产生了由11名委员组成的党委,党委书记为宝音达来同志,副书记为胡卫东同志,常委为彭宝芝、高尚仁、段云智等同志,委员为刘国才、弓射敌、王国斌、李随发、孙吉庆、李孝等同志。

各车间、科室相继成立了党支部,当年全厂共设10个党支部,有党员72人。

1973年军队干部撤出后,厂党委进行重组,由9名委员组成,厂党委书记为高才晓同志,副书记为彭宝之同志、郑增贵同志,常委为弓射敌、刘观峰、刘国才等同志,委员为王国斌、李随发、杨策等同志。

1976年3月31日,红旗化工厂成立厂党委和革委会,厂党委和革委会的分工是如下：

高才晓同志为党委书记、革委会主任，负责党委和革委会的全面工作，分管党委和革委会办公室工作。

彭宝芝同志为党委副书记、革委会副主任，分管劳资、财务、检验、总务、基建和"五七"工作。

郑增贵同志为党委副书记、革委会副主任，分管工会、团委、政治处、武保和全厂的理论队伍建设和计划生育工作。

刘国才同志为党委常委、革委会副主任，分管机动科和工厂的机动设备管理。

弓射敌同志为党委常委、革委会副主任，分管生产技术、技安、供销的工作。

刘观峰同志为党委常委，协助书记分管办公室。

1978年7月，内蒙古自治区国防工办派工作组对红旗化工厂进行恢复性整顿，对党委进行了改组，由白云飞同志任厂党委书记，昌义祥同志、郑增贵同志任厂党委副书记，弓射敌同志、杨策同志任厂党委常委，王国斌同志、李随发同志、从贵发同志任厂党委委员，全厂设立11个党支部，共有党员105人。

1980年5月，白云飞同志调往内蒙古自治区国防工办工作，昌义祥同志任厂长兼任厂党委书记，高才晓同志任厂党委副书记，弓射敌同志、杨策同志任厂党委常委，全厂设立党支部12个，共有党员104人。

1982年，红旗化工厂进行全面整顿，年底对党委进行了充实调整，由昌义祥同志任厂党委书记，杨策代同志任党委副书记，弓射敌同志、高才晓同志任厂党委常委，王国斌同志、李随发同志、从贵发同志任厂党委委员，全厂设立11个党支部，共有党员103人。

1984年11月，内蒙古自治区经贸委对红旗化工厂党委进行了调整，由刘德亮同志任厂党委书记，杨策同志任厂党委副书记，弓射敌同志、张瑞敏同志、白官清同志任厂党委委员，全厂设立13个党支部，共有党员128人。

1987年12月，刘德亮同志调往内蒙古电子技术服务公司工作，由党委副书记杨策同志主持党委工作，弓射敌同志、张瑞敏同志、卢荣同志、白官清同志任厂党委委员。

1990年1月，由杨策同志任厂党委书记，弓射敌同志、张瑞敏同志、卢荣同志、白官清同志任厂党委委员，全厂设立15个党支部，共有党员117人。

1995年1月，由陈宝琪同志任厂党委副书记，同年12月，厂党委书记杨策同志退休,内蒙古自治区经济贸易委员会党组对红旗化工厂党委组成人员进行了重新任命,由陈宝琪同志任厂党委书记,张瑞敏同志任厂党委副书记,白官清、卢荣、苏建明、杜继晓等同志任厂党委委员,全厂设立16个党支部,共有党员146人。

1999年12月,根据呼和浩特市《关于放开放活中小企业的规定》的文件精神,经厂党政工联席会议研究和八届六次职工代表大会讨论决定,内蒙古红旗化工厂拟改组成立有限责任公司,2000年1月13日,经上级批准和注册,内蒙古红旗化工有限责任公司正式成立。陈宝琪同志任公司党委书记,张瑞敏同志任公司党委副书记,白官清、苏建明、张映华、陈沙河、周玉满等同志任公司党委委员。

2004年1月,根据工作需要,公司党委主要领导的职务有所调整,苏建明同志任公司党委书记,陈宝琪、张瑞敏、白官清、高明、周玉满、陈沙河等同志任公司党委委员。全公司设立16个党支部,共有党员227人。到2006年6月底,全公司设立17个党支部,共有在岗党员161人。

3.3 行政组织机构

红旗化工有限责任公司的组织机构从建厂到2006年的40年中,主要可归纳为六个不同的管理时期。

一是工厂筹建时期。1966年8月,红旗化工厂筹建委员会成立,时任厂长为毕恩田同志,副厂长为赵义同志、彭宝芝同志。工厂的机构为办公室、政工组、后勤组。1968年,军宣队进厂实行大联合,成立了革命委员会,当时的革委会主任为王宣同志,副主任为毕恩田同志,常委有赵义、彭宝芝、崔希耀等同志。

工厂的机构为办公室、政治组、后勤组、生产组、财务股、供销股、一车间、二车间、三车间、机动科、检验科。

二是军事管制时期。1969年7月,以军队干部任万贵同志、王成海同志为首的军宣队进厂主持工作。1969年12月,工厂实行全面军事管制,由宝音达来同志任军管组组长,胡为东、高尚仁、李义、王海等同志任副组长,组员有李随发、王国斌、孙吉庆、李孝等同志。

工厂按团级进行编制,下为6个连队。分为一车间、二车间、三车间、机动科、检验科、机关。机关又分为办公室、政治组、后勤组、生产组、财务股、供销股。

1971年10月25日，经内蒙古自治区国防工办领导小组研究，同意红旗化工厂革委会增补委员11人，即宝音达来、胡为东、高尚仁、李随发、郭茂家、郑增贵、赵发昌、吕成秀、贾久炎、郑二祥、窦培花（女）等同志。

同时，对革委会班子成员重新进行了任命：宝音达来同志任革委会主任，胡为东、彭宝芝、高尚仁等同志任革委会副主任；

革委会常委由宝音达来、胡为东、彭宝芝、高尚仁、李随发、郭茂家、崔希耀等同志组成。

1972年10月7日，经内蒙古自治区国防工办批准，在厂党委一元化领导下，实行厂—车间—班（组）三级管理。内蒙古红旗化工厂革命委员会为厂级领导层，下设政治处、生产计划科、技术科、检验科、供运科、劳资科、财务科、技安科、机动科、总务科、办公室、一车间、二车间、三车间。

三是内蒙古自治区国防工办（地方军工领导机关）管理时期。1973年6月，军队干部撤出工厂，撤销军管，军队干部有的回到部队，有的仍留在工厂。红旗化工厂归内蒙古自治区国防工业办公室领导。

当时，革委会主任宝音达来同志随军管撤销回到部队，工厂革委会主任暂空缺。工厂的领导班子是厂革委会副主任彭宝芝、郑增贵、刘观峰、刘国才、弓射敌等同志，由彭宝芝同志主持工作。

1974年5月，经内蒙古自治区国防工办党组研究决定，由高才晓同志任革委会主任，彭宝芝、郑增贵、刘观峰、刘国才、弓射敌等同志任副主任。

1976年3月31日，红旗化工厂成立厂党委和革委会。

党委书记、革委会主任高才晓同志负责党委和革委会的全面工作，分管党委和革委会办公室工作。

党委副书记、革委会副主任彭宝芝同志分管劳资、财务、检验、总务、基建和"五七"工作。

党委副书记、革委会副主任郑增贵同志分管工会、团委、政治处、武保和全厂的理论队伍建设和计划生育工作。

党委常委、革委会副主任刘国才同志分管机动科和工厂的机动设备管理。

党委常委、革委会副主任弓射敌同志分管生产技术、技安、供销的工作。

党委常委刘观峰同志协助书记分管办公室。

1978年8月24日,经内蒙古自治区国防工办的批准,红旗化工厂组成新的工厂领导班子。工厂实行党委领导下的厂长分工负责制。党委书记白云飞同志主持党委全面工作,并分管办公室;党委副书记、厂长昌义祥同志,主持全厂生产、行政领导工作,并分管财务科、劳资科、检验科;党委副书记郑增贵同志,协助党委书记抓好思想政治工作,分管政治处、工会、团委、武保部;党委常委、副厂长弓射敌同志协助厂长抓好生产技术工作,具体分管生产技术科、机动科、供运科、技安科;党委常委、副厂长高才晓同志协助厂长抓好行政、后勤工作,分管总务科、基建科、农场、"五七"队;常委杨策同志协助副厂长高才晓同志管理行政、后勤工作。

同时,对工厂组织机构和中层管理人员进行了调整。

原三车间分为两个车间,即火管车间和电管车间;原生产技术科分为两个科,即生产计划科和技术科研科;原武保部改为武装部;原基建科和原总务科合并为总务科;成立农副业办公室专管农场和"五七"队工作。

这一时期红旗化工厂的组织机构为:一车间、二车间、三车间、四车间、机动科、生产计划科、技术科研科、技安科、财务科、供运科、劳资科、总务科、农副业办公室、团委、武装部、办公室、政治处、工会。

1979年10月,由张荣康同志任副总工程师。

1980年7月24日,经内蒙古自治区工办党组研究决定,地方军工企业撤销政治处,红旗化工厂撤销政治处后,成立了组干科和宣传科。

1980年5月,白云飞同志调走,由昌义祥同志任厂长兼党委书记,高才晓同志任副书记;由弓射敌同志、杨策同志任副厂长;王国斌、李随发、丛贵发等同志为党委委员。

1981年10月20日,经内蒙古自治区国防工办党组研究同意,由昌义祥同志任厂党委书记,免去其厂长职务;由弓射敌同志任厂长,张荣康同志、杨策同志任副厂长,刘德亮任副总工程师。

四是厂长负责制管理时期。1982年,红旗化工厂进行全面整顿,厂领导班子按"四化"标准进行调整,由弓射敌同志任厂长,张荣康同志任副厂长,刘德亮同志代理副厂长,芦荣同志任副总工程师。

1984年11月,工厂领导班子重新调整,由弓射敌同志任厂长,张荣康同志、芦荣同志任副厂长,王秀兰同志、安兆民同志任副总工程师,韩田任副总会计师。

工厂的中层机构有厂部办公室、党委办公室、工会、团委、保卫科、纪委、生产计划科、技术科、科研情报科、技安科、人劳科、财务科、供运科、检验科、动力车间、机加工车间、一车间、二车间、三车间、四车间、五车间、生活服务公司、劳动服务公司。

1988年4月11日,陈宝琪同志任副厂长。

1995年1月18日,陈宝琪同志任党委副书记、第一副厂长,苏建明同志任副厂长,白官清同志任纪委书记。

1995年11月26日,经内蒙古自治区经贸委党组研究决定,任命陈宝琪同志为内蒙古红旗化工厂厂长兼中共内蒙古红旗化工厂党委书记,张瑞敏同志为中共内蒙古红旗化工厂党委副书记,苏建明同志为副厂长,张映华同志为厂长助理。

根据内蒙古自治区经贸委党组提议,并征得内蒙古自治区国防机械工业工会委员会同意,经厂党委研究决定,任命白官清同志为内蒙古红旗化工厂工会代主席。

工厂的中层机构有厂部办公室、党委办公室、工会、团委、生产计划科、技术科、技术中心、技安科、人劳科、财务科、供运科、检测中心、保卫科、动力车间、机加工车间、一车间、二车间、三车间、四车间、五车间、六车间、生活服务公司、劳动服务公司。

五是公司制管理时期。1999年12月28日,呼和浩特市经济体制改革委员会下达《关于同意内蒙古红旗化工厂改组为有限责任公司的批复》,红旗化工厂正式改组为内蒙古红旗化工有限责任公司。

根据公司法的有关规定,2000年1月20日,公司召开股东代表大会以无记名投票的方式选举产生了公司董事会和监事会。董事会由陈宝琪、张瑞敏、苏建明、张映华、周玉满、高明、任斌等同志组成;监事会由白官清、陈沙河、曹瑞亮等同志组成。经董事会无记名投票,选举陈宝琪同志为董事长,白官清同志为监事长。

经公司董事会研究决定,聘任陈宝琪同志为内蒙古红旗化工有限责任公司总经理;聘任苏建明、张映华、张瑞敏三位同志为副总经理。

2001年2月17日，经公司董事会研究决定，聘任高明同志为总工程师，免去张映华同志的总工程师职务。

2002年9月9日，经公司董事会研究决定，聘任高明同志为副总经理。

2004年1月15日，经公司董事会研究决定，聘任张瑞敏同志为总经理，解除陈宝琪同志的总经理职务；聘任郝新民同志为总工程师。

公司的中层机构有技术中心、办公室、组织宣传科、人事劳资科、财务会计科、技术科、安全监察科、检测中心、供销科、总务科、体制改革办、劳动服务公司、红达爆破公司、一车间、二车间、三车间、四车间、五车间、六车间、机加工车间、动力车间、工会、团委、保卫科、纪委。

2005年3月15日，经公司董事会研究决定，更改各行政管理部门名称和调整部分管理部门：原财务科更改为财务部；原生产科更改为生产部；原体改办更改为企业管理部；原人劳科更改为人力资源部；原技安科更改为技术安全部；原检测中心更改为质量检测部；原总务科更改为基建维修部；原技术科和原技术中心合并为技术部；撤销供销科，设立物资供运部和销售部。原组织宣传科更改为组织宣传部；原保卫科更改为保卫部；原总务科更改为基建维修部；原体改办更改为企业管理部；劳动服务公司、红达爆破公司、团委、纪委、各车间名称没有变动。

2006年1月19日，在公司股东代表大会和二届一次职工、会员代表大会上，代表以无记名投票的方式选举产生了新一届公司董事会和监事会，董事会由任斌、孙二润、苏建明、陈宝琪、张瑞敏、周玉满、高明等同志组成，监事会由白官清、陈沙河、曹瑞亮等同志组成。同时，选举白官清同志为工会主席。

经公司董事长陈宝琪同志提名，经董事会全体会议研究决定，聘任张瑞敏同志为总经理。

由公司总经理张瑞敏同志提名，经董事会、党委扩大会议研究决定，聘任高明同志为副总经理；聘任周玉满同志为副总经理兼生产部部长；聘任郝新民同志为总工程师。

2006年2月22日，经公司董事会全体会议研究决定，设立七车间，由赵志明同志任车间主任，副主任赵喜珍同志、杨艳秋同志任副主任。

公司的中层机构有办公室、工会、财务部、生产部、企业管理部、人力资源部、技术安全部、质量检测部、基建维修部、技术部、物资供运部、销售部、组织宣传部、保卫部、基建维修部、企业管理部、劳动服务公司、红达爆破公司、团委、纪委、一车间、二车间、三车间、四车间、五车间、六车间、七车间、机加工车间、动力车间。

3.4 工会组织机构

1972年红旗化工厂工会成立后，年底召开了第一届工会会员代表大会第一次会议，选举产生了第一届工会委员会，主任由军管组副组长胡卫东同志兼任，副主任由郑增贵同志、韩龙贵同志兼任，委员有阎福荣、宋兆俊、陈德昆、藏惠兰等同志，此时还没有工会专职干部。车间、科室也相应成立了分工会，全厂共有9个分工会。

1973年军管干部撤走后，工会主任由郑增贵同志兼任，陈瑞芬同志、王悦生同志任工会干事。

1975年6月25日至26日，红旗化工厂召开了第二届工会会员代表大会第一次会议，选出了第二届工会委员会，委员会由15人组成，主任由郑增贵同志兼任，副主任由韩龙贵同志兼任，常委有阎福荣同志、李文生同志、藏惠兰同志。全厂设9个分工会。

1976年初，红旗化工厂工会配备了专职工会干部，张万才同志任工会副主任。

1977年12月，为加强工会领导，由张万才同志、赵进才同志任工会副主任。

1979年11月，红旗化工厂召开第三届工会会员代表大会第一次会议，大会选出了新的工会委员会，张万才同志、阎福荣同志任工会副主任，常委为藏惠兰同志、陈德昆同志、赵步高同志。工会配备专职干事2人，全厂设10个分工会。

1982年12月，全厂调整干部，工会设副主任一人，由阎福荣同志担任。

1984年10月，工厂因机构调整，成立了临时工会委员会，张瑞敏同志任临时工会委员会代理主任，许燕任同志副主任。

1985年3月，工厂召开了第四届工会会员代表大会第一次会议。大会选举产生了第四届工会委员会，委员会由王德、王继升、牛德华、仝久祥、刘存为、许燕、李广、吴浩、张瑞敏、赵步高、童荣、徐金鹏、秦建业、董元、蔺业等同志组成。大会同时选举产生了工会经费审查委员会。第四届工会委员会选举张瑞敏同志为工会主席，许燕同志为工会副主席。全厂设13个分工会。

1987年3月18日至20日，我厂召开了第五届会员代表大会第一次会议。大会选举产生了第五届工会委员会，委员会由王忠元、王守福、牛德华、刘存为、刘德茂、许燕、李广华、杨钧、张芝连、张瑞敏、赵步高、赵富喜、侯计善、曹秀英、董跃武15人组成；选举产生了工会经费审查委员会，经审会由侯明兰、牛德华等5人组成。第五届工会委员会选举张瑞敏为工会主席，许燕为工会副主席。全厂设13个分工会。

1989年3月21日至23日，工厂召开了第六届会员代表大会第一次会议。大会选举产生了第六届工会委员会，委员会由王忠元、王宪明、杨钧、杨生华、张芝连、张瑞敏、陈悦、庞玉兰、赵富喜、赵瑞君、侯计善、曹秀英、崔秀芳、董跃武等同志组成。大会同时选举产生了工会经费审查委员会。第六届工会委员会选举张瑞敏同志为工会主席。全厂设13个分工会。

1989年6月，许燕同志调离红旗化工厂，张永平同志任工会副主席。

1990年11月，张永平同志任工会副主席。

1991年3月27日，工厂召开了第七届会员代表大会第一次会议。大会选举产生了第七届工会委员会，委员会由王德、乔有亮、刘存为、孙武军、陈悦、陈峰、李凯、李广华、杨钧、张永平、张芝连、张瑞敏、庞玉兰、侯计善、郝钧、董跃武等同志组成，第七届工会委员会选举张瑞敏同志为工会主席，张永平同志为副主席；大会选举产生了工会经费审查委员会，张德义同志被选为经审会主任。全厂设14个分工会。

1994年4月，张永平同志调离红旗化工厂，陈沙河同志任工会副主席。

1995年12月，张瑞敏同志任厂党委副书记，白官清同志任工会代主席。

1996年1月29日至31日，工厂召开了第八届会员代表大会第一次会议。大会选举产生了第八届工会委员会，委员会由王德、王宪明、王德胜、白官清、刘存为、刘丽萍、毕景华、乔有亮、李凯、李广华、陈峰、陈悦、陈沙河、张亮、张敏、张芝连、庞玉兰、赵世明、董跃武等同志组成。第八届工会委员会选举出白官清同志为工会主席，陈沙河同志为副主席。大会选举产生了工会经费审查委员会，张德义同志被选为经审会主任。全厂设15个分工会。

1998年4月，陈沙河同志调任组织宣传科科长，任斌同志任工会副主席。

2001年1月15日至16日，公司召开了转制为有限责任公司后的第一届会员代表大会第一次会议。大会选举产生了第一届工会委员会，委员会由王德、王宪明、田丽亚、白官清、任斌、刘存为、乔有亮、毕景华、李广华、苏美玲、陈悦、陈峰、张亮、张宝良、张德义、庞玉兰、杨树峰、赵海荣、赵培亮等同志组成。第一届工会委员会选举白官清同志为工会主席，任斌同志为副主席。大会选举产生了工会经费审查委员会，张德义同志被选为经审会主任。全公司设15个分工会。

2004年5月，任斌同志调任公司办公室主任，孙二润同志任工会副主席。

2006年1月18日至20日，公司召开了第二届会员代表大会第一次会议。大会选举产生了公司第二届工会委员会，委员会由王德、王永奇、王守福、白官清、孙二润、李广华、乔永华、刘润文、李翠连、苏美玲、张继英、张智胜、张德义、杨旭、杨钧、郝钧、赵步高、赵培亮、樊雨等同志组成。第二届工会委员会选举出白官清同志为工会主席，孙二润同志为副主席。大会选举产生了工会经费审查委员会，张德义同志被选为经审会主任。全公司设16个分工会。

4. 生产经营建设

4.1 生产管理与生产发展

（1）生产管理

生产计划部协调和组织生产，生产管理可分为生产技术准备过程，基本生产过程，辅助生产过程和生产服务过程。生产部编制企业长期、年度、季度、月份生产计划及负责全面计划管理的平衡、调整、组织工作，确保企业各项计划的完成。

从1970年到2005年35年间先后定型投产有工业火雷管、瞬发电雷管、手榴弹铝雷管、秒延期电雷管、煤矿许用瞬发电雷管、非电瞬发雷管、非电秒延期雷管、非电1/4秒延期雷管、非电半秒延期雷管、非电毫秒延期雷管、无起爆药火雷管、无起爆药电雷管、煤矿许用毫秒延期电雷管、覆铜瞬发电雷管、覆铜煤矿许用瞬发电雷管、覆铜秒延期电雷管、塑料导爆管、覆铜火雷管共计18个产品。

基本生产单位概况：

一车间（卷管、冲压车间）于1969年组建，车间建筑面积924平方米，主要生产机器设备34台。车间设有主任1人,副主任2人,技术员、技安员、管理员各1人。车间分为卷管班、冲压班、普检班3个班组,共有职工33人。车间主要生产纸管壳、铝管壳、加强帽、铝套管和发蓝铁管壳,纸管壳日产量为18万发,铝套管日产12万发。

二车间(制药车间)于1969年组建,车间建筑面积1 660平方米,主要生产设备为真空抽滤器1台、空气压缩机1台、自动倒药机2台。车间设有主任1人,副主任2人,技术员、技安员、管理员各1人。车间分为制药班、倒药班、炸药加工班3个班组,共有职工34人。制药班主要制造起爆药,倒药班主要负责起爆药的干燥和库房管理,炸药班主要负责炸药的加工。

三车间(火雷管装配车间)于1969年组建,车间建筑面积968平方米,主要生产设备为激光编码机2台、空气压缩机及储气罐2套、包装捆扎机2台。车间设有主任1人,副主任2人,技术员、技安员、管理员各1人。车间分为5个班组,共有职工100名。三车间主要负责火雷管的生产及装配,日产量为22万发,编码打号12万发,包装40万发。

四车间(压塑、电引火制造车间)于1972年组建,车间建筑面积2 353平方米。主要生产设备为油压机3台、注塑机3台、多功能储能式自动焊线机8台。车间设有主任1人,副主任2人,技术员、技安员、管理员各1人。车间分为群模1班、群模2班、机器焊线班、注塑班4个班组,共有职工214人。日产量为各类药头30万发。

五车间(矿用电雷管、瞬发电雷管、秒延期电雷管、毫秒延期电雷管及非电雷管组装车间)于1984年组建,车间建筑面积1 353平方米,主要生产设备为激光编码机1台、空气压缩机及储气罐2套、包装捆扎机2台。车间设有主任1人,副主任2人,技术员、技安员、管理员各1人。车间分为非电班、延期班、矿用班、包装班4个班组,共有职工86人。非电班组装非电系列产品,日产量为1.5万发;延期班组装秒延期电雷管,班产6万发;矿用班组装矿用电雷管,日产7万发,编码打号7万发,包装7万发。

六车间(毫秒延期火雷管和毫秒延期电雷管装配车间)于1993年组建。工房建筑面积为841.5平方米,可生产毫秒火管、毫秒电管、覆铜火管、覆铜电管、非电火管5个系列的产品,主导产品是毫秒系列产品,年生产能力为4 250万发。其中,可年产毫秒电管3 800万发,各类火管450万发,编码打号3 500

万发,毫秒电管产品广泛用于矿山、公路、水利、建筑物拆除等爆破工程,市场需求稳定。车间生产工艺较为先进,质量可靠。车间设主任1人、副主任2人,技术员1人、技安员1人,管理员1人。车间分为火管制造、电管装配、编码打号3个班组,共有职工154人。

七车间(磨药、延期体、导爆管拉制车间)于2006年组建。车间建筑面积1 500平方米,主要生产设备为铅管拉拔机3台、导爆管拉制机6台、超声波封口机2台。车间设有主任1人,副主任2人,技术员、技安员、管理员各1人。车间分为塑料导爆管班、延期体拉拔班、磨药班3个班组,共有职工47人。延期体拉拔班日产24万发,塑料导爆管班日产6万米。

生产技术准备单位概要:

生产部主要负责生产计划的制订、调度、统计、编码打印等工作。

技术部主要负责工艺规程编制和管理、技术革新和技术改造、新产品设计和开发、材料定额、技术情报收集、标准化管理、非标准件设计等工作。

技术安全部主要负责安全教育、安全管理、消防救护、职业病及劳动保护管理等工作。

质量检测部主要负责原材料验收、计量、理化分析,生产工艺监督,半成品、成品及工具的检验、质量检查和分析等工作。

辅助生产单位概要:

机加工车间主要负责公司的工具、模具、工装、设备等的制造和维修工作。

动力车间主要负责公司的水、暖、电、汽等设备及其管道的安装和维修工作。

生产服务单位概要:

供运部主要负责全公司物资采购、供应和运输管理工作。

劳动服务公司主要负责导线和纸盒的加工。

基建维修部主要负责公司的生产、生活基建维修,"一堂两所"及后勤服务。

(2)生产发展

1970年1月14日,随着第一发雷管的诞生,揭开了红旗化工厂生产发展的序幕。这一时期生产指挥系统是一元化领导的,由生产技术科负责组织和协调生产。经过一年的试生产,到1971年年初,操作工人已能适应生产,规章制度也开始制定并实施,生产管理也摸索出一些经验。从1971年到1977年这一阶段,是红旗化工厂生产发展的第一阶段,也是建立健全规章制度,摸索前进并逐步走向规范的一个阶段,同时也是红旗化工厂出的安全事故最多,发生质量问题最多的一个阶段。

在这7年中,红旗化工厂的人员变化不大,1971年厂里共有职工532人,到1977年,厂里共有职工512人。7年中生产的产品品种也较为单一,1971年仅生产85号工业火雷管和85号工业电雷管。1972年,试制成功了木柄手榴弹铝雷管并投入生产,到1979年共计生产618万发,同年10月,五机部长沙会议上确定将该产品淘汰不再生产。工厂生产能力没有大的提高,1971年生产85号火雷管1504万发,85号瞬发电雷管332万;1977年生产85号火雷管1712万发;生产85号瞬发电雷管506万发。

生产管理、质量管理、安全生产管理、技术管理在这一时期逐步走向正规,各项管理制度也逐步建立,职工技术水平有了一定的提高,管理人员也总结出一些经验。7年中,红旗化工厂共完成了11项技术革新项目,解决了生产中的一些实际问题,但总体上,生产中发生的问题较多,产品质量不稳定,安全事故较多,工厂前进的步子不是很大。这一时期工厂共有3个生产车间,产品主要是火雷管、瞬发电雷管和手榴弹铝雷管。

1978年到1985年,是红旗化工厂发展较快、工厂变化较大的一个时期。这个时期,工厂在产值、利润、质量管理、安全生产、职工福利、厂区建设、职工队伍、技改和新产品开发、工厂管理等方面都有较大幅度的进步,创造了建厂以来的最优水平。

1978年,内蒙古自治区国防工办党组调整了红旗化工厂的领导班子,调来了白云飞、昌义祥两位同志分别担任党委书记和厂长,重新组建了工厂领导班子。在新领导班子的带领下,厂部对全厂工作进行了整顿,理顺了职工情绪,采取了一系列管理措施,生产经营开始走上正轨。

工业总产值由1978年的338.88万元增长到1985年的564.26万元。利润由1978年的54万元增长到1985年的86万元。电雷管的销售量由1978年的902万发增长到1985年的1934万发。职工人数由1978年的587人增长到1985年的793人。

厂容厂貌也发生了较大变化,1978年由职工自己动手修建了东西沟两条水泥路,并在路边种植了树木、修建了花池,使厂区更加美观、干净、整洁。

产品品种也增加的比较多,1979年增加了秒延期电雷管;1982年增加了导爆管；1983年增加了煤矿许用电雷管；1985年又增加了煤矿许用毫秒延期电雷管和导爆管雷管。

技术革新成果也比较显著，这一期间完成了"DDNP盐酸单一加料法"新工艺、"DDNP气动倒药机"等12个项目，提高了生产技术水平，加快了生产进度，减轻了工人的劳动强度，提高了安全生产系数。

1978年，红旗化工厂在安全生产方面出了两次较大事故，厂里反复研究，吸取教训，加强管理，严肃整顿，之后创下了连续生产7年零8个月安全生产无事故的好成绩。

1980年，由于国民经济的调整，军工产品压缩，红旗化工厂未能及时调整生产方向，全年生产7个月，生产火雷管510万发、电雷管804万发、秒延期雷管53.3万发，仅完成工业总产值174万元，当年出现技术性亏损13万元。而后，全厂上下齐心协力，努力生产，1981年扭亏为盈，以后每年都有大幅度上升。火雷管停产一年后从1981年6月恢复生产，共生产了两个月。

面对生产任务不足，工厂广开门路，转型生产民品。职工们利用工厂的优势和设备，积极开发和生产小型家庭用品，共制作了菜刀、壁灯、水银玻璃、木制器具等十几个门类，33个品种共计600多件套家庭用品，共收入1 330元。工厂还开展对外机械加工，全年收入15 152元。厂里其他一些自己能动手的项目也都自己动手去干，如平了废水工房地基、清除新建职工家属楼的土方和拆除旧窑洞，还拆除篮球场西边的窑洞并砌了墙。这些工程项目共清运土方2 600多立方米，清运石块约600立方米，拆除窑洞20间，为国家节约资金4 000多元。

1981年，工厂学习包头耐火材料厂的经验，试行"指标分解、费用包干、奖罚分明"的十二字经济责任制管理办法。1982年又实行了"三包一奖"经济责任制。"三包"即包经济技术指标、包费用（采取代金券的支付形式）、包"龙头"。"一奖"就是奖勤罚懒。"三包一奖"为红旗化工厂取得了"六个推动"的积极效果：一是推动了生产的发展；二是推动了经济效益的提高；三是推动了企业的挖潜、革新、改造和新产品试制；四是推动了企业管理和安全文明生产；五是推动了职工队伍的建设；六是推动了领导班子的团结。通过经济责任制管理办法的实施，1981年红旗化工厂计划完成工业总产值210万元，实际完成219.3万元，实现利润16.7万元。在1980年亏损的基础上，一举扭亏为盈。

1981年，红旗化工厂开始对生产所用煤、电、油实行控制管理，并制定经济责任制，采取指标下发，责任到人，采取"节约有奖、浪费受罚"的办法，取得了较好的节能效果。

1981年，红旗化工厂参加了全国雷管评比工作，全国有34家雷管企业参加了评比。红旗化工厂选送的火雷管和瞬发电雷管在评比中被评为"良好"。

1982年起，红旗化工厂开始推行经济责任制。

1983年，红旗化工厂顺利地完成了和先锋电厂的合并工作。

1983年9月，红旗化工厂的85号火雷管、85号电雷管在内蒙古自治区召开的全区优质产品授奖大会上评为优质产品，并发了证书。这一年红旗化工厂首次实现全年生产火雷管1 120万发无报废的佳绩。导爆管和导爆管瞬发雷管于当年6月定型并鉴定合格。煤矿许用雷管于当年9月定型并鉴定合格。

1984年，内蒙古自治区经委党组对红旗化工厂的班子进行了调整，任命了书记、厂长后，组成了新的工厂领导班子。红旗化工厂开始实行厂长负责制，起用了一批知识型、管理型、开拓型的中层干部和管理人才。生产组织机构采用的是"厂长—生产/生活副厂长—车间主任—班组长"的管理形式，各个行政管理部门由一名行政负责人（正职）统一管理本部门的生产行政工作，并且直接向厂长负责，根据需要，设若干副职，协助行政负责人分管一部分生产行政领导工作，受行政负责人的直接领导，并对所承担的工作向行政负责人负责。

1984年，红旗化工厂开始发放知识分子补贴，组织工程师去内蒙古自治区的定点医院进行体检，使知识分子和工程技术人员更加安心地在企业工作。

1985年，红旗化工厂围绕"多生产、多销售，创造更好的经济效益"这个中心，扎扎实实抓了生产经营管理，生产得到了飞速发展。年初，为了扩大销售市场，工厂果断作出"巩固区内用户，开发山西市场，坚持用户至上，扭转被动局面"的决定，负责营销的各级领导积极走访用户，掌握信息动态，用户由原来的30多家增加到50多家，全年销售雷管3 843.1万发。

这一阶段红旗化工厂在组织生产方面，一是开始做各类生产统计工作，具体有日报、月报、季报、半年报、年报，内容包括产量、产值、质量、材耗、能耗等。二是抓"五品四数"的管理。"五品"是指成品、半成品、在制品、返工品、废品，"四数"是指投料数、合格数、废品数、试验消耗数。工厂要求"五品四数"的管理要做到"实物有台账,生产有数据,报废有手续,返修有记录",各种成品、半成品、在制品、废品、处理品、返修品都要有专人保管,类别清楚,摆放整齐,收发及时,责任明确,手续严格,记录清晰,账物相符。

红旗化工厂还刊印了近30万字的精装本《管理制度汇编》,作为工厂投产以来第一本比较详尽和完善的管理制度,使工厂在各类生产、管理工作中都有章可循。

1986—1999年,红旗化工厂进入稳定发展期,产品、产值、利润、税金每年都有提高。职工思想稳定,干群团结,管理秩序良好,职工收入逐年提高,工厂逐渐形成自己的企业文化和企业精神,是工厂发展的良好时期。

1986年,红旗化工厂的文体楼、家属楼相继交付使用,完成了工资核定工作,并为43人办理了离退休及补员。

同年,红旗化工厂购买了3台电子计算机,用于财务和材料管理,迈开了推行现代化管理的一步。

1987年,红旗化工厂完成了毫秒雷管和非电毫秒雷管的试制任务。与此同时,工厂完成了计量定级工作。计量定级是企业升级的一项重要内容,工厂计量室组织人员整理了计量工作的原始资料和检定记录,经乌兰察布盟科技处验收通过,被定为国家计量三级单位。

同年,红旗化工厂组建了锅炉安装队,对外开展锅炉安装业务。1987年外出安装了7台锅炉,收入1.53万元。该年红旗化工厂圆满完成了毫秒雷管和非电毫秒雷管的试制定型工作。红旗化工厂的火雷管、电雷管两种优质产品通过了内蒙古自治区的复查,继续保持优质产品称号。节能工作方面,红旗化工厂被评为内蒙古自治区先进企业。计量工作方面,红旗化工厂的计量水平由国家三级升为国家二级。全质管理工作方面,红旗化工厂经过验收达到发展期合格水平。产品开发方面,红旗化工厂的火雷管、电雷管取得了生产许可证,煤矿许用雷管通过了现场检测。当年红旗化工厂进行了各类技术人员的职称评定工作,为20多人评了职称,至当年年底基本完成了工程系列和经济系列的职称评定工作。为了激励和提高职工的操作技术水平,由红旗化工厂工会牵头,组织各车间的生产工人进行了"同工种技术竞赛",这一优良传统以后被保持了下来,每年举办一次,该竞赛活动对提高职工的操作技术水平起了很好的促进作用。

1989年,红旗化工厂开始批量生产导爆管,当年生产24.225万米,当年的销售额达1 015.6万元,首次突破1 000万元大关,上缴利税267.9万元。红旗化工厂举办了第二届"生产、质量、技术、安全、能源知识竞赛"。工厂按照内蒙古自治区下达的企业升级标准,成立了5个管理小组,对工厂各项工作进行了全面检查,对不足之处制定了相应的措施,及时加以改正。红旗化工厂于当年9月17日通过了联合验收组的检查验收。10月31日,红旗化工厂被内蒙古自治区人民政府正式批准为自治区级先进企业,这是建厂以来工厂获得的最高荣誉。

1989年,红旗化工厂开始应用现代化管理方法,组织了85名管理人员参加了内蒙古自治区经委组织的现代化管理应知应会考试,取得了良好的成绩。

同年,红旗化工厂成功进行了内部工资改革,在吸收兄弟单位经验的基础上,提出了工厂内部工资分配方案,经六届一次职代会讨论后,于当年4月正式实行,经过半年多的实践,证明本次的工资改革是切实可行的。

1990年,红旗化工厂全年生产雷管4 393.53万发,实现工业总产值1 077万元,上缴利税327.37万元。该年红旗化工厂全年安全生产无事故,产品质量稳定,群模焊线涂药头生产线投入试运行。

当年,红旗化工厂成立了综合档案室,充实了档案管理人员,整理了所有的档案资料,按要求归档管理,配置了所需的设备。7月,经内蒙古自治区、乌兰察布盟组成的验收组考核验收,批准红旗化工厂的档案管理工作水平升为国家二级。

这一年,工厂按照上级的要求,由计检科组织人员准备,改造了理化室和计量室工房,购置了部分理化和计量设备,共投资2万多元。在10月经国防理化考评组检查验收,理化工作水平升为国防理化三级,红旗化工厂于当年年底被评为国防理化先进单位。计量工作方面,在1988年升为国家二级的基础上,1990年12月红旗化工厂又通过了国防计量机构的认可验收。统计工作方面,红旗化工厂获内蒙古自治区先进单位奖,推行的结构工资制度获内蒙古自治区现代化管理成果三等奖,并通过了内蒙古自治区先进企业的复查,到1990年年底,除导线消耗外,红旗化工厂的其他指标均已达到国家二级企业标准。

1991年,红旗化工厂制定了"八五"规划。新建毫秒电管生产线项目已得到上级批准,进入工艺设计和土建阶段。新建第四栋家属楼完成,覆盖了防洪沟,修建了两座凉亭,美化了厂区环境。新品试制步伐加快,无起爆药雷管完成了工具、工装的加工,点火药试制一次成功,组装成品2 500发,为下一步批量生产做好了准备。群模焊线涂药头生产线正式投入使用。工厂的计量、理化工作在1991年分别领取了国防理化三级、计量机构认可三级合格证书。理化升级工作被内蒙古自治区国防科工委授予"先进单位"称号。计量工作顺利通过国家二级计量复查考评验收。

1991年,工厂利用剩余指标和工效挂钩后的晋级奖励,为职工调了2次工资,招收了11名新工人,举办了第三届"生产、质量、技术、安全、能源知识竞赛"。

1992年,红旗化工厂新增了3个品种的产品生产,即覆铜电管218万发、覆铜火管2万发和无起爆药电雷管40万发。

这一年,无起爆药雷管试制定型并转入批量生产,覆铜壳电管也顺利投产。工厂建成了毫秒雷管生产线,为下一年生产打好了基础。全年产品质量稳定,各种产品质量指标都优于工厂指标,实现了全年安全生产无事故。

1992年,工厂选送了3名职工到太原机械学院进修火工专业。

1993年9月28日,由内蒙古自治区经委军工处、内蒙古自治区公安厅、内蒙古自治区煤炭厅组织的验收组对红旗化工厂的毫秒延期电雷管进行定型鉴定验收,转入批量生产。同年,工厂组织了废水工房验收,经内蒙古自治区、乌兰察布盟、清水河县三级环保机构的检查,废水改造工程通过验收,正式投入使用。该年工厂落实安全措施105项,全年没有发生任何安全生产事故。

1994年11月28日到12月1日,由河北省、内蒙古自治区联合组成的雷管联合检查组对红旗化工厂的生产条件和现场、产品性能两个方面进行了考核。生产条件和现场的考核成绩优良。产品性能测试抽样送往南京和抚顺的国家检测中心,经检测均达标,工厂顺利完成了生产许可证的换发工作。该年工厂对二车间、三车间、五车间、六车间的重点工序继续实行了安全承包,落实安全管理制度,之后实现了3年安全生产无事故的好成绩。工厂当年还开展了清产核资工作,对固定资产、流动资产、专项资产、土地到负债和所有者权益逐项逐笔进行了清点,全部资料上报内蒙古自治区清资办和经贸委清资办,受到了上级的好评。

1995年,红旗化工厂改革了劳动公司用工制度,安排了123名职工子女就业,新建了197平方米的库房。

同年，红旗化工厂六车间的QC小组荣获兵器工业总公司QC质量成果三等奖。

1995年，红旗化工厂承办了内蒙古自治区1996年民爆器材订货会，通过热情的服务和合理的安排，会议取得了圆满成功。在抓了节约工作方面，红旗化工厂在管理上杜绝浪费，反对大手大脚，严抓水、电、汽、煤和材料的管理，按节约额度给职工们发放一定的节约奖励，使节约工作取得了良好的成绩。

1996年，根据国家有关部门的精神，红旗化工厂对劳动用工制度进行了改革，工厂原有的511名固定工全部转为合同制工人，这是红旗化工厂深化改革向纵深发展迈出的一大步。该年红旗化工厂组织了第六届"安全生产周"活动，组织编写了10万字的《安全生产制度汇编》，落实安全整改措施112项。但在当年10月发生了一起产品运输车辆的安全事故。当年工厂共完成了"电引火药头机械混药技术改进""毫秒生产线改造""产品包装由汽加热改为油加热"等8项重大技改项目。

1997年，红旗化工厂完成年产量5 105.2万发，实现工业总产值1 445.2万元，实现利润183.3万元，上缴利税合计441.4万元，取得了比上一年更好的成绩。该年工厂增设了一条气动倒药生产线。

1998年，工厂开始为改制为内蒙古红旗化工有限责任公司作准备。工厂组织人员着手进行改制方案申请、资产评估、资产确认等工作，完成了体制改革的方案。工厂全年落实安全整改措施54条，完成7项技改任务。同时，工厂解决了两大质量问题，一是秒延期雷管小套管裂口问题，二是攻克了毫秒延期电雷管振动断电问题，使产品质量保持稳定。

1999年，工厂圆满完成了企业体制改革，内蒙古红旗化工厂改组为内蒙古红旗化工有限责任公司，职工全部成为合同制工人，并分配了一定的股份，新公司开始运营，全年完成6项技改和新产品开发任务。

公司六车间QC小组被兵器工业部质量协会评为1999年QC小组活动二等奖。

2000年到2005年，企业改制后，公司进入了高速发展时期。为了加强管理，提高广大职工的生产积极性，公司决定对部分车间实行单项承包。2000年7月份对二车间实行了承包；2001年4月对一车间实行了承包；2001年7月对三车间实行了承包；2001年10月对机加工车间实行了承包；2002年4月对四车间实行了承包；2002年6月对五车间实行了承包；2002年9月对六车间实行了承包；2005年5月对动力车间的材料、费用实行了承包；2006年4月对七车间实行了承包。

2001年，公司的QC小组对车间气动传送带的运模装置进行了改造，经过长时间的使用，证明改进后的运模装置在提高安全系数、保证产品质量、方便操作方面都有明显作用，解决了导爆管雷管使用中的丢炮现象。该年公司的技改工作也取得了好成绩，总计完成了6项重大技改项目，改造了大礼堂，将原用的座椅拆除，平整了地面，从中间一分为二，西半部分用于塑料塞压制，东半部分用于群模2组生产线，生产药头。公司完成了三个车间的成本单独核算工作，撤销了托儿所，压缩了机关科室人员，并于当年11月在公司内部建立并开通了局域网，同时对公司在职干部进行了计算机知识培训。公司当年落实安全整改措施82项，编制了《质量管理手册》。

2001年，公司新建了第十栋家属楼及配套设施，总建筑面积达3 330平方米住房分配工作也已结束。公司请了呼和浩特防疫站来公司为职工进行了职业病检查。公司被全国总工会和国家经贸委评为"全国'安康杯'竞赛优胜企业"，被内蒙古自治区"职工经济技术创新工程"活动领导小组评为"经济技术创新工程活动先进单位"。同年，呼和浩特市人民政府授予公司"2001年改革与发展显著成绩奖"。

2002年，公司实现全年工业总产值1 867.9万元，完成产品总量5 804.24万发。全年完成雷管销售量6 087.82万发，销售额达4 180.88万元，两项成绩均创历史最优，产销率达105%，第一次出现销大于产。全年收回商品货款3 921万元，实现利润157.4万元，上缴税金485万元，利税总计642.4万元。完成货款回收和上缴税金两项任务都达到历史最优。2002年，公司的经济状况良好。从当年4月开始财务实现零贷款。

截至2002年底，公司保持了11年零9个月无重大安全生产事故的好成绩。

该年公司在技术改造和新产品开发工作上也取得了新成果。全年完成较大技改项目有3项，另有一项新产品开发任务即将完成。

职工福利方面，实行成本单独核算的车间职工收入增长较为显著，真正体现出了向"苦""脏""累"岗位倾斜的工资分配原则。职工养老保险工作实现了规范化、社会化，公司坚持为每一位员工按时足量缴纳社保费用。2002年，社保为公司的228名退休人员增加了养老金。

根据市场需求结合公司产能,2002年,公司投资100多万元建成了3条雷管打号生产线。同时,公司对四车间、五车间、六车间和劳动公司等4个单位实行了成本单独核算,至此,除动力车间外,公司其他8个生产单位都实行了成本单独核算。新管理办法的推行对企业管理产生了积极的作用,显著地提高了企业的生产效率。

2002年,公司在人员、设备、工房都没有增加的情况下,产量增加了45%。可以肯定地说,如果企业不改革,管理办法不改变,公司的产品生产就难以满足市场需求。

2003年,公司全年生产雷管总量6 475.47万发,实现工业总产值2 163.74万元,全年销售雷管6 716.5万发,销售额达4 888.8万元,实现利润196万元,上缴税金640万元。

2003年4月,公司配合清水河县政府开展了"非典"防控工作,抓了疾病预防和公共场所的消毒和卫生清扫工作,做好流动人口登记和汇报工作,每天向上级单位报告公司人员的情况,保持了公司良好的生产秩序。因产量增大,药头供应紧张,公司决定将原木工工房加以改造,新增一条日产6万发药头的生产线。

安全生产工作方面,公司新增2辆专业货车在厂区运送产品,保证产品及时进入库房,落实安全整改措施68项,完成安全生产技改项目13项。公司编制了《事故应急救援预案》,对767名职工进行了安全培训,严格控制生产线上的产品存放量。

2004年,红旗化工有限责任公司新领导班子调整了公司的中层干部,采取新举措,从安全、质量、技改、干部队伍、销售、设备等方面激励职工的干劲,全年完成雷管生产总量7 402万发,完成商品产值4 878万元,全年销售雷管7 034.54万发,销售额达5 264.73万元,实现利润249.8万元,上缴税金884.9万元,利税总计1 134.7万元,全部刷新历史纪录。全年完成技改项目12项,新产品开发2项。

当年6月,公司对中层管理人员和技术人员进行了"质量管理体系知识"培训,准备进行GB/T 19001—2000质量管理体系认证。

公司为了适应市场,从当年7月着手准备毫秒延期雷管的增产工作。

11月,第三方机构对公司的工业雷管生产线、总仓库、周转库、试验场、销毁场及公用工程系统和安全管理现状进行了检查考核。

11月9日,公司通过了GB/T 19001—2000质量管理体系认证审核,并获得了证书。

基建方面,公司当年新建成品库416平方米,修缮了库区路面、墙面1 548平方米,增设库区网围栏580平方米,新建销毁场420平方米。

2005年,公司全年生产雷管9 028.77万发,超年生产计划29%,完成商品产值7 641.2万元,超年产值计划54%,完成产量和商品产值比2004年分别增长22%和56.6%,再创历史纪录。从2003年至2005年,公司累计完成产量2.3亿发,商品产值1.68亿元。

公司在销售工作方面也取得突出成绩。全年完成雷管销售量8 818.2万发,超年销售计划26%,比2004年增长了25.4%,销售额达8 877.5万元,比2004年增长69%,两项成绩同创历史最优。从2003年至2005年,累计完成产品销量2.26亿发,产品销售额达1.9亿元。

回款方面,公司全年收回商品货款8 661.6万元,实现净利润966.2万元,上缴税金1 210.2万元,利税总计突破2 000万元,达到2 176.2万元。收回货款和实现利税总额分别比历史最优的2004年增长68%和92%,刷新历史纪录。根据近年的突出经济贡献,公司被评为呼和浩特市A级纳税信用单位。2003年至2005年,公司累计完成货款回收1.8亿元,实现净利润1 261.5万元,上缴税金2 738万元;

截至2005年底,公司保持了14年零9个月安全生产无重大事故。2005年年初,公司通过了国家民爆器材生产行业达标级认证。

技术改造工作方面,公司全年完成技改项目16项,技改投入达220万元,是近年来技改投入最多的一年。2003年至2005年,公司累计完成技改项目41项,新产品开发项目2项。

职工收入比历史最优的2004年又增长了18.1%,人均收入达到16 300元,而且,实行承包单位的人均收入达到17 400元,比非承包单位高出13.7%。2003年至2005年,职工收入以每年12.5%的平均增长幅度递增。

改革深化工作方面,公司的工资分配试行了岗位绩效工资方案,对个别职能机构进行了优化组合,同时,加强了中层领导班子建设,提拔任用了部分德才兼备的年轻干部。这些新举措对提高工作效率和生产效率以及增强企业发展后劲产生了明显的积极作用。

同年9月,公司召开了首届六次职工代表大会和股东代表大会,讨论通过了《公司岗位绩效工资制实施方案》。实行绩效工资后,职工的工作热情得到了进一步提高。

11月,公司新配置的电子监控和巡跟系统开始运行,这些保卫措施对预防盗窃及其他事件的发生起到了积极作用。

2006年2月22日,经公司董事会全体会议研究决定,设立七车间。

截至2006年2月底,公司已安全生产15年无重大安全事故,并成功通过了质量管理体系复审。

4.2 营销管理

1968年,红旗化工厂成立了供销股,把营销工作和物资供运工作合为一体进行管理。后于1972年成立了供销科,设科长1人,副科长2人,下设保管组、采购组、修理组、装卸组。2000年工厂改组为公司后,2004年机构调整,将营销工作从供销科分离出来,成立了销售部,专职负责产品销售工作,设部长1人,书记1人,副部长1人,销售员5人,年销售产品可达8 000万发。

1970年初,红旗化工厂投产,当年生产火雷管813万发、电雷管105万发,工业总产值77.91万元,销售火雷管543.97万发,上缴利润6.9万元。这是红旗化工厂营销工作迈出的第一步。当时处于计划经济年代,工厂只负责生产,产品由国家的物资部门负责销售,所以工厂不用在销售方面投入太大的精力。

1971—1979年这一阶段,红旗化工厂的营销工作主要是根据上级提供的计划来具体实施,工厂所需的物资和产品的销售均由国家统筹安排,工厂的利润、税收等也由国家统收统支,企业只要组织好生产就可以了。

1980年,国民经济调整,经济体制发生了变化,国家对红旗化工厂的产品已不再全部包销,产品由国家负责包销一部分,工厂还需自销一部分。红旗化工厂的生产则以销售为起点,实行"以销定产"。工厂开始抓产品销售工作:一是发动群众投亲靠友,写信联系,寻找用户,推销产品;二是供销部门派人到包头、东三省、山西等地联系推销产品;三是厂里有人外出就带上销售产品的任务;四是和用户搞好关系,按时交货。同时,工厂还制定了销售奖金的相关机制，对计划外销售的产品按售价的千分之五发放奖金。这一机制有效促进了销售工作，红旗化工厂当年销售火雷管412.5万发，计划外销售236.5万发；销售电雷管889.8万发，计划外销售116.8万发；销售秒延期雷管83.5万发，计划外销售25.5万发；销售收入211万元，计划外销售收入45.56万元。

  在分配领域，企业享有利润留成的权利。企业在保证完成国家下达的计划外，可以根据市场的需求组织生产或增产。国家下达的计划，如果有的产品品种不对路，企业可以根据需要进行调整。1980年是红旗化工厂营销工作发生重大变化的一年，其特点表现在向"两头"延伸，一头是延伸至生产过程之前的"决策"，即市场调查、市场预测和经营决策；另一头延伸至生产过程之后的"实现"，即通过销售使产品的价值得以实现。无论是前伸还是后延，企业所涉及的对象都是用户，也就是市场。具体来说，1980年以后，红旗化工厂由过去的单纯地对其主管部门所下达的指令性指标负责，逐步转向既对上级的指令性指标负责，又要使企业生产经营活动适应市场，提高企业的经济效益上来。

  1981年以后，红旗化工厂加强了销售机构，增设了专职销售工作人员，并严守合同，按时交货，实行三包，经常走访用户，征求用户意见，掌握市场信息，搞好售后服务。尤其是大型的订货会，工厂主要领导必定带队参加，现场疏通订货渠道，多争取订货合同。同时，对偏僻地区的用户实行送货上门，对用量大的用户实行运费补贴，通过各种措施，打开了红旗化工厂产品的销路，用户由17家增加到30多家。

  1982年，红旗化工厂销售火雷管535万发、电雷管1126.5万发、秒延期雷管12万发，销售总额达264.56万元，全年回收货款267.5万元，走访用户28次。销售工作进一步采取促销手段，如对部分信用良好的用户可酌情分期支付货款，对较远的用户给予补贴运费等，取得了用户的好评。

  1983年，红旗化工厂全年实现工业总产值350.27万元，产品销售总额达309.5万元。全年销售火雷管608.5万发、电雷管1217万发、秒延期雷管103万发。

  1984年，红旗化工厂全年销售火管783万发、电管1 521.52万发、秒延期雷管188.5万发。这一年在销售人员的努力下，工厂打开了左云、长治、阳泉等地区市场，计划外销售169.5万发，为工厂取得了经济增量。

  1985年，为了扩大销售市场，红旗化工厂果断作出"巩固区内用户，开发山西市场，坚持用户至上，扭转被动局面"的决定，供运科的领导积极走访用户,掌握信息动态,用户由原来的30多户增加到50多户,全年销售雷管3 843.1万发,比1984年增长了54.15%。

1986年,红旗化工厂坚持扩大市场,开发和疏通销售渠道,增加了销售人员,全年销售雷管3 328.82万发,销售总额达567.88万元。

1986年,红旗化工厂邀请各类用户来厂召开"全区民爆器材八七年度排产会",为工厂加强和用户的沟通创造了机会。

1987年,红旗化工厂销售雷管3 696.5万发,销售总额达645.49万元。

1988年,红旗化工厂销售雷管3 866.36万发,销售总额达782.15万元。为了促进销售人员的积极性,工厂与销售人员签订了第一轮承包合同。

1989年,红旗化工厂销售雷管4 319.72万发,销售总额达1 015.6万元,首次突破了1 000万元的大关。但1989年国家银根紧缩,各地资金都紧张,外欠货款较多,工厂采取一系列措施努力回收货款。

1990年,红旗化工厂销售雷管4 485.21万发,销售总额达1 095.82万元,回收货款1 116.2万元,创历史最优。

1991年,红旗化工厂销售雷管4 605.7万发,销售总额达1 141.45万元,回收货款1 200.2万元。厂部与供销科签订了第二轮销售承包合同,以进一步调动销售人员的积极性。

1992年,红旗化工厂销售产品总量为4 673.95万发,销售总额达1 312.88万元,销售产品种类增加为5种,全年回收货款1 135万元。1992年,由于山西煤炭限产,一度使工厂的产品滞销,厂长和分管销售的领导带队走访用户,解决了销售中出现的问题,保证了产品销售渠道的畅通。

1993年,红旗化工厂销售产品总量为5 170.02万发,销售产品种类增加到6种,其中火雷管1 979.5万发,瞬发电管968.6万发,煤矿许用电雷管1 703万发,秒延期雷管207.92万发,覆铜壳电雷管271万发,毫秒延期电雷管40万发。销售总额为1 911万元,回收商品货款1 501万元。

1994年,红旗化工厂销售产品总量为5 471.71万发,销售总额达2 539.3万元,全年回收货款2 092.5万元,首次突破2 000万元大关。工厂的销售工作实行了承包制,将销售与收款和销售人员的工资旅差费实行大包干,每月按完成任务比例提取工资,充分调动了销售人员的积极性。

1995年,红旗化工厂产品销售总量为5 529.1万发,销售总额达3 216.3万元,回收货款2 936.4万元,销售额突破3 000万元大关。1995年12月,工厂主动承办了1996年内蒙古自治区民爆器材订货会,进一步加强了与用户的关系,拓展了产品的销售渠道。

1996年,红旗化工厂销售产品总量为5 123.7万发,销售总额达3 339.5万元,回收货款2 765万元。因回收货款困难较大,厂部采取让利销售和易货交易的办法,以达到减少外欠货款的目的。

1997年,红旗化工厂销售产品总量为4 854万发,销售总额达3 344万元,全年回收货款2 791.1万元。

1998年,红旗化工厂销售产品总量为3 890万发,销售总额达2 702.5万元,回收货款2 463.5万元。

1999年,红旗化工有限责任公司销售产品总量为3 708.7万发,销售总额达2 557.3万元,回收货款2 518.2万元。

2000年,红旗化工有限责任公司销售产品总量为3 825.5万发,销售总额达2 663.7万元,回收货款2 517.8万元。

2001年,红旗化工有限责任公司销售产品总量为3 945.27万发,销售总额达2 819万元,回收货款3 021.13万元。

2002年,红旗化工有限责任公司的销售工作取得了前所未有的好成绩,全年完成雷管销售量6 087.82万发,销售总额达4 180.88万元,两项成绩均创历史最优,产销率达105%,销大于产,取得了可喜的经济效益。全年收回货款3 921万元。

2002年,红旗化工有限责任公司采取了三项产品销售措施:一是对销售工作继续实行责任承包。公司按照年计划任务与供销科就有关销售、收款任务及销售人员的工资、差旅费等实行大包干,奖优罚劣,年终兑现。二是坚持"优质产品,满意服务,用户至上,价格浮动"的原则。对回款好和经营状况佳、信誉好的用户主动送货上门并做到品种、质量、数量、交货时间四保证。同时,经常深入用户,了解用户对产品的使用意见,疏通与各用户和民爆管理部门的关系。对用户的质量反馈意见认真对待,产品质量若有问题包退包换。三是狠抓货款回收工作。虽说市场形势好转,但货款回收工作依然艰难。为此,公司对回款好的用户保证供货并根据情况实行价格优惠,尽量进行现款交易。从2002年7月开始,货款回收量达到每月平均440多万元的喜人水平。

2003年,红旗化工有限责任公司销售产品总量为6 716.5万发,销售总额达4 888.8万元,回收货款4 100万元。9月、10月两个月,公司派工程技术人走访了自治区内外的32家用户,义务讲解产品使用知识。

2004年,红旗化工有限责任公司销售产品总量为7 034.5万发,销售总额达5 264.73万元,回收货款5 158.7万元。销售产品和回收货款同时突破了5 000万元大关。

2004年,民爆产品市场竞争激烈,有16家同行企业进入公司的细分市场,给公司的销售工作带来较大的挑战。公司为了抓好销售工作,把销售工作从供运科分离了出来,单独成立了销售部,专门负责产品销售工作。这一机构调整,使销售工作更加自主、更加灵活,极大地调动了销售人员的工作积极性,产品销售量也随之增长,销售工作出现了前所未有的良好局面。

2005年,公司的销售工作取得了突出成绩。全年销售产品总量为8 818.2万发,超年销售计划26%,比2004年增长了25.4%,销售总额达8 877.5万元,比2004年增长了69%,两项成绩同创历史最优。全年收回货款8 661.6万元。2003年至2005年,红旗化工有限责任公司累计销售产品2.26亿发,累计销售额达1.9亿元。

从2005年6月1日开始,全国民爆产品价格又进行了上调,这些有利因素为民爆产品生产企业创造了比较广阔的发展空间,但是,日趋激烈的市场竞争也让红旗化工有限责任公司深切地感受到了生存的压力。近年来,在市场经济大潮的推动下,大批同行企业涌入公司的细分市场,并以各种手段展开竞争,而且,低价倾销是竞争者的首选战略。在机遇和挑战并存的发展背景下,公司采取了四项产品销售措施:一是对销售工作继续实行责任承包。公司按照年计划任务与销售部就销售、收款任务及销售人员的工资、差旅费等实行大包干,奖优罚劣。销售部内部实行定额分片包干。2005年公司下达给销售部的货款回收任务比2004年增加了50%。二是保证产品质量,保证供货时间,做好售前售中售后服务。经过对生产过程中各个质量环节的严格把关,产品质量稳定提高,用户对公司的产品质量普遍反映良好,对个别用户提出的意见公司均一丝不苟地加以改进。在坚持做好流通部门走访活动的同时,尽可能深入煤矿了解实情,并派遣熟悉产品性能的人员前去走访,认真听取用户意见,传授产品使用技术。先后在东胜、锡林浩特等地办培训班四期,累计帮助用户培训三百多人次。三是面对复杂的市场环境，积极采取应对措施。面对严酷的市场竞争，公司高层冷静思考，与内蒙古自治区物价局认真协商，达成一致意见，在内蒙古自治区的民爆器材流通领域内，严格执行国家的物价政策和合理的竞争原则。该办法有助于创造公平竞争的市场环境，较好地规范了内蒙古自治区民爆产品市场的秩序，得到内蒙古自治区国防科工办民爆工业处的认同和支持。经过半年的实施，收到了良好的实效，获得了各大民爆产品制造企业的拥护。四是狠抓货款回收工作。在产品销售工作中，货款回收是最艰巨的任务。为此，公司对回款好的用户根据情况给予价格优惠，从2005年4月开始，公司达到了每月货款回收860万元的水平。全年货款回收率达到97.57%，这一成绩又是一个历史性的突破。

4.3 技术管理

1968年，红旗化工厂成立了生产股，技术工作归生产股管理。后于1972年成立了技术科，主要负责工厂的生产工艺编制、非标设备的设计和图纸绘制、材料消耗定额管理、技术文件和技术图书资料管理和技术革新技术改造等工作。当时设科长1人，科员12人。1978年技术科改为技术科研科，人员增加到17人，工作方面也增加了新品开发、研制、试制等内容。1984年技术科研科分为技术科和科研情报科。1995年增设了技术中心。2004年1月，公司机构调整，技术科和科研情报科合为技术部，设部长1人，副部长2人，工艺技术人员3人，描图员1人，电气技术人员3人，标准技术人员1人，设计技术人员2人。技术部负责公司生产工艺编制、修改、发放，非标设备的设计和图纸绘制，材料消耗定额管理，技术文件和技术图书资料管理和技术革新技术改造等项工作。

红旗化工厂的科学技术成果主要反映在设备改造和技术引进方面，项目也多由厂部和技术科负责组织实施，各有关单位分工协作，主要围绕提高生产效率、产品质量和安全生产三个方面具体开展。

1970年，红旗化工厂投产后，三车间因生产需要，维修工王建光同志和钳工宋长胜同志合作，到四七四厂参观学习后，回厂在三车间安装了运模小车，使技改第一次应用在生产中。

1971年，维修工王建光同志自改火雷管半自动装管机，使工作效率提高了

4倍,在生产中发挥了很大的作用。但这次技改,虽提高了工作效率,但噪声较大。1978年,王建光同志和机加工车间的几位同志合作,二次改进装管机,将其改成四联装管机,因传动装置不灵活,当时便搁置下来。直到1981年,厂部组织技术人员采用九一〇四厂装管机图纸制造装管机后,该装管机一直用到现在。

1972年,李兰柱同志在技术科的指导下,完成了200吨水塔自动上水项目。同年张荣康、郑二祥、王殿平三位同志到外厂学习经验,回厂后改造了三车间的压药工序,由钢模压药改为直接压药,有效降低了生产成本,提高了生产效率。

1973年,厂里获悉别的厂电管药头成分配比和我厂的不同,质量较本厂产品更为稳定可靠,就派秦建业等同志外出学习,回厂后他们优化了配方,按该新配方配制的药头经试验效果很好,有效提高了电雷管的良品率。

1974年,厂里安排杨茂森等同志赴外厂学习取消压二次药工艺,改进联结板装置,回厂后,由王殿平等同志协助其在三车间试验成功,提高了装药速度。

同年,机动科到外厂参观,引进技术后制造了半自动抖浮药机。

1975年,机动科电工班的李助国、程云杰和维修钳工宋长胜等同志,自主设计并安装了二车间到三车间的空中运药机,经试车,机构运转平稳,运送一次起爆药需5分10秒,加上准备时间,运送一次药按10分计算,每天可运42次,相当于4名运药工的工作量。8月9日,该运药机经厂技术革新成果领导小组组织有关人员共同鉴定,认为可以交付生产使用。

1976年,程云杰同志自改声控电表测秒器,崔成林同志学习四七四厂技术经验,回厂为二车间改进了半自动洗药机。

1977年,红旗化工厂聘请了一名技师马少山同志,在他的指导下,工厂安装了6.5吨1号锅炉。

1979年,红旗化工厂根据自己的技术力量和发展趋势,在"1979年工作要点"中提出了一些比较好的项目:一是新建85号火雷管自动装配生产线;二是85号电雷管药头红外线传送干燥;三是炸药悬浮造粒;四是DDNP气动倒药;五是DDNP废水处理。到1985年,这些项目有的已实现,有的仍在组织落实。

这一年,弓射敌、秦建业、许布英、张华等同志到抚顺参观秒延期雷管生产。回厂后组织力量试制,并报请内蒙古自治区军工局于11月5日批准定型。组织参加试制的还有张荣康、王殿平、宋玉干等同志。

同年,红旗化工厂安排程云杰同志、宋长胜同志到八〇四厂参观气动倒药机,回厂后,他们按厂部要求研发了一套"既要有他厂的长处,又要有自己的创新"的气动倒药机改造方案。经厂部批准,该气动倒药机改造方案在二车间安装试制,经过技术人员的不懈努力,终于成功地改造成一台同行业内较先进的气动倒药机。该气动倒药机用于生产后效果很好,既提高了生产的安全性,又减轻了工人的劳动强度。

同年,工厂又安排全久祥同志、秦有善同志到抚顺参观学习电管药头红外线干燥,回厂后,由王殿平同志、王守福同志协助完成电管药头红外线干燥装置,该装置在四车间试制成功,投入使用后,对加快药头干燥、提高药头质量起到了很大的作用。

同年,机加工车间的姚廷铭、陈广玉等同志自己研究并制造出一台磨纸机,当年便用于生产工序中。

1980年,工程师王秀兰同志外出学习DDNP加邻苯三酚制造起爆药工艺,回厂后,在二车间进行DDNP加邻苯三酚的工艺试验。二车间的张副才同志、赵步高同志、周秀英同志密切配合,仅8天就试验成功并投入批量生产。这次工艺改造解决了雷管半爆的关键性工艺问题。

1981年,马致金同志从河北学习归来,在生产会上提出了聚乙烯醇可以取代干铬素的工艺优化。厂部安排马致金同志负责试验。经反复试验,最终用夹层锅加热溶化,配制出了合格的溶液,使得优化后的工艺当年便用于生产。

1982年,秦建业同志、高计锁同志听到外厂有用镍铬丝取代康铜丝的技术改进措施,便在生产会上提了出来,厂领导非常重视,责成技术科史庆玉同志进行试验,试验取得成功,这一技术改进解决了电雷管瞎火的质量问题。

同年,弓射敌同志到外地开会,了解到电雷管产品全浸虫胶漆的工艺既能改善外观又能增强产品的密封性。回厂后,经四车间分管技术的副主任秦建业同志试验,效果很好,当即用于生产。

同年,王惠奇同志到西安学习,了解到有的厂使用的硫黄先熬以后再用,回厂后进行试验并取得成功,提高了雷管的抗拉强度。

红旗化工厂为了发展生产,提高企业的竞争力,大力开发新产品。1983

年3月,副厂长张荣康同志带领技术科和各车间的技术人员共12人,赴东北四七四厂、五五三四厂参观取经,学到了毫秒雷管、导爆管、非电瞬发雷管的生产制造技术,回厂后,组织力量分头试制。

毫秒雷管、导爆管的试制小组由张荣康、王殿平、王秀兰、贾舍一、王建光、王守福、程云杰、许布英、魏兰弟、魏金娥、祁元占、张二女等同志组成。

非电瞬发雷管的试制小组由张荣康、王殿平、王秀兰、史庆玉、秦建业、张锐敏参加,工人有许布英、刘玉梅、陈俊莲等同志组成。

两种产品均于1984年试制成功,并报请内蒙古自治区军工局于当年批准定型。

1983年,八〇四厂到红旗化工厂一车间参观打薄机和滚边机,宋玉干同志向他们咨询了纸管壳蘸漆的工艺问题,获悉八〇四厂已采用酚醛树脂作为涂管壳材料。宋玉干同志在生产会上提出此事,厂里立即安排史庆玉同志负责试制,很快取得成功并用于生产。

1984年,国家规定各地煤矿一律用煤矿许用电雷管,针对这一情况,红旗化工厂为了占领市场、打开销路,厂长弓射敌同志、书记昌义祥同志、副厂长张荣康同志等一起赴山西取经,由弓射敌、张荣康、陈宝琪、王占君、高计锁、王守福、张映华、王殿平、秦建业等同志参加煤矿许用电雷管的试制并取得了成功,于1985年定型后投入批量生产。

红旗化工厂的制药车间生产用的废水含有一定量的硝基等有害物质,厂部多次派人到外地学习废水处理技术,1984年,厂科研科和内蒙古自治区环保局合作开展废水处理试验,于1985年取得了中型试验成果。

1985年,红旗化工厂科研科利用生产空余时间,积极进行煤矿许用毫秒延期电雷管的试制工作。参加试制的人员有陈宝琪、王守福、刘志荣等同志,经过艰辛努力,于当年6月底试制成功,随即进行非电毫秒延期雷管的试制,于当年12月底试制出非电毫秒雷管前八个段别的延期药,试制获得成功。

同年,由动力车间柳文生、张智胜、陈润喜三位同志主持安装了立式蒸汽锅炉,保证了工厂用汽,积累了安装工业锅炉的经验,为工厂锅炉安装队走向社会奠定了基础,也为工厂节约了安装资金。

1986年,红旗化工厂继续进行非电毫秒雷管的试制工作,完善了从磨药、混药、延期体装配、压卡口塞、成品装配、成品检验等的全套技术资料,对生产工人进行了操作技术的培训,初步形成了批量生产的能力。

1986年,红旗化工厂改造理顺了4条生产线,为瞬发电雷管、矿用雷管、秒延期雷管的量产打下了坚实的基础。同年,工厂安装了2号蒸汽锅炉,购置了两辆东风卡车,为工厂扩大再生产、创造更好的经济效益奠定了物质基础。

1987年,工厂派工程技术人员参观学习辽宁五五二四厂的工艺,准备将工厂的电引火药头生产由单发焊桥丝工艺改为20发组焊组粘工艺。改进小组由副厂长张荣康同志任组长,王秀兰、王殿平、王守信、杨树峰、柳文生、曹铁柱、秦建业、高计锁、赵瑞君、史庆玉、王占君、王守福、董跃武、郝新民等技术人员密切配合,经过一年的努力,提出了方案并设计制造出了部分模具、工装,在改良产品工艺,改善工人劳动条件、降低劳动强度等方面迈出了可喜的一步。

1988年,工厂继续进行电毫秒雷管的试制工作,在前几年走访、调研、反复试验的基础上,1988年上半年又整理了图纸和技术资料,更改了产品结构,进行了批量组装,召开了自检定型会,对查出的问题进行了攻关,采取了必要的完善措施,在当年7月下旬召开了定型鉴定会,经过同行业专家、用户以及上级有关部门的考核验收,产品的各项技术指标达到国家标准,产品正式定型,批准投入生产,为内蒙古自治区火工产品行业填补了空白。

在技术改造方面,1988年,红旗化工厂重点开展了群模焊线、涂药头的试制工作,经技术人员的积极努力,完成了全部设计任务,并完成了连动线工装、设备模具的制造,因受工房的限制没有组装。根据生产工房紧张拥挤的实际情况,红旗化工厂组织新建了机加工工房,为扩大再生产创造了条件。

1989年,红旗化工厂继续抓了群模焊线、涂药头的技术改造工作,在1988年完成设计任务的基础上,继续为群模焊线、涂药头技术改造制造了部分设备和工具。工厂将机加工车间搬入了新工房,将一车间卷管工房搬入了旧机加工工房,并设计了将旧卷管工房改为群模焊线、涂药头工房的改造方案,为下一步技术改造奠定了基础。同年,工厂完成了秒延期雷管用塑料塞改硫黄柱的设计和试验,为改装新的气动倒药机设计了图纸并购买了元件,完成了三车间气动压药的设计工作,为扩大生产创造了条件。

同年,为了解决雷管废水污染问题,工厂决定向云南九八二四厂购买全套技术资料,并引进无起爆药雷管的制造技术。由总工程师张荣康同志负责,先后派工程技术人员外出进行了学习调研,回厂后制定了试制方案并进行了试制。至当年年底,工厂根据引进的技术资料设计了非标准件、工具、工装等的图纸,编制出了材料计划和工作进度,购买了部分试制材料,改造了设备和工房。

1990年,在学习五五二四厂技术的基础上,由技术科科长王殿平同志组织史庆玉、刘志荣、赵伟、吴永强、李素玲、吴莲英、刘秀玲等同志在相关部门的协作下改造了工房,加工安装了工装设备并进行了调试和试生产。到当年年底实现了20发药头群模生产的联动作业,具备了批量生产的能力。这是红旗化工厂建厂以来药头生产工艺最大的一次技术改造。本次改造有效减轻了工人的劳动强度,提高了产品质量,药头产量增加了30%。

1991年,红旗化工厂主抓了无起爆药雷管的试制工作。在全体试制人员的努力和各单位的大力支持下,工厂完成了主要工具、工装的加工和制造,点火药的试制一次获得成功,组装成品2 500发,并找到了影响产品质量的主要因素,为下一步定型做了大量的准备工作。

为了适应市场需要、创造更好的经济效益,1991年经工厂积极筹备,申请新建一条毫秒雷管生产线,得到上级批准后于当年开始清理场地。

在技术改造方面,工厂主要完善了群模焊线涂药头生产线,经过反复试验已正式投入生产。实践证明,群模焊线涂药头生产线的完善提高了生产效率,减轻了工人劳动强度,为扩大生产增加效益创造了条件。

1992年,红旗化工厂新品试制的重点工作仍然是无起爆药雷管研制。在全体试制人员的努力和各单位的大力帮助下,于当年7月底胜利完成了无起爆药雷管的试制定型工作,转入批量生产。此外,覆铜壳电管产品也顺利投产。

为了适应市场需要,创造更好的经济效益,工厂加快了技术改造项目的建设,毫秒延期雷管生产线胜利建成,同时,进行工房的水、气、电安装,安排了新生产线的工具、工装、非标设备的制造,组织订购了生产设备等。

1993年,红旗化工厂圆满地完成了煤矿许用毫秒延期电雷管的试制工作。在河北六〇七厂的大力支持下,在全体试制人员的共同努力和各单位的帮助下,工厂完成了工具和工装的加工、设备的安装和调试,非标准设备的制造,并完成了新品图纸、技术资料的设计、描晒、装订工作。工厂于9月28日顺利通过了由内蒙古自治区经委军工处、内蒙古自治区公安厅、内蒙古自治区煤炭厅联合组织的鉴定验收,转入批量生产。

1994年,红旗化工厂针对无起爆药雷管和煤矿许用毫秒延期电雷管存在的质量问题,组织技术部门进行了重点攻关,经过技术人员上百次的试验和质量分析,不断从失败中总结经验、吸取教训,解决了无起爆药雷管的半爆问题和毫秒延期雷管的半爆、断电、秒量超差等问题,并进行了工艺固化,产品质量得到了有效改善。

1994年,红旗化工厂开展了提合理化建议活动和小改革活动,共有21项合理化建议和技术改进项目受到了表彰,其中6项技术革新成果受到重奖。

1995年,工程技术人员和有关车间配合,针对个别产品出现的质量问题积极开展攻关活动。上半年,六车间的煤矿许用毫秒雷管曾一度出现质量缺陷,于是,技术科和六车间积极组织QC小组进行质量攻关活动,经过上百次试验,终于找出原因,使产品质量在下半年趋于稳定,为此六车间的QC小组还荣获了兵器工业总公司QC质量成果三等奖。另外,技术科还和四车间、六车间配合顺利完成了无起爆药药头试制和非电毫秒雷管1至10段的试制工作,为工厂今后的产品市场开发和提高市场竞争能力奠定了基础。

1996年的到来,标志着红旗化工厂已经走过了30年的光辉历程。建厂初期的许多生产设计已与现在的实际需要相差甚远。为解决这一突出矛盾,1996年工厂开展了技术改造三年规划。1996年是实施规划的第一年。经过技术科和有关单位的配合努力,一年来完成了众多技改项目,其中较为重要的有电引火药头机械混药技术改进、毫秒雷管生产线改造、产品包装由原来的汽加热改为油加热、秒延期产品工房的改造等。这些技术改造项目的完成不仅极大地提高了生产效率,促进了技术进步,而且有效地解决了许多影响安全生产的隐患。

1997年是红旗化工厂三年技改规划的第二年,也是技改工作最为繁重的一年。在内蒙古自治区经贸委的大力支持下,经过技术科和机加工车间、动力车间的努力及有关车间的密切配合,全年共完成11项技改项目,比年计划超出4项。其中,有5个项较为重要:一是完成了85号火雷管装配工房的改造;二是建成了第二条电雷管油加热包装生产线;三是完成了毫秒雷管装配线的改造;四是完成了2号锅炉的改造;五是新增设了一条气动倒药生产线。这些技改项目的完成不仅提高了生产效率,而且有效地解决了这些年来一直影响工厂安全生产的隐患,增强了企业发展后劲。

1998年是红旗化工厂三年技改规划的最后一年,经过三年的勤奋工作,规划内的技术改造任务全部完成。1998年完成的项目中,有7个项较为重要：一是气动生产线的改造工作,改造后的生产线大大地减轻了工人的劳动强度,有效地提高了安全生产系数,促进了产品质量的进一步提高；二是新安装了一台气动倒药机,满足了生产的需要；三是安装了导爆管下料机；四是完成了毫秒延期雷管装药机安装任务；五是将原来的挤口小套管改为切口小套管；六是新增设了电雷管编码打号工艺；七是完成了拉导爆管线的选址和场地平整工作。

同年,六车间QC小组在毫秒电雷管高段试验过程中发挥了积极作用、作出了重要贡献,被兵器工业质量协会评为1998年QC小组活动二等奖。

1999年,经过技术科的努力和机加及其他有关车间的大力配合,红旗化工有限责任公司全年完成了六项技改任务：一是建成一条导爆管生产线并实现投产；二是完成了毫秒延期雷管10～16段和1/4秒电雷管1～5段的试制工作；三是自主加工制造了自动切导火索机；四是完成了毫秒延期雷管原料粉碎研磨工艺改造；五是完成了二段秒延期雷管的改造；六是完成了一台电雷管装配线气动卡印机的改造。在毫秒雷管高段产品的研制当中,技术科和有关领导苦心钻研,作出了较大贡献,并为工厂赢得了内蒙古自治区企业技术进步三等奖。

2000年,红旗化工有限责任公司的技改工作取得了丰硕成果,完成六项技改项目：一是完成了瞬发电雷管的装配；二是电引火药头一体化生产线的改造取得了阶段性成果；三是完成了导爆管生产线的封口机和一车间的打薄机、扩口机的设计；四是完成了毫秒雷管生产线的气动改造和工房改造方案；五是完成了五联机的修复和部分工装工具的设计；六是完成了气动卡印机改造的设计和试样试车。

2001年,红旗化工有限责任公司共计完成六项技改项目：一是完成了群模焊线生产线的大部分主要设备加工；二是小套管打薄机和扩口机投入使用；三是在毫秒生产线配备了雾化增湿器装置；四是完成了气动倒药机的更新改造；五是成功制造片式新型卡头；六是完成了火雷管的编码工艺。

当年公司的新产品开发成果有两项：一是试制成功变色塑料导爆管；二

是试制成功导爆管高段别延期系列雷管。

2002年,红旗化工有限责任公司的技术改造和新产品开发取得新成果:一是完成了群模一体化生产线的设备加工、安装、调试,并于当年4月投入生产;二是投资100万元引进喷墨机和激光编码机,建成了包括机械压痕打号在内的三条雷管打号生产线并投入正常生产;三是完成了电雷管废品回收机的设计与制造任务并投入使用;四是完成了高强度导爆管的样品制作和工艺性试验。

同年,考虑到公司各种纸壳电雷管年产量和激光编码机最大日产量及存在的安全隐患,一台激光编码机已不适应公司实际生产需求,公司决定再增加一条激光编码生产线。通过多方勘测、技术论证,选定在五车间矿用班增加该生产线,这样既利用了该工房的闲置面积,又可以完成该班组当日生产编码任务,同时缓解了第一条激光编码生产线紧张状况,可实现纸壳电雷管全年编码雷管的顺利完成。

连续几年来,毫秒延期电雷管一次交验合格率都因振动断电一直徘徊在较低水平,影响了公司综合良品率、一次交验合格率。为解决这一问题,2002年公司决定先组织调研,再经过论证,引进药头自动焊线机,实现药头质量性能的均一性,从而彻底解决毫秒延期电雷管振动断电的质量问题。

2003年,红旗化工有限责任公司的技术改造工作取得了新成果:一是将原木工房改造成了日产6万发电引火药头的生产线,提高了药头产量;二是完成了火管装配线改造的设计,其目的是使改造后生产线既可生产纸火雷管也可生产金属壳火雷管,有效地缓解了六车间生产的紧张局面;三是对矿用雷管生产线进行了改造,改造后的生产线实现了集生产、编码、包装为一体的效果;四是设计了新型结构的塑料塞,并对电毫秒雷管进行了质量攻关,使该产品良品率和一次交验合格率有所提高;五是改进了秒延期雷管生产工艺,段别标志由外观涂漆改为导线颜色识别。

2004年,红旗化工有限责任公司的技术改造和新产品开发全年共分别完成技改项目十二项和两项。

十二项技改项目的成果为:一是采用六联机试制铁管壳;二是完成了铁管表面法兰处理的工房改造和设备安装工作;三是完成了程控气动倒药机的改造;四是将火管装配线改造成既能生产纸壳火雷管也可生产50毫米以下覆

铜火雷管的多功能生产线；五是引进自动焊线机并投入生产；六是完成了四车间群模一组生产线焊接工艺条件的改进；七是对毫秒延期电雷管引火药头进行了改进；八是完成了毫秒延期电雷管生产线的扩产改造；九是完成金属壳雷管激光编码线的改造；十是完成了切铅管机的改造；十一是完成了拉制导爆管机头的改进；十二是完成了火管生产线空壳扩口、检高工装的设计。

两项新产品试制的成果为：一是研制成功了高段（6～10段）塑料导爆管半秒雷管；二是确定了变色塑料导爆管的工艺条件并对拉制设备进行了改进。

2005年红旗化工有限责任公司的技改工作：一是对各工、库房的产品存放量及工序定员标准进行重新考核设定，达到了新的安全标准；二是完成了空中运药系统的整体改造；三是对工房内外及库区部分存在安全隐患的供电线路进行重新布线，更新线路；四是对六车间火管装配线的几扇防险门进行了安全改造；五是对所有设备及工房全部装设了二次防雷装置。

2005年，红旗化工有限责任公司全年共完成技改项目16项，具体为：一是完成了金属管壳冲压及法兰生产工艺的设计；二是对一车间前半部管道系统进行了改造；三是完成了三车间自动倒药机的改造；四是对六车间金属壳雷管激光编码生产线进行了改造；五是完成了三车间纸管及金属管雷管激光编码生产线的改造；六是完成了导线加工及注塞、撸头工艺的改进；七是对自动焊线工艺技术进行了改进；八是完成了塑料导爆管拉制及导爆管雷管生产线的改造；九是完成了金属壳火电雷管一体化生产线多项工艺技术的改造；十是完成了空中运药安全限位及警示系统的技术改造；十一是完成了延期药磨药工房的改造及单质延期药工艺技术加工；十二是完成了对雷管标识、中包、外包及捆箱的技术改进；十三是完成了成品延期药风干及铅管拉拔生产线的改造；十四是完成了对群模一组生产工艺的技术改进；十五是完成了动力车间引风除尘系统的改造并制订了废气治理计划；十六是完成了试验站改造工程。

4.4 安全管理

红旗化工厂成立之初，安全工作没有专职部门，归口生产技术科管理。从1972年起，工厂设立了专职安监科，设有科长1人、副科长1人、科员2人，主要负责车间的安全管理工作。2004年公司将安监科改为技术安全部,设部长1人、副部长1人、专职技安员2人、消防车救护车司机4人、专职消防员1人,另外有专职技安员和兼职技安员各5人,分别派驻公司10个主要生产车间和科室,负责所在车间、科室的安全管理工作。

红旗化工厂生产、使用的材料和产品大都是易燃易爆品,所以,安全工作的重要性十分突出。

1971年到1977年,红旗化工厂虽然常抓安全工作,制定了一些安全制度采取了一些安全措施,开展了安全检查,但由于初生产,生产管理漏洞较多,安全管理经验不足,安全事故时有发生,严重地影响了工厂的正常生产和工人的情绪,给工厂造成了很大的损失。

1976年,工厂开展安全大检查,主要查安全防护措施和生产中的安全隐患,在安全检查的促进下,安全工作开始有了起色。

1977年,工厂下发了《技术安全管理制度》,使安全工作纳入正轨,安全事故发生率大幅下降。

1978年是红旗化工厂的领导班子进行了调整,工厂配备了专职干部抓安全工作,加强检查,清理隐患,开展安全月活动,发挥专兼职技安员的作用,在1978年后,创下了7年零8个月无安全事故的好成绩。

1979年,红旗化工厂在安全工作中主要抓了周末、月末清扫制度,开工检查制度,进工房更换衣服、鞋制度,每周一的技安例会制度等的贯彻落实,卓有成效地保证了安全生产。

1980年,红旗化工厂制定出更加具体的安全管理措施:一是各类危险品要有专人负责,成品、半成品数目要准确、账目要清楚;二是对事故严格贯彻"三不放过原则",事故责任要查清原因,吸取教训,制定措施,做好原始记录;三是严格控制工序上的药品存放量;四是杜绝成品库因老鼠造成的事故,专人检查,经常投放老鼠药、捕鼠笼。

1982年,红旗化工厂对安全生产工作进行"查问题、堵漏洞",主要是一查思想认识;二查安全生产制度;三查工艺规程的执行情况;四查文明生产;五查安全责任制;六查危险品和化学品的管理和销毁制度;七查劳动保护用品的发放和使用;八查防护措施;九查电气设备;十查防雷接地装置。通过检查,共查出安全隐患49项,当场解决29项,后续整改20项。

1982年8月27日15时10分,二车间某职工在工房后半部自动倒药工序隔爆室内用剪刀剪漏斗上的胶皮时,引起胶皮上和漏斗内的浮药爆炸,造成两人轻伤。事故的主要原因是该职工严重违反工艺规程,在未清理浮药的情况下用剪刀剪胶皮时摩擦起火,致使漏斗内的浮药爆炸。

1983年,内蒙古红旗化工厂未发生安全事故,该年工厂被评为内蒙古自治区军工系统安全文明生产先进单位。

1984年,内蒙古自治区人民政府奖励红旗化工厂"安全活动先进集体流动红旗"一面。内蒙古自治区军工局奖励红旗化工厂"安全生产流动红旗"一面。

1985年,工厂组织了六次安全大检查,查出安全隐患105条,绝大部分得到了解决,使安全工作警钟长鸣,该年未发生安全事故。

同年,红旗化工厂坚持周末、月末的卫生大扫除,坚持每周一次的安全例会制度。另外,工厂还将办公区也列为禁烟区,在产品库区周围新增建了一道围栏,一定程度上加强了库区的安全管理。由于安全管理到位,1985年工厂实现了全年安全无事故的好成绩。

1986年7月21日,红旗化工厂三车间装药工序发生了正常操作中的爆炸事故,造成1人死亡、1人重伤、2人轻伤,直接经济损失2.8万元。事故发生后,厂领导高度重视,组建调查组查清了事故原因并恢复了生产。本次事故中的伤员得到了治疗,家属得到了妥善安排。

1987年,红旗化工厂的安全工作实现了"全年杜绝重大事故,减少一般事故频率"的目标。当年全厂有百余职工参加了全国工业生产安全知识竞赛,获得了喜人的成绩。工厂在三季度举办了首届"火工生产、技术、安全、质量知识竞赛"。全年落实安全措施46项。

但当年发生了一起较重大的翻车事故,造成2人死亡、2人受伤,对人民群众的生命财产造成了重大损失。

1988年是红旗化工厂建厂以来安全工作做得最好的一年。当年工厂编印了《安全生产管理制度汇编》,安排了职工疗养和职业病普查,销毁了多年积存下的十几万发报废雷管和一吨多的炸药,安排了12名职工赴青岛进行健康疗养。

1989年,红旗化工厂实现了全年安全生产无事故,被内蒙古自治区公安厅评为自治区防火防爆先进单位。工厂在火工车间严格贯彻安全生产、文明生产的有关规定,坚持开工检查制和周月末卫生清扫制度,严格控制定员定量,组织均衡生产,保证了各车间的生产任务顺利完成。

同年6月,工厂请乌兰察布盟防疫站为290名接触尘毒的职工进行了职业病检查。

同年7月,工厂接受了内蒙古自治区民爆企业安全生产巡回检查;9月,工厂接受了自治区先进企业检查组的检查验收;10月,工厂接受了乌兰察布盟消防支队的防火工作检查。红旗化工厂在这几次的检查验收中均受到好评。

1990年,红旗化工厂落实安全措施108项,严把"四关",实现了安全生产无事故的好成绩,被清水河县人民政府评为1990年度安全行车先进单位。

该年工厂销毁了以前积存的黑索金、苦味酸1吨,军用雷管9.5万发,消除了安全隐患。

1991年,红旗化工厂发生一起重大安全事故。当年3月20日7时53分三车间包装工房封箱工序中的1 000发煤矿许用雷管在封箱过程中发生爆炸,造成一死两伤,直接经济损失1 612.10元。

同年,红旗化工厂开展了第一届"安全生产周"活动。

1992年,红旗化工厂按照雷管行业的安全性评价标准,对照企业的实际进行认真的整改,在内蒙古自治区的火工安全性评价检查中取得了较好的成绩。

当年红旗化工厂开展了安全评价性工作。安全性评价在民爆行业尚属首次,为扎扎实实搞好这项工作,工厂于7月组织举办了"安全性评价培训班",厂安委会成员共计35人参加了培训学习。在此基础上,对照"评价标准",对85号火雷管和85号电雷管两条生产线和销毁场、试验场、总仓库进行了自评。由于工厂先天不足,存在问题较多,特别是总体环境、内外部距离、房屋结构方面多处不符合要求。针对现实情况,红旗化工厂进行了力所能及的整改。

根据自评结果,红旗化工厂重新建立了8种台账;修订完善了两项制度;增补了三个部门的安全职责;完善了五种安全管理档案;重新绘制了8种安全管理图标;新建了DDNP废水处理池;对所有设备进行了接地检查;为重点工序的职工配备了防静电工作服;在销毁场设置了网围栏。

经过整改,两条生产线和销毁场、试验场、总仓库均达到了"评价标准"。

当年10月,内蒙古自治区安全评价复查组对红旗化工厂进行了复评,安全评价复查组一致认为：工厂干部职工安全技术素质高，安全管理基础扎实，自评掌握标准准确。同时对工厂的综合管理提出表扬，工厂的复评得分位列内蒙古自治区第一。

1993年，红旗化工厂的安全检查工作走向正规化和制度化。安全工作取得了全年生产无事故的好成绩。

1994年，红旗化工厂对全厂215名从事有毒有害作业的职工进行了健康检查；实行了二车间、三车间、五车间、六车间的安全生产集体承包和对三车间、六车间装起爆药工序的安全生产单向承包。全年运送产品209车次，安全行车499 020千米，全年未发生安全事故。

1995年，红旗化工厂落实安全整改措施112项，有效地保证了安全生产。工厂组织人员编制了10万字的《安全生产制度汇编》，对二车间和动力车间的管道进行了更换，对厂区部分供电线路进行了更新，保证了生产安全。

1997年5月，红旗化工厂为全厂295名从事有毒有害作业的职工进行了健康体检；9月，为12名货车司机进行了体检；9月，组织举办了第二届"安全在我心中"演讲比赛，获奖选手在全厂范围内进行了巡回演讲。这一年，红旗化工厂将火雷管生产线改造为气动生产，并新建了电管包装工房；对2号采暖锅炉进行了安全改造；实行了对二车间、三车间、五车间、六车间的安全集体承包和三车间、六车间装起爆药工序的安全生产单向承包，并对二车间、三车间、五车间、六车间实行安全生产递增奖励；从6月起还为全厂职工增发了安全津贴。当年全厂落实安全整改措施89项。

1998年，红旗化工厂全年共组织安全检查24次；落实安全整改措施88项；办新工培训班2期，受培人员9名；以"落实责任、保障安全"为主题与全国同步开展了第八届"安全生产周"活动；成功举办了第四届"火工生产、安全、技术、质量知识竞赛"活动；4月至6月，在全厂范围内开展了"找出一个隐患，提供一条建议，采取一项措施，增加一份安全"活动，全厂共提出合理化建议88条，结合生产实际采纳54条；继续实行二车间、三车间、五车间、六车间的安全集体承包和三车间、六车间装起爆药工序的安全生产单向承包以及二车间、三车间、五车间、六车间的安全生产递增奖励；全年运送产品164车次，行车188 920千米。

1999年，红旗化工有限责任公司全年共组织安全检查24次；落实安全整改措施136项；以"安全、生命、稳定、发展"为主题与全国同步开展了第九次"安全生产周"活动；四季度在全公司范围内开展了"同心协力保安全、携手迈进新世纪"安全知识竞赛系列活动；12月底举办了有20支参赛队参与的"火工生产、安全、技术、质量知识竞赛"活动；继续实行二车间、三车间、五车间、六车间的安全集体承包和三车间、六车间装起爆药工序的安全生产单向承包以及二车间、三车间、五车间、六车间的安全生产递增奖励；全年运送产品181车次，行车169 810千米；全年未发生安全事故。

2000年，红旗化工有限责任公司全年共组织全厂性安全检查26次，落实安全整改措施124项；从3月20日至6月30日，分三个阶段组织开展了"百日安全无事故"活动；5月，组织开展了以"掌握安全知识、迎接新的世纪"为主题的第十次"安全生产周"活动，此次活动被呼和浩特市安全生产办公室以简报形式登载；为增强职工的防火意识，组织职工观看了《隐患就在你身边》的防火教育影片；8月，组织了全公司范围的消防训练，组织开展的"安康杯"竞赛活动，收到了较好效果，被评为内蒙古自治区"安康杯"竞赛先进集体；继续实行二车间、三车间、五车间、六车间的安全集体承包和三车间、六车间装起爆药工序的安全生产单向承包以及二车间、三车间、五车间、六车间的安全生产递增奖励；全年运送货物6 148吨，安全行车447 955千米；全年未发生安全事故。

2001年，红旗化工有限责任公司全年共组织全厂性安全检查26次，落实安全整改措施82项；5月，组织开展了以"落实安全规章制度，强化安全防范措施"为主题的第十一次"安全生产周"活动；6月底，安监科、技术科共同在全公司举办了第五届"火工生产安全、技术、质量知识竞赛"；9月20日至12月31日在全公司开展了以"查隐患、守规程、尽职责、保安全"为内容的"百日安全无事故"竞赛活动；公司认真组织开展"安康杯"竞赛活动，被评为国家"安康杯"竞赛先进集体；公司认真开展消防培训教育及消防演练工作，被评为呼和浩特市"消防保卫"先进单位；继续实行二车间、三车间、五车间、六车间的安全集体承包和三车间、六车间装起爆药工序的安全生产单向承包以及二车间、三车间、五车间、六车间的安全生产递增奖励；全年运输产品208车次，行车249 225千米；全年未发生安全事故。

2002年，红旗化工有限责任公司开展定期、不定期的安全检查，各级领导和安监科、车间技安员经常深入车间班组检查监督工人的工艺执行情况，对火工车间安监科派专人每日跟班。公司安委会每季度进行一次安全大检查和生产现场管理检查，对发现的事故隐患及时提出整改意见，限时解决。一年来，共落实安全整改措施46项。2002年，公司被呼和浩特交警总队评为"交通安全文明单位"；当年组织职工收看了安全生产录像片《中国安全生产政策法规》《国内外重大事故警示录》等；开展以"关注安全，关爱生命"为主题，组织举办了全公司安全演讲、知识竞赛活动；成功举办了首届"安全生产辩论会"活动；12月在全公司开展了生产现场管理竞赛活动；对于从事特殊作业的人员重新换发了上岗合格证；在全体职工中进行了安全知识应知应会有奖考试，并重新签发了工艺合格证；对成品库外围加设了网围栏。

2003年，红旗化工有限责任公司在安全生产方面出现一些问题：一是三车间和六车间先后出现数次爆炸事故隐患，虽然损失不大，但严重影响了生产秩序和工人的情绪。二是某些领导和工人对生产安全仍不够重视，有的车间长时间不开技安会。三是在生产过程中有些工人为了"赶任务"擅自简化工艺，对均衡生产制度执行不严。据此，公司全年共组织安全检查26次；落实安全措施82项；举办新工培训班12期，受培员工46人；六月，与全国同步开展了以"实施安全生产法，人人事事保安全"为主题的"安全生产月"活动；在全公司范围内举办了"安全连着你我他"征文竞赛；结合防控"非典"工作狠抓了生产现场管理和整洁文明生产；继续实行二车间、三车间、五车间、六车间的安全集体承包和三车间、六车间装起爆药工序的安全生产单向承包以及二车间、三车间、五车间、六车间的安全生产递增奖励；全年运输产品295车次，安全行车522 820千米。全年安全无事故，取得了火工生产连续12年零9个月无重大事故的好成绩。

2004年，红旗化工有限责任公司全年共组织安全检查26次；落实安全措施69项；举办新工培训班11期，受培员工39人；以"以人为本、安全第一"为主题与全国同步开展了"安全生产月"活动；加强全员安全培训，对全公司767名上岗员工全部进行了安全培训，经严格的考试后签发了上岗作业证书；5月17—21日组织了全公司范围的消防训练；5月20日上午公司组织了事故应急救援演练；继续实行二车间、三车间、五车间、六车间的安全集体承包和三车间、六车间装起爆药工序的安全生产单向承包以及二车间、三车间、五车间、六车间的安全生产递增奖励;公司投资近50万元新建了6号成品库,投资近5万元搬迁了销毁场,认真开展了安全评价前期准备工作;全年运输产品253车次,安全行车407 995千米。

2005年,经过第三方机构对生产现状的严格考核,红旗化工有限责任公司通过了国家民爆器材生产行业达标级认证。

公司全年共组织安全检查26次;落实安全措施87项;举办新工培训班23期,受培员工58人;以"遵章守法、关爱生命"为主题与全国同步开展了"安全生产月"活动;8月,组织举办了有公司领导、车间/部室领导、技安员及班组长共80人参加的安全生产管理培训班,培训班聘请国内安全生产方面的著名专家教授进行授课,并申请内蒙古自治区国防科工办为参加培训班的所有人员颁发了证书;7月,在全公司范围内举办了民用爆破器材生产经营管理安全知识试卷答题和安全技术知识、法律法规现场竞赛活动,全公司722人参与安全知识试卷答题,13个单位的18支参赛队参加了现场竞赛活动,收到良好效果;公司有100人参加了11月清水河县消防大队在公司举办的2005年度消防培训班,并对部分岗位人员办理了由呼和浩特市消防大队签发的消防培训结业证书;继续实行二车间、三车间、五车间、六车间的安全集体承包和三车间、六车间装起爆药工序的安全生产单向承包以及二车间、三车间、五车间、六车间的安全生产递增奖励;认真开展了安全评价前期准备工作。

2005年11月13日17时14分,公司三车间雷管编码工房发生火灾,火灾造成建筑面积273平方米的工房屋顶60%过火,工房安装的两台激光打标机受到不同程度损坏,工房地面胶皮和其他设施也受到不同程度损坏,直接经济损失达26.88万元。

4.5 质量管理

1968年,红旗化工厂设立了检验科,当时设科长1人,支部书记1人,管理员1人,技术员1人,材料分析员1人。检验科下设3个班组:理化班有理化分析员10人;计量班有计量检定员6人,试验员4人;检验班有成品、半成品检验员17人。检验科主要负责工厂的成品、半成品和原材料检验,生产在用计量器具的检定,配制料液浓度、水分等各项理化指标的测定,成品的试验工作等。1993年检验科改名为检测中心,其机构组成不变。2004年检测中心改名为质量检测部,设部长1人,副部长1人,管理员1人,技安员1人,下设理化班、计量班、检验班3个班组,共有员工38人。

红旗化工厂的质量管理工作是从1970年投产后开始的,一直到1977年这个阶段,工厂的质量管理并不十分规范。质量管理只停留在统计一下产品的质量指标的阶段,没有对产前、产中、产后进行有针对性的质量控制。这一时期工厂的产品质量有升有降,废品较多,每年都要销毁大量不合格产品。这一时期主要产品的质量情况是:85号火雷管的良品率1971年是90.2%,到1977年上升至96.4%;瞬发电雷管的良品率1971年是94.0%,到1977年上升至97.2%;木柄手榴弹铝雷管的良品率1973年为84.4%,1977年下降至84.1%。

1971年,红旗化工厂生产了1 504万发火雷管,其中报废的就有87万发,1972年又报废了11.5万发。当时,工厂向内蒙古自治区国防工办上报造成火雷管报废问题的主要原因一是库房潮湿产品受潮,二是原材料不合格,三是执行工艺不严。

中央军委在1972年下达了《关于整顿产品质量的通知》的37号文件,红旗化工厂多次开会传达了文件精神,引起了全厂职工对产品质量的重视,紧接着于1973年在全厂范围内进行了产品质量整顿:一是提高工人和干部对产品质量的认识。二是发动群众找问题,狠抓改进措施。三是建立健全制度,包括建立检验制度,充实检验人员;建立原材料检验分析制度;建立半成品管理制度;废品、待修品、隔离品要分别存放,不得与合格品混批存放;建立成品试验验收制度;建立质量检查制度;建立岗位责任制;建立设备维修保养制度;建立原始记录制度;建立整洁文明生产制度。

同年6月,五机部、燃化部民用火工品质量巡回检查组到红旗化工厂检查,对红旗化工厂生产的85号火雷管、85号电雷管的产品质量比较满意。

8月,内蒙古自治区物资局、内蒙古自治区燃化局和内蒙古自治区国防工办分两次在红旗化工厂召开质量检查会,对85号火雷管、85号电雷管逐项进行检查试验,经过试验,代表们认为:这次会议,使上级单位对红旗化工厂有了全面的了解,特别是经过检查试验,使上级单位看到了红旗化工厂良好的产品质量,解除了顾虑。这两次会议,对红旗化工厂产品质量的提高起了很大的推动作用,产品报废数明显下降,质量指标有所提升,但仍然存在少量报废产品,经请示内蒙古自治区国防工办后,把从1970年到1973年所积累下的报废产品一起拉走销毁,损失价值达50万元。

  1974年,内蒙古自治区、宁夏回族自治区民爆器材企业巡回检查组于5月底到红旗化工厂检查。这次检查的检查组由宁夏胜利阀门厂、石嘴山矿务局化工厂、内蒙古第三通用机械厂、包头市矿务局化工厂、凉城县化工厂和内蒙古红旗化工厂等6家单位的专家共同组成。通过检查,红旗化工厂的85号火雷管和85号电雷管的产品质量被评为良好。

  自1975年起,红旗化工厂每年都要开展一次质量大检查,主要查制度落实、产品质量、技术资料、工艺执行情况、设备维修保养等,查出问题及时通知车间和有关部门解决,以后逐步制定了《质量检查评分标准》,每季度检查一次。质量检查由此在红旗化工厂形成了制度并一直坚持了下来。

  这个阶段,红旗化工厂产品存在一个明显的质量问题,就是火雷管的半爆现象较多。虽经多方努力,一直未能彻底解决该质量问题,导致产品良品率比较低,造成大量产品报废,成为影响红旗化工厂产品质量的主要因素。

  1978年开始,国家要求各企业推行全面质量管理。工厂派副总工程师张荣康同志、检验科长芦荣同志参加了由国防工办组织的"全面质量管理培训班"。他们学成后回厂组织车间领导和技术人员进行全面质量管理宣讲。工厂也成立了"厂—车间—班组"三级全面质量管理机构,车间建立了质量管理图表和QC小组,推广以预防为主的全面质量管理和质量控制,应用质量管理的七种工具图解决生产中出现的质量问题。对外又引进新技术、新方法完善质量管理。由于措施得当,红旗化工厂的产品质量开始稳步提升。

  1979年,红旗化工厂提出了14项技术革新和新产品引进项目,根据对其他厂的调研,得知秒延期电雷管是雷管行业今后的发展方向,工厂很快组织技术人员进行学习调研,取得资料后马上组织人员试制,并建了新工房,开始小批量试生产,当年生产能力便达52万发。

  同年12月,内蒙古自治区国防工办验收小组到红旗化工厂验收"十查十整"情况,满分300分,红旗化工厂得了270分。

  同年,红旗化工厂全年报废火雷管10万发、电雷管4万发,直接经济损失达7 000元。

  1980年,由于国民经济的调整,军工产品大量压缩,红旗化工厂的生产任务严重不足,面对形势的变化,红旗化工厂一时无法适应,当年发生技术性亏损13万元,但产品质量创下了较好的成绩。

1981年,红旗化工厂全厂上下奋发努力,一举扭转了亏损局面。7月,红旗化工厂参加了全国工业雷管的产品质量评比,经抽样到抚顺四七四厂检验和试验,总分100分,85号火雷管得分98.5分,评为良好;85号电雷管得分97分,评为良好;85号秒延期电雷管因段别不齐未能参加评比。

1981年11月,红旗化工厂对全厂职工进行了质量管理全员培训。入冬后,在全厂推广了全面质量管理办法,各车间成立了QC小组。同年二车间因原材料盐酸不合格,报废湿药25批共300千克,报废火雷管7万发,属于一次较为重大的质量事故。

1982年,红旗化工厂创下了生产1 760万发产品无成批报废的好成绩。二车间QC小组被评为兵器工业部先进QC小组并派代表参加了表彰会。

1983年,红旗化工厂组织人员狠抓质量攻关。在第三季度,针对秒延期电雷管点火性能差、瞎火多的问题,组织力量进行技术攻关,增强了该产品的发火性能,提高了产品质量。9月,在内蒙古自治区召开的自治区优质产品授奖大会上,红旗化工厂的85号火雷管和85号电雷管均被评为优质产品,并获得了证书。

同年,红旗化工厂全年共解决了生产中重大质量问题18项,落实了改进措施28项。当年解决的主要质量问题为:一是用夹套锅配制聚乙烯醇黏合剂代替干酪素胶卷纸管壳,解决了纸管壳起泡、起皮的问题;二是提高了DDNP的流散性和耐压性;三是控制了上限药量和下限药量,杜绝了产品的半爆和小孔现象;四是将瞬发电雷管的桥丝由康铜丝改为镍铬丝,解决了雷管桥丝易断的问题。五是将电雷管封口由灌硫黄改为压塑料塞,方便了操作,提高了效率。

1984年6月,红旗化工厂的塑料导爆管和非电瞬发电雷管试制定型;9月,煤矿许用电雷管试验定型。

1985年,为配合质量工作,红旗化工厂开展了"立功竞赛、技术表演、百万无返检"等活动,按照发放生产许可证的标准,对半成品和成品从质量、性能、外观、包装及生产条件等进行了全面检查和认真考核,同时把质量工作同职工个人绩效结合起来,有力地促进了产品质量的提升。

同年,红旗化工厂全年报废秒延期电雷管2万发。

1986年,红旗化工厂重新制定了季度质量大检查标准,使内容更加细化;8月,工厂举办了技术质量竞赛活动。

同年,红旗化工厂全年秒延期电雷管2万发。

1987年,红旗化工厂组织副科以上干部学习全面质量管理知识,进一步普及全面质量管理知识;开展了灵活多样的技术竞赛、技术培训等。

1988年10月,按照企业升级的要求,红旗化工厂根据内蒙古自治区人民政府发布的《工业企业全质管理验收考核细则》逐条进行了准备,整顿了组织机构,调整和配备了质量管理人员,整理了质量原始记录,组织人员进行了自检,对自检出的问题及时进行整改。同时组织全厂职工参加了全质管理知识考试,有560人参加了考试,均取得了合格的成绩。12月,在工厂组织自检的基础上,上级部门组织人员对红旗化工厂的全质管理工作进行了验收,工厂的全质管理达到了发展期合格水平。

1989年,红旗化工厂的质量管理工作进一步规范,重新修订了《全质管理质量检查评分标准》,在这次质量检查标准的修订过程中,第一次把辅助车间和机关科室的工作质量也纳入了检查范围,使质量检查标准更加全面、更加规范系统。

同年,红旗化工厂主抓了产品质量升级,按C级标准对工业火雷管和工业电雷管考核,产品全部达标。

同年,经申报,红旗化工厂的煤矿许用电雷管获得了"内蒙古自治区优质产品"的称号,原有的火雷管和电雷管经复查也继续保持了"内蒙古自治区优质产品"的称号;红旗化工厂的煤矿许用电雷管入井许可证复试合格;红旗化工厂的煤矿许用电雷管、秒延期电雷管顺利通过内蒙古自治区质检所的质量鉴定。

1990年,红旗化工厂组织了职工同工种质量竞赛活动,从原材料到半成品、成品实行道道把关,保证了产品质量;继续坚持质量大检查和平时的质量抽检。举办了第一届QC成果发布会,有9项成果提交大会宣读,有6项获奖。

1991年,红旗化工厂的电雷管系列产品一次交验合格率较高,工厂向内蒙古自治区有关部门申报了自治区质量管理奖。

1992年,红旗化工厂全年共举办了职工技术讲座学习班9期,组织了8个工种的职工同工种技术竞赛;攻克了药头空心的质量难题,提高了电雷管的产品质量。

1993年，红旗化工厂组织职工认真学习《中华人民共和国产品质量法》，提出了"用户至上，质量第一，坚持不懈，全员管理，生产国内第一流产品"的质量方针；解决了毫秒延期电雷管的半爆、瞎火、断电、秒量不准的质量问题。

1994年，红旗化工厂的质量教育、质量检查、质量评比、技术攻关、工艺纪律实现了制度化，规范化，产品质量比较稳定，全年未出现重大质量问题；举办了第二届QC成果发布会，共发布成果8项。

1995年，为了方便职工培训，在技术科的组织下，红旗化工厂由各车间的技术人员结合本单位的生产工艺技术编写了培训讲义，其内容通俗易懂，易于被职工接受，各车间组织职工进行了学习；同年，工厂组织开展了第三届"质量技术知识竞赛"；年底，六车间QC小组获兵器工业总公司QC成果三等奖。

1996年，红旗化工厂的产品质量基本稳定，该年产品存在的问题是：导火索在使用中偶尔出现有药心结块、燃爆等现象，毫秒雷管依然存在断电、瞎火的问题。

1997年，红旗化工厂加强了技术攻关工作，解决了秒延期雷管瞎火质量问题，全年共计完成11项质量改进项目。

同年3月，经元宝山矿区用户反映，雷管存放井下易受潮导致瞎火，红旗化工厂及时派员解决问题并改进产品工艺，将口部防潮工艺改为全浸防潮工艺，提高了雷管的防潮能力。

1998年，红旗化工厂解决了两大质量问题，一是秒延期雷管小套管裂口问题，二是攻克了毫秒延期电雷管振动断电问题，使产品质量得到了有效改善。

1999年，红旗化工有限责任公司六车间QC小组获得兵器工业部质量协会1999年QC小组活动二等奖。

2000年，红旗化工有限责任公司三车间QC小组对车间气动传送带的运模装置进行了改造，经过长时间的使用，证明改进后的运模装置对提高安全系数、保证产品质量、方便操作都有明显作用。

同年，由技术科组织人员解决了导爆管雷管使用中的丢炮问题。

2001年，红旗化工有限责任公司举办了第五届"火工生产安全、技术、质量知识竞赛"，公司有23支参赛队共计69人参加了竞赛，有12支参赛队获得了名次，并以竞赛的内容抽考了火工车间38名职工、非火工车间13名职工，成绩均合格。

同年,民爆行业生产许可证进行复查,为了迎接生产许可证复查工作,公司组织人员在前期做了大量准备工作。公司根据复查时的检查标准,逐条开展了自检。技术科、工会、检测中心、机加工车间等单位都按照分工把检查的材料准备齐全,使公司顺利通过了生产许可证的复查。

2002年,红旗化工有限责任公司严把工艺纪律,加强质量检查。由于生产任务较重,在一些车间中出现了为了完成任务而粗制滥造产品的现象。为此,检验员和各车间认真执行"三检制度",坚持从原材料投入到半成品和成品生产全过程的质量把关;技术部门和检测中心经常深入车间进行质量抽查,并坚持开展季度质量大检查,将产品质量的考核成绩与车间和个人的效益工资以及先进评比紧密挂钩,调动了职工把好质量关的积极性。

在2003年9月的质量月活动中,红旗化工有限责任公司举办了"质量在我心中"的征文活动,收到征文58篇;对各车间的质量指标完成情况进行了考核,对评出的优胜单位进行了奖励;对在"质量月活动"中表现突出的个人给予了奖励。技术科、检测中心、供销科三个单位组成了走访用户小组,于当年9月1日至10月30日,分别对自治区中部、西部、东部和山西省大同、忻州等地区的部分用户进行了走访和技术服务,走访小组共走访了32个销售网点和煤矿,及时了解了用户对公司产品的意见和要求,增进了公司和用户之间的关系。

2004年4月26日,火雷管交验时铅板试验出现小孔的质量问题产生后,公司组织专人多次做对比试验,证明这批雷管的一次炸药存在较严重的质量问题,经公司领导研究,决定对用这批炸药生产的125万发雷管全部进行报废处理。

同年,公司决定进行质量管理体系认证。6月,公司聘请咨询公司专家来公司对有关人员进行了GB/T 19001—2000质量管理体系标准的培训和宣贯,公司领导、中层管理干部、车间技术员、车间的检验员均参加了学习。接着,公司于8月11日举办了内审员培训班,公司共有23人参加了内审员培训。随后,按照认证要求,公司组织人员编制了《质量手册》和《程序文件》,重新修改了公司的《工艺规程》和产品的《验收工艺》。10月27日公司进行了首次内部审核,11月2日进行了管理评审。11月6日至9日第三方质量认证机构派了5

名审核员到公司进行了质量管理体系审核。此次审核共给公司开出了6项不符合项,限期1个月内加以整改闭环。公司在半个月内就完成了6项不符合项的整改闭环工作,还举一反三对其他一些质量问题采取措施加以解决,并将整改材料寄到质量认证机构,经该质量认证机构确认,认为红旗化工有限责任公司的质量管理体系较为完善,体系运行正常,审核通过。

2005年,红旗化工有限责任公司举办了两期总共历时8个月的职工技术等级培训班,经过培训,共有149名学员通过了初级工考试。2005年的培训活动是公司"工人技术等级培训三年规划"的开始之年。

同年3月28日,公司停产一天开展产品质量管理整顿,将产品质量与企业的命运联系在一起,发动全体员工展开讨论,使大家从思想深处提高认识,这次整顿对后来产品质量的提高和稳定起到了一定的促进作用。

2005年,红旗化工有限责任公司顺利地通过了质量管理体系认证后的第一次监督审核;公司购置了20通道雷管秒量测试仪和粒度分析仪,加强了对产品质量的检测,提高检测结果的准确度;公司继续派人走访用户,加强和用户的沟通;同年冬季,公司派人学习了煤分析工艺,对进厂的煤进行了热值分析,提高了进厂的煤质,仅煤质提高一项当年就为公司节约成本20多万元;修改了5项质量管理制度和8种产品检验工艺;从10月初开始到11月初,全公司共有7个单位的200多名职工参加了当年的职工技能大赛。

同年,红旗化工有限责任公司的产品产量突破9 000万发,创了历史纪录,各种产品的一次交验合格率和产品综合良品率指标均超过计划指标。

4.6 设备管理

1966年,红旗化工厂建厂时即组建机动科,由主管副厂长领导,设有书记1人、科长1人、副科长1人、调度计划员1人、设备技术员1人、机械工艺技术员1人、电工技术员1人、管理员1人、材料员1人,下设工具车工班、工具钳工班、维修车工班、维修钳工班、制造钳工班、设备维修班、电工班、锅炉班、水暖班、话务室、职能班等10个班组,主要负责全厂的设备管理与维修工作。

机动科的工种有车工、铣工、刨工、钳工、焊工、电工、热处理工、电镀工、木工、锅炉工、水暖工,基本能满足红旗化工厂的生产需要。

1984年,红旗化工厂将机动科分为两个车间,即机加工车间和动力车间。

机加工车间保留了工具车工班、工具钳工班、维修车工班、维修钳工班、制造钳工班、设备维修班等班组的职能。工厂改制为红旗化工有限责任公司后,于2001年将设备维修班撤销,维修任务落实到各个车间。2002年,机加工车间与公司签订了承包合同,车间设置也进一步精简,设有主任1人、书记1人、副主任1人、工艺技术员1人、管理员1人。同时,机加工车间内部也做了相应的调整,将班组调整为铣刨磨工班、工具车工班、工具钳工班、制造班。

红旗化工厂时期,机动科的职责是设备的购置、安装调试;非标设备的加工制造;工具、工装的制造;设备的维护保养;水、暖、电的供应管理。

按照厂部的指导原则,机动科对全厂设备实行综合管理,即对设备的规划、选型、购置(非标设备的制造)、安装、调试、验收、使用、维修改造、更新和报废的全过程进行综合管理。

在加强设备维修管理方面,机动科一是在思想上树立设备维修为生产服务的观点,在管理上贯彻执行生产计划和正常维护并重的原则;二是确立维护保养工作同时并举的思想,建立和健全各种规章制度和操作规程,用制度把检查内容、群众要求、领导意见、维修规则和多种经验结合起来指导实践;三是加强维修工作的技术力量,提高维修人员的技术水平,调整、充实、整顿维修技术队伍,开展内部培训并派人去外厂学习先进技术、先进管理,有计划、有重点地对新工人进行技术培训,提高维修的技术力量;四是建立健全严格的设备考核奖惩制度,对各车间设备维修进行指标管理、指标考核等奖励办法。

动力科配备的设备有车床10台、铣床4台、牛头刨床2台、龙门刨床1台、磨床7台、立式钻床1台、摇臂钻床1台、插床1台、电焊机2台、氧气焊1套、电极盐熔炉2台、箱式电炉1台、立式蒸汽锅炉7台、柴油发电机组2台。

随着生产的发展,红旗化工厂于1984年将机动科分为两个车间,即机加工车间、动力车间,相应的设备管理职能也进行了分置:机加工车间负责机械设备(生产一线设备)的综合管理;动力车间负责动力设备的综合管理;各种仪器仪表、检验试验设备由检测中心进行综合管理;交通运输设备由供运部管理。

2001年8月24日,红旗化工有限责任公司又将机加工车间的设备维修班撤销,负责维修的技术工人分派到各个车间,日常维修工作由各车间自行负责,遇有大修的设备才由机加工车间负责。

随着生产的发展,红旗化工有限责任公司的设备台数由建厂初期的86台增加到2006年的220台,特别是2004年、2005年两年中,公司斥巨资进行技术改造、设备更新,先后投资200多万元购置了5台国内技术领先的激光编码机,投资100多万元购置了8台国内技术领先的多功能储能式桥丝自动焊接机;同时购置了具有先进技术水平的试验用20通道雷管秒量测控仪。这些新设备的投入有力地保证了产品的质量。

在安全运输方面,公司投资100多万元购置了5辆专用箱式火工品运输货车,保证了安全运输火工品的需要。在工厂现场管理方面,一是投资50多万元购置了一套监控设备,组建了主监控室,安装的监控探头覆盖全厂实行全天候监控,对工厂的安全管理和生产秩序起到了保驾护航的作用;二是投资30多万元购置了40台计算机,分设在全厂各单位,建立了本厂的局域网,初步实现了工厂信息化、数字化管理。

2002年,机加工车间与公司签订了承包合同,制定了内部分配方案,实行了工时考核,体现了多劳多得的原则。承包三年来,机加工车间能够满足生产车间各种工具、工装的需求,及时维修车间设备,保证了生产的正常秩序。

4.7 能源管理

红旗化工厂的定位是一个以制造工程雷管为主的中型企业,从1966年建厂到1984年,工厂的生产能力相对比较稳定,年产值约600万元,固定资产原值约1 000万元,年消耗能源在3 000吨标煤以下。1984年以前,工厂能源管理在计划经济体制下处于原始管理阶段,消耗无计划、无控制,在满足生产的情况下,消耗多少算多少。从1985年开始,经过1985年、1986年两年工业普查,工厂开始重视能源消耗,先后购买了各类仪器、仪表,对水、电、汽等管道安装了计量仪表,在全厂范围内大张旗鼓地开展了以节约能源为主的"双增双节"活动,增强了职工的节约意识。尤其是1987年工厂计量水平定为国家三级后,全厂建立了能源管理制度,对主体单位的用电量和用水量实行了定额管理,并辅以节奖超罚的管理机制;工厂对锅炉等主要耗能设备进行了改造,提高了锅炉的效率和出力,并合理调整各单位的用汽量;加强家属区的用电、用水管理。以上措施使红旗化工厂的节能工作取得了显著的成效,1987年环比1986年减少802吨标煤消耗,能耗下降了17.95%。为了摸清企业用能情况,使企业少投资、多产出,获得更好的经济效益,根据内蒙古自治区经委《关于开展企业能量平衡工作意见》的文件精神,在内蒙古自治区经委军工处的大力支持下,工厂拿出2.5万元资金,成立专门机构,抽调大量人力、物力,并请包头第二机械厂的工程技术人员做技术指导,帮助工厂开展能量平衡工作。从1988年1月21日开始,以分管副厂长为组长全面负责,抽调动力、机加、技术、检验、供运等各条线共计28人,分成5个专业组,经过两个多月的艰苦努力和辛勤工作,对全厂五种代表性的能源系统和设备进行了数据测试与核算:普查各用能设备台账、查清全厂耗能设备231台;普查了全厂动力、工艺管道16 863米;绘制水、电、汽管线室内平面及系统图;普查了全厂采暖面积13 169.48平方米;普查了全厂照明情况,约有照明灯1 156盏;核实全厂能源计量器具的综合配备率为87.7%,综合检查率为99.64%;汇总当年和上年生产、生活用能消耗和构成情况;汇总当年和上年转供能源种类和数量。

工厂外购能源有煤、电、油,一次能源进厂后有85.3%经能源设备转换后使用,其中煤参加转换的数量消耗能源量的94.3%;电能转换蒸气、热水的占供消耗电量的37.7%,最终核算得出当时红旗化工厂的能源利用率为22.26%,基本掌握了能源损失的原因及数量,为改进能源管理实行节能技术改造,提高能源利用率提供了科学依据,为工厂下一步挖替改造、制定节能规划奠定了坚实基础。通过能量平衡发现了许多问题,尤其同兄弟单位相比有一定的差距,为加强企业管理,红旗化工厂改进了落后工艺,更新了改造设备,健全了企业消耗定额管理制度,开展了综合节能技术研究,从1988年到1992年,五年间红旗化工厂做了如下工作:

一是加强领导、完善能源管理体系。

对节能工作加强领导,对能源加强管理,建立健全能源管理体系,是搞好节能工作的管理基础和组织基础。红旗化工厂节能委员会于1980年组建,于1988年重新调整。随着节能工作的不断深入,工厂的节能机构得到了进一步的完善和充实,建立健全了由厂到车间、由车间到班组的三级能源管理机构,使全厂上下形成一个完整的能源管理体系,充分发挥了各级节约领导小组的作用。

二是加强计量监测,搞好节能统计,健全节约制度,完善各类定额,严明"三定、三包、三改"奖惩,使节能工作有声有色地开展了起来。

计量是能源管理的基础,工厂不断加强能源计量仪器的配备,提高计量设备的运转率、完好率、自动率。为了掌握用能设备的热效率,掌握能源利用情况,找出潜力所在,红旗化工厂通过热平衡测试,发现导致两台蒸汽锅炉煤燃烧效率偏低的主要是炉排过剩空气系数大、机械和化学燃烧不完全,为下步改造锅炉降低煤耗奠定了基础;红旗化工厂坚持开展能源统计分析工作,进一步解决考核、记录不全的缺陷,建立健全各种台账,使能源统计成为工厂编制计划和科学管理的可靠依据;建立健全各类人员的岗位责任制和煤、电、水、汽消耗管理制度,尤其对标煤建立了拉运过程到煤场管理及投入使用的全程管理制度;完善和修订耗煤、耗电、耗油、耗汽、耗水的定额,完善分品种、分产量的煤、电、水、汽、油的单耗定额;"三定"即定产量、定综合单耗及能耗总量、定奖罚比例,"三包"即包保质保量完成生产任务、包单耗下降、包奖罚责任到人,"三改"即改变用能单位吃大锅饭弊病、改变单位内部能耗"实报实销"现象,工厂严明"三定、三包、三改"奖惩,做到惩罚分明,实行了指标分解,层层承包落实,定量供应,改变能源奖励中的平均分配机制。

从1992年以后,红旗化工厂为了进一步挖潜节能潜力、提高能源利用率,在8年的时间内对全厂用能设备和管道进行了大规模改造。

一是对最大的耗能设备锅炉进行改造,提高锅炉效率。从锅炉的主要测试数据看,锅炉效率偏低,排烟热损失和固体不完全燃烧损失过大。为了降低这两大损失,工厂改造了送风机吸风道,提高空气温度,降低空气过剩系数,加强燃烧,减少飞灰含碳量和灰渣含碳量,使锅炉的热效率从43%提高到58%。

二是对全厂的供热管路进行改造和保温。对东沟的主蒸汽管道进行两路分送,更换部分损坏和跑、冒、滴、漏的管道,对所有的管路进行保温处理。

三是回收蒸汽冷凝水。原来的冷凝水回收率只有23%,大部分都白白浪费掉了。经过重新架设回水管道,增装和改造冷凝水回收系统,使冷凝水的回收率达到了65%。

四是对所有的工房安装电表、水表,对家属区实行电表集装加强考核。

五是对二车间水环真空泵实行循环水利用,增设循环水箱,大大降低水的消耗。

六是对用汽设备加装节能型双金属片疏水器。

七是利用锅炉烟道余热提高送风风温,强化燃烧,提高锅炉热效率。

八是淘汰所有旧式电机,采用节能型电机。

九是停用一台变压器,降低变压器电损。

通过以上大量的技术性改造工作,使红旗化工厂的节能工作上了一个新台阶。

随着工厂生产能力的增加,单位产值能耗大幅度下降,1980年以前,由于产量低、产值低,能源管理和用能设备落后单位产值综合能耗很高,为17.6吨标煤/万元。1988年,红旗化工厂实现能量平衡后的单位产值综合能耗降为12.8吨标煤/万元,到2000年又降到6.35吨标煤/万元。从2000年到2005年工厂改制为公司后生产规模迅速扩大,产值、产量成倍猛增,年消耗能源达到5 000吨标煤,但单位产值能耗逐年降低,2002年为2.92吨标煤/万元,2004年为2.02吨标煤/万元。特别是2005年,为加强能源管理,降低能耗,减少管理上的漏洞,由总经理牵头主抓,动力车间和有关部门密切配合,对煤的选用、计量、煤质进行了严格的考核和管理。对进公司的煤进行逐车过磅,抽样化验,确保其数量和质量均达标;对公司园区外原丢失较为严重的两个采暖锅炉房的用煤建立储存库台账、专人管理、严格计量、按班发放等制度;对公司煤场安装监视系统。由于管理的加强,公司全年节约原煤约1 000吨。

4.8 物资管理

内蒙古红旗化工厂于1966年筹建,在筹备建厂时期便设立了材料供应组,负责材料的计划、采购工作。1970年投产后,随着材料用量的增大,当时负责工厂管理的军管组成立了供销科,具体管理全厂的原材料计划、采购、保管、发放和成品销售工作。供销科设科长1人,材料计划核算员1人,材料采购2人,保管员3人。

从1970年投产以来,红旗化工厂在物资供应体制上逐步建立了一套比较完整的组织形式和管理制度。

各车间设管理员1人,负责车间材料领用和发放,由此在工厂形成了材料供应网络,保证了材料使用的正常渠道。同时制定了各管理人员的职责并进行了分工,对各类物资也进行了分类管理办法。在物资的分类上,具体分为原材料、辅助材料、燃料、化工材料、电气材料、设备工具、钢材、有色金属、低值易耗品等。由于物资种类多,为加强管理,在编制计划上,主要核算物资的消耗量、需要量、储备量和供应量。计划编制的主要依据是工厂的生产计划和原材料消耗的定额。

  1970年至1979年期间,红旗化工厂生产所用原材料全部由国家调拨供应,工厂所需的物资和产品的销售也由国家统购统销,采购计划主要是根据上级提供的生产计划编制的,工厂按国家下达的计划把所需物资运回厂即可,不需要投入太大的人力。1980年以后,国民经济进行调整,经济体制发生变化,国家对工厂的产品已不再包销,对工厂的物资供应也不再下达计划,主要的生产原材料一部分由国家调拨,一部分由企业自行采购。为了控制各项原材料的消耗,工厂采取了扣除节约指标发料的办法管理主要原材料的消耗,对"三类"物资和低值易耗品采取"代金券"流通的办法管理,这种内部控制取得了较好的效果。

  为了加强物资管理,减少库存、降低消耗,加快资金周转,红旗化工厂从1978年开始开展厂、车间两级核算,在考核上用数据说话,做到奖惩严明。

  1977年军管时工厂进行过一次清产核资。1979年至1980年进行第二次清产核资,也是历年中规模较大的一次,这次清产核资对全厂所有的库房进行了盘点。当时由于缺乏管理经验,规章制度没有健全完善,有的制度制定下来也没有贯彻执行,导致出现了"有账无物""有物无账"等情况,以及无经验乱采购造成的物资积压。经过这次清产核资,工厂把多余的积压物资、积压设备上报调剂处理;核定流动资金,建立领料发料和交旧领新制度,对库内物资进行了整理分类,登记入卡,健全材料会计制度,使仓库管理工作走上正轨;形成制度以后,每年进行一次核查,重点是查制度落实情况,查物资供应、物资管理、成品管理、运输管理等方面的制度执行情况。

  1978年以后,红旗化工厂经过恢复性整顿和建设性整顿,在工厂内部推行了经济责任制,把责、权、利紧密结合起来,物资管理工作也更加完善。为了加强物资管理,保证材料供应,工厂充实了供销科队伍,供销科设科长1人,副科长2人,材料计划员1人,统计员1人,采购员2人,保管5人。材料库分为化工库、钢材库、油料库、劳保库、成品库等。

  1979年,红旗化工厂为了加强对材料的考核和管理,经技术科、生产科、检验科等部门对各单位使用原材料、辅料的情况进行认真考核后,制定了《材料消耗定额》,对各单位使用的原材料、辅料有了统一的考核标准,进一步降低了材料消耗,同时制定了《物资供应和运输管理制度》。

1985年,红旗化工厂根据生产经营情况,决定实行经济责任承包办法,其中对主要生产材料和辅助材料都采取了定额考核和额外损耗追加扣罚等考核措施,鼓励节约各类生产材料并于年终发放节约奖。

对劳动保护用品也加强了管理,1991年红旗化工厂下达了《关于加强劳动保护用品质量管理的通知》,明确了三方面的要求:一是劳保用品由厂里统一指定单位购买,任何个人不得以任何渠道进行推销;二是供销科采购劳保用品时,一定要严格把关,每次进货后经检测中心检验,质量不合格的不准入库;三是各单位领用劳保用品时,要严格检查,发现质量不合格的,可以拒绝领用。通过这些措施,工厂保证了发放到职工手中的劳保用品的质量。

1995年,为了降低成本,提高效益,红旗化工厂又下发了《加强辅助材料领用管理的通知》,要求各单位所需的辅助材料要按月以计划的形式报送供销科,由供销科计划员汇总成全厂辅料采购计划,经厂分管领导批准,方可采购;全厂辅料由供销科组织进货,任何单位或个人不得自行采购;凡购进材料,由采购员交保管员入库,并由采购员办理入库手续;采购员采购材料要本着物美价廉的原则,不得损公肥私,一经发现,调离工作岗位;不合格的材料不得入库;水暖器材入库前应由动力车间和检测中心检验,合格后方可入库。

1996年,针对工厂物资管理方面的问题和八届一次职代会对物资管理提出的意见和建议,红旗化工厂增加了关于物资管理的规定,强调物资采购严格按厂级制度执行,各单位所报材料计划要在月初3日前报供销科,材料计划员每月5日前报科领导和厂分管领导;采购员报账,要有经批准的计划采购单、购货发票、入库单;货物拉运要有交接手续,并如数将货清点交保管员,办理交接手续,货物发生的缺损由责任人负责赔偿;凡有材料消耗定额的材料,领用时由材料计划员签发,其余的由科长签发;外单位或个人向厂里借用物资,须经分管厂长同意;外销材料要经分管领导批准方可外销。通过这些规定和措施,工厂确保进厂材料的质量、数量,加强了材料的管理,杜绝材料的外流和浪费,提高了材料的使用效率。

同年,材料价格普遍上涨,红旗化工厂使用的主要原材料价格猛涨,最低的涨幅25%,最高的涨幅达114%,按当年生产计划,光原材料的成本就增加了近141万元,给工厂的经济运行造成很大压力,也给企业的生产经营造成较大困难,使企业难以承受。为此,工厂一方面减少开支、降低库存量,另一方面向内蒙古自治区物资局反映实际情况,希望得到上级部门的原材料差价补贴,并给予一定的优惠政策。

2000年,工厂由国有企业转为股份制公司,对生产车间逐步实行单独核算、承包经营的内部管理模式。同时,公司加快技术改造步伐,年产量由1990年的4 000万发增加到8 000万发,材料消耗量也随之增加,对材料的供应也提出了新的更高的要求。供销科为了适应形势,保证材料供应,进一步规范了材料的采购、领用制度,明确了各自的职责和分工,并采取了相应的管理措施:

一是对材料实行分类管理,根据材料的用量和在生产中所占的重要程度,将材料分为A、B、C三类,对A类、B类材料实行计划采购,重点管理。

二是编制材料采购计划时,要以公司下达的生产计划和原材料消耗定额为依据。易损易耗品的领用,由公司、供运科和车间共同考核、确定使用范围,限量发放,取消了凭"代金券"随意领用的办法。

三是在材料采购和储备方面,坚持"观念随生产而变,付款随重点而变,合理库存成制度不变,降本增效成共识不变"的原则,货比三家,比价采购,在确保生产经营所需物资供应的同时降低库存储备,减少资金占用。

四是在库房管理方面,库存物资确保账、物、卡相符,每年年终进行一次盘点,酌情处理冗余物资,减少库存积压。

为了提高材料的利用率,规范材料领用方面的不正确行为,公司对材料采购和领用重新做了规定:公司所需主要材料,由供运科按年度生产计划组织采购,对影响产品质量的材料,坚持"先使用、后付款"的原则,防止造成经济损失;各单位所需辅助材料,按月报供销科,由计划员统一汇总,经公司领导批准方可采购,任何单位和个人不得自行采购;特殊材料或配件的采购,经公司分管领导审批同意后,指定专人购买;加强库存材料的管理,存放要整齐,存取要方便,保管员要经常检查,防止发霉变质,造成浪费;各单位领用材料时必须填写领料单,经供运科长和计划员签字后方可发料;保管员要及时与财务科材料会计处理财务账目,并向供销科长汇报材料库存情况,以便及时采购,保证正常储备,满足生产需要。

2002年,由于民爆市场需求量增大,公司产销量也明显增加,生产所需的主要材料黑索金严重不足,为此,公司向内蒙古自治区国防科工办民爆处申请购买33吨黑索金,在民爆处的协助下,公司及时买到了所需的黑索金,保证了正常生产。

2003年,公司的产量进一步增大,当时的爆破线库难以满足生产需要,公司在劳动公司院内新建了爆破线库房。为了加强爆破线出入库管理,公司决定:供销科负责采购爆破线并办理入库、出库手续;爆破线入库时,由供销科保管员和劳动公司管理员共同到现场清点数量,由劳动公司出具收条,供销科保管员备案并保存;爆破线入库时,通知检测中心检验员对其质量进行检验,验收合格后方可入库;劳动公司管理爆破线时要按不同厂家分开码放,按照先进先出的原则合理使用;爆破线出库时,由劳动公司在每月25日前根据当月出库数量填报领料单,经供销科长审批后交供销科保管员并换回收条。

2004年,公司开展质量管理体系认证,供销科按标准要求重新修订了《质量管理制度》《库房管理制度》《危险品储存规定》等制度,同时对供方每年进行一次评定,建立合格供方名录,并定期开展考核评定;对评定不合格的供方,则取消他们的供方资格,不再合作;由技术、检验、供运三家共同审核进货质量,合格后方可用于生产。

2005年,公司进行了机构调整,将供销科分为销售部和物资供应部两个部门。其中,物资供应部设部长1人,书记1人,材料计划统计1人,采购2人,保管员6人,司机12人,装卸工11人,汽修工6人。物资供应部所设库区有8处:化工材料库、水暖电器劳保库、燃料库、设备工具库、钢材库、有色金属库、低值易耗品库、成品库。成品库另建在厂区的后山沟中,按产品又分为六个库。

4.9 车辆运输

红旗化工厂于1966年筹建时就组建了汽车队,当时工厂有解放牌卡车4辆,驾驶员4人。同时为了方便修理和保养汽车,工厂又组建了汽车修理组,有修理工6人。汽车队的主要任务是为拉运建材、生活用煤和部分机器设备。

1970年工厂投产后,由于所用材料增加,运输任务增大,车辆由4辆增加到7辆。运输任务增加了生产材料的运送和成品/半成品的运送。

1983年,红旗化工厂与先锋电厂合并,车辆增加到15辆,驾驶员增加到16人,修理工增加到8人,是红旗化工厂车辆最多的时期。这一时期,工厂的车辆管理、车辆修理工作也逐步走向正规,供运科由1名副科长专管车辆运输,另设调度员兼核算员1人,建立了车辆技术档案,对车辆行驶里程和用油进行了统计,按行驶里程发放油票。供运科的主要任务是生产用煤的储运和原材料的购进运输及产品的外运。

1985年因汽油供应比较紧张,为了保证产品销售,保障原材料能够及时进厂,保证职工生活用煤,供运科采取了节油措施:在保证生产正常的情况下,封存剩余的车辆;车辆加油实行按耗油定额加油;能不用汽油车的时候尽量不用汽油车,多用柴油车;从经济方面考虑,从呼和浩特拉货时可雇佣其他单位的车辆;加强小车管理,非集体公用事项一律不配车。

1986年,红旗化工厂与先锋电厂合并后电厂职工到红旗化工厂上班,有70多人的住家在先锋电厂厂区,离红旗化工厂有5公里的距离,厂里只有一辆22座的中型客车接送,不能满足职工上下班的需求,为此,厂部决定自筹资金购买一辆大客车,用以接送职工上下班。同时,为了满足生产所需原料和运送产品的需求,工厂购买了2辆东风牌卡车。为了保证危险品的运输安全,工厂向内蒙古自治区公安厅申请了一条"清水河县—托县—沙拉齐—包头"的运送线路,一条"清水河县—东胜—独贵加汉—海勃湾"的运送线路,至此,红旗化工厂已有东、南、西、北四条线路向外送产品,可保证产品及时送出。

1990年以后,工厂逐步对老旧车辆进行更新,1992年一次购进东风牌卡车6辆,同时完善了各项运输管理制度,重新修改了《车辆使用、维修、核算管理办法》。

1991年,工厂为了确保汽车运送产品的安全性,对危险品运送特制定了《危险品安全运输规定》,要求:装好产品的车辆不得在油库和加油站加油;产品装车时,装卸工和押运人员要严格检查产品质量,发现有箱子破损、开铆、封箱不牢、包装质量不符合要求等情况的,不准装车出厂;运送产品车辆必须上高马槽并盖毡布、网套,车厢内要铺好胶皮,同时清点好产品数量;运送产品的车上禁止带油桶,运输途中车上要插小红旗示意;车上的产品箱要捆扎紧,不得摇晃碰擦;每车要配备一名押运人员;运送产品时必须按规定路线行车,车辆周围和驾驶室不准抽烟,无关人员不得搭车;安监科要经常检查装车及运输途中是否有不安全行为;押运人员要管理好准购证、准运证和交货单;运送产品的车辆上必须配有2只灭火器。红旗化工厂通过这些规定和有关部门对规定执行情况的检查,保证了规定的贯彻执行,使工厂在运送产品的过程中一直没有出现重大问题,很好地完成了运送产品的任务。

2000年,公司为了节约开支,减少车辆费用支出,决定取消为职工每年拉运家属煤的规定,改为补贴80元煤款。这一措施使车辆运输任务大大减少,部分没有任务的车辆入库封存,司机轮岗上班。

2000年以来,生产任务增大,产量增加,市场扩大,原料用量也增加,产品的销量和范围不断增大,根据行业主管部门的要求,同时为了确保运输安全,公司先后购进封闭式危险货物运输车5辆,每辆年平均运送产品行驶24万千米、250多车次。

2003年,公司为了加强车辆管理、节约开支,对车辆轮胎的领用进行了规定,要求领用轮胎每年每车只能领5套,特殊情况如爆胎、超出规定行驶里程6万公里,可由分管领导根据情况审批;领用轮胎必须交旧领新;新车一年内不予领用轮胎。同时,对车辆维修也进行了规定:柴油车7年内不予大修,只提供一次三级保养;车辆回公司必须入库定点停放;车上所配设施在车库外丢失一律由司机负责。

2005年,公司根据市场的变化和工作的需要进行了机构调整,将原供销科分为物资供应部和销售部。运输工作归物资供运部负责。同年,公司重新制定了《运输管理制度》《危险品运输安全操作规程》等管理制度。

4.10 网络信息化管理

为了加快企业信息化建设的步伐,充分开发和利用网络信息资源,适应经济发展需要,加快实现企业管理科学化、办公自动化,实现信息共享,进一步提高企业管理水平,增强企业竞争力,促进公司持续快速发展。2001年4月,公司决定在企业内部建立局域网,启动信息化建设项目。

该项目由内蒙古自治区经贸委信息中心承揽,西部数码港公司具体承建(软件开发和网络施工),采用成熟的以太网结构,运行模式为Browser/Server,比照Internet形式,内设服务器一台,网络终端30台,分布于各个车间和科室。数据总干线采用光纤和超五类的UTP(双绞线),局端采用HomePNA交换方式,网速最高为1 M/s,网络应用软件为OA办公自动化系统。整个网络施工从2001年9月20日开始,到当年11月底结束并开始运行,工程总造价为50多万元,由公司办公室负责日常管理和维护。

局域网建成后，公司领导十分重视，对使用和管理提出了很高的要求，并加大了投资力度，从2002年开始，逐年购进了彩色打印机、刻录机、扫描仪、数码摄像机、票据打印机、传真机等硬件设施，到2005年底，公司网络终端已发展到40多台，提高了网络覆盖面和利用率，为公司办公自动化和网络信息化搭建了平台。

2003年7月，公司又将原拨号上网方式（Internet）改为宽带（ADSL）上网，提高了网速、方便了使用。这些网络硬件和软件的应用，为公司信息的收集、发布和利用提供了有力的支持。经过几年的使用，管理层的领导都能够熟练使用网络收集资料、发布信息，很好地促进了企业的信息化管理，提升了企业的现代化管理水平。

2006年5月，公司决定对原局域网进行改造，进一步优化网络结构，提高网速。改造后的局域网，随着使用率的不断提高，将会更好地促进企业的信息化管理，更好地服务于企业发展。

4.11 财务管理

1966年建厂初期，根据国家财经方针政策，红旗化工厂设立财务科，设厂财务负责人1人，科长1人，出纳员1人，会计5人。1970年工厂正式投产后财务科负责全厂财务管理，并开展工业企业财务成本核算：

一是建立健全完整的会计核算制度，按照国家规定算账、记账、报账，做到手续完备，内容真实，数字准确，账目清楚，日清月结，按期报账。

二是根据有关计划，综合平衡和编制财务成本计划，核定核算采购资金计划、生产费用和各项资金开支计划，负责成本、利润、资金三项指标的核算，并向内蒙古自治区国防工办、职代会汇报上年度财务决算和本年度财务预算情况。

三是合理核定流动资金定额，建立分口管理制度。针对企业开支计划中成本核算粗略等问题，财务科于1978年建立了《财务成本管理制度》对各项资金开支范围和用款指标的核定做了规定，对于节约企业的各项开支、降低产品成本起到了积极作用。

四是加强成本管理，开展经济核算。财务科从1979年起实行了二级经济核算制度，经常对车间开展核算指导，并按季进行经济活动分析。财务科建立二级经济核算管理制度,坚持政治挂帅,充分发动群众,实行群专结合的管理方法,开展增产节约,加强经济核算,严格控制成本开支范围,不断提高工厂的财务管理水平。

五是协助并参与技术科、人事科材料消耗定额和生产人员定额的制定、修订工作,编制月度、年度会计决算报表及详细说明。

1994年以前,工厂的财务关系隶属于内蒙古自治区国防工办军工处,1995年至1998年隶属于内蒙古自治区财政厅工企处,1998年10月1日企业下放到呼和浩特市后隶属于呼和浩特市财政局企业科,会计决算由市财政局进行批复。

从1970年投产到1979年,工厂累计实现利润204.7万元,累计缴税184.8万元,其中1973年属政策性亏损、1979年进行了全面清产核资工作。

1980年至1999年,工厂累计实现利润2 836万元,1987年至1988年被评为先进纳税单位,1983年12月先锋电厂合入内蒙古红旗化工厂后,由当时的副总会计师韩田同志、财务科长杨在田同志牵头,张德义同志具体负责合并两厂的财会账表。

我国经济体制转变后,会计工作也必须适应新的经济体制,对传统的会计管理制度和会计核算模式进行彻底改革:一是改变了会计核算管理模式;二是集中规定了会计核算的一般原则;三是改变了会计核算的基本平衡公式;四是改革了会计报表体系;五是确立了资本保全的核算要求;六是由完全成本法转为制造成本法;七是在会计政策的选择上,允许企业采用谨慎原则。

1993年,根据内蒙古自治区财政厅的要求,红旗化工厂财务科人员全部参加了财会制度改革学习,由张德义同志牵头对红旗化工厂的财会制度及核算方法进行改革调整,实行权责发生制及资产、负债、所有者权益的核算模式。

1994年,国家进行了税制改革,统一税法、公平税负、简化税制、合理分权、理顺分配关系、规范分配方式、保障财政收入,建立了符合社会主义市场经济要求的税制体系,为红旗化工厂创造了更适宜的经营环境。

1998年,工厂由内蒙古自治区划归呼和浩特市管理,财务关系也隶属于呼和浩特市财政局工企科。

2000年,工厂正式改制为内蒙古红旗化工有限责任公司,资产总额4 320万元,实收资本为1 175.4万元,其中国家股43.4万元,职工个人股1 131.9万元,土地使用面积610亩,土地价值39.5万元。同年,公司着手制定财务会计制度。2005年3月,财务科改为财务部,编制6人,张德义同志任部长,刘俊文同志任副部长,有会计3人、出纳员1人。

2000年至2005年,转制后的5年内,内蒙古红旗化工有限责任公司累计实现利润2 197.2万元,上缴税金3 945.3万元,资产总额达到6 715.8万元,固定资产原值达2 554.4万元,所有者权益为2 848.5万元,实现了净资产的增值。2005年,公司被呼和浩特市税务局评为全市纳税信用A级企业,被农业银行内蒙古分行评为AA级信用等级企业。

随着市场经济的发展,财会法规也在不断更新完善,财务部根据新条例要求,结合公司实际进一步完善了公司内部的财务管理,监督对材料价格和固定资产使用的管理,参与一年一度的原材料、产成品盘点工作。

在产品销售方面,财务部通过内部网络按月提供产品销售、回收货款和外欠款情况,每月上报资产、负债、所有者权益和成本支出情况,使公司领导及时掌握财会信息,做出有效决策。

2006年,公司仍实行"三级管理,两级核算",固定资产和材料核算均已实现信息化管理。财务部根据公司年初计划,制定目标成本,检查监督各单位成本费用实施情况,并按季进行经济活动分析;认真履行会计职能,年末进行财务决算汇总,并向职代会汇报;就财务管理提出改进意见,以实现公司效益的最大化。

4.12 企业管理与改革

建厂40年中,内蒙古红旗化工有限责任公司的企业管理大体经历了开发建设、全面整顿、整体转制、跨越发展等历史阶段。

1966—1976年的十年,我国处于"文化大革命"时期。这十年间,红旗化工厂经过了建筑、安装、调试、试产的4年时间,到1970年冬第一批产品才正式产出。但当年产量小、品种少,仅生产雷管918万发。当时的企业管理完全是计划经济的模式,企业既没有活力,发展步伐也较为缓慢。由此曾出现了1973年、1974年连续两年企业利润为负数的局面(属政策性亏损)。

1975年,全国军工行业开始进行整顿,红旗化工厂借整顿迈出了企业管理的第一步。1978年,上级主管领导机关——内蒙古自治区国防工办决定从包头第二机械厂调派白云飞、昌义祥两位同志分别任红旗化工厂党委书记和厂长。两位同志一直在国家大型军工企业工作,有着较丰富的企业管理实践经验,他们的调入为加强红旗化工厂的企业管理发挥了巨大的促进作用。从1978年到1980年,工厂进行了恢复性整顿,结合本企业的实际,工厂决定由厂部办公室主任杨策同志牵头,由张永德、苏建明等同志组织编写企业管理制度,在工厂党政主要领导的指导下,经大家的共同努力,前后历时近一年的时间,编写完成了建厂以来第一套较全面系统的管理制度。该套制度既包括工厂党委工作制度,也包括党政领导职责和职工代表大会制度;涵盖了生产、技术、安全、质量、财务、劳动工资、设备工具制造与维护、物资供应、后勤福利等十二个方面的管理;明确了15个管理科室、生产车间的职责和63个岗位技职人员、工管员的职责。管理制度随即全厂印发,各车间、科室在具体工作中贯彻实施,使工厂的经营管理逐渐走入规范化、科学化的轨道。1982年,工厂进行了建设性整顿。1983年初,内蒙古自治区军工局组织全区小三线军工企业的党政主要领导和企管办负责人,对红旗化工厂进行整顿工作现场验收,召开了经验交流会,使工厂成为全区小三线军工企业学习的楷模。

  1987年,根据工作需要,工厂成立了企业管理办公室,由李诚同志任主任,其主要任务是抓企业管理中的具体工作。当年,企业管理办公室组织各车间、科室行政领导和部分管理人员开展了企业管理知识的系统培训和学习。

  20世纪90年代,在上级主管部门的指导下,红旗化工厂实行了新的薪资管理办法,将企业的经济效益直接与职工的工资收入挂钩,事实证明该管理办法对推动企业的发展起到了积极作用。

  1998年,按照现代企业管理的要求,工厂进行公司制转制。工厂成立了体制改革办公室,调张永德、侯明兰两位同志专门负责企业转制的具体工作。在上级领导机关的大力支持帮助下,企业党政工各级领导和各有关部门的共同努力配合,经过转制申请,依据有关的法律和行政法规规定的条件和要求,工厂有步骤地进行了清产核资、界定产权、清理债权债务、资产评估验证等有关的程序,历时近两年的努力工作,经呼和浩特市体改委批准,正式转制为有限责任公司。1999年底公司召开了首次股东代表大会,讨论通过了公司章程,选举产生了公司董事会、监事会成员。2000年1月,公司办理并领取了企业法人执照,内蒙古红旗化工有限责任公司挂牌成立,注册资本为1 147万元人民币。

公司成立以后,为了进一步深化企业内部改革,从2000年起,陆续对各主体生产车间试行经济责任制承包办法,其主要内容是公司将所需的各种产品(含半成品)由各生产车间承包;公司将工资、原辅材料、能源动力消耗等承包给车间,并依据车间加工交验制造的产品数量支付加工制造费。经五年多的实践,经济责任制承包办法的效果显著,增强了广大职工的生产积极性,提高了生产能力,降低了公司的物料消耗,增加了员工的收入。2005年,公司决定对各主体生产车间使用的136种(类)主要工具按定额消耗,由使用车间实行承包,按节约的工具价格的50%奖给车间,此举一年至少可为公司节约资金上万元,同时能够有效增加员工的收入,得到了全体员工的拥护。同时,公司对动力车间的使用的各种材料(辅料)推行定额承包,以近三年消耗的平均数为基点,核定全年辅料费用为30万元,对节约的部分按节约额的40%奖给车间,实行后效果也比较好。

纵观建厂40年,内蒙古红旗化工有限责任公司的企业管理经历了由计划经济向社会主义市场经济的过渡,实现了由粗放式管理向集约化精细化管理的转变。特别是进入21世纪的几年中,公司迅速发展壮大,产品已增加到15个品种系列,年产量由20世纪70年代初的918万发增加到2005年的9 000多万发,是建厂之初的10倍。2005年,公司按照现代企业制度的要求对企业管理部的人员进行了充实,并设正部长、副部长各1人。企业管理水平的不断提高为内蒙古红旗化工有限责任公司创造了巨大的社会效益和经济效益。据统计,1985年红旗化工厂职工的年人均收入仅为800多元,2005年公司员工的年人均收入已达1.6万元,平均每年增加1倍;公司全年利税达2 170万元,成为清水河县的纳税大户,为地方经济建设作出了巨大贡献。

4.13 劳动公司管理

劳动公司为红旗化工有限责任公司的子公司,主要承担导线、纸盒的加工任务。劳动公司设支部书记1人,经理1人,副经理1人,会计1人,出纳1人,材料员1人,保管员1人。公司有员工90人,分为纸盒班、绕线班、拧线班、撸线班4个班组。劳动公司主要设备为绕线机4台,拧线机33台,撸皮机18台,日加工导线能力为36万对。

劳动公司的前身是内蒙古红旗化工厂"五七"服务队,始建于1973年4

月。当时是为落实毛主席的"五七"指示,解决本厂职工家属就业、改善职工生活,方便工厂临时用工,经厂党委、革委会批准成立的。"五七"服务队设队长1人,副队长1人,管理员1人。"五七"服务队实行自主经营,自负盈亏,独立核算。

成立当年,"五七"服务队的主要业务是为工厂糊纸盒,解决工厂临时用工的问题,当时有员工23人,当年收入12 548元,除支付员工每月30元的工资外,年底可结余千余元。

1981年3月21日,经内蒙古自治区国防工业办公室批准,撤销内蒙古红旗化工厂"五七"服务队,更名为内蒙古红旗化工厂"五七"厂。随着工厂产量逐年增大,"五七"厂的主要业务也由糊纸盒、打零工转为导线加工、穿胶垫等,"五七"厂也逐渐成为工厂的附属厂。1983年初,工厂根据《党中央、国务院关于国营工业企业进行全面整顿的决定》的精神,将红旗"五七"厂改为红旗化工厂劳动服务公司(简称劳动公司)。

经过几年的发展,到1985年,劳动公司已实现多种经营,除给工厂加工导线外,还开展了理发、粉条加工、饮食服务等多项业务,扭转了连年亏损的局面,1985年全年实现利润1 033元,上缴税金1.2万元,员工年收入近千元,有效地为工厂解决了职工子弟、家属的就业问题,真正成了工厂的一个辅助车间。

2001年,随着工厂建立了以公司制度为主要形态的现代企业制度。劳动公司为适应市场经济的需求,将其更名为清水河县红旗劳动服务有限责任公司(简称红旗劳动公司)。红旗劳动公司的经理为杨树峰同志,党支部书记为乔永华同志,注册资金51万元,主要业务是为红旗化工有限责任公司加工导线、包装纸盒等。红旗劳动公司的员工主要是临时工和合同制工人,工资分配实行计件工资,并为67名工人办理了社保。

2005年,红旗劳动公司年产值92.3万元,上缴税金6万元,实现利润2.4万元,员工年人均工资5 760元。

4.14 爆破公司管理

为推广应用工程爆破和程控爆破技术,更好地为工程建设服务,促进内蒙古自治区的经济发展,增加新的经济增长点,内蒙古红旗化工有限责任公司不失时机地紧紧抓住城市大规模拆迁工程带来的商机,积极与上级主管部门请示报批,经内蒙古自治区国防工办批准,成立了红达爆破技术服务中心(简称爆破公司)。它隶属于内蒙古红旗化工有限责任公司,为全民所有制企业,具有独立法人资格,实行法人代表负责制,注册资金50万元人民币,时有正式员工3人,即经理杨茂森同志、爆破工程师郝新民同志和爆破工白补明同志。爆破公司在运营之初仅有一台空压机,固定资产不足万元,在设备十分简陋的情况下,边运营边发展。

爆破公司开展的工程爆破服务包括废旧建筑物、楼房、烟囱、水塔、桥梁及基础拆除;土石方爆破服务包括隧道爆破、硐室爆破、填沟爆破、公路拓宽、定向爆破。几年来,爆破公司的主要业务范围以呼和浩特市为圆心扩散到市属周边旗县和市属开发区,同时北至二连浩特市,东进锡林浩特,南下209国道清水河段,西出鄂尔多斯提供大型爆破技术服务,可覆盖内蒙古自治区中部。

爆破公司先后完成了呼和浩特市污水处理厂千吨级水压爆破、内蒙古医学院4号学生楼爆破、呼和浩特市糖厂10 000平方米厂区群楼爆破等。同时,爆破公司承揽了多项公路建设的爆破工程,如呼清公路(呼和浩特至清水河县)档阳桥段路面扩宽工程、呼武公路(呼和浩特至武川县)沿线桥梁爆破工程、清水河沿黄河公路拓宽土石方定向爆破工程、呼和浩特齿轮厂爆破工程、呼和浩特水泥厂厂房及基础爆破工程等。

爆破公司经过几年的诚信经营,在呼和浩特地区已小有名气。随着业务量的增加,爆破公司的装备也不断更新和壮大。到2005年已拥有空压机8台、凿岩机8部、风镐15部、爆破测试仪3部,设备仪器等固定资产达到10万元,初步达到了城市拆迁建筑物爆破及工程定向爆破所需技术装备的要求。爆破公司的经济效益逐年提升,除为母公司红旗化工有限责任公司提供部分就业岗位外,每年给母公司上缴一定数额的利润,为呼和浩特市及周边地区的城市改造、经济建设作出贡献。

5. 劳动人事管理

5.1 劳动管理

1970年投产后,红旗化工厂的劳动管理机构是在生产处下设的劳资股,由专人负责全厂人员的编制、内部工种调动、考勤和请销假。1973年,红旗化工厂成立劳资科,作为工厂劳动管理的一个主要机构,负责编制和汇总劳动工资计划、办理工人录用、劳动力调配以及转正、定级、晋级和加班工资的审批;制定社会主义劳动竞赛制度;开展劳动考核和奖励;按国家规定办理职工退职、退休,建立健全劳动工时定额;编制、汇总出勤统计报表和劳动工资统计报表;办理对违反劳动纪律和规章制度职工的处罚;办理全厂职工工作证发放、工人档案、劳动卡片的储存及管理等工作。1984年底,劳资科改为人事劳资科,较前增加了对干部的管理、考核等各项工作内容。2005年3月,人事劳资科又改为人力资源部,较前强化了薪酬管理、人员招聘、绩效考核等各项工作。

人事劳资科的主要工作职责是在公司的领导下,做好人事、薪酬、劳动管理、社保管理等各项工作:制定人力资源管理工作计划,根据岗位设置、人员编制以及生产情况拟定用人计划并招聘员工;对车间、部室人员进行定员、定额考核;根据公司工作计划负责员工的岗位调配、工作调整;负责管理人员及各类专业技术人员的工作绩效考核、职称评定工作;负责公司提拔、任用中层管理人员的考核评价工作;负责督促检查职工劳动纪律执行情况及奖惩兑现工作;负责做好各项社会保障工作,做好离退休人员的管理工作。

(1)劳动组织

1973年以前,红旗化工厂的劳动组织按军队体制编制,车间为连,工段为排,小组为班。1973年以后,红旗化工厂的劳动组织改为车间、科室、小组。1978年12月,红旗化工厂将三车间分为两个车间,增设四车间;1984年9月,将四车间分为两个车间,增设五车间;1993年9月,成立六车间;1999年工厂实行公司制改革,增设体制改革办公室;2005年3月,红旗化工有限责任的公司劳动组织改为车间、部室、小组;2006年3月,公司成立七车间。至此,公司共有9个车间、13个部室、2个分公司,生产模式为全日制白班生产,部分车间实行两班倒生产。

(2)劳动用工

在计划经济下,工厂没有劳动用工的自主权,红旗化工厂一直严格按照国家有关政策有计划、按编制、依程序进行招工。

1966年建厂时,工厂就着手招录新工人,当年10月,从清水河县、托县招录70名徒工,随即把这批徒工送到抚顺四七四厂学习、培训,在两年时间内,先后送两批约140名徒工到四七四厂学习,这些徒工回厂后,成为红旗化工厂的生产骨干和技术中坚。在此后的几年里,国家也从四七四厂和其他兄弟单位抽调大批技术人员支援红旗化工厂。20世纪70年代初,工厂又从托克托县、和林格尔县、四子王旗等地招录了一批中学生和上山下乡的知识青年,因此,建厂初期,工厂职工大多来自天南地北,人员组成比较繁杂。

1983年8月,工厂因自然减员招工,为了进一步提高招工质量,工厂第一次实行考试招工,向社会公开招考学徒工。考试严格按照招考程序,公开选拔、公平竞争,经过预考、复试,最终录取了33名新徒工。1984年12月,工厂又通过公开考试的形式,从被录取的新徒工中,选拔了5名徒工到技术部门从事技术工作,此后又依据考试成绩,先后选送7名职工到北京理工大学学习深造。经考试招录的徒工人员素质高,大多数已成为工厂生产技术骨干或企业管理的中坚。

1985年,工厂逐步推行劳动用工制度改革,改过去的国营固定工制工人为合同制工人,并制定了《劳动合同制工人管理实施细则》,详细规定了劳动合同制工人招录、待遇及合同的签订、终止和解除等方面的内容,当年开始招录劳动合同制工人60人。

1992年,随着企业法的实施,工厂开始转换经营机制,深化分配、用工、人事等各项改革,同时,进一步落实经营自主权,企业开始拥有机构编制、工资分配、用工自主、员工流动调配等权力。

1995年初,工厂同劳动公司一起对职工子女的就业问题及工资待遇情况进行调查研究,于当年8月制定下发了《子女就业暂行办法》,全年共安排123名职工子女就业,其中96名职工子女被劳动公司录用,另有27名职工子女被录用为劳动合同制工人。

1996年,根据国家有关精神,工厂对劳动用工制度进行了彻底改革,出台了《全员劳动合同制实施方案》,经厂十一届二次职工代表大会审议通过,经过一个多月的准备和实施,工厂原有的511名固定工全部转为劳动合同制工人,并同工厂的法人代表签订了劳动合同。

1997年,经厂八届四次职代会审议通过了《内蒙古红旗化工厂集体合同》,并在平等协商的基础上完成了集体合同的签订工作,劳动管理进一步走上了规范化、法制化的道路。

1998年,工厂开始进行企业改制工作。

1999年年底,工厂改组成立内蒙古红旗化工有限责任公司,全厂754名职工全部进行了身份置换。

2001年11月,公司又通过考试的形式录用了23名曾在内蒙古航天技校和呼和浩特钢铁厂技校学习的本公司员工子弟,先后安排到车间的主要生产岗位。

随着企业的不断发展,公司对员工的素质要求越来越高,为了适应做大做强的远景目标,从2004年开始,公司把招录大专以上毕业生作为人才招聘的一项重要工作来抓,以达到从整体上提高职工队伍素质。2006年,公司从内蒙古工业大学、内蒙古科技大学、天津理工大学、中北大学、安徽理工大学等院校招聘本科学历大学生12名,随着公司人才招聘力度的加强,今后将会有更多的高素质人才加入公司。

（3）定员定额

1970年红旗化工厂正式投产时工厂共有职工393人,其中工人357人,干部36人;1970年招工78人;1971年招工139人;1976年招工31人;1980年招工7人;1981年至1985年招工250人;1985年由内蒙古先锋电厂合并转入167人;1970年至2006年累计调入683人,调出658人。截至2006年6月底,公司共有职工846人,其中工人714人,管理人员127人,临时用工5人;人员结构当中,有女职工350名,占41.4%;全厂少数民族14人,其中蒙古族8人。

5.2　薪酬管理

从建厂到1979年,红旗化工厂工人的工资一直按六类地区工资标准执行,实行八级工资制,十几年一直没有变。由于投产前后的大部分职工是调来的,虽然执行同一级别工资,但是标准不一,只在原有的工资基础上套用本厂工资标准,所以情况比较杂。

从1979年起,红旗化工厂对职工工资进行了一系列调整,按照国家政策逐年给职工进行升级。同时,为助力社会主义劳动竞赛的蓬勃开展,工厂开始实行奖金制度,同年成立了厂评奖委员会。奖金考核的项目也很丰富,有超产奖、质量奖、安全奖、材耗奖、出勤率奖等。这一系列的奖励机制的核心始终是奖勤罚懒,以增加产量、提高质量、降低消耗为中心;在其形式上,先后实行小指标竞赛、百分制考核、综合奖单项奖等;在其奖励方法上,坚持以精神奖励为主、以物质奖励为辅的原则。

1983年，工厂试行浮动工资，并制定下发了《关于浮动工资试行办法中若干问题的具体规定》。

1984年，根据国务院发布的《关于进一步扩大国营工业企业自主权的暂行规定》的精神，红旗化工厂按全厂职工3%的比例对部分职工实施了奖励晋级。此后，每年都要按一定比例给职工晋级。

1985年，厂部将奖金、保健、岗位津贴以及定额指标下发到各车间科室管理，增加了基层单位的自主权，各单位在奖金分配上充分拉开档次，打破了平均主义，调动了职工的生产积极性，收到了较好的效果。

1986年，工厂将经济承包责任制进行了进一步的充实和完善，厂部同各单位签订了承包合同，各单位根据自己的职责范围，将本单位的经济指标和费用指标同厂部实行包干，并制定了包干措施，把车间同厂部承包的指标层层分解，落实到了班组和个人。

1985年以来，国营企业逐步实行工资总额同经济效益挂钩的工资分配办法，工厂从1988年开始为新的工资改革做准备，在调查研究、总结经验的基础上，1989年开始实行工效挂钩，在工资分配上实行结构工资制，制定了《内部工资分配试行方案》。结构工资制由基础工资，工龄工资，各类津贴、补贴及福利待遇，效益工资四部分组成。结构工资制贯彻了按劳分配的原则，体现了奖勤罚懒、奖优罚劣、多劳多得的原则，把工人的工资同其所承担的产量、质量、消耗、安全等指标挂钩，同工厂每月的效益紧密挂钩。在实行结构工资制的同时，工厂制定了《经济责任制考核细则》，按照考核细则，在实行"目标管理承包责任制"的基础上，与《内部工资分配试行方案》相结合，把全厂生产经营的总目标层层分解落实到车间科室，围绕总目标制定实施对策、确定工作标准，将各单位所得效益工资同其目标完成程度和劳动成果挂钩，效益工资考评委员会每月对生产、质量、安全、治安等多方面内容进行考评，考评结果张榜公布。实行结构工资制以后，打破了红旗化工厂原来工资制度的"大锅饭"，职工的收入按劳增加，调动了职工的生产工作积极性，充分体现了按劳分配的原则，给工厂带来了较大的变化。红旗化工厂的经济责任制和结构工资制实施方案获内蒙古自治区现代化管理成果三等奖。

从1989年实行工效挂钩以来，工厂经济效益逐年提高，当年底，按照工效挂钩有关办法，进行了第一次覆盖面为40%的工资升级，以后，每年都要为职工办理工资正常升级和部分职工奖励晋级，特别是1990年、1991年，每年进行三次调资升级工作；1992年进行了浮动升级转固定升级工作；1993年和1997年两次进行了国有企业改行新工资标准套改升级工作；1994年，按照国家、自治区关于适当增加企业职工工资的精神，为职工晋升了两大级工资；1995年和1996年按照工效挂钩办法，每年有80%的职工正常升级。实行了工效挂钩制的十年中，职工收入逐年增加，以结构工资为主的分配办法也一直延续到20世纪末。

2000年，随着工厂改制的顺利完成，工资收入分配改革也提上了议事日程。公司首先在二车间推行了生产经营责任承包试点，经过一年的试运行，收到了较好的效果。从2001年开始，公司在各生产车间全面推行车间成本单独核算制，至2002年，公司的8个车间和下属的劳动公司已全面实行成本单独核算。实行成本单独核算对企业管理产生了积极的促进作用，显著地提高了生产效率，承包车间职工收入明显增加，体现了工资收入向苦、脏、累、险岗位倾斜的分配原则。2002年，公司在人员、设备、工房没有增加的情况下，产量增加了45%。

车间成本单独核算承包制经过一个阶段的运行后，在此基础上，公司又着手酝酿新的分配制度改革，并确定了分配制度改革的目标是：以劳动岗位差别确定工资差别和标准，并根据企业经济效益和职工岗位劳动效率支付工资，通过实施综合管理和分级调控收入分配制度体系，建立一套对外具有竞争力、对内具有公平性的薪酬体系，形成企业分配靠效益、员工收入凭贡献的激励与约束机制。经多方调查和论证，公司决定实施岗位绩效工资制。

2005年8月底，公司出台《内蒙古红旗化工有限责任公司岗位绩效工资制实施方案》，并于9月2日经公司首届六次职工代表大会和股东代表大会讨论通过。岗位绩效工资制以岗位评价结果为依据，由基础工资、岗点绩效工资、奖励工资三部分构成。

基础工资由基本工资和工龄补贴两部分构成，分别用于保障员工的基本生活需要和体现劳动贡献的积累，属相对固定的收入部分；岗点绩效工资和奖励工资是工资的主体单元，体现工资的激励职能；奖励工资是对为公司的技术改造、技术革新、新产品研发以及管理创新等方面做出突出贡献的员工的奖励。

同时，为了进一步调动中层管理人员和中级职称以上专业技术人员的工作积极性，奖勤罚劣，鼓励先进、鞭策后进，公司结合岗位绩效工资制，制定了《中层管理人员和中级职称以上专业技术人员岗点绩效工资浮动考核办法》《奖励工资实施细则》两个配套文件，并成立了专门的考核机构，年终考核后，对考核优秀的中层管理人员和中级职称以上专业技术人员给予上浮一个档次的岗点绩效奖励；对考核较差的中层管理人员和中级职称以上专业技术人员给予下浮一个档次的岗点绩效处罚。对在推动公司技术进步和提高管理水平活动中做出重要贡献的员工，公司给予不同等级的奖励，根据获奖项目创造或节约的经济价值来确定具体的奖励等级和数额。

《岗位绩效工资制实施方案》经公司职工代表大会讨论通过以后，随即在全公司开始实施，在具体实施过程中，公司又根据各单位的不同实际情况加以区别执行，如车间成本单独核算承包单位根据岗位绩效工资制充分体现激励的原则，采取了计件工资、计时工资或按每万发产品计算岗点等办法，既不脱离岗位绩效工资制的基本原则，又体现了灵活性，收到了好的效果。

5.3 人事管理

从建厂到20世纪80年代初，红旗化工厂的人事管理一直由组织部门负责，随着1984年厂劳资科改为人事劳资科，工厂的人事管理由组织部门和人事劳资科协同管理，主要负责中层及中层以下管理人员和专业技术人员的考核、聘任及调整工作。

在计划经济下，工厂的干部按行政序列编制，由国家组织部门备案，实行任命制，厂级领导以上享受副处级和处级待遇，中层环节领导享受副科级、科级待遇。

随着企业实行全员劳动合同制，红旗化工厂的职工打破了干部和工人的身份界限，从1989年起，工厂对环节干部和专业技术干部实行聘任制，当年聘任科级干部22人，副科级干部14人，任期均为一年，同时聘任具有专业技术职称人员79人，其中高级职称4人，中级职称10人，初级职称65人。

在干部的考核任用方面，从1986年开始由组织、工会、人事等部门每年对中层干部进行民主评议，并从德、能、勤、绩、廉几个方面进行实绩考核，考核经每位被考核人员认可,为厂领导聘任中层干部和专业技术人员提供依据。

2006年,为了进一步加强对中层管理人员的绩效考核力度,使每一位中层管理人员的工作成绩和贡献大小真正同自己的收入相挂钩,公司制定并下发了《中层管理人员和中级职称以上专业技术人员岗点绩效工资浮动考核办法》,考核办法依据每一位中层管理人员的职责履行情况、生产工作任务的完成情况、组织考核情况、民主评议情况等几方面内容,由考核领导小组给予考核、打分,以此排出名次,对于考核成绩突出的和较差的分别给予上浮和下浮岗点绩效工资。该考核办法调动了广大中层管理人员的工作积极性,收到了较好的效果。

在干部的培养方面,工厂主要从每个干部自身素质和专业文化知识方面进行培养,努力造就专业型、复合型管理人员队伍。从20世纪80代中后期开始,根据工厂的周边环境和将来的发展,确立了把"本土"人员送出去培训和请进专家教授来厂培训的战略思路,以提高管理人员的专业技术素质。

1983年、1985年,经考试录取,工厂选送了2名中层干部到内蒙古管理干部学院脱产学习两年;1985年,经考试录取,工厂选送了2名干部(其中1名中层干部)到乌兰察布盟党校中专班脱产学习两年;1985年、1986年、1987年、1997年,工厂先后分4批选送7名学员到北京理工大学脱产学习两年;1992年,厂里选送3名学员到华北工学院脱产学习两年;1996年,工厂选送2名技术人员到淮南矿业学院脱产学习两年;2004年、2005年公司先后分3批选送8名中层干部和2名技术人员到沈阳工学院脱产培训三个月;2001年、2004年公司先后选送3名技术人员到南京理工大学脱产进修一年。

1989年至2005年,经考试录取,公司先后有20名员工参加了中央党校函授学院大专班学习,另有6名员工参加了本科班学习,均取得毕业证书;1989年至2005年,公司先后有27名员工参加高等教育自学考试,均取得优异成绩;1995年至2005年,公司先后有18名员工参加中央广播电视大学学习,均取得毕业证书。

2000年至2005年,公司6名中高层管理人员分别参加了安全管理专业、工业工程专业和工商管理专业的硕士研究生学习。

2006年,内蒙古红旗化工有限责任公司全体员工中,具有研究生学历的有3人,具有本科学历的有14人,具有大专学历的有115人,具有中专学历的有

55人，具有中专以上学历人员占员工总数的22%。

1986年初，国家在对职称评定工作进行整顿的基础上恢复职称评审制度，并要求实行专业技术职务聘任制度，根据这一精神，工厂加大了职称改革的力度。1988年，工厂成立了职称改革领导小组，同时成立工程系列初级职务评审委员会。1989年，对专业技术人员实行聘任制以来，工厂每年都要评聘一定数量的专业技术人员。除工程系列初级职务由本厂评审之外，其他系列均参加上级专业技术职务评审委员会评审或专业技术职务任职资格考试。2006年，公司共有工程、政工、会计、经济、统计、档案、医疗、教师等8个系列的专业技术人员132人，其中高级职称10人，中级职称51人，初级职称71人，专业技术人员占员工总数的15.6%。

5.4 社会保险

红旗化工厂的职工保险制度一直按照国家政策执行，从建厂到20世纪80年代初期，这一阶段实行国家保险，按照1951年颁布的《中华人民共和国劳动保险条例》，职工的生、老、病、死、伤残等均由企业按照条例规定的标准给付有关费用。

随着企业改革成为经济体制改革的重点和中心环节，国家将社会统筹确定为养老保险制度改革的方向，从20世纪80年代到20世纪90年代初，这一阶段红旗化工厂的职工保险主要由本单位自行负责。1986年，随着红旗化工厂第一批劳动合同制新招工人进厂，工厂开始按有关规定为职工缴纳养老保险费，实行社会统筹的职工保险。

1991年，国务院发布《关于企业职工养老保险制度改革的决定》。自1992年下半年，红旗化工厂开始实行企业和职工个人共同缴纳养老保险费的制度，并逐步建立起"社会统筹与个人账户相结合"的养老保险制度。1997年以前，为个人的缴费比例为3%（以个人工资为基数，下同），工厂的缴费比例不超20%（以上一年度工资总额为基数，下同），并从1996年开始按11%的比例建立个人账户；1997年，个人的缴费比例为4%，同时按每两年增加一个百分点的速率，到2005年已提高到8%，工厂的缴费比例为21%，此后缴费比例固定不变。截至2006年，公司共有280名退休职工纳入基本养老金社会统筹范围。2006年，公司有908名职工参加了基本养老保险，年缴纳基本养老保险费270

万元。

1986年,配合新招工人实行劳动合同制,国务院发布了《国营企业职工待业保险暂行规定》,开始在我国建立失业保险制度。红旗化工厂从1993年开始缴纳失业保险费,职工个人的缴费比例为1%,工厂的缴费比例为2%。截至2006年,公司参加失业保险的员工已达837人。

1998年,国务院下发了《关于建立城镇职工基本医疗保险制度的决定》,各级地方政府相继出台基本医疗保险有关政策。按照有关规定,公司于2002年9月实行了员工医疗保险制度的改革试点工作,先在公司内部模拟执行,经过一年多的试点,公司的员工医疗费用支出有较大幅度的降低。从2004年1月起,公司正式启动基本医疗保险制度,职工个人的缴费比例为2%,公司按8%的缴费比例缴纳基本医疗保险费,同时建立大病费用社会统筹,并为员工建立个人账户医疗保险金。截至2006年,公司参加基本医疗保险的员工已达1 103人,年缴纳基本医疗保险费80多万元。

公司从2004年初开始启动工伤保险,缴费比例为3%,职工个人不缴费,截至2006年,公司参加工伤保险的员工已达820人,年缴纳工伤保险费25万元。

6. 生活后勤工作

鉴于小三线军工建设的特殊性,内蒙古红旗化工厂从建厂初期厂就有分管领导负责职工的生活后勤工作,但没有设立专门负责的厂内职能部门。1969年12月工厂实行军管时设有后勤组,后又于1972年10月改为总务科,全面负责红旗化工厂职工的生活后勤工作。1984年11月,工厂调整行政机构,将总务科改为生活服务公司,后根据工作需要于1988年6月又恢复总务科。2005年3月,红旗化工有限责任公司将总务科改为基建维修部。从1972年以来,红旗化工厂的生活后勤职能部门在后勤工作体制上基本建立了一套比较完整的组织形式和管理制度。生活后勤职能部门的管理职能主要有:基建房产管理、食堂管理、托儿所管理、医疗卫生管理、办公用品及低值易耗品管理、澡堂茶炉管理、生活用煤和票证发放管理以及其他生活福利管理等。随着企业内部机制的改革,生活后勤职能部门虽经几易其名,但基本管理职能和管理内容没有改变。

从建厂初期到2006年,红旗化工有限责任公司的历届领导班子都十分重视生活后勤工作,努力解决职工后顾之忧,职能部门积极发挥作用,为公司的建设和发展作出了应有贡献。

6.1 职工生活

红旗化工厂职工的生活水平和生活质量是在工厂生产不断发展、经济效益逐年增长的基础上逐步提高的,特别是改革开放以来,工厂的经济效益一年比一年好,职工收入也一年比一年高。职工的住房、子女教育、就业、医疗卫生条件、家庭消费标准等都有了较大的改善和提高。

1966年建厂初期,正赶上"文化大革命",政治统帅一切,工厂的生活后勤工作也就无从谈起。职工收入以国家固定工资为主,收入水平较低,老工人都是拖家带口,月平均工资50元左右,新工人月平均工资20元左右,全厂职工年平均工资不到400元。在以后的几年内,职工收入没有明显增长,保持在一个较低的水平上。

1977年,红旗化工厂逐步开始为职工调级,当年给40%的职工调资升级。1976年,红旗化工厂职工的年平均工资为480元,1978年为504元。1979年,红旗化工厂开始实行经济责任制,职工每月人均额外增发奖金8元,年平均工资上升到600元。1980年,工厂发生政策性亏损,但仍然发给职工半数奖金,每人年平均奖金为34.6元。1984年,红旗化工厂全年用于职工奖励的经费达15.79万元,人均得奖200余元,全年人均收入1 100元。1985年,全年共发奖金14.068万元,人均177.4元,最高者达406元,奖金的发放激励了职工的生产热情,同时也增加了职工收入。到1988年,职工年人均收入达到2 205元,比1987年增长了4.3倍。从1989年开始,工厂实行结构工资,职工年人均收入又有了较大幅度的增长,到1999年人均年收入已达到7 400元,比1988年增长了近3.4倍。2000年工厂正式改制为有限责任公司以后,员工的年收入迅速增长,到2005年,员工年人均收入达到17 300元,比1986年增长了11.4倍,个别承包生产车间的员工年收入达2万余元。

2002年,红旗化工有限责任公司为228名退休人员增加了养老金。

2003年,红旗化工有限责任公司为241名离退休人员增加了养老金。

2004年，红旗化工有限责任公司为劳动公司的部分临时工办理了养老保险。

红旗化工厂十分重视职工的生活福利，每年给职工发放面粉、大米、肉类、瓜果蔬菜等，调剂职工生活，解决职工的后顾之忧。20世纪70年代到80年代，红旗化工厂每年都为职工发放冬储菜，每人（包括家属）土豆50千克、长菜50千克，有时还有芥菜、心里美萝卜等。每年夏季，工厂还从山西、包头、呼和浩特等地拉一些小圆菜、芹菜、西红柿等时令蔬菜。1978年，工厂在王桂窑乡土沟村开辟了一个农场，当年就给每个职工分土豆25千克，1979年又给每个职工分土豆10千克、黄米5千克。1979年工厂派人到唐山拉大米，每个职工分了10千克，这是工厂投产以来职工们第一次吃上清香、洁白、软精的唐山大米，大家交口称赞，心情无比喜悦。1979年除夕前，工厂到山东给职工拉来了苹果。以后，工厂每年都想方设法给职工多发放一些瓜果、蔬菜、白面、大米、肉类等，改善职工们艰苦的生活。从1980年到2005年，红旗化工有限责任公司共发放蔬菜320万千克、瓜果60万千克，面粉、大米、胡油、牛奶、羊肉等40万千克，较好地调剂、改善了员工们的生活。

红旗化工厂从建厂时就开办了职工食堂。职工食堂设有管理员1人，保管员1人，会计1人，炊事人员根据工作需要进行调整，最多时有11人。职工食堂主要是为单身职工就餐和客饭服务的，办得一直比较好。从建厂初期到20世纪70年代，青年职工越来越多，单身职工就餐人数也相应增加，最多时达300多人，最少时也有五六十人。20世纪80年代中期到90年代，年轻职工大部分结婚成家，单身职工就餐人数明显减少，最多时也不过20人。随着员工收入的增加和生活条件的改善，2000年以后，已基本没有单身员工就餐了。2005年，公司招聘了5名外地大学生，但他们在食堂就餐的次数也比较少，食堂平时主要是以完成客饭任务为主。

从1984年开始，红旗化工厂食堂开设早点，有油条、豆浆、豆腐脑、包子、面条、馒头、稀粥、麻花等，并坚持送早点、送水到车间。食堂还开设了豆腐作坊，购买了压挂面机、烤箱、绞肉机，常年为职工压挂面、做豆腐、烤饼子等。食堂中秋节为职工做月饼，春节为职工做面点、炸麻花，改善了职工的生活。1990年，工厂对食堂进行了整顿和加强，服务质量有了进一步提高。从1992年开始，食堂除保证单身职工就餐和做好客饭外，对外承包宴席，每年承办700

多桌,除为工厂减轻每年给予的煤炭补贴、伙食补贴外,食堂每年还能盈利万余元,并用盈余的资金购置了消毒箱、冰柜、餐具等设施,饭菜质量和服务水平受到了职工和社会公众的好评。1998年到1999年由于社会竞争激烈,对外承包宴席较往年有所减少,但食堂每年仍有盈余。

为了摆脱"企业办社会"的不合理状况,按照公司内部改革的要求,2000年,公司对食堂实行承包经营,所有炊事人员的工资、奖金等全部由承包负责人支付,每年为公司节约奖金3万多元。2003年,食堂除留守一名炊管人员继续承包经营外,其余人员全部分流,充实到了各车间。

红旗化工厂十分重视职工子弟就业问题,职工子弟基本都安排了工作,部分职工家庭由单职工发展到多职工,家庭经济收入大幅度增长。

6.2 托幼工作

内蒙古红旗化工厂于1969年兴办了托儿所,聘用6名职工女家属担任保育员,当时有十几名家属的子女入托,托儿所设在3间旧窑洞中。

1978年后,建厂以来招收的徒工大部分开始成家,职工子女逐渐增多。为解除职工的后顾之忧,工厂决定给托儿所配置18间平房、4间窑洞,配备所长1人、幼教2人、保育员7人、炊事员1人,并开办了幼儿食堂,增设了部分幼教设施,托儿所初具规模。为了提高幼教质量,工厂还组织保教人员赴呼和浩特市第一毛纺厂托儿所、第二毛纺厂托儿所参观学习,提高了保教人员的幼教水平。从1978年开始,工厂托儿所对入托儿童开设了识字、音乐、体育等课程。在管理上,托儿所由原来的"五七"队分管改为由工厂的后勤部门分管,加强了领导,使托儿所的工作不断正规化。

1980年,工厂托儿所开始对内部职工的子女实行免费入托,又增派了一名幼儿保健医生,并建立了入托儿童的健康登记制度,设立了护理室,购置了紫外线消毒灯对室内房间和食堂餐具进行消毒,还负责给入托儿童注射各种疫苗。从1979年到2001年,公司托儿所从未发生过传染病和病毒性感染事件。

1980年,工厂托儿所实行对外开放,由于办托条件较好,清水河县城关镇的一些居民也把子女送来,社会入托儿童有40余人。

1983年托儿所入托儿童增至90多人。为加强管理,托儿所设所长1人、副所长1人、保教人员增至13人,幼儿分为大班、大中班、小中班、小班,大班设有专职教师1人、专职管理员1人。1987年,因入托儿童已达到120人左右,托儿所相应添置婴儿小摇床20张、小课桌12套、小椅子50把、大床15张以及若干毛毡、毯子等用品,还购置了脚踏风琴、三用电唱机以及小皮球等多种教学用具。为了提高幼儿的识字能力,托儿所还购买了小人书、连环画册等幼儿读物。托儿所院内安置了小滑梯、小转椅,栽了小松树,硬化了院面。工厂还每月补贴托儿所50元卫生费,入托儿童每人都会发一只小茶缸和一块小毛巾,做到洗漱用具不共用。

1988年,工厂对托儿所保教人员进行了调整,由老龄化向年轻化发展,保教人员由原来13人减到10人,取消了副所长、大班专职教师和管理员的人员设置,班级设置由原来四个班改为大班、中班、小班三个班,入托儿童最多时达130人左右。

从1988年开始,红旗化工厂托儿所坚持以所养所,积极改善办托条件,扩大对外业务,增加了收入,每年托费收入除自给有余外,还将30%的收入上缴工厂。托儿所利用盈余逐年增添了木马、木狮、积木等幼儿玩具和教学用具,1996年购置了一架电子琴。为提高幼儿教学质量,托儿所成立了教研小组,制作了幼儿教材,每周四下午开展教研活动,开设了语言、计算、音乐、美术、体育、常识、英语等课程。托儿所定期在保教人员中开展了"阿姨赛妈妈"活动,在幼儿中开展"人人争当好娃娃竞赛"等活动,这些活动的开展受到幼儿家长的一致好评。

1981年以后,托儿所每年举办一次儿童运动会,逢年过节还参加工厂和清水河县举办的文艺活动。平时,托儿所也不定期地开展唱歌、猜谜语、捉迷藏、智力竞赛等文体活动,加强了对入托儿童的德、智、体、美的全面教育。

1979年,红旗化工厂托儿所被内蒙古自治区妇女联合会授予了"实现四个现代化、妇女能顶半边天"的锦旗。1982年,清水河县文化馆、清水河县托幼办、清水河县文教局发给托儿所"参加红三月歌咏比赛活动留念"镜子一面。1985年,托儿所被清水河县人民政府评为"卫生先进单位"并发放奖状一面。

从1983年至1997年,托儿所连续15年被红旗化工厂评为先进班组,所长也多次获评厂先进工作者。

2001年6月,公司按照内部改革的要求撤销了托儿所,所有保教人员分流,托儿所所占用的房屋交劳动公司和生产车间使用。

2002年，公司将原单身宿舍改造维修后对外出租由社会力量开办了幼儿园，每年入托儿童约110人，其中本公司员工子女约20人。

6.3 医疗卫生

红旗化工厂的医疗卫生工作经历了一个由小到大，由简单到健全的发展过程。

1966年建厂初期，红旗化工厂仅有庞玉兰同志和何秀花同志两名医务人员，根本没有医疗设备，只能处理一些简单的碰伤、擦伤等，给职工开点伤风感冒、头疼发热的药。1969年，调来了戴淑英医生，1973年调来了包永清医生和石凤芝医生，红旗化工厂医务所正式成立，设有门诊室、护理室、处置室、药房等，初具规模。红旗化工厂为了培养医务人员，充实本厂医疗技术力量，1973年工厂选送王当厚同志到沈阳医学院学习；1976年选送刘忠、吕翠云两位同志到乌兰察布盟卫校学习；1979年选送王清槐同志到清水河县中医班学习，这些同志回厂后，为医务所的工作贡献了力量。

1978年以前，红旗化工厂的职工医疗费实行公费医疗，实报实销，从1979年开始，工厂在医疗制度上进行了一些改革，按每人每年40元药费的标准统筹医药费，年底节约的部分按50%奖给本人，这一模式实行了4年。从1979年起，工厂按人均55元/年的标准统筹医药费。在以后的一个时期内，医药费基本保持在了相对低位增长的水平上。

1988年，医务所实行了新的医疗费用管理办法，全年节约医疗费用1.7万元，1989年全年节约医疗费用4.22万元。从1990年开始，职工医药费逐年有所增长，最高的是2001年达60多万元。从2002年9月1日起，公司内部实行了职工医疗保险制度试行工作，同时加强离休老干部、工伤等医药费用的管理，2003年的医药费比2002年的下降了30.49%。2004年，公司正式实行了医疗保险制度。2006年，公司医务所被清水河县医保管理部门确定为医疗门诊点，医务所负责员工病例的管理和门诊用药登记、核对、报销等工作。

从医务所的发展可以看出，无论是改制前的红旗化工厂还是改制后的红旗化工有限责任公司，其医疗卫生工作主要体现在以下几个方面：

一是防治职业病。医务所和工厂技安部门配合，从1977年开始，定期请上级医疗部门对本厂职工进行职业病检查。

二是开展疾病预防工作。医务所春冬季节为本厂职工子女注射各类传染病疫苗,每年夏天为各车间工人发放防暑降温中草药剂,每年还配合清水河县防疫部门积极开展传染病的防控工作。

三是为职工提供一般疾病的门诊治疗,为行动不便的患者上门打针输液。

四是配合清水河县计划生育部门,每年对本厂育龄女职工进行两次孕检。

红旗化工厂的环境卫生工作一直做得很好,厂区干净整洁,生产区的环境卫生由车间分段划片负责清扫,办公区和职工生活区的卫生分四片每日由专人负责清扫,全厂设有29个垃圾池(桶),还有一辆垃圾专运车每日将清扫的垃圾运往后山的垃圾堆放点。全厂生产区、职工生活区共有公共厕所17个。职工生活区的生活污水都设有下水管道排放口。红旗化工厂十分重视环境卫生设施建设,多年来一直保持文明单位的称号。

6.4 基本建设工作

1966年10月,内蒙古自治区建设厅第五施工队进驻厂址,正式开始了红旗化工厂的土建工程,到1969年年底,第五施工队负责的工房和一些大型福利设施项目已全部完工,经验收合格后交付使用。经过三年的辛勤建设,第五施工队共完成的建筑面积达12 447.4平方米,总投资为241.61万元,其中生产面积5 829.6平方米,投资206.03万元,生活福利设施面积6 617.8平方米,投资35.58万元。

内蒙古自治区建设厅第五施工队完成了红旗化工厂全部主体工房和大型福利设施项目的建设后,于1969年冬季撤走,红旗化工厂的基建维修由本厂总务科负责。1986年,红旗化工厂新建了1 000平方米的职工文体楼、前大院第二栋职工住宅楼,还完成了劳动公司二层楼的扩建工程。1987年,红旗化工厂完成了机加车间工房和前大院第三栋职工住宅楼的图纸设计和前期准备工作。1988年,第三栋住宅楼圆满完成并交付使用;红旗化工厂还组织机关科室的干部和职工挑运石子,填实了文体楼门前院面的路面。1989年,机加车间的工房竣工并交付使用。1990年,红旗化工厂开始筹建前大院第四栋职工住宅楼,并完成了防洪沟覆盖的主体工程,填实了一车间门前空地到药库的路面,新建了空压机房、周转库、修理库等。1991年,红旗化工厂完成了前大院第四栋住宅楼的主体工程,完成了防洪沟覆盖的续建工程,重建了防洪沟小桥,建起了两个凉亭和一个喷水池。1992年,前大院第四栋住宅楼竣工并分给职工居住。1993年,毫秒产品生产工房和拉铅管工房竣工并投入使用。1994年,红旗化工厂填平了厂区前段防洪沟,投资10万元改造了动力车间煤场并砌了围墙,还大修了食堂,填实了西山职工生活区的路面。1995年,红旗化工厂新建库房195平方米。1996年,红旗化工厂在食堂东侧完成了新建1 700平方米职工住宅楼的主体工程,填实了通往煤场的路面,完成了五车间工房的改造。1997年,新建住宅楼竣工并分给职工居住;厂招待所扩建二层小楼共计222平方米;新建了办公区采暖锅炉房和包装工房;新建了通往招待所家属楼的防洪沟跨桥。1998年,红旗化工厂完成了新建拉导爆管工房的土方拆除工程,并完成了澡堂扩建工程。1999年,红旗化工厂新建了345平方米的拉导爆管工房,当年竣工交付使用。2000年,公司改建了办公区的厕所,装修了公司大门门楼,新铺前河滩排污总管道120米。2001年,公司在原干化池新建员工家属住宅楼3 330平方米,当年施工当年竣工并分配住户,工程进度和工程质量受到员工的一致好评;改造了办公区到前大院家属区的上水管道。2002年,公司为加强成品库安全设施,新建钢网围栏2 200多平方米,还将原单身宿舍改造为幼儿园。2003年,公司新建导线库126平方米,还将原木工房改造为手工焊线工房,扩建了矿用包装工房,新建了汽泵房;填实了通往汽车库的路面,改造了西山员工家属生活区上下水管道。2004年,公司新建成品库416平方米,制作钢网围栏580平方米,新建销毁场420延米,新建并填实成品库6米宽汽车道路路面98米,新建动力车间厕所31平方米,装修行政办公楼600多平方米。2005年,公司改建二车间、三车间厕所52.15平方米,新建六车间周转库、质检部试验站共计186.23平方米,装修文体楼924平方米,新铺屋面钢彩板635.17平方米。

  从1986年到2005年,红旗化工有限责任公司的基本建设项目累计新建各类建筑14 119.94平方米,总投资721.73万元。其中,投资334.57万元新建职工住宅楼8 355.47平方米,有124名员工住上了楼房;投资387.16万元,新建工房、库房等生产性房屋5 764.47平方米。此外,还完成了生产、生活等方面的诸多维修改造工程。

  红旗化工有限责任公司的公房出售是根据内蒙古自治区和呼和浩特市有关部门关于公有住房改革的文件精神进行的。2000年,公司对所有住房进行了四至丈量划界等一系列工作。2001年,对公司的388间总建筑面积达2 760.64平方米的职工住房进行了清理规范,按时价补足了房价款,并给职工全部办理了房屋产权证。

红旗化工厂占地面积40.7万平方米,其中主厂区占地面积为36万平方米,原先锋电厂占地面积为4.2万平方米,主副厂区境内均系黄土高原丘陵区,地形破碎,冲沟发育,水土流失严重,山地占80%,丘陵占13.9%,沙地与其他占6.1%,构成了以低山丘陵为主体、沟壑纵横、土石山并存的地形地貌。厂区境内的岩石以石灰岩和花岗岩为主,土壤以栗黄土和风沙土为主,还有由碎石、卵石、砾石及泥沙组成的冲洪积层,深1～5米;主要生产区坐落在东西两条沟内,沟侧两边支沟毛沟数十条,沟内建有6～8米宽、2～4米深的泄洪沟,并建有跨沟小桥7座,夏天洪水顺沟而出,流入清水河后汇入黄河。厂区境内以沙丘草原植被为主,灌木林丛落为主,在丛落的外围或内部生长着一些乔木类植物和莎草科植物,总覆盖度约70%,它们与风沙抗争,在水土保持等方面发挥着明显作用。

6.5 职工子弟小学

1983年11月,先锋电厂并入红旗化工厂。合并后,原先锋电厂职工子弟小学由红旗化工厂工会管理,学校教学业务归口小庙子学区。

红旗化工厂职工子弟小学成立于1967年,首任校长为沙淑清同志。学校刚成立时只有一间窑洞,共有学生28人,分4个年级,只有1名教师。学校条件相当简陋,学生自带小板凳,膝盖上放块木板当桌子,一块大木板刷点锅黑就当作黑板使用了。

1969年,红旗化工厂对职工子弟小学进行了扩建,扩建后的学校有6间教室、1间办公室,学校分为5个教学班,有6名教师。

1985年,红旗化工厂将职工子弟小学扩大到6个教学班,共有12名老师(其中小庙子学区派老师6名)、157名学生。工厂为学校修起了围墙,安上了大门,给学生配齐了桌椅,接通了自来水、电话,买了锅炉,添置了教具,还买了手风琴、军鼓、军号、篮球等,学校逐步走上正轨。

1986年12月,张子智同志担任红旗化工厂职工子弟小学校长。

1987年4月,张子智同志调厂工会搞职工教育工作,由李荣同志接任校长。

1988年的儿童节,职工子弟小学举行了田径运动会。

1989年9月,李荣同志病休,由张敏同志担任校长。

1991年6月,张敏同志调厂工会工作,由王俊良同志担任校长。

1994年5月30至31日,职工子弟小学举行了迎"六一"田径运动会。这次运动会共有158名运动员分别参加了60米、100米、200米赛跑及跳高、跳远、铅球等13个项目的比赛,有132名运动员夺得了名次。厂党委书记杨策同志、工会主席张瑞敏同志等应邀参加了开幕式,四车间的职工向子弟小学捐助了643元人民币、132件衣服、200本作业簿、33条红领巾和1件工艺品。

同年,职工子弟小学有4名学生在学区统考的10个科目中进入前3名;职工子弟小学选送的10名学生在当年清水河县少年儿童生存技能大赛中,有5名获得了一等奖,4名获得了二等奖,1名获三等奖。

1995年5月30日,职工子弟小学举行了庆"六一"活动,厂工会和团委领导参加活动,并向子弟小学赠送了100余册少儿读物。

从1986年起,每年9月10日教师节,工厂有关领导和工会领导会要到子弟小学参加庆祝教师节活动,对优秀教师进行表彰和奖励。

2000年9月,按照国家关于企业主辅分离的精神,职工子弟小学教职工及学校财产(除校舍外)整体移交给了清水河县教委。红旗化工有限责任公司一次性补贴县教委35.5万元。

内蒙古第一通用机械厂简史

李志忠

1. 概述

内蒙古第一通用机械厂(工厂代号"国营九六四厂",俗称"海勃湾枪厂")位于今乌海市海南区区政府所在地东南方3公里处,与内蒙古第二通用机械厂、内蒙古跃进电厂相邻,坐落在一块四面环山、中间约有2平方公里的开阔地带。因"六五四工程指挥部"曾设在这里,故当地人又称这里为"六五四"。

该厂始建于1965年,原系内蒙古自治区地方军工企业,行业归属第五机械工业部。从1965年起,曾先后由内蒙古自治区重工业厅、内蒙古自治区地方机械工业局、内蒙古自治区第二机械工业局、内蒙古自治区国防工业办公室、内蒙古自治区军事工业局等领导,1985年划归乌海市经委主管。

在历程中,工厂从无到有,从小到大,虽经周折、有所起伏,但也随着国防建设和国民经济的发展而发展,开创出自身独有的繁荣和辉煌。

1965年4月,在党的号召下,一批批来自四川、黑龙江和内蒙古的建设者,不畏艰难困苦,奔赴这荒无人烟的偏僻山沟。面对恶劣的气候和环境,他们以顽强的意志,因陋就简,白手起家,使这个穷山沟焕发出一片勃勃生机。短短数年后,曾经的偏僻山沟已成为机器隆隆飞转、房舍鳞次栉比,周围绿树成荫,街道车水马龙的新型工业城镇。工厂也以先进的设备和雄厚的技术,成为乌海市历史发展过程中最大的机械加工企业。自内蒙古第一通用机械厂建厂以来,国家累计投资超1 400万元,在册职工达1 317人,拥有主要生产、运输设备600余台,其中车、铣、刨、磨、镗、插、滚齿、冲压、锻压等设备280余台,高精密设备仪器15台。全厂建筑面积13 036平方米,除生产性建筑外,还建有中心计量室和理化实验室,具有完整的长度、形位计量和化学分析、物理试验等检测手段和检测能力。产品也由过去单一的军品转变为多种民用产品,曾先后生产出气手枪、气步枪、猎枪、家用缝纫机等产品。内蒙古第一通用机械厂逐步发展成为具有多品种、多层次产品结构的机械加工企业,先后为嘉陵、洛阳、南京等品牌的摩托车生产厂家配套生产JH70型、JH125型、250B型摩托车前叉总成及零部件产品,兼生产50 W、100 W、150 W、200 W、500 W等型号的风力发电机和电石桶产品。

内蒙古第一通用机械厂的文教事业也有相应发展,建有包括小学和初中的职工子弟学校一所,在校学生累积达1 189人,在册教职工总计83人。另外,厂内还设有职工学校,对在职职工进行分期分批培训。基于这样的文教基础建设,据统计,内蒙古第一通用机械厂40岁以下的在册职工全部取得了初中毕业证书,具备了初中及以上的文化水平。从1968年起,内蒙古第一通用机械厂成立了"五七"大队(后发展为劳动服务公司)。"五七"大队在工厂周围累计开垦良田200多亩,建成容水8 000立方米的蓄水池,年产蔬菜100多万斤,基本保证了全厂职工及其家属春夏季的蔬菜供应,还能兼顾一部分秋季蔬菜的供应,为内蒙古第一通用机械厂职工及其家属的生产、生活作出了积极贡献。

此外,厂区附近还设有粮站、商店、邮电所、银行、医院等服务机构和设施,大大方便了职工及其家属的生活。

2. 建厂初期

1964年10月,内蒙古自治区党委和政府根据中央"加强国防力量,迅速建设地方军工企业"的指示,决定筹建56式7.65毫米口径半自动步枪厂。工厂设计及工艺资料是基于五机部第五设计院编制的"年产万支"设计资料进行编制的。工厂在规划初期确定枪支年产能力为15 000支,职工总数954人,设备总台数447台,其中金属切割设备165台。1965年1月,内蒙古自治区党委责成自治区重工业厅专设第二机械处负责小三线的基建工作,并决定由自治区计委、经委各抽一名副主任负责基本建设。根据中央"靠山隐蔽""因陋就简""山、散、洞"的建厂方针,4月在海勃湾市的拉僧仲庙地区选定厂址。厂址选定后,陆续由重庆军工厂、北安军工厂、内蒙古军区直管的各工厂及呼和浩特五金厂、包头拖拉机配件厂等30余家单位抽调管理干部、工程技术人员和技术工人前来支援建厂。

1965年6月,原先暂设在呼和浩特五金厂的厂部机关正式迁到海勃湾市。伊克昭盟、海勃湾市两级政府都很关怀。海勃湾市矿务局让出一栋二层楼房作为厂部的临时办公地点及职工宿舍。海勃湾市政府又调拨了一些旅馆的部分房间给新调来的职工家属居住。职工就餐也由海勃湾市矿务局职工食堂协助解决。中共伊克昭盟委、伊克昭盟公署派出以副盟长金汉文同志为首组成的慰问团前来慰问,中共海勃湾市委、市政府的领导同志经常到厂了解和解决建厂中的实际困难,使建厂人员深受鼓舞。

为了加快建厂速度,及早投入生产,厂部决定先在海勃湾市机械厂旧址上筹建工具车间。当时条件很差,厂房破旧,既无电源又无防尘设施,在如此困难的情况下,工人们仅用一个多月就安装了23台主设备,并接通了水电。1965年8月1日,工具车间正式投产。至当年年底,仅4个月便生产出刀具19种,共计158件;量具178种,共计1216件;夹具12种,共计104件。无论从种类上还是从数量上看来,就当时的条件而言是难能可贵的。

建厂初期,工装筹备工作是首要的艰巨任务,厂部一方面利用临时工具车间自己来生产,另一方面选派几批工人和技术人员到外地老厂进行工装协作,借用他们的设备和技术进行所需工装的生产。到1966年9月,主要专用工装和通用工具已基本备齐。

厂部迁到海勃湾市后,即着手培训技术力量和招收新工人的工作。1965年8月,内蒙古第一通用机械厂成立半工半读学校,招收学员100名。10月又招收学徒工100名,全部送到包头第一机械厂培训。1966年底再次招收学徒工100名。至1966年年底,全厂职工总数已达964人。

1965年7月,工厂土建工程破土动工,工程由华北建筑公司第二工程处负责建造和安装。

1965年,内蒙古自治区工交委地方机械工业局在关于"六五四工程"

基本建设的计划中指出：施工和设计要坚决贯彻"艰苦奋斗、勤俭建国"的方针，该精的要精，该减的要减，反对贪大求洋、求全；在建筑标准上，坚决贯彻"干打垒"精神，因地制宜，尽可能就地取材，降低造价，加快速度，在保证质量的前提下凡能早日交付使用的尽量早交，以利发挥效益。据此，"六五四工程指挥部"和华北建筑公司第二工程处的职工夜以继日地奋战，风餐露宿，就连吃水也要到几公里外的水泥厂去拉。为了加快国防建设，他们始终保持着旺盛的工作热情。1966年5月，工厂的四个产品机加工车间全部竣工。

1966年2月9日，厂部为尽快实现投产，下达了《1966年产品试制生产计划》并提出："从3月1日起，进行局部试制，6月份以后全面铺开，到9月24日力争试制结束。在56式试制批量中选配达到工厂定型为第一战役；10月1日开始进入大批投产，年底生产出300支合格产品，接受国家鉴定为第二战役。厂属各单位采取坚决有力措施，保证计划贯而无堵，发挥广大职工的智慧和苦干、实干的革命精神。"据此，全厂职工在基建工程尚未完工的情况下，边建设边试制。厂部组织了以二九六厂调来的老工人为骨干的试制队伍。5月1日正式投料，先以5支份非产品材料作试制"引路"，带领新岗人员熟悉工艺，随后紧跟5支正式产品毛坯流转生产。经过三个月的试制，到8月1日制造完成4支成品枪。试制中由五机部委派以二九六厂的张鑫同志为首的工作组进行现场指导，首批成枪按设计要求进行实弹射击，六大性能除互换性因枪数量不够未进行检验外，其余五项都达到了设计要求。

同年9月，内蒙古第一通用机械厂又投料50支份，正式开展批量试制，原计划10月1日前完成成品枪的制造，完成"在56式试制批量中选配达到工厂定型"的第一战役既定目标，但受"文化大革命"影响，厂党委和厂部主要领导人均受到波及，生产指挥系统失控。从1966年9月至1966年12月，工厂秩序混乱，生产停滞，此次试制因而夭折。

在1964年至1968年这建厂初期的四年中，虽然在后期受到"文化大革命"的影响，但因厂领导和广大职工正确执行了建厂方针，还是克服了许多困难，坚持边建设边试制。1968年，基建工程按设计要求全部完工移交工厂使用。1969年年底，内蒙古第一通用机械厂共试制完成成品枪450支，完成了80%批量生产的工装准备，为产品正式定型、投产打下了坚实的基础。

3. 军品生产大发展时期（1970—1979年）

1969年12月19日，内蒙古自治区实行全面军管，当年12月底，军管组进驻工厂，邱成同志任军管组组长、厂革命委员会主任。军管组首先整顿劳动纪律，建立了生产、技术、财务、质量等管理制度，并在原设计基础上对厂房和机床品种进行"填平补齐"。按原设计，工厂除主产品外，只承担少量工装制造和机修任务，大部工装和机修任务由专门的附设厂——内蒙古工具厂、胜利机修厂担任。但当时这两个厂尚未建成，因此，要投产就需扩大工具车间和机修车间的规模。于是，内蒙古第一通用机械厂在军管组的领导下，于1970年开始扩建工具车间厂房，机修车间也同时增添设备以满足机修任务的需要。至1970年年底，全厂生产性建筑面积达12 476平方米，生活福利区建筑面积约24 000平方米，厂内各类设备共计477台，其中金属切割设备176台。

但与此同时，在1970年内蒙古第一通用机械厂接到大批量试制生产的指令，计划到当年年底必须完成10 000支成品枪的制造任务。面对这一艰巨任务，全体干部和工人昼夜奋战，以大会战的形式展开厂内厂外大协作。至1970年年底，制造完成10 100支成品枪，第一次超额完成了国家下达的生产任务。在质量方面，全枪主要零部件良品率达83.62%，小部件的良品率达90%以上，成品枪的六大性能完全符合技术要求。

通过1970年的大批量试制生产，职工技术素质已近成熟，生产中执行的产品图纸、技术文件、工艺流程、专用工装等经过试制校正，已达到正式定型的标准。1971年6月14日，厂军管组、厂革委会向内蒙古自治区国防工办报告，要求进行产品鉴定。1971年6月20日，由北京军区国防工办、北京军区装备部、内蒙古军区、内蒙古国防工办、重庆军工厂等28家单位、45名同志组成的鉴定小组来厂对职工素质、企业管理、生产工艺、设备、工装、产品质量等方面都做了全面鉴定。在质量鉴定中，对全枪精度、寿命、互换性等进行抽检，结果符合设计要求。鉴定组一致认为内蒙古第一通用机械厂具备批量生产的条件和能力。鉴定组于1971年2月26日向上级提交鉴定报告，要求批准内蒙古第一通用机械厂投入批量生产。1971年7月19日，内蒙古第一通用机械厂得到上级批文，标志着内蒙古第一通用机械厂的半自动步枪正式投入批量生产。

1971年全年内蒙古第一通用机械厂的产量达15 038支,超过设计能力规定的产量指标,实现利润73.3万元,第一次向国家上缴利润13.3万元。1972年全年内蒙古第一通用机械厂的产量已达16 000支,实现利润145万元,向国家上缴利润100万元。

1973年,军管组撤销,厂党委和革委会工作暂由王富荣同志主持。当年全年产量为11 060支(生产计划为17 000支),亏损29.9万元。

1974年4月,张兴汉同志到厂任党委书记、革委会主任,厂党委狠抓生产,再一次对劳动纪律、企业管理进行全面整顿,开展工业学大庆和社会主义劳动竞赛活动,组织职工大搞技术革新,生产形势好转。内蒙古第一通用机械厂当年产量达17 200支,超额完成生产计划200支,除填补上年亏损外,向国家上缴利润30万元。在质量方面,一次交验合格率达98%,主要零部件良品率为86.72%。该年无论是产量和质量都创建厂以来最优水平。此后,内蒙古第一通用机械厂的年产量直线上升,1975年至1978年的年产量分别达18 200支、20 100支、21 800支、22 230支。1978年也是内蒙古第一通用机械厂历史上军品生产时期产量最高的一年。1979年,国民经济进入调整时期,军品生产压缩,内蒙古第一通用机械厂当年按计划完成22 000支的生产任务,并着手进行"军转民"的准备工作。

在军品生产时期,全厂职工为军工生产献计献策,大搞技术革新,提高产值、产量和经济效益。几年中,共完成较大技改项目220多项。在产品工艺方面,对刺刀、刀柄、标尺座、导气箍等零件以精铸件代替锻件,减少了生产工序、缩短了生产周期。对击火支架以冲焊结合件代替整锻件,节约原材料20%,提高生产效率5倍。对枪管、护管盖采用电解烧光,分别提高生产效率13倍和5倍。对保险销以冲代车,提高生产效率30倍。在设备方面,三车间老工人刘永富研制的自动搓丝机和准星螺纹搓丝机能够分别提高生产效率30倍和100倍。老工人李煜秀研制的自动校直机、销子自动切料机均可大幅度提高工作效率。七车间工人自制的35 kW铅炉,寿命比原设备提高20倍,提高工时利用率15%。在工装方面,对原设计工装在许多地方进行了大胆改进,工具科采用硬质合金材料代替普通合金钢制作的枪管挤丝冲头可大幅提高工具的使用寿命。在军品生产时期,最大的技术革新项目是刘兴全同志主持研制的工业电视打靶装置(1975年完成)和激光技术检验轻武器射击精度装置(1978年完成)。在国内第一次使工业电视和激光技术应用于轻武器射击的校验,填补了国内科学技术上的一项空白。1975年,五机部在内蒙古第一通用机械厂召开了全国现场推广会。刘兴全同志于1978年先后出席了内蒙古自治区科学大会和全国科学大会,该技术成果也分别获得内蒙古自治区科技成果二等奖、全国科学大会奖。此外,鉴于其同时被国家兵器部评为技术成果二等奖,此技术成果相继在全国军工枪厂和几十个枪种的校验中被广泛采用,它对传统的靶场测试方式而言是一次重大的工艺改革。

4. "军转民"初期(1980—1984年)

党的十一届三中全会后,国民经济进入了调整时期。根据上级指示,内蒙古第一通用机械厂于1979年就开始了转产准备。"找米下锅",开发民用产品,实行军民结合,以民养军已成当务之急。在军转民初期,由于长期吃惯了"统配饭",从领导干部到职工,对军转民认识不够明确,缺乏思想上的足够准备和长远打算,只是借助制枪工艺方面的优势大做文章,围着"枪"打转。

1979年9月,厂部决定由工具科和机动科分别投料试制气步枪和猎枪,10月1日,两种枪的样品正式试制成功。紧接着又投料进行小批试制,到1979年年底,内蒙古第一通用机械厂试制完成气步枪50支、猎枪30支。

1980年,国家下达的军品生产计划仅为10 000支成品枪,还不到之前3年年均产量的50%。为了弥补任务不足,厂部决定将气步枪、猎枪也投入批量生产,并组织部分技术人员和工人着手试制体育训练用气手枪。1980年年底,内蒙古第一通用机械厂共生产出气步枪3 003支、猎枪2 004支、气手枪1 000支,连同军品任务的累计产值为232万元,当年亏损达111.2万元。

转产初期,虽开发了三种民用枪支,也具备了生产条件,但由于决策前未能充分研究,对市场的了解不足,导致产品销路不畅,"军转民"步履艰难。

1981年,军品任务全部取消,三种民用枪又"吃不饱"。当时主管局根据上级意图,确定试制家用缝纫机。同年5月,由内蒙古第一通用机械厂和内蒙古第二铸锻厂、内蒙古工具厂、内蒙古木器厂等几个单位联合组成缝纫机总厂。缝纫机总厂设在原六五四物资供应站。内蒙古第一通用机械厂为主机厂,其余各厂协作配套。内蒙古自治区政府对缝纫机总厂共投资300万元,其中拨给内蒙古第一通用机械厂的投资达170万元,主要用于购买缝纫机生产专用设备。这年,内蒙古第一通用机械厂一方面"找米下锅",发动有加工能力的车间从各种渠道承揽加工业务;另一方面加紧筹建缝纫机生产线,派出两批人员赴上海、天津等地学习。

1982年,缝纫机生产线建成,当年投入批量生产,年产3 075台缝纫机。1983年6月,缝纫机总厂生产的缝纫机产品通过国家鉴定,全项性能检查综合得分为93.05,质量达到了轻工业部规定的一级品标准。对于内蒙古第一通用机械厂和其他几家协作厂而言,似乎找到了一条"军转民"的出路,1983年缝纫机总厂生产的缝纫机共计10 415台。

家用缝纫机生产线虽然按上级要求如期建成,产品通过鉴定正式定型,但由于当时众多厂家都在生产缝纫机,市场饱和,产品滞销,内蒙古第一通用机械厂只得另找出路。

从1980年至1983年的四年中,工厂先后开发了三种民用枪和家用缝纫机共计四种产品,且都具备了批量生产的能力。但在转产缝纫机的过程中就建了机头、总装、烤漆、电镀四条生产线,耗去了大量的人力和物力。虽因决策失误给"军转民"工作造成了损失,但就生产试制进度、产品质量而言,充分显示了全厂广大职工旺盛的工作热情和娴熟的技术素质。

1983年6月,时任内蒙古第一通用机械厂厂长的刘崇璋同志组织工程技术人员,在研究和分析了大量市场信息之后,决定转产风力发电机,当年样机便试制成功,第二年就投入了批量生产。1983年12月22日,在由内蒙古自治区军工局、内蒙古自治区科委、内蒙古自治区机械冶金厅等单位组织的鉴定中,鉴定专家一致认定内蒙古第一通用机械厂生产的FD2-100WyG风力发电机质量较好,符合图纸要求,批准进行批量生产。此后,内蒙古第一通用机械厂被列为内蒙古自治区风力发电机的定点生产厂家。从1984年批量投产以来,内蒙古第一通用机械厂共生产风力发电机4 284台,实现销售4 000余台。为方便用户,内蒙古第一通用机械厂又自行研制了风力发电机的配套产品——逆变控制器,一经推出便深受用户欢迎。

风力发电机的开发成功,使内蒙古第一通用机械厂的"军转民"工作出现转机,但这一产品的主要市场在边远山区或牧区,需求量不大。对于一个中型企业来说,仅此一项产品仍是不能满足全厂正常生产,新产品的开发依然迫在眉睫。

在"军转民"的初期,虽然在新产品开发上面走了弯路,没能尽快地完成"军转民"的任务,但是在改革开放的指引下,厂部带领全厂职工在清除"文化大革命"的影响,落实党的干部政策、知识分子政策,加强基础工作,开展企业全面整顿,逐步推行生产经济责任制,建立职工代表大会制度,加强民主管理,对职工进行文化、技术培训等方面都做了大量的工作,为了今后的生产以及建立一支具有良好思想和文化技术素质的职工队伍打下了坚实的基础。

1980年1月和1981年12月,内蒙古第一通用机械厂分别召开了第一次、第二次职工代表大会。职工代表大会制度的建立,增强了职工群众民主管理生产的意识和责任感,也进一步活跃了工会工作。1983年,内蒙古第一通用机械厂六车间副主任兼工会分会主席何维钧同志光荣出席了全国工会第九次代表大会,并荣获内蒙古自治区优秀工会积极分子的殊荣。

1981年4月,在工厂生产任务不足的情况下。厂部及时成立了职工学校,对在职职工进行分期分批学习培训。职工学校建立后,共脱产培训职工2 500余名,业余培训200余名,除开设初中、高中文化课以外,还先后举办了统计、外语、线性代数、企业管理等专业技术、业务培训班。通过系统培训,使广大职工尤其是青年职工的文化、技术水平得到了快速提高,为今后的生产和工厂的发展打下了人才基础。

总之,在"军转民"初期,内蒙古第一通用机械厂党委、厂部对两个文明建设一起抓,在各个方面取得了良好的成绩,在各方面都受到了上级的肯定和嘉奖。1981年,内蒙古第一通用机械厂被内蒙古自治区政府评为"档案工作先进单位";1982年,内蒙古第一通用机械厂被内蒙古自治区公安厅授予"防火先进集体";1982年,内蒙古第一通用机械厂职工子弟学校被乌海市评为"教育先进单位""文明礼貌先进单位";1983年,内蒙古第一通用机械厂被内蒙古自治区政府评为"环境保护先进单位";1983年,内蒙古第一通用机械厂团委被乌海市总工会、市团委评为"安全生产先进单位",等等。

5. 开创新局面时期(1985年以后)

1984年11月,内蒙古自治区军工局根据干部的"四化"标准调整了内蒙古第一通用机械厂的领导班子,由原代理厂长白凤忱同志任厂党委书记,原副厂长王福泰同志任常务副厂长,代行厂长职务,调冯志敏、何维钧两位同志任副厂长,由李秀岩同志任厂工会主席(按副厂长待遇)。

1985年初,内蒙古第一通用机械厂划归乌海市经委主管。

新的领导班子组成后,立即狠抓企业内部改革和整顿工作,实行以经济责任制为主要内容的浮动工资制度,对厂内的各项基础管理工作进行全面整顿,完善了企业的各项规章制度。由乌海市经委副主任白英杰同志为首的企业整顿检查验收团对内蒙古第一通用机械厂的企业整顿工作进行了全面检查验收。经两天的检查评分,以总分914分获得乌海市政府颁发的企业整顿合格证书。另外,根据厂内生产任务严重不足的现状,厂部决定把主要精力放在新产品开发上,确定以横向经济技术协作作为新产品开发的突破口,扬长避短,发挥内蒙古第一通用机械厂在加工技术方面的优势,力避产品在销售方面可能存在的不利因素,大胆走专业化、技术协作的道路。1985年,厂部先后组织了180多人次对26项产品进行调查研究,先后形成十多份可行性研究报告。经筛选论证,确定以为重庆嘉陵机器厂配套生产JH70型摩托车前叉总成作为新产品的开发项目。1985年5月,内蒙古第一通用机械厂将《JH70摩托车前叉新产品开发和技术改造项目建议书》上报乌海市经委和内蒙古自治区经委。同年6月样品试制完成,7月交嘉陵机器厂鉴定。1985年8月,内蒙古自治区经委、科委正式批准了内蒙古第一通用机械厂上报的《JH70摩托车前叉新产品开发和技术改造项目建议书》。当年12月内蒙古第一通用机械厂和嘉陵机器厂正式签订了长期合作协议。随后,工厂进入了紧张的新产品开发和技术改造工作。1986年年底,由内蒙古第一通用机械厂生产制造的5 000套JH70型摩托车前叉总成的试制任务基本完成,前叉技术改造的第一阶段工作也全部就绪。与此同时,为建立多样化的产品结构,内蒙古第一通用机械厂同步上了电石桶生产线,日产量可达200件,并在原有的100 W风力发电机产品的基础上逐步向系列化方向发展,先后又试制了150 W、200 W、500 W等多种规格机型。内蒙古第一通用机械厂还研制成功了可用于风场测试的微电脑综合测试仪,使风力发电机的检测技术达到了国内先进水平。

1987年5月,上级决定由王琼同志调任厂长,原主持工作的王福泰同志仍任副厂长兼总工程师。至此,厂领导班子成员已经配齐,领导力量进一步加强。同年8月7日,王琼厂长与乌海市经委正式签订了为期四年的承包经营合同。与乌海市的承包经营合同签订后,厂部即在厂内实行承包经营,充分调动了各方面的积极性,使企业增添了活力,有力地促进了新产品开发和技术改造工作。推行承包经营的当年(1987年),内蒙古第一通用机械厂共计完成JH70型摩托车前叉总成25 949套、前叉主管导体20 068套,加上风力发电机、电石桶等产品,实现现产值550.7万元,比1986年净增277.5万元,超计划指标20%,利润指标比计划减亏25.1万元,产品综合良品率达98.3%,各项经济技术指标均超额完成了与乌海市经委签订的承包经营合同的规定。至此,内蒙古第一通用机械厂在经过数年努力后,"军转民"工作终于出现了生气勃勃的局面。

1988年,在承包经营的基础上,内蒙古第一通用机械厂进一步加快了企业内部改革和完善经营机制的工作。当年年初,王琼厂长主持草拟了《关于加快企业内部改革的决定》,经厂党政团联席会议通过后下发执行。据此,工厂在各方面都进行了大胆的改革:在组织机构方面,精简机构、减少非生产人员,将原有的16个科室合并为11个,减少科室人员38名,充实到生产第一线;在人事制度方面,实行科长(主任)负责制,使中层干部有较多的自主权,充分发挥中层管理者的主观能动性;在分配制度方面,普遍实行浮动工资和计件工资制,打破了原有的分配模式,充分体现按劳分配原则;在经营管理方面,从严治厂,奖罚分明,同时加强企业的基础管理工作,开展全面质量管理。这些改革措施调动了全体职工的积极性,促进了企业各项工作的全面发展,内蒙古第一通用机械厂的经济效益明显上升,截至1988年11月底,已实现产值1 069.53万元,累计实现利润7万元,一举扭转了"军转民"以来连续8年亏损的局面。

1985年以来,内蒙古第一通用机械厂职工为完成"军转民"、为开创工厂的新局面而群策群力,掀起了群众性的技术革新和合理化建议活动。在此期间,被采纳并付诸实施的技术革新和合理化建议的项目有58项,其中较具代表性的有:助理工程师丁玉忠用微处理机改造的C616车床用于加工盖形螺母和油塞,提高了工作效率6~7倍;助理工程师黄宝小研制的底筒内压试验机、振动试验机,解决了摩托车前叉关键零部件底筒的测试问题;职工们自行设计改装的扩铰组合机床用于立管组件扩铰工序,提高了工作效率4倍;助理工程师李旭文将一台接近报废的普通车床运用微处理机加以改造,使之代替六角车床担任前叉管的钻、扩、铰工序，提高了工作效率5倍。这些技术革新和合理化建议措施有效降低了职工们的劳动强度，提高了工作效率，在保证工件质量的前提下，缩短了生产周期。群众性的技术革新和合理化建议活动充分挖掘了内蒙古第一通用机械厂的内部潜力，促进了工厂的技术改造和新产品开发，推动了生产的高效发展。

1987年9月，内蒙古第一通用机械厂通过乌海市计量定级验收，被定为计量三级企业。

1987年12月15日，JH70型摩托车前叉技术开发项目正式通过内蒙古自治区的鉴定，认为内蒙古第一通用机械厂生产制造的前叉总成质量符合日本标准，完全可以代替进口进行国产。这一项目自1986年7月到1988年，共投资260万元，先后添置设备158台，并对热处理和表面处理车间进行改造，使热处理设备全部实现了数字化检测。基于该项目的各类改造中均采用了先进技术，建立了柔性的加工系统，以适应产品的更新换代。这一项目完成后，内蒙古第一通用机械厂具备了年产10万套摩托车前叉总成的生产能力。该项目于1988年9月被内蒙古自治区科委授予技术开发优秀成果一等奖。

1988年3月，内蒙古第一通用机械厂被内蒙古自治区竞赛领导小组授予"扭亏增盈成绩显著奖"，工厂党政工领导班子受到表彰。

1988年12月7日，内蒙古第一通用机械厂的全面质量管理工作通过了内蒙古自治区的检查验收。

6. 结束语

内蒙古第一通用机械厂自1965年在偏远的山沟建厂以来从军品生产进而又转向民品生产，其间经历了二十三年的努力和探索。在各级党政的领导下，通过全厂职工的努力奋斗，使工厂逐步发展壮大。在改革开放的指引下，内蒙古第一通用机械厂发生了巨大的变化，工业生产总值从军品生产时最好年份的408万元增长到1988年的1 150多万元，全员人均年劳动生产率也由2 946元增长至8 732元。在生产发展的同时，职工收入和集体福利也相应增加，1988年职工月平均收入为119.7元，年用于职工集体福利事业的人均经费达82元，职工生活普遍得到改善。通过不断地技术改造和产品开发，内蒙古第一通用机械厂开创了全面发展的新局面,工厂以优质产品和较高的经济效益跃居于乌海市机械加工企业的前列,为国民经济的发展作出了积极贡献。

7. 内蒙古第一通用机械厂党政工领导班子(1965—1988年)

内蒙古第一通用机械厂历届党委领导人

1965年4月至1968年3月

书　记:康丁(1965年4月至1968年3月)

副书记:阎芝翔(1965年11月至1968年3月)

1968年3月至1971年7月实行革委会领导,无党委机构。

1971年7月至1973年5月

书　记:邱成(1971年7月至1973年5月)

副书记:张贵斌(1971年7月至1973年5月)

阎芝翔(1971年7月至1973年5月)

1973年5月至1981年10月

书　记:张兴汉(1973年5月至1981年10月)

副书记:王富荣(1973年5月至1974年2月)

　　　　毕恩田(1973年5月至1979年5月)

　　　　李良生(1979年5月至1981年10月)

1981年10月至1984年11月

书　记:靳文龙(1981年10月至1984年11月)

副书记:刘崇璋(1981年10月至1984年7月)

1984年11月至1988年

书　记:白凤忱(1984年11月至1988年)

副书记:王琼(1987年10月至1988年)

注:1973年6月张兴汉同志被任命为党委书记,王富荣同志于1974年4月调往呼和浩特市。

内蒙古第一通用机械厂历届行政领导人

1965年4月至1968年3月

厂　　长：王富荣（1965年4月至1968年3月）
副厂长：杜国卿（1965年6月至1965年8月）
　　　　靳文龙（1965年8月至1967年2月）
　　　　武凤岗（1965年8月至1967年1月）
　　　　张鑫金（1965年11月至1968年3月）
　　　　苏　热（1966年2月至1967年1月）

1968年3月至1969年12月

革委会主任：杨恒礼（1968年3月至1989年12月）
副主任：张鑫金（1968年3月至1969年4月）
　　　　易佑刚（1968年3月至1968年11月）
　　　　唐树云（1968年3月至1969年12月）
　　　　杨玉厚（1968年3月至1969年12月）

1966年12月至1978年6月

革委会主任：邱　成（1969年12月至1973年5月）
　　　　　　张兴汉（1973年5月至1978年6月）
　　　　　　阎芝翔（1969年12月至1974年2月）
　　　　　　杨发祥（1969年12月至1973年2月）
　　　　　　张兴汉（1971年6月至1972年3月）
　　　　　　张鑫金（1972年3月至1978年6月）
　　　　　　毕恩田（1972年3月至1978年6月）
　　　　　　刘建义（1973年5月至1978年6月）
　　　　　　李恕亭（1973年5月至1976年1月）
　　　　　　李良生（1976年2月至1978年6月）

1978年6月至1988年

厂　　长：李良生（1978年6月至1979年5月）
　　　　靳文龙（1979年5月至1987年10月）
　　　　刘崇璋（1981年10月至1983年7月）
　　　　王　琼（1987年5月至1988年）
副厂长：刘建义（1978年6月至1984年11月）
　　　　张鑫金（1978年6月至1978年11月）

毕恩田（1978年11月至1979年5月）

刘崇璋（1981年5月至1981年10月）

白凤忱（1981年10月至1984年11月）

王福泰（1981年10月至1988年）

冯志敏（1984年11月至1988年）

何维钧（1984年11月至1988年）

注：1983年7月至1984年11月期间由白凤忱同志代行厂长职务；1984年11月至1987年5月由王福泰同志代行厂长职务。

内蒙古第一通用机械厂历届工会领导人

工会主席：田立福（1965年11月至1966年6月）

　　　　　王宗喜（1966年6月至1968年11月）

　　　　　王　文（1972年6月至1972年8月）

　　　　　阎芝翔（兼，1972年8月至1973年5月）

　　　　　王宗喜（1973年5月至1978年1月）

　　　　　谢林符（1978年11月至1984年11月）

　　　　　李秀岩（1984年11月至1988年）

工会副主席：李恕亭（1965年4月至1965年11月）

　　　　　蔺　恒（1972年6月至1973年5月）

　　　　　左英飞（军人，1972年6月至1973年5月）

　　　　　王　文（1977年10月至1980年5月）

　　　　　王庚祥（1981年8月至1986年12月）

　　　　　刘永安（1987年2月至1988年）

内蒙古第二通用机械厂简史

贾国栋

1. 概述

内蒙古第二通用机械厂位于今乌海市海南区区政府东南方3公里处,与内蒙古第一通用机械厂和跃进电厂毗邻。第一厂名是"国营第九五四厂",属内蒙古地方军工企业。

内蒙古第二通用机械厂于1965年2月9日开始筹建,按性质属常规兵器工业,归口于第五机械工业部。内蒙古第二通用机械厂的发展历程中曾先后隶属于内蒙古自治区重工业厅、内蒙古自治区第二机械工业局、内蒙古自治区国防工业办公室、内蒙古自治区军事工业局,1985年后划归乌海市经委主管。

1965年至1988年,国家对内蒙古第二通用机械厂的累计投资达1074万元,内蒙古第二通用机械厂在册职工803人,固定资产983万元,1965年至1986年累计向国家上缴利税861.3万元。全厂拥有各种机械动力、运输设备260余台,占地面积为125 000平方米,设有24个车间和科室,9个党支部。产品从单一的56式7.62毫米口径枪弹发展为多种民用产品,曾先后生产出气枪弹、太阳能热水器、单缸洗衣机、脱水机、音箱、文件柜等,后期转产聚氯乙烯和纺织布包装袋。

1965年至1988年,内蒙古第二通用机械厂经历了艰苦的创业和兴旺发达,也经历了"军转民"的困难时期。

2. 建厂初期（1965—1969年）

1964年年底，内蒙古自治区党委根据党中央关于"备战备荒为人民、迅速建设地方大小三线"的指示精神，决定建立可年产2 300万发56式7.62毫米口径枪弹的军工厂。五机部第五设计院承担了设计任务，概算为446万元，要求在1966年投入生产。

1965年4月，由驻海勃湾地区的华北建筑公司第二工程处以投资包干的形式包了下来，并建立了"六五四工程指挥部"（因始建于1965年4月而得名），由卢克勤同志任总指挥。指挥部设在"六五四工程"工地（海勃湾拉僧仲庙地区）。

根据党中央关于地方军工"靠山、隐蔽、分散"的建厂方针，本厂选定在原内蒙古伊克昭盟，海勃湾市以南33公里的山沟。厂区地处偏僻，四面环山，人烟稀少，气候干燥，风沙较大。地下煤炭资源丰富，有充足的燃料来源，从长远来看，无论从发展生产上还是在军事建设上都具有重要的战略意义。

当时，为了加快军工小三线建设，尽快实现轻武器的地方配套，采用了厂房建设和产品试制同步进行的办法。人员分为两班，一班在工程指挥部的统一领导下搞基本建设和工艺设计；一班在呼和浩特市拔丝厂由副厂长张兴汉的带领下搞生产准备和产品试制。

为了有组织地搞好产品试制，1965年5月，内蒙古第二通用机械厂首次健全了组织机构，共设置了7个职能科室，4个生产车间。同时成立了以主任委员田恩民（来自内蒙古自治区工交地方机械局）、副主任委员杨邦惠（来自内蒙古军区后勤军械部）、委员宋步法（内蒙古第二通用机械厂党委书记）、张兴汉（内蒙古第二通用机械厂副厂长）等同志组成的产品试制鉴定委员会。

在试制产品的初期，既没有适合枪弹生产的厂房，又没有成套的设备工装，技术力量也十分薄弱。除了沈阳三二一厂来支援的少数职工外，其余职工都是从民用机械厂调来的，没有搞军品的经验。再加上全厂职工来自全国几十个大小不同的单位，思想状况比较复杂。在他们当中，绝大多数人认为搞军工是组织上对自己的信任，感到光荣。但也有少数人认为，内蒙古风沙大，条件差，生活不习惯，因此思想上有顾虑，是抱着试试看的态度来的，来厂时一不落户口，二不带家属，三不转粮油关系。有个别职工甚至一来就要求组织帮忙调动工作。这些都给建厂带来了困难。

但是，广大职工并没有被困难吓倒，他们坚决遵照党中央关于建设地方军工的指示，把一切工作的立足点放在"打"字上，没有条件创造条件也要上。于是，全厂职工于1965年10月25日打响了工装战役。当时按照试生产的需要计算，尚需工装600余种，共计10 000余件。虽然对口厂和兄弟厂支援了一部分，但数量不足，而且在时间上也赶不上产品试制的实际需要。在这种情况下，厂党委提出："苦战35天，彻底解决试车工装"的战斗口号，全厂职工立即投入紧张的战斗。刚刚成立不久的工具车间是完成这项任务的主力军，当时全车间仅有新旧设备11台，工人50余名。他们在设备不配套、人员缺乏的情况下，充分发挥了艰苦奋斗、"敢"字当头的革命精神，以"短缺工具自己搞，人手不够大班倒，完不成任务不下火线"的精神，克服和战胜了一个又一个的困难。首先攻克了设备不配套的困难，用"土洋结合"的方法搞成了靠弧磨、油研机、回火油炉、辊光机等4种设备，先后完成工装38种，210件，基本解决了缺门工装，使试车工装初步配套。厂党委及时总结了工作，因势利导又提出了"树雄心，立壮志，再战25天，完成试车任务两万五，迎接建厂一周年"的号召，全厂迅速掀起了破难关、攻关键的群众运动。科室干部也纷纷走出办公室深入生产第一线，帮助分析问题、解决问题，终于在建厂一周年前夕生产出56式7.62毫米口径普通枪弹17 000余发，为正式生产打下了基础。

与此同时，海勃湾一带的土建工程也破土动工。为了加强指挥部的力量，上级又派副厂长叶继盛等13名同志赴指挥部帮助开展工作，协助施工单位解决了许多有关施工中的具体问题，施工进度迅速加快。在近一年的时间内，共施工完成基本生产面积2 513.04平方米，辅助生产面积69.9平方米，生活面积6 025平方米，几个主要生产车间基本竣工。

为了实现内蒙古党委的要求，完成产品的试制任务，工厂在技术培训上先后派往沈阳三二一厂和哈尔滨六七一厂共计158人进行实习培训，并在全厂范围内进行了群众性的总结、检查、评比活动。随即开始了以提高产品质量为主的小批量的产品试制。在试制生产过程中，又进一步解决了许多技术、设备等困难，先后修改工装图纸66种。在此期间，五机部、沈阳三二一厂和哈尔滨六七一厂都给予了极大支援，他们派出了工程师和技术熟练的老工人来厂具体指导,解决了不少问题,使试生产逐步走上了正轨。这一轮的产品试制前后共开展了5批次,枪弹产量达655 200余发。成本由开始试车时的0.86元/发下降到0.16元/发(计划成本)。1966年5月7日至19日,工厂试制鉴定委员会对试制生产的各批次枪弹进行了自鉴,结果完全符合技术文件的要求,并随即于6月15日正式以书名报告的形式向上级提出了产品试制鉴定申请。

1966年6月28日,由五机部、内蒙古自治区工交地方机械局、总后勤军械部、内蒙古军区后勤军械部、内蒙古自治区计委等组成的鉴定委员会,按照中央五机部、总后勤军械部联合颁发的《关于地方军工产品鉴定办法草案》,对内蒙古第二通用机械厂的产品质量、生产条件进行了全面鉴定。内蒙古自治区工交委、地方机械局于1966年7月16日以公文的形式批准内蒙古第二通用机械厂转入大批量枪弹生产。1966年7月至8月的短短一月间,内蒙古第二通用机械厂就完成了200万发枪弹的生产任务。1966年9月,内蒙古第二通用机械厂从呼和浩特市迁往海勃湾一带的厂址。此时,"文化大革命"已波及全厂,正常的工作秩序和生活秩序遭到了严重的干扰和破坏。但经过全厂职工的共同奋斗,生产水平还是逐年上升。从1967年产品试制开始,内蒙古第二通用机械厂共计生产枪弹957.9万发。到1968年,内蒙古第二通用机械厂的生产水平基本达到了设计产能,年产枪弹量达2 300万发。从此,内蒙古第二通用机械厂在海拔1 200米的内蒙古高原上生产出了大批量的合格枪弹,填补了内蒙古自治区枪弹生产的空白,成为内蒙古自治区乃至全国各族人民的骄傲。

但是,由于"文化大革命",厂党委和厂部的所有领导都受到波及,生产指挥系统逐步失去控制。到1969年,工厂基本处于混乱状态,年产枪弹量仅完成了当年生产计划的37%,只相当于1967年的水平。

3. 生产大发展时期(1970—1979年)

1969年12月,军管组进驻内蒙古第二通用机械厂,由任懋民同志(军人)任军管组组长,叶继盛(副厂长)同志任革命委员会主任。

实行军管后,工厂针对职工思想混乱的状况进行了整顿,提出"用建军的精神建设国防工业"的号召,狠抓劳动纪律,建立健全了工时定额、原材料消耗定额、岗位责任制及产品检验制等,使一度陷入瘫痪的工厂有了起色。

1970年,国家下达的枪弹生产任务是3 000万发,超出工程设计产能30%。面对这一艰巨任务,军管组的全体人员与全厂职工同甘共苦,昼夜奋战,结果提前62天并超额生产10万发枪弹,顺利完成了当年的生产任务,成本由上一年的0.177元/发下降到0.113元/发。

1971年,由于工作的变动,上级安排吉日嘎拉图同志(军人)任军管组组长,兼任革委会主任,军管组的力量得到进一步加强,从厂级领导到各车间、科室的一把手全部由军人担任。这年国家下达的枪弹生产任务依然是3 000万发,在全体干部、职工的共同努力下,再次提前128天超额完成了生产任务,产品交验合格率达100%。同时,为搞好枪弹生产的配套工作,内蒙古第二通用机械厂于1969年开始筹建底火生产线,并于1971年9月23日通过了由内蒙古自治区革委会、内蒙古自治区国防工业办公室组织的鉴定,获得上级批文正式批量生产底火。1972年,内蒙古第二通用机械厂的年枪弹生产量达到3 700万发,超出设计产能60%,并且实现了枪弹工装全部自给,自制大小专用设备30余台,生产作业线由原来的一条变为两条。同年,内蒙古第二通用机械厂同时还完成了3 700万的配套底火的生产。另外,为了支援五五六厂木柄手榴弹的生产,内蒙古第二通用机械厂需要配套生产拉火帽。全厂立即投入产品试制,并于1972年5月就试制完成拉火帽2 000发,随即以公文的形式向上级提出拉火帽的鉴定申请。

1973年4月,由于政治形势的变化,军管组撤离。当年5月,组织上调刘海通同志任内蒙古第二通用机械厂党委书记兼革委会主任。由于当时处于新旧领导交替时期,再加上其他种种原因,一度影响了正常的工作秩序,从而导致上半年仅完成了全年枪弹生产任务4 000万发的22%,鉴于实际情况和军品需要,上级把全年枪弹生产任务调整为了2 671.4万发。

进入1973年下半年,新的领导班子带领全厂职工大干苦干,尤其是在11月和12月,两个月内一举生产了972.4万发的枪弹,创造了建厂史上连续两个月从未有过的最高产量,经过最后的努力,内蒙古第二通用机械厂最后超额1%完成了当年的枪弹生产任务。

1974年,厂党委狠抓企业管理,在全厂开展了工业学大庆运动和社会主义劳动竞赛,学习甘肃九二〇厂的先进经验,举办质量展览;组织青年突击队,机关科室人员深入车间,面向生产……这些措施使内蒙古第二通用机械厂的生产形势越来越好,当年完成枪弹生产4 024万发,创造了建厂以来的最高年产量,使年产量超过设计产能80%,突破了年产4 000万发枪弹的大关。

从此以后,内蒙古第二通用机械厂年年完成生产任务,1975年、1976年连续两年被评为内蒙古自治区工业学大庆先进企业。特别是1975年6月内蒙古自治区军工局对内蒙古第二通用机械厂的领导班子作了进一步调整以后,7月新班子就着手制定了《内蒙古第二通用机械厂工业学大庆三年规划》,深入开展了工业学大庆的群众运动,提前42天完成当年的枪弹生产任务,同时"2号摩擦拉火帽"也正式投产。1976年更是提前72天完成了当年的枪弹生产任务,同时主产品的单位成本和利润两项指标也创造了历史的最优。

1977年,内蒙古第二通用机械厂提前75天超额完成当年的枪弹生产任务,主产品一次交验合格率和百元产值占用流动资金两项指标又创造了工厂的历史最优。同时,这一年的主要产品一次交验合格率和利润总额两项指标也创造了当年华北地区同行业六家单位的最高水平。1977年,内蒙古第二通用机械厂共有8项经济技术指标全面完成了国家计划,具体情况是:两个品种的军品均完成年度生产任务,主产品产量达3 604万发,超额完成0.11%,"2号摩擦拉火帽"产量全额完成年度生产任务;综合良品率完成92.03%,超计划指标0.43%;全员劳动生产率达4 687.28元/人,超计划指标4.65%;机枪弹单位成本达1 018.593 6元/万发,步枪弹成本达1 357.637 7元/万发,分别比计划指标降低了36.812元/万发和60.239元/万发;实现利润26.7万元,超计划指标21.8万元;百元产值占用流动资金比计划降低11.34元;主要原材料分别比计划降低了1.19千克/万发、0.98千克/万发、0.56千克/万发。当年,厂党委副书记孙培义同志代表工厂光荣地出席了全国工业学大庆会议,受到了党中央领导同志的接见,这是内蒙古第二通用机械厂有史以来的第一次,使全厂职工深受鼓舞。

1978年,内蒙古第二通用机械厂提前94天超额完成了各项年度生产任务,并以提高产品质量和8项经济技术指标为中心,又抓了各项制度的建设、检查和落实工作。在生产管理上,新增了《关于定期开展八项经济技术指标分析活动制度》《统计工作制度》《在产品盘存制度》等;在技术管理上,新增了《加强技术档案管理办法》《进厂原材料鉴定制度》。

这一年,孙培义同志又代表全厂职工光荣地出席了全国兵器工业学大庆会议。同时,丁贵本同志被五机部选树为五机部"学铁人"标兵。

1979年,即党的十一届三中全会以后,随着党的工作重点的转移,国民经济进入调整时期,军品生产大幅度缩减。内蒙古第二通用机械厂完成当年枪弹生产任务3 800万发后便开始着手进行"军转民"的准备工作。内蒙古第二通用机械厂从此走上了"以民养军、军民结合"的道路。

实行"军转民"以前,全厂职工在厂党委领导下,经过艰苦努力,为我国的国防建设作出了积极贡献,十四年间(1965—1979年)累计向国家上缴利润760.5万元,相当于建厂时国家投资的195%,拥有自制专用设备62台,按生产能力计,实现了"一厂变两厂"。特别是在技术革新方面,更显示了广大科技人员的聪明才智。十四年间,共完成较大技术革新项目51项,其中:弹头九合一、匣盖喷字改压字、高频烧口、铁盒辊焊、底火工装制造、铅套钢心磁力分离器等13项革新项目达到了国内同行业先进水平。这些技术革新,对提高军品生产的产量和效益都发挥了重要的作用。

4. 军转民时期(1980—1988年)

党的十一届三中全会之后,国民经济进入调整时期,根据党中央的指示精神,五机部于1979年10月在湖南长沙召开了常规兵器会议。在会上传达了党中央关于国民经济"调整、改革、整顿、提高"的八字方针和军工企业要走"军民结合、平战结合,以军为主,以民养军"的道路。

1979年12月初,内蒙古第二通用机械厂党委召开全厂职工大会,传达了长沙会议的精神,并着手进行民品生产的准备工作。本着"工艺接近,投资要少"的原则,发动群众,"找米下锅"。同时,内蒙古第二通用机械厂成立了以厂长为首的民品生产领导班子,下设技术组、攻关组和社会调查组,负责对民品生产的品种、数量和生产条件全面规划,统筹安排。

1980年年初,厂部决定生产猎枪枪弹底火、气枪枪弹。同年2月,猎枪枪弹底火正式试制成功,并形成批量生产能力,气枪枪弹在紧张研制中。这一年,国家下达的枪弹生产任务仅为1 000万发,还不足内蒙古第二通用机械厂实际产能的30%,当年2月,内蒙古第二通用机械厂就全部完成了国家下达的枪弹生产任务。为了弥补生产任务的不足,厂部决定将猎枪枪弹底火投入批量生产,并组织了全厂性的拔丝、制钉大会战。1980年,内蒙古第二通用机械厂当年生产猎枪枪弹底火531万发,拔丝18.7吨,制钉69.3吨,年产值共计144.3万元,年终亏损108.7万元,内蒙古第二通用机械厂开始进入"军转民"的阵痛期。

1981年是内蒙古第二通用机械厂建厂以来最困难的一年,也是"军转民"时期最受锻炼和考验的一年。这一年,国家军品生产任务全部取消,工厂唯一出路就是民品生产,而民品生产又是刚刚起步,如同逆水行舟,困难重重。面对这样的局面,工厂领导依靠全厂职工的艰苦努力和团结协作,狠抓了民品生产的研制和开发工作:第一季度艰难地完成了拔丝靶扩充工程,新建了一条镀锌生产线和两座退火炉;自制并安装了五联拔丝机和两种型号的制钉机。经过努力,内蒙古第二通用机械厂当年制钉2.15吨,生产镀锌铁丝33.4吨,同时还研制成功了太阳能热水器、气枪枪弹,共计生产太阳能热水器680台、气枪枪弹20万发。此外为包头第二机械厂生产了协作配套的DD28型电表件11种共计665.57万件,装配电表计数器6 700个。内蒙古第二通用机械厂当年通过以上民品生产共计实现产值26万元,尽管如此,全年仍亏损145万元以上,处境艰难。

1982年,国家虽给了内蒙古第二通用机械厂少量的军品生产任务,但严重亏损的局面依然未能扭转。因此,在经济体制改革中,厂部确定在全厂推行以"亏损包干、费用两级核算、减亏增盈分成"为内容的经济责任制,经过全厂职工的共同努力,当年实现产值177.8万元,减亏15.9万元,实现了内蒙古第二通用机械厂"军转民"以来的第一次减亏。

从1980年"军转民"以来,在短短的几年中,内蒙古第二通用机械厂先后开发了几种民用产品,大部分已形成批量生产能力,尤其是猎枪枪弹底火,其工艺和技术都与原来的军品枪弹底火非常接近,因此工厂具有雄厚的生产实力,但由于产过于求,无法很好地将工厂的优势转化为效益。其他几种民用产品也由于地区偏僻、与市场需求脱节等因素滞销,有的产品甚至还没有打开销路就被迫停产,工厂始终未能摆脱亏损的困境。

1982年7月,厂部按照内蒙古自治区军工局的指示,组织工程技术人员在做了大量的市场调研后,了解到我国生产洗衣机的历史很短,年产量只有253

万台左右。而生产万台以上洗衣机的厂家仅有35家，远远满足不了市场的需求，因此具有潜在的广阔市场和较好的经济前景。根据这一分析结果，经厂长提请厂党委研究决定，内蒙古第二通用机械厂开始研制XPB2-1型天马牌洗衣机。

1982年9月中旬，内蒙古第二通用机械厂组成了以代厂长郑景和同志为首的领导班子，下设设计组、采购组、生产组，负责洗衣机的试制工作。

1983年4月，内蒙古第二通用机械厂试制完成第一台洗衣机样机，至当年年底共生产洗衣机2053台。在洗衣机产品初步投入市场试用后，经调查反馈，用户普遍反映产品质量良好，认为天马牌洗衣机结构合理，制作精细，具有波浪大、洗衣净等优点。该产品进一步经内蒙古自治区产品质量监督所测试，符合轻工业部颁发的相关家用洗衣机部颁标准，部分指标还优于标准。经内蒙古自治区计委审查批准，以公文的形式正式批准内蒙古第二通用机械厂生产、销售洗衣机产品。到1984年年底，内蒙古第二通用机械厂已累计生产家用洗衣机8132台，产品行销全国数个省市，深受用户欢迎。

1984年11月，内蒙古自治区军工局调整了内蒙古第二通用机械厂的领导班子，由郑景和同志任厂长，牛广学同志任党委副书记（主持党委工作）。新一届厂领导班子文化程度高、专业人员多，达到大学文化程度的占60%，达到中专文化程度的占40%，全部由工程技术人员组成，五名班子成员都具有中级技术职称（工程师）。新一届厂领导班子组建后，为适应新形势和生产发展的需要，大胆改革旧体制，实行党政分开，试行厂长负责制，设立了开发科、销售科，使企业由单一生产型逐步转为生产经营型，对中层行政干部实行厂长任命制，制定了工资奖金分配方案，为来年的工作奠定了良好的基础。

1985年年初，根据经济体制改革的精神，内蒙古第二通用机械厂划归乌海市经委主管。这一年，在乌海市委和市政府的领导下，工厂一方面在厂内实行了以"工资含量包干"和"费用指标岗位承包"的经济责任制，并且根据国家有关规定和企业存在的问题进行了全面整顿与综合治理。全面整顿与综合治理完成后，内蒙古第二通用机械厂经市企业整顿领导小组验收合格，得944分，居六五四工程各单位的首位。另一方面，根据工厂生产任务严重不足的问题采取了一些必要的措施：一是巩固提高原有的民用产品；二是努力开发新产品。这一年，任务除完成国家下达的军品生产任务外，内蒙古第二通用机械厂还生产了猎枪枪弹底火54万发、坦克协作件10种共计6 580件、太阳能热水器324台、单缸洗衣机10 345台，年产值达444.68万元，实际利润10.4万元，创"军转民"以来的第一次盈利，为国家作出了贡献。这一年，内蒙古第二通用机械厂生产的太阳能热水器和天马牌洗衣机分别被评为内蒙古自治区"优秀新产品"和乌海市"优质新产品"。同时，内蒙古第二通用机械厂还新开发了文件柜、脱水机、音箱等十几种民用产品。

1986年2月，乌海市委、市政府又一次调整了厂领导班子，由牛广学同志任厂长，王永顺同志任党委书记，苏增太、白旺、王鹏三同志任副厂长。

新班子组建后，冷静地分析了几年来"军转民"工作的经验教训：虽然内蒙古第二通用机械厂"军转民"工作起步较早，从1979年底就开始了民品生产的调研工作，几年来累计有几十种大小产品不断出厂，有些产品还占领过一定市场，也受到过消费者的好评。如天马牌洗衣机曾远销北京甚至部分南方偏远城市。但是，从1986年开始，内蒙古第二通用机械厂生产的民用产品出现了滞销的情况，库存日渐增多，工厂面临了新的困难。

同年8月，厂部结合乌海市的综合优势，确定由机械制造转向化工，选择以聚氯乙烯和纺织布包装袋为工厂转型的突破口，走"以化工为主、多种经营"的新路子。遂于9月间组织有关工程技术人员着手市场预测和可行性研究，先后赴包头、宁夏、北京等地进行实地考察，开展技术论证与经济分析。11月6日，厂部编制并向内蒙古自治区经委提交了《开发纺织布包装袋的可行性研究报告》，经内蒙古自治区经委批准，计划于1988年转型投产。

内蒙古第二通用机械厂转型的另一个重要抓手——聚氯乙烯工程经内蒙古自治区经委批准分为两期进行。一期电石工程于1988年8月可基本具备生产条件，二期聚氯乙烯工程计划在1990年建成投产。全部项目完成以后，预计可实现年利税1 250万元。

1965年至1988年的二十三年间，内蒙古第二通用机械厂经历了工厂发展的起伏，随着经济体制改革的不断深化，走出了独具特色的转型发展之路。

5. 内蒙古第二通用机械厂历届党委领导人

1965年8月至1971年6月

书　　记：宋步法（1965年8月至1971年6月）

副书记：张兴汉（1965年8月至1968年2月）

1971年6月至1973年5月

书　　记：吉日嘎拉图（1971年7月至1973年3月）

副书记：任懋明（1971年7月至1973年3月）

副书记：宋步法（1971年7月至1976年12月）

1973年5月至1984年10月

书　　记：刘海通（1973年5月至1984年10月）

副书记：孙培义（1975年7月至1982年10月）

副书记：张云亭（1972年10月至1975年2月）

1984年11月至1986年2月

副书记：牛广学（1984年11至1986年2月主持党委工作）

1986年2月至1988年

书　　记：王永顺（1986年2月至1988年）

副书记：李建成（1986年2月至1987年12月）

副书记：牛广学（1986年2月至1988年）

内蒙古第三通用机械厂简史

尹占元

1. 概述

内蒙古第三通用机械厂是根据中央"关于建设地方军工,加强国防力量"的指示精神,在五机部和内蒙古自治区重工业厅的领导下,于1965年4月开始筹建,1966年4月部分建成并投入生产的地方小三线军工厂,第一厂名为"国营五五六厂"。

厂址位于今乌海市海勃湾区东南部的凤凰岭山脚下,距海勃湾区中心约5公里,三面环山,相对高度约为30米;厂区呈曲带形,地势较为平坦开阔。东南距旧洞沟煤矿5公里;西与海拉公路相接。

全厂总建筑面积为35 039平方米,其中生产性面积16 969平方米,生活性面积18 070平方米。

建厂以来,国家对内蒙古第三通用机械厂累计投资583万元,固定资产原值728.39万元,工业总产值达8 029.22万元,实现利税861.13万元,上缴利税688.62万元,在册职工总计652人,合同制工人总计2人。

内蒙古第三通用机械厂当年是乌海市的全民所有制企业,为县团级单位。厂内有党委、厂部、工会、团委及其他党群组织,厂部下设车间、科室、劳动服务公司、生活服务公司以及汽车队、工程队、园林队等管理机构。此外,还设有职工子弟学校一所,有教职工40人,累计培养中小学生400余人。

内蒙古第三通用机械厂向来重视职工的身心健康,厂部积极开展爱国卫生运动,认真贯彻精神文明建设的指示精神,对职工进行了文明建设的教育,注意美化和改善生活环境,取得了明显的效果。自1977年以来,一直被评为乌海市的卫生先进单位。绿化工作也取得了一定的成效,厂区公路两侧绿树成荫,在办公室和厂区内都设有花坛,养花种草,扩大了绿化面积,美化了环境。

内蒙古第三通用机械厂在发展过程中为了解决职工家属和待业青年的就业问题,成立了劳动服务公司,组织开荒种地,兴办副业生产基地,既扩大了就业门路,又支援了工厂生产,同时也解决了职工生活中蔬菜供应的问题。

经过1965年筹建到1988年的二十三年的努力,工厂已成为乌海市的军工、化工产品的重要企业,生产的主要产品有15种,其中军工产品7种,民用产品8种。

2. 建厂初期(1965—1966年)

1965年4月,内蒙古第三通用机械厂原址是一片荒滩,风沙弥漫,气候干燥。来自各地的干部、工程技术人员和工人,在"六五四工程指挥部"的领导下,满怀豪情地开始了军工厂的建设。

建厂初期工厂有职工112人,其中干部42人,大中专毕业生15人。第一批到达工厂的人员中有韩星启、梁金炎、曹永德、李俊林、孙大尊、张庆宁、陈三晋、黄吉田等12名工程技术人员和干部。

按照中央关于建设地方军工厂的要求,从备战的角度出发,本着"靠山、隐蔽、分散"的原则,工程技术人员先后在当时的包头永巨铁工厂、包头粮食仓库和今海南区一带察看地形,选择厂址,但都不理想。以后又经多次探测、报经上级批准,选定在今海勃湾区东南部凤凰岭多石崖的山脚下建厂。土建工程是由包头市城建局提供图纸,华北建筑公司进行施工的。

建厂初期的工作是十分艰苦的,在一无住房,二无床铺,气候也十分恶劣,工程技术人就地住宿,头顶蓝天、脚踏荒滩,忘我地积极工作。由于时间紧、任务急,施工人员夜以继日,吃大苦,流大汗,从不叫苦叫累。设备进厂时,没有搬运工,全凭干部和职工手拉肩扛,全靠人力把设备搬进车间。在短暂的一年内,内蒙古第三通用机械厂的干部和职工自力更生、艰苦创业,建成了两条生产线,使工厂初具规模,并在很短时间内试制成功了手榴弹和地雷,经验收批准后即开始批量生产,有力地支援了国防建设。

建厂初期,内蒙古第三通用机械厂成立了由王希善同志任书记的党委领导班子和由刘田同志任厂长,由赵毅、刘四玉、高全楼三同志任副厂长的行政领导班子,并很快完善了厂内组织机构,建立和健全了各项管理制度。随着各项基本建设的完成,内蒙古第三通用机械厂开始走向稳步发展的时期。

3. 军品的发展（1966—1984年）

内蒙古第三通用机械厂虽然叫机械厂,但主要军民偏化工类。1966年4月,内蒙古第三通用机械厂建成地雷和手榴弹生产线后,即开始试制木柄手榴弹。1966年6月,内蒙古第三通用机械厂即完成木柄手榴弹的产品试制,8月14日即向上级提出定型鉴定申请,当年9月上级组织在内蒙古第三通用机械厂召开了首次产品定型鉴定会。参加这次型鉴定会的单位有：五机部、总后勤机械部、内蒙古军区、内蒙古自治区第二机械工业局、包头市工交委、包头机械公司、包头永巨铁工厂、国营五〇六厂和内蒙古第三通用机械厂。根据鉴定委员会的讨论,鉴定按五机部颁发的"建线六条标准"要求,基本符合生产条件,原则上同意定型并批量生产。同时指出产品质量存在的问题较为严重,必须经过整改,由主管部门会同有关单位核实后,方可正式批量生产。经一个多月整改,经报上级机关批准后开始批量生产,内蒙古第三通用机械厂当年年底即生产木柄手榴弹39.57万枚,1976年当年更是创下木柄手榴弹的最高产量,达83.1万枚。内蒙古第三通用机械厂从投产至1980年,累计生产木柄手榴弹833万枚。

内蒙古第三通用机械厂还进行了五九式绊索雷的试制,1970年,经北京军区和内蒙古自治区国防工办鉴定,准予投产。从1970年至1972年,内蒙古第三通用机械厂累计生产五九式绊索雷11.53万枚,后因不适应客观需要,该产品停止生产。

1970年5月下旬,五机部下达了紧急战备动员项目。内蒙古第三通用机械厂开始试制六九式塑壳反坦克地雷。同年10月产品试制成功并顺利通过上级单位组织的鉴定,于1971年开始批量生产,当年产量即高达4.2万枚,至

1977年累计生产总量达26.4万枚。

1974年9月,根根五机部和内蒙古自治区国防工办的指示,内蒙古第三通用机械厂开始试制五九式铁壳反坦克地雷。由于内蒙古第三通用机械厂已连续数年生产地雷,积累了丰富的技术和经验,这次试制只增加少量设备就很快成功并通过鉴定,投入批量生产。内蒙古第三通用机械厂当年即生产五九式铁壳反坦克地雷1.5万枚,至1974年,累计生产总量达42.2万枚,最高年产量达8.1万枚。

1977年,根据五部机《关于正式下达第一批紧急战备生产任务的通知》精神,工厂接受了生产2.5千克制式药块的生产任务。内蒙古第三通用机械厂经与实际生产需求比对,在原有基础上增设了部分新工艺装置,为生产2.5千克制式药块做了充分准备。内蒙古第三通用机械厂于当年6月开始产品试制,9月便试制成功,10月向上级申请定型鉴定,11月召开鉴定会并定型投入批量生产,短短五个月便实现了2.5千克制式药块的批量投产。五部机因此指定内蒙古第三通用机械厂(当时的批文中称国营五五六厂)为2.5千克制式药块的第一底图厂。内蒙古第三通用机械厂1977年当年便生产2.5千克制式药块100吨,至1983年累计生产2.5千克制式药块255吨。

1982年,兵器工业部南京"583"计划会议决定：从1983年起,由国营五五六厂(即内蒙古第三通用机械厂)生产五九式反坦克地雷所需配套引信,研制工作由工厂自行解决。内蒙古第三通用机械厂接到任务后即刻组件引信试制组,于1982年12月即着手准备,开始了有关资料的索取和调拨,在兵器工业部和内蒙古自治区军工局的重视和关怀下,在国营七三二厂和本系统有关兄弟厂家的大力支援和协助下,内蒙古第三通用机械厂先后完成了引信生产线的工艺计划书、实施计划书的编报和审批,并在很短的时间内完成了工艺技术资料的设计与编制、非标件与工装的设计制造、标准设计的增补、原材料外协件的购置、关键工序职工的培训和技术力量的组织等试制准备工作。

1983年5月,内蒙古第三通用机械厂开始投入引信零部件、生产样品和小批量产品的试制,逐步打通了生产线。当年8月,经工厂自检鉴定,提出了转厂生产定型鉴定的申请。9月10日—13日,内蒙古第三通用机械厂组织召开了转厂生产定型鉴定会,参加此次鉴定会的有来自兵器工业部第三管理局、总参工程兵装配处、总参工程兵天津军事代表办事处、总参工程兵驻包头军事代表室、哈尔滨重型机器厂、国营七三二厂、哈尔滨重型机器厂、内蒙古军事工业局、国营九五四厂、国营九六四厂、国营九一三九厂和内蒙古第三通用机械厂等12个单位的22名代表。经会议鉴定，准予内蒙古第三通用机械厂转厂生产定型。内蒙古第三通用机械厂1983年当年便生产五九式反坦克地雷配套引信4万发，其中支援哈尔滨重型机器厂1万发。

根据国内和国际市场需要，内蒙古第三通用机械厂与公安部一二六所、内蒙古自治区公安厅和乌海市公安局共同开展了对警用催泪弹的研制工作。1988年8月，内蒙古第三通用机械厂召开了科研成果鉴定会，会议一致认为：警用催泪弹的研制是成功的，基本达到了设计要求，取得了阶段科研成果，报上级单位批准后可以进行小批量生产，供国内使用。

1984年，内蒙古第三通用机械厂共生产五九式反坦克地雷2万枚，五九式反坦克地雷配套引信3万发，其中支援哈尔滨重型机器厂1万发；小批量生产警用催泪弹5 000枚，供国内安全部门使用。此后，由于形势的变化，工厂逐步结束为期十八年的军工生产并转向生产民用产品。

4. 民品的开发（1969—1988年）

按照地方"三线"军工厂以"军工生产为主，民品生产为辅"和"以民养军"的方针政策，内蒙古第三通用机械厂于1969年开始上民用产品。

其实早在1966年年底，内蒙古第三通用机械厂就着手试制了工业导火索，由于军品生产任务重，直到1969年才通过定型鉴定，实现批量生产，当年的年产能力为88万米。1978年内蒙古第三通用机械厂当年生产工业导火索3 007万米，超过设计产能，创建厂以来的最优产量。虽然产量每年有增有减，但自投产以来，内蒙古第三通用机械厂生产的工业导火索一直受到用户欢迎，成为内蒙古第三通用机械厂的支柱民用产品之一。

1979年，根据内蒙古自治区国防工办关于"开发民用产品，实行'军转民'"的指示精神，内蒙古第三通用机械厂结合乌海地区的资源条件，成立了元明粉开发组，负责生产线的设计工作。1980年年初，经过调研，内蒙古第三通用机械厂完成生产线的设计工作并报请上级批准筹建元明粉生产线，获批后便开始建设元明粉生产线。1980年8月，元明粉生产线建成并开展产品试制。因试制生产的产品存在部分质量缺陷,1981年年初,内蒙古第三通用机械厂接内蒙古自治区国防工办通知,元明粉生产项目暂停,当年8月上级又要求工厂组织专业人员对元明粉生产线进行摸底调查,重新开启产品试制。为摸清元明粉生产线的生产质量缺陷,内蒙古第三通用机械厂1981年试产507吨,1982年又试产586吨。1983年,内蒙古第三通用机械厂向内蒙古自治区国防工办提交了的元明粉生产线的调查报告,经研究,上级批准投资9万元对元明粉生产线进行技术改造。1984年,元明粉生产线改造完毕,经产品试制和鉴定,正式投入批量生产。

此外,内蒙古第三通用机械厂还与包头第一机械厂联系了机械加工业务,累计生产了抽油杆连接套2.1万个。

1985年,内蒙古第三通用机械厂根据市场需求,从沈阳引进建筑涂料生产线,开始生产建筑涂料,经产品试制和鉴定,具备批量生产能力,每年都有一定的产量。同年,根据国内及国际市场的需求状况和发展趋势,内蒙古第三通用机械厂决定用乌海地区丰富的灰绿岩资源并筹建岩棉生产线,生产市场紧缺的新型保温材料岩棉及其制品,以满足国内外工业不断发展的需要。经上级批准,内蒙古第三通用机械厂贷款150万元,与山西省太原矿棉厂签订了岩棉生产线成套设备和技术资料的加工服务合同,通过一年多的施工,于1986年底安装完毕。

至此,内蒙古第三通用机械厂的民品开发进入了一个新阶段。

5. 飞跃发展的十年(1970—1980年)

工厂建成不久,由于受到"文化大革命"的干扰,各方面都遭受不同程度的影响,但工人们坚守岗位,生产一直没有停顿,产品质量也保持优良水平,按时完成了上级下达的各项生产任务。

从1970年至1980年的十年间,由于贯彻实行了"以军品为主,民品为辅"和"以民养军"的方针,工厂形势一年比一年好,产品的品种逐年增多,产量也不断增加,工业总产值迅速上升,上缴国家的利润越来越多。1970年,内蒙古第三通用机械厂的工业总产值已达建厂初期的14倍,1980年增长至17倍,其间的1977年曾达到30多倍的历史优水平。十年中,内蒙古第三通用机械厂生产了大批的军用产品和民用产品,取得了优异的成绩。

特别是1975年邓小平同志恢复和主持中央日常工作后,在全国范围内狠抓了企业的整顿工作,深得党心民心,使地方小三线的军工生产有了较大的发展。1976年10月,"文化大革命"结束,全国恢复并加强了党的领导,使全国劳动人民受到极大的鼓舞,内蒙古第三通用机械厂开展了学大庆活动,进行技术革新和挖潜改造,产值连续三年突破600万元大关。

党的十一届三中全会以后,内蒙古第三通用机械厂党委全面落实党的政策,认真贯彻"调整、改革、整顿、提高"的八字方针。使工厂面貌焕然一新。1977年,内蒙古第三通用机械厂获批内蒙古军工系统工业学大庆先进单位。

6."军转民"中显锋芒(1980—1988年)

1980年以后,内蒙古第三通用机械厂的军品生产任务逐年削减,停工损失相对加大,利润也随之减少。1982年当年内蒙古第三通用机械厂便亏损49.7万元。1983年,在军品生产任务很少的情况下,经过努力,内蒙古第三通用机械厂当年盈利3.2万元。1984年,军品生产任务仅为2万枚地雷,内蒙古第三通用机械厂当年实际亏损60.3万元。1985年,内蒙古第三通用机械厂划归乌海市经委主管,当年亏损47万元。1986年,已划归乌海市经委主管的内蒙古第三通用机械厂当年继续亏损65万元。工厂生产状况由强转弱,由盈利变为持续亏损。

内蒙古第三通用机械厂面对新的形势,积极调整产品结构,大力开发适销对路的新产品,力争通过努力实现扭亏为盈,把企业搞活。经过市场调查,内蒙古第三通用机械厂决定利用乌海地区的资源优势,上市场紧缺的民用产品。

1984年,兵器工业部确定内蒙古第三通用机械厂为部属地方军工保留厂,原厂名"国营五五六厂"不变,划归乌海市管理。这年是内蒙古第三通用机械厂军品生产的最后一年,军品生产任务最少的一年,也是建厂以来最困难的一年。内蒙古第三通用机械厂虽然想尽办法克服种种困难,争取将厂子搞活,但仍然未能摆脱亏损困境,面临严峻的考验。1984年年底,上级根据《中共中央关于进行经济体制改革的决定》精神,起用年富力强、有管理经验的"四化"

干部,由内蒙古自治区经委党组任命李福贵同志担任内蒙古第三通用机械厂厂长,任命于纯学同志担任厂党委副书记,主持党委工作。并由厂长李福贵同志提名何庆富、崔云峰两位同志任副厂长,协助厂长工作;潘日暖同志任副总工程师,负责全厂的技术改造工作;王兰河同志任副总会计师,负责全厂的财务工作。内蒙古第三通用机械厂将上述同志的任命报经内蒙古自治区军工局批准,组成了新一届的领导班子。原由马留贤同志为厂党委书记兼厂长,彭宝芝、王子珍、王连武三位同志为副厂长的厂领导班子退居二线。同时,内蒙古第三通用机械厂对下属科室、车间也重新作了调整,配备了相关负责人员并在全厂范围内全面推行经济承包责任制。

1985年1月,内蒙古第三通用机械厂由内蒙古自治区军工局正式移交乌海市人民政府,归乌海市经委主管。

在市政府和市委的领导下,内蒙古第三通用机械厂以发展生产提高经济效益为目的,在全厂范围内进行了不同形式的经济承包。对基本生产车间采用成本承包制,实行集体计件,节约下来的原材料费用可进行分成,对小型的临时性任务实行一事一包的方法;对辅助性生产车间实行全年总费用承包制;对汽车队、工程队实行独立核算,自负盈亏,向厂部上缴"定额利润"的方法,即各单位按相应承包内容、项目、指标,年底向厂部上缴年初商定好的定额利润;对科室采取经济指标包干的方法;对销售科实行"定额销售超定额有奖"的承包方法,等等。

经济承包责任制的推行,调动了全厂职工的生产积极性,产品生产周期缩短,铺张浪费的现象逐渐减少,产品质量稳步提高,而成本也有所降低,有力地促进了各项生产任务的顺利完成。

在全面推行经济承包合同的同时,厂领导大胆行使职权,给车间科室松绑,先后下放了七项人事管理权:一是在厂内聘任一般干部和任免班组长的人事管理权;二是厂内车间、科室之间,如果双方领导同意,可调动一般干部和工人的人事管理权;三是根据生产工作需要,改变工人工种的人事管理权;四是对犯错误的一般干部和工人,可给予警告记过处分的人事管理权;五是在本单位经济承包合同内,可给本单位职工惩罚的人事管理权;六是有抵制任何部门和个人违反工厂规定,向本单位硬性安插人员的人事管理权;七是对急需的技术工人,厂内无法解决的,报请劳资教育科同意后,可公开招聘的人事管理权。

这七项人事管理权的下放,使车间科室领导有职有权,极大地调动了车间科室领导的积极性。

这一系列的新措施,使得内蒙古第三通用机械厂1985年当年工业总产值达285.1万元,收支基本平衡,在市政府允许亏损47万元的限额内,略有节余。

1985年,内蒙古第三通用机械厂还成立了企业整顿领导小组,由厂长李富贵同志任组长,厂党委副书记于纯学同志任副组长,对工厂进行全面整顿。企业整顿领导小组重新研究制定了企业的各项管理规章制度,使厂内的各项管理工作向科学化规范化迈进了一大步。当年5月,内蒙古第三通用机械厂顺利通过了市经委等主管部门检查,认为内蒙古第三通用机械厂达到了企业整顿验收标准,并由乌海市政府颁发了"企业整顿合格证"。

1986年,在继续贯彻经济承包合同制的同时,内蒙古第三通用机械厂狠抓了工厂的经济效益,进一步发挥工厂的优势,深挖企业潜力,降低生产成本,提高产品质量,在搞活经济方面下功夫,使工厂的产、供、销等方面都有了较大的转变和改善。

警用催泪弹经公安部门使用后,对产品的性能、质量等反映良好。1985年,该产品经北方工业公司联系,首次打入国际市场,出口量达20万枚。外贸合同签订后,内蒙古第三通用机械厂全厂职工倍受鼓舞。由于时间短,任务急,要在赶在年底前交货还存在很多困难。厂部为此想方设法,在短时间内解决了原材料的供应渠道和运输问题,使工厂很快投入了外贸产品的生产。

工人同志们为了搞活工厂经济,不计个人得失,忘我工作,从不叫苦叫累。特别是压药工序的同志,他们工作时间长,还常加夜班,全力以赴地保证装配工序不间断、不停滞。经过全厂上下的努力,终于在1985年年底完成了生产23.06万枚的外贸产品生产任务。

1985年,内蒙古第三通用机械厂除完成外贸任务外还生产元明粉3 003吨,创建厂以来的最优水平,成本也明显降低。此外,内蒙古第三通用机械厂生产了工业导火索611万米、连接套1.97万个。1985年内蒙古第三通用机械厂全年完成工业总产值302.08万元,在乌海市政府允许亏损65万元的幅度内,减亏35.3万元,只实际亏损29.7万元,被评为乌海市"经济效益先进企业"。

7. 管理体制的改革

内蒙古第三通用机械厂建于20世纪60年代中期,是五机部下属的内蒙古自治区地方军工企业,自身有较为完整的管理体系和健全的规章制度。在国家计划经济指导下,执行指令性生产,国家按计划供应原材料并统一分配销售产品,管理形式基本属于单一的生产型管理。

当时,由于工厂的一切活动是严格按照国家下达的计划进行,经济压力较小,因而长期以来,形成严重的依赖思想,平时只重生产,忽视经营管理,沿用的仍是五六十年代的管理方式,故而漏洞颇多,浪费现象普遍存在。特别是军品生产的废品率较高,原材料的损失更为突出。此外,在安全生产方面也抓得不紧,建厂以来,曾发生火灾事故两起,给国家造成不应有的损失。

1983年,内蒙古第三通用机械厂根据中共中央、国务院《关于国营工业企业进行全面整顿的决定》,按照内蒙古自治区军工局的要求,在厂党委和厂部的领导下,全面开展了企业整顿工作。

在计划管理方面:制订了生产、技术、财务计划,狠抓产品的物资供应,力争做到资金和产销平衡,注重增收支、缩短生产周期,降低成本;制定以开发新产品,提高生产技术为主要内容的长期规划和中短期计划,本着"以民养军"的原则,增强企业的应变能力;建立以工厂生产计划和经营项目为轴心的统计网络;开展以科学的全面质量管理,成立了以厂长为首的管理小组,在各车间设置质量控制小组,建设起质量保证体系,使产品质量能满足用户要求,提高企业信誉;建立和健全各项规章制度和岗位责任制,制定符合实际的各种产品的原材料消耗定额,以求促进生产并保证顺利完成任务。

在体制方面:遵照《国营工厂厂长工作条例》,建立了以厂长为首的生产经营指挥系统,使厂长能够大胆管理,勇于负责、勇于开拓,行使生产经营指挥权、干部任免权和行政决策权。同时,遵照《国营工厂党委工作条例》,实行党政分离,改变了过去党政不分、党政合一的现象,有力地促进了企业整顿、改革的开展。

1986年，内蒙古第三通用机械厂邀请内蒙古自治区企业管理协会来厂开展企业管理咨询，经过广泛的调查了解，针对存在的问题，提出了91个问题和72条改进意见。工厂当即组织各下属科室、车间和单位进行整改，为工厂管理向科学化、规范化方向发展打下了基础。

8. 党的领导和思想政治工作

1966年2月，中共内蒙古第三通用机械厂党委成立，由王希善同志任党委书记、田明同志任党委副书记，主持党委工作。1966年12月，内蒙古第三通用机械厂召开了第一次党员代表大会，选举产生了党委的领导机构。

"文化大革命"期间，内蒙古第三通用机械厂党委及其组织机构处于瘫痪状态。

1971年7月，内蒙古自治区国防工办党组研究决定重新建立内蒙古第三通用机械厂党委，由军管组长陈瑞祥同志任党委书记、刘四玉同志任党委副书记，并于当年组织召开了内蒙古第三通用机械厂第二次党员代表大会。

1976年7月，由马留贤同志任党委书记、刘四玉和高全楼两同志任副书记，主持内蒙古第三通用机械厂党委工作。

建厂以来，工厂的思想政治工作丰富多彩，政治氛围比较浓厚，生产形势一直很好。在工业学大庆的热潮中，在厂党委的领导下，内蒙古第三通用机械厂走在了内蒙古自治区军工系统的前头，率先跨入了先进的行列。

工厂在狠抓经济效益的同时，深入开展爱国卫生运动，坚持植树造林，美化环境，连续几年都取得好成绩，被评为乌海市和内蒙古自治区的卫生先进单位，并荣获乌海市政府颁发的"阿吉纳"奖杯和"银马"奖杯。

厂党委为了加强新时期的思想政治工作，建立起"四条线、三个面"的思想政治网络，并成立了思想政治工作研究会，各车间、科室也同步成立了研究分会，开展对新时期思想政治工作的规律和特点的研究。同时还加强对后进青年的转化工作，使他们在政治上感受到党的关怀，尽快加入先进行列。

厂党委在"军转民"改革时期，配合厂长做了大量的工作，有效地促进了生产的发展。曾先后在1985年的乌海市工交企业思想政治工作会议和1986年的内蒙古自治区化工系统思想政治工作会议上做了汇报，介绍了经验。

9. 职工队伍

建厂初期,内蒙古第三通用机械厂的干部为42人,工程技术人员和技术工人一共70人,三者合计112人,他们在工厂管理和生产方面都具有较丰富的经验。工厂后续新招的徒工被分批送往北京五〇六厂和包头永巨铁工厂实习。

1966年4月投产时,内蒙古第三通用机械厂的职工队伍有了较大的发展,由于招收了大批工人,在册职工人数达368人,干部增加到了57人。

1967年,随工厂生产规模的扩大,在册职工人数增至425人,其中干部达61人。

1971年,内蒙古第三通用机械厂的在册职工人数为528人,其中干部为63人。

1977年,内蒙古第三通用机械厂的在册职工人数为642人,其中干部为92人。

1983年,内蒙古第三通用机械厂的在册职工人数多达695人,其中干部128人(不包括子弟学校教师)。另外,按照国家劳动制度改革的规定,招收了2名合同制工人。

1965年至1988年间,国家分配来厂的60名大中专毕业生,有12人最终留在了内蒙古第三通用机械厂工作。工厂自己也培养了大中专毕业生20人。厂领导十分重注重职工们文化技术的在职教育,职工的文化素质不断得到提高。内蒙古第三通用机械厂工人的平均文化水平接近初中,双补合格率达80%,干部经过考核,全都达到初中以上文化程度。全厂职工基本普及法律知识教育,干部参加政治理论学习的占总人数的70%,1986年参加市里的统考,取得了优秀的成绩。

职工队伍中的先进代表和模范人物有:多年被评为市级劳动模范的潘日暖、陈文德、姜殿臣等同志。1986年,段连荣同志被评为市劳动模范和优秀党员。

10. 远景

1986年,内蒙古第三通用机械厂根据《中共中央关于经济体制改革的决定》以及乌海市经委的统一部署和要求,结合本厂实际情况,经过认真的调查研究和测算,制定了《内蒙古第三通用机械厂"七五"期间的奋斗目标与规划》并不断努力深化改革,使工厂在各方面得到充分发展,不断取得进步,为我国的经济建设作出贡献。

内蒙古木器厂简史

许培义

1. 概述

内蒙古木器厂位于今乌海市海勃湾区的中心地带，交通运输极为便利，为原材料的输入和产品的输出创造了得天独厚的良好条件。

内蒙古木器厂亦名国营九〇〇九厂，始建于1965年4月，因其为内蒙古小三线军工配套厂，故人们习惯上也称其为"六五四木器厂"。该厂1980年开始"军转民"，1985年由内蒙古自治区军工局正式移交乌海市经委主管。在1965年至1988年这二十三年的发展过程中，内蒙古木器厂坚持"边生产边建设"的方针，在上级党委和人民政府及其职能部门的领导、关怀下，广大职工克服了前进道路上的重重困难，艰苦创业，勤俭建厂，通过不断地改造扩建，由一个生产车间发展成为内蒙古自治区西部地区最大的木器制造厂。

内蒙古木器厂占地总面积为20万平方米，有在册职工524人，其中生产工人353人，工程技术人员占生产工人总数的46%。厂部现下设12个科室、6个生产车间，1个劳动服务公司，1个摩托车经销部。生活设施有卫生所、托儿所、澡堂、灯光球场。全厂生产性建筑面积为9 360万平方米，拥有主要生产设备179台，拥有年耗原木15 000立方米、年产值700万元的生产能力。在技术装备上，内蒙古木器厂拥有较为全面的木材加工能力，可实现原木制材，板材蒸汽干燥，单板旋切，木工锯、刨、铣、开榫等机械加工。主要产品有军品包装箱、框式家具、板式家具、软体家具、198号不饱和聚酯树脂、刨花板、复合刨花板、木制地板、细木工板等,其中军工产品质量在全国同行业中名列前茅,板式家具获内蒙古自治区优秀新产品奖。

2. 木器厂初建时期(1965—1969年)

1965年4月,根据华北局关于小三线建设规划和国务院第五机械工业部的指示精神,内蒙古自治区第二机械工业局、"六五四工程指挥部"决定在当时的海勃湾市建立内蒙古木器厂。该厂的主要任务是为地方军工厂生产服务,负责制造九六四厂、九五四厂、五五六厂、九一一四厂、内蒙古工具厂、内蒙古跃进火力发电厂、内蒙古胜利机修厂、内蒙古第二铸锻厂等单位所需的木制件和一切包装木箱,也考虑为地方民用机械厂承制部分木器。

1965年12月,包头木器厂承担起筹建任务。1966年年初,内蒙古木器厂厂长常德林同志一行来海勃湾市选厂定点,同时赴河北省学习二〇三产品工艺。同年5月,由厂长常德林同志牵头在包头木器厂组建二〇三车间,开始试制手榴弹木柄、步枪木托等产品,该车间即内蒙古木器厂的前身。1966年7月,包头木器厂抽调代贺歧、马希之、王振宇等5名同志成立了党支部,并由马希之、王振宇等7名同志组成内蒙古木器厂厂务委员会,由马希之同志担任厂长。同年9月6日,从包头木器厂抽调的第一批9名单身职工来厂"安营扎寨",9月9日,他们就开始清扫整理厂房,安装设备,投入生产。9月15日,从包头木器厂抽调的第二批23名工人及其家属来厂"安家落户"。12月月底,从乌兰察布盟卓资县新招收的35名工人陆续进厂。这时全厂职工仅有67人,厂部设生产、劳资、总务3个组和1个生产车间。

1967年前半年,厂内先后派出40名工人分赴重庆市和河北省曲阳县学习木托加工技术。此后,厂内开始生产7.62毫米口径步枪木托。

1968年2月,根据上级意见,内蒙古木器厂成立了革命委员会,代贺歧同志任革命委员会主任,王树春、马希之、白云富同志任副主任。

这期间,厂内采取"边生产边建设"的方针,一面从包头木器厂运来木材半成品,从事部分军品的加工生产,一面积极筹备资金、建材,在海勃湾市人民委员会划拨的场地上开展工厂的基础建设。

然而,当时遇到的困难实在太多了。厂房仅有内蒙古第一通用机械厂移交过来的一个工具车间和一座破烂不堪的食堂。八九台设备中,只有两三台像样的,其余均系自己设计拼凑起来的土设备。车间周围全是小沙丘,原材料运来后,汽车到不了车间,工人们只好几个人抬一捆搬进车间。厂内没有食堂,单身汉们下班后,只能到一公里以外的矿务局食堂用餐。厂内也没有锅炉房,工人们喝不上开水,渴了只好喝几口凉水解渴。文化生活就更谈不上了。尽管如此,职工们也从不叫苦喊累,大家心往一处想,劲往一处使,一心想的是为国防工业建设多做贡献。经过几年的艰苦奋斗,到1969年年底,全厂共实现工业总产值737 000元。到1970年年底厂内基础建设的竣工面积达9 030平方米,其中厂房3 018平方米,福利设施4 270平方米,初步形成了年生产100万根手榴弹木柄、2万套步枪木托、4万根绊索地雷木桩、28 000个军品包装箱能力的生产线,为全厂以后的发展奠定了良好的基础。

3. 不断发展的十年(1970—1979年)

1970年2月27日,内蒙古木器厂实行了军管,由岳振刚同志任军管组组长。这时全厂职工已增加至221人,按民兵组织编制为2个连,厂内设政工组、生产组、后勤组和5个生产车间,并已拥有机器设备109台。这一年军品开始批量生产,主要产品是610步枪木托、200手榴弹木柄、7.62毫米口径枪弹包装箱。

1971年3月,国务院第五机械工业部下达文件通知:"内蒙古木器厂代号业经审定为九〇〇九厂"。此后内蒙古木器厂开始使用军工单位代号。同年7月,根据内蒙古自治区国防工办的文件精神,厂内组建了党委,由岳振刚同志任党委书记,由代贺歧、马希之同志任党委副书记。厂革命委员会也进行了调整,由岳振刚同志任主任、代贺歧同志任副主任,由马希之、徐占文等同志任委员。当时由于实行党的"一元化"领导,厂党委直接抓班组,厂内的大事小事都要由党委决定,事事全叫书记点头,党委书记时时处处有人找,忙得不可开交,处于十分被动的地位。1972年7月,厂党委整顿了厂内组织机构,成立了1个处、1个室和4个科,即政治处、办公室、生产技术科、财务科、供运科、检验科。增设了2个生产车间,党支部也由原来的2个增加至5个,厂内初步形成了党委、科室(车间)、班组的三级管理体制。

这一时期，厂党委发扬的艰苦奋斗的优良传统，坚持干部参加集体劳动的制度。厂领导带头参加劳动，在劳动中密切联系群众，调查研究，进行深入细致的思想政治工作，及时解决生产中出现的疑难问题。厂领导"工人流多少汗，厂领导也流多少汗"的良好作风焕发了全体职工的干劲，使厂内形成了讲团结、比干劲、争上游的良好风气。在人员新、技术差、设备少、任务重的困难条件下，全厂职工以大庆人为榜样，靠自己的辛勤劳动，大搞技术革新，进行综合利用，年年提前超额完成国家下达的生产任务。

1970年，厂内大力开展了技术革新活动。木工车间的同志们在一无图纸二无资料的情况下，经过反复研制，试制成功卡板铣床。该设备用于生产后，工作效率提高了28倍。工人白成连和其他同志自行设计并试制成功万能升降刃磨机，该设备用机器代替手工，工作效率提高了26倍。仅1970年一年，全厂共自制设备25台，解决了设备不配套的难题，提高了生产效率，促进了生产的发展。该年内蒙古木器厂提前一个月实现工业总产值98.5万元，全员劳动生产率达到了5 295元/人，还清了上一年的15万元银行贷款。

1971年，内蒙古木器厂成立了干部、技术员和工人三结合的技术革新小组，当年革新自制设备21台，保证了生产任务的顺利完成。同时厂内还大搞综合利用，充分利用边角料、余料，制作民用木器产品万余件，产值达13.3万元，当年提前120天、超额21%完成了国家下达的年度生产任务，工业产值达23.1万元。

1972年，内蒙古木器厂接到了7.62毫米口径枪弹包装箱的生产任务，这批产品当年第一个月兄弟厂家就急需4 000个。当时，内蒙古木器厂一无工艺、二无量具和刀具，上级只给了一张样品图。在时间紧、任务重的情况下，厂党委书记岳振刚组织生产科和机修车间的全体同志，大家一起动手制作了木器厂的第一把串代刀和第一台开榫机，做出了靠模后，又改装完成了木器厂的第一台立式倒棱机。大家发扬敢想敢干的革命精神，终于克服了困难，使包装箱产品试制一次合格，顺利投入了批量生产，保证了供货的时间和数量。1972年，内蒙古木器厂全厂提前一个季度完成了全年的生产任务，工业总产值达到103万元，实现利润10万元。

1970年至1972年的三年中，内蒙古木器厂先后制定了限额领料、部件发放、三级检验、职工考勤等规章制度，加强了企业管理，同时想方设法节约产品成本，三年中共计为国家节约资金超3万元。

1970年至1972年，厂内继续坚持"边生产边建设"的方针，发动全厂职工自己动手完成了厂区基建任务1 750平方米，修盖家属房1 450平方米，完成人防工程170米，修平了靠厂公路2 000米，挖回水井1眼，安装电话总机1套。同时办起了"五七厂"，安排了部分职工家属和子弟的工作，解除了职工的后顾之忧。

1973年，内蒙古木器厂领导班子全心全意依靠工人阶级办企业，认真落实党的各项方针政策，从工人中培养和选拔干部。一年中有6名优秀工人光荣地加入了中国共产党，有18名青年工人加入了共青团，全厂有15人被提拔至基层领导岗位。广大职工意气风发，斗志昂扬，在厂领导的精心组织下，于第一季度和第三季度分别进行了两次生产大会战。第四季度又响应厂党委提出"胜跨七四年"的号召，以冲天的革命干劲，提前33天完成了全年的生产任务，工业总产值达到了115.9万元，为年计划的115.9%。同年7月，厂领导组织全体干部义务劳动，挖通了厂区内的自来水管道，接上了水管，保证了生产用水。8月，厂党委又组织共青团员"奋斗两周"，利用碎石粒砂铺平了百余米长的靠厂公路，受到了社会的好评。

1974年5月，内蒙古木器厂恢复了工会组织，由唐国珍同志任主席。这一年厂领导班子在各科室、车间的密切配合下，合理安排和布置了上级下达的生产任务，做到一步一个脚印，月月超额完成任务，至年底共完成工业总产值94.8万元，为计划产值的103%，实现利润16万元，同时新建了地泵房、托儿所、汽车库和厂部大院的围墙。

1975年，内蒙古木器厂党委本着"面向生产"的原则，对各级领导班子进行了充实和调整，改善了部分科室松垮、拖拉的工作作风。在此基础上针对全厂历年来企业管理方面存在的漏洞，组织全厂职工反复讨论，制定了财务、劳动纪律、质量管理等方面的规章制度。同时，围绕生产关键点，厂党委发动群众进行了挖潜、革新、改造工作。专业技术人员和工人共同努力，革新自制了自动摇尺器、背带环机、锯代刨和喷漆设备，大大地提高了工效，减轻了工人的劳动强度。在生产活动中，厂党委组织开展了社会主义劳动竞赛。当年1月，厂党委发出了"力争首季开门红"的号召，全厂范围内很快掀起了"先进更先进，后进赶先进"的热潮。进入第三季度，厂党委在深入贯彻中央文件和国防工业重点企业会议精神的同时,又向全厂发出"大干四个月,提前两个月完成全年生产任务,向四届人大献礼"的号召,厂内又出现了"你追我赶"的竞赛局面。这一年内蒙古木器厂又提前2个月完成了全年的生产任务,工业总产值达到了116.4万元,实现利润9.2万元,全厂劳动生产率达到4 429元/人,创建厂以来的最优水平。

1976年,由于部分军品任务大幅度削减,民品销路又没有打开,加之管理上的一些漏洞,内蒙古木器厂的各种原辅材料消耗和产品质量等几项指标都未能达到要求,机损、工伤事故不断发生,军品生产任务虽然完成,但民品生产却只完成计划的72.2%。内蒙古木器厂当年全年工业总产值为110.08万元,亏损3.5万元。这一年厂内先后革新自制了中型压力机1台、双头开槽机1台、倒棱机1台,为制材车间安装了小带锯1台。

1977年,内蒙古木器厂掀起了三个高潮。

一是掀起了揭批"四人帮"的高潮。广大职工在厂党委的统一领导下,通过开批判会、出板报、办专栏等多种形式,清算了"四人帮"的罪行,明辨了是非,提高了思想,推动了生产的发展。

二是掀起了"学大庆,大干社会主义"的高潮,并于当年5月举办了厂内环节干部学习班,统一了认识,成立了学大庆办公室,加强了领导,制定了学大庆创大庆企业的规划和措施。全厂掀起了"学大庆,比干劲,赛贡献"的热潮。一车间制材班在当年5月的最后几天,由于大带锯齿轮磨损,短期内又无法修复,导致刨车无法继续投入生产。车间工人们硬是前赴后继、加班加点,制造了1台新的带锯,创下月加工原木501立方米的新纪录。各车间的基干民兵也自发组成一个个突击队,奋战在生产岗位上,他们全年义务加班加点累计超过2 000个工时。二车间在人员少、任务重的情况下开展了"鼓干劲、争上游、大干夺高产"的活动,仅当年6月一个月就完成上半年车间生产任务的37.8%。三车间全体职工在"多快好省"竞赛活动中狠抓了制度的建立和指标的落实,提高了产品质量,主要产品一次交验合格率达到98.4%,原材料消耗比原来降低了0.61%,创历史最优水平。厂党委先后多次大张旗鼓地给作出贡献、成绩显著的车间、班组送了贺信,授了锦旗,起到了很好的树典型立标杆的效果。厂党委还在全厂范围内进行了两次评比总结,充分调动了职工的生产积极性。

三是整顿企业管理、挖潜革新改造,掀起了扭亏增盈的高潮。内蒙古木器厂从计划财务、物资、劳动、技术、检验、设备、定额、考勤等多方面进行了整顿，建立健全了以岗位责任制为中心的7项管理制度，落实了8项经济技术指标。各车间、班组的各道生产工序也实行了以工时为主，以原材料消耗定额制、限额领料制、废品部件退库制、设备维修制、产品质量检验制为辅的全面改革，对大部分机台制定了操作规程，企业管理基本走上了正轨。内蒙古木器厂在挖潜、革新、改造等方面的工作也有了一定的进展。一年中，厂内革新自制锯带刨2台，双头自动打眼机1台，改装了开齿机和加强螺丝机、干燥用横顺车，改进了圆锯的角度。经过全厂职工的努力，内蒙古木器厂当年提前100天超额完成全年的生产任务，产值达到了107万元，实现了利润与亏损的持平，扭转了亏损的局面。

当年，为了彻底治理"脏乱差"，内蒙古木器厂先后进行了4次全厂性的卫生大清扫，清除垃圾、灰渣280余吨，厂容厂貌大有改观。

党的十一届三中会后，随着党的工作重点的转移，内蒙古木器厂以发展生产提高经济效益为目标，开始推行经济责任制，加强生产技术管理，进行了全面的整顿。全厂的面貌发生了深刻的变化。1978年，内蒙古木器厂开展了以整顿各级领导班子为重点的全面整顿。厂党委发动群众"开门整风"，通过提意见、摆问题、揭矛盾、定措施等认真总结了经验教训，找出了管理的薄弱点，制定了相应的措施。1978年8月，乌海市党委根据中央的有关规定撤销了厂革命委员会，实行党委领导下的厂长分工负责制。内蒙古木器厂随即对厂领导班子进行了调整和充实，任命王永顺同志为厂党委书记、徐占文同志为党委副书记兼副厂长。此后厂党委狠抓了环节干部的整顿，对十名中层干部的工作进行了调整，并根据德才兼备的原则提拔了五名同志为副科级干部，使基层工作的面貌有了很大的转变。为了提高职工队伍的文化技术素质，九月厂部对新出徒的青工按工种、岗位进行了政治、理论知识和操作技术考试，并将考试成绩张榜公布，大大促进了广大职工学技术、苦练基本功的积极性。厂部因此举办了学习班，全厂职工都踊跃报名参加。

新的领导班子认真贯彻"工业十三条"和内蒙古自治区国防工办"7819"会议精神，组织全厂职工利用近两个月的时间，对各类设备进行了检修，使设备完好率达到了88.3%。

同时，厂内自上而下建立了以岗位责任制为中心的各项规章制度，做到人人有专职,事事有人管。1978年,内蒙古木器厂提前一个季度超额14.48%完成了国家下达的生产任务,工业总产值达到114.8万元,不仅填补了年初计划亏损的10万元,还上缴利润1万元。各项经济技术指标也都达到了要求。年底,内蒙古木器厂经内蒙古自治区国防工办组织的"兵器工业学大庆检查团"的全面检查,基本达到了整顿企业的六条标准。

1979年5月,内蒙古国防工办任命岳振刚同志担任内蒙古木器厂厂长,任命马希之、李连如两同志为副厂长。新到任的厂领导班子坚定不移地贯彻党的十一届三中全会精神和五届人大二次会议精神,把工作重点转移到生产建设上。年初,内蒙古木器厂结合本厂的实际情况,提出了"打好生产、技改、农副业三大仗"的计划,至当年6月底,生产任务完成了全年生产任务的70%;干燥室、锅炉、油压机三大技改项目都得到落实;农副业生产也初见成效。1979年后半年,内蒙古木器厂又开展了增产节约运动,至当年年底共为国家节约资金63 541.96元。为了加强职工的文化技术培训工作,内蒙古木器厂举办了文化学习和技术辅导学习班。此外,内蒙古木器厂心系职工生活,为职工办了四件好事:一是办起了"五七"家具厂、豆腐坊、钢丝面厂、小饭馆,安置了部分职工的待业子女和家属。二是开垦荒地200亩,打机井一眼,种植蔬菜100亩,当年收获粮食、蔬菜共计十多万斤;另养羊97只,养猪6头,改善了职工的生活。三是建成家属房391平方米,翻修旧宿舍403平方米,解决了部分职工的住房问题。四是积极为职工子女的就业创造条件,提供方便,一年中通过招工、参军、上技校等途径,共安排职工子女21名。内蒙古木器厂经过1979年一年的艰苦奋斗,全厂共完成工业总产值130.11万元,实现利润9.5万元。

4. 连续亏损的三年(1980—1982年)

1980年至1982年是内蒙古木器厂最困难的三年。随着国民经济的调整,军品任务一减再减,1980年军工局下达的军品产值仅是1979年的22%,到1981年军品任务全部取消。面对这样的局面,厂部下定决心转产民品,但无论是设备还是技术,内蒙古木器厂一时都难以适应。情况紧急,厂领导首先发动群众献计献策找出路。本着内蒙古木器厂的生产特点,1980年,全厂职工群策群力,自主设计生产了立柜、写字台、五斗橱、铁木折凳等十几种家具产品,然后抽调几位老木工为师傅,组成了四十多人的木工车间,调整了一条以民品为主的生产线,开设了木器家具展销门市部,全年共生产民用家具21 137件,产值达54.1万元。为了搞好综合利用,提高经济效益,内蒙古木器厂成立了刨花板车间,用刨花板代替木材,节约了不少原材料。此外,内蒙古木器厂还成立了由二十多人组成的基建维修队,承担起全厂的维修任务和基建任务,当年即为职工新建住宅682平方米。虽然内蒙古木器厂从各方面深挖了民品生产的潜力,超额7.2%完成了当年的计划产值,但由于全厂对军转民的形势没有思想准备,对生产秩序造成了一定的影响,出现了原材料浪费、工时定额不准、成本核算不清的情况,最终全年亏损15万元。

1981年1月,中共内蒙古木器厂纪律检查委员会建立,由刘国才同志任书记、薛淑明同志任副书记。当年,厂领导充分发动群众,采取各种措施,致力于搞活民品生产。上半年,内蒙古木器厂共生产民品9 015件,品种达52种,产值21.53万元。6月上旬,内蒙古木器厂接受了缝纫机台板的试制任务,抽调技术骨干组成了设计试制小组,进行了工艺设计、专用机械设计、工装设计,经研究,生产缝纫机台板共需要设备13种,均由内蒙古木器厂自行设计解决。经过全厂职工的努力,至8月底,内蒙古木器厂已自主设计完毕缝纫机台板生产设备11种,并于9月完成了10块缝纫机台板的样品试制任务。经有关部门鉴定,内蒙古木器厂生产的缝纫机台板样品质量达到标准要求,获批正式投产。至此,内蒙古木器厂正式开始批量生产缝纫机台板,至1981年年底共生产缝纫机台板2 300块。此外,同年10月底,内蒙古木器厂完成了暖气锅炉和制胶房的土建安装任务。11月,内蒙古自治区国防工办党组织调六五四物资供应站原站长石广恩同志任内蒙古木器厂厂长,由刘国才、李连如、云中平三同志任副厂长。这一年由于军工任务全部削减,民品不固定,生产任务不饱满,新产品试制未定型,加之原材料供应严重不足,工业总产值仅完成36万元,亏损38.8万元,从而使内蒙古木器厂出现了"花钱靠贷款、吃饭靠救济"的严重被动局面。

为了打破这种严重的被动局面,石广恩同志在厂党委的大力支持和配合下,在对全厂历年来生产和各方面情况进行深入调查研究的基础上,对全厂的发展做了统筹安排,并分两个阶段进行全面整顿。

1982年10月以前为第一阶段，主要开展恢复性整顿。内蒙古木器厂于1982年1月进行了为期一个月的停产整顿，厂部组织全体职工搬运、清点原木、板材1 653立方米，清除垃圾1 400多吨。与此同时，调整了劳动组织、建立了军工包装箱、缝纫机台板、民用家具三条生产线，对各生产车间的人员进行了核定。1982年2月，内蒙古木器厂召开了首届职工代表大会，围绕"提高经济效益""扭亏为盈""搞活生产""改变厂风厂貌"等问题进行了热烈的讨论，统一了认识，统一了思想。

内蒙古木器厂根据国务院制定的三个"暂行条例"明确了党、政、工各自在企业中的地位，强化了厂长的行政指挥权，健全了厂领导制度，制定了涉及"职工代表大会管理""劳动管理""设备管理"等方面的二十多项制度，初步对三个主要生产车间分别推行了经济包干，实行"利润三七分成""超产计奖""超工时计奖"等三种形式的经济责任制。

同时，内蒙古木器厂狠抓了产品质量。对原木加工人员开展了岗位练兵、外出参观学习等形式的培训，提高技术水平，使板材质量明显提高，合格率由原来的87%提高到88.8%；对台板的90多种工序，42台设备，40多个零部件进行了整理，实行三定——定工序、定人员、定机台的规范化工艺改进，大盘开胶率由原来的80%下降到10%以下，并且可以复修，缝纫机台板的正品率由原来的50%上升到80%。

在随后的第二阶段中，根据中共中央，国务院颁布的《关于国营工业企业进行全面整顿的决定》的精神，1982年10月内蒙古木器厂进行了建设性的整顿工作，成立了企业整顿领导小组，由下设的办公室制定《内蒙古木器厂企业整顿规划》，并召开了全厂职工参加的动员大会。

首先，内蒙古木器厂用了一个月的时间，学习中央有关文件和国务院领导同志的讲话精神，讨论本厂企业整顿计划，达到了思想上的统一。然后，又用大约半年的时间，围绕五个方面进行了全面的整顿：一是完善和推行经济责任制；二是整顿产品质量及工作质量；三是整顿劳动纪律；四是整顿劳动组织；五是调整各级领导班子和管理机构以及工作人员。最后，内蒙古木器厂利用一个多月的时间进行了检查、总结。

经过这两个阶段的整顿，1982年内蒙古木器厂降低计划亏损29.73%，即减亏71万元，比1981年降低亏损33.3%。

5. 在改革洪流中拼搏的六年（1983—1988年）

1983年，内蒙古自治区军工局给内蒙古木器厂下达的指标是减亏13万元，而按当时的军品任务计划产值仅70万元，根本满足不了生产，也难以完成减亏指标，内蒙古木器厂的生存继续面临严峻的考验。

面对这种情况，厂党委下决心不再吃国家的"救济粮"，要自力更生求生存。1983年年初，厂党委研究决定："要依靠群众，承揽业务，解决生产任务严重不足的问题。第一季度要集中精力完成已有的军品任务，腾出足够的时间，'找米下锅'。"内蒙古木器厂在年初的职代会上确定了全年的奋斗目标——年产值达到140万元，年底持平或稍有盈余。为实现目标，厂长石广恩同志带领有关人员，行程千里，历尽艰辛，外出"找米"。经多方面的联系，终于拿到了1号发射药箱的生产合同，并使产品的销售和原材料供应均有了可靠保证。

然而，前进的道路是不平坦的，任务虽然到了手，现有的厂房、设备、工装设施、运输能力、干燥能力等却又无法满足生产的要求。面对这重重困难，厂部当机立断，成立了由领导干部、工作技术人员和老工人组成的建线领导小组和新产品试制小组。根据技术部门制定的临时工艺，领导干部和工程技术人员在车间现场进行了及时得当的指挥。二车间、四车间的职工发扬"苦干实干加巧干"精神，争分夺秒，不分昼夜，边建线边生产，在短短的一个月时间内，安装设备31台，改装设备4台，并且合理调配了动力用电，初步建起了1号药箱生产线，使产品迅速投产。运供部门的同志们在人员少、任务重、运输力不足的情况下，发挥主观能动性，自己动手，安装平板车一台，解决了运输工具不足的困难，一年内共运回原木16 757.3立方米。在干燥能力严重不足的情况下，木材库、干燥室和锅炉班的同志们密切配合，改进了干燥工艺，压缩了干燥时间，提高了干燥率，仅第四季度就制作干燥板材1 696.2立方米，保证了生产用料。

另一方面，厂内继续狠抓了企业管理和企业整顿工作，使全厂走向了科学管理的轨道。首先，在主要车间配备了工作能力较强的统计员和经济核算员，增设了原始记录统计表格14种，加强了计量检验工作和经济核算工作。在此基础上，健全了计划、财务、质量等各项管理制度，同时进一步完善了岗位责任制和经济责任制。1983年,内蒙古木器厂上半年在各车间实行了成本费用大包干、在各科室实行了公费包干,下半年对主要生产车间实行计件工资制,使职工的责、权、利明确,初步解决了"吃大锅饭"和"混岗"问题,充分调动了广大职工的生产积极性。

厂部还成立了劳动服务公司,安排了编余人员和部分职工家属及待业青年,在经济十分困难的情况下,新建职工宿舍400平方米,并且美化了厂区环境。1983年一年中,一靠党的改革开放政策,二靠采取强有力的措施,三靠全厂职工的顽强拼搏,四靠各方面各有关地区的支持、协作,内蒙古木器厂共实现工业总产值152.9万元,与1982年实际减亏的71.2万元产值相比,提高了1.14倍,与历史最优水平的1979年的130万元产值相比增长了17.6%,不但减亏13万元,而且还盈利3.1万元,内蒙古木器厂从此结束了连续亏损三年的被动局面。

1984年,在全国经济体制改革的热潮中,内蒙古木器厂以改革为动力,修订了原来的经济责任制,对一车间实行成本费用大包干;对二车间、三车间实行产品工资含量大包干;对木材库、干燥室等单位实行超定额加奖的办法;对二线、三线人员实行综合奖的办法,并且给基层单位适当下放了人员内部调整、奖金分配等权力。内蒙古木器厂还相应地制定并推行了安全生产制度、质量奖惩制度和劳动纪律管理制度,在奖金分配上实行"奖勤罚懒""上不封顶,下不保底"的政策,大大地调动了职工的生产积极性。

在此期间,内蒙古木器厂合理调整了生产线。1984年3月,厂部发动干部、工人用一周的时间,搬迁设备60台,使各条军品、民品生产线全面铺开。在财力不足,原材料供应紧张、库房不够用的不利条件下,发挥主观能动性,全厂职工自己动手修复了2间干燥室,整修了100多米小铁道;又从金属回收公司买回了一批旧机电产品,革新自制了合套机、挤胶机、小带锯靠板、铣卡板刀具、送料器、轴辘马、横顺车等;引进了锯条气焊新工艺;新建干燥室5间,变电室60平方米,安装了320 kV变压器1台,新建厂区混凝土道路400米、库房200平方米、制材车间厂房800平方米。内蒙古木器厂通过这些挖潜、改造、调线、扩建措施,疏通了生产运转系统,缓解了生产能力不足、动力不足等矛盾,推动了全厂生产的发展。

此外,内蒙古木器厂还新建职工文化活动室60平方米,新建职工家属房440平方米，为314名职工调整了工资，调整后，职工的月平均工资增长了9.7元。

1984年一年中，内蒙古木器厂全体职工用自己的聪明才智和辛勤劳动，创造了建厂以来的四项历史最优：完成工业总产值278.1万元，超计划3%，是上年的1.83倍；年利润率达到21.2万元，是上级下达任务的108%；全员劳动生产率达到6 438元/人；木材的年加工量达到8 989.5立方米。产品质量也较往年有所提高。

同年11月，内蒙古木器厂进行了机构改革，党、政、工分开，全面推行厂长负责制。内蒙古自治区军工局任命石广思同志连任厂长，张荣、武五星同志任副厂长，李华勇同志为党委副书记，胡世俭同志任工会主席。新任厂级干部中，有工程师3名，助理经济师1名，平均年龄下降了6.3岁，中层干部也由原来的34人减少到23人，平均年龄下降了6.4岁。一部分有知识、有干劲、事业心强的年轻干部走上了中层领导岗位，给企业带来了生机和活力。

1985年，内蒙古木器厂的隶属关系由内蒙古自治区军工局移交至乌海市经济委员会。

同年5月，新领导班子乘经济体制改革和整党工作的春风，建立了以厂长为首的生产行政指挥系统，由厂长、副厂长、党委副书记、工会主席、副总会计师、厂办公室主任组成厂务管理委员会，建立厂内的重大问题集体决策制度。此举加强了党委领导下的思想政治工作系统，形成了一支以党政工团骨干为主的思想政治工作队伍，起到了保证、监督、支持厂长行使指挥权的作用；充分发挥了工会组织和职代会的作用，使工会大胆地独立负责地开展工作，参政议政。

在生产经营活动中，为了强化生产指挥系统的作用，除责成一名副厂长专门抓生产外，还坚持每周一下午召开一次生产调度会，由生产科及时检查各车间的生产进度，协调相互关系，处理存在问题，保证生产经营活动的顺利进行。为了加强全厂的经营管理，及时发现和解决生产中存在的问题，促进经济效益的提高，厂部安排副总会计师徐明德同志协助厂长抓经营核算和财务管理，并且坚持每月一次的经济活动分析会制度，按月对全厂的经济活动状况进行系统的分析对比，从中不断地总结经验，揭露矛盾，找出差距，制定措施以指导生产经营活动。同时还在各车间配备了核算员，试行了两级核算，使全厂生产经营活动的考核指标基本达到全面、准确,进而有力地提高了经济效益。

与此相应的是厂部在认真总结前两年推行经济责任制经验的基础上,通过不断探索,进一步完善了经济责任制。在一车间、二车间、三车间和大材科四个单位实行了"双包""双保"计件承包责任制;在托儿所实行了费用补贴承包责任制;在蒙新家具厂、基建队、摩托车修理部等三个下属单位实行了全民所有、集体承包、独立核算,落实自负盈亏责任制;在动力科实行全厂动力料、设备、维修费用指标承包责任制;在机关科室实行按责任范围分解经济指标,严格考核,根据责任大小分档次发综合奖的办法。这些举措充分调动了全厂职工的工作积极性。

随着社会的前进和科学技术的发展,内蒙古木器厂的全厂职工,特别是青年职工学文化、学业务、学技术的需求越来越迫切。面对这种情况,厂党委、厂部、厂工会通过多种途径予以正确的引导和有力的支持,鼓励他们积极参加学习,努力成才。1985年,厂工会狠抓了职工的在岗文化学习和技术培训,举办了统计核算和司炉技术等培训班,共有50多人参加了培训;和乌海市第二二中学合办木工高中职业班,有22名职工子弟入了学;全厂参加广播电视、函授等成人自学的也有22人;贯彻"先培训,后就业"的方针,对新入厂的徒工全部进行了岗位培训。

1985年,内蒙古木器厂新建职工住宅850平方米,有16户职工住上了新房,45户职工调整了住房,还为145户职工修理了住房。托儿所也由半日托改为日托,解除了职工的后顾之忧。当年共完成工业总产值311.1万元,比上年增长11.8%,实现利润23.4万元,比上一年增长11.4%,全厂劳动生产率达到了7 166元/人,在改革的洪流中迈出了可喜的步伐。

1986年年初,在生产任务无着落的情况下,厂领导从兵器工业部争取回10万个军品包装箱的任务。

为了完成任务,厂部精心组织生产,如期完成了10万个军品包装箱的生产任务。在这一年中,厂内狠抓技术进步,取得了可喜的成果。上半年自筹经费9.4万元,购置安装了带锯机、锉锯机、单面压刨等6台新设备,自行设计制作了圆弧铣床2台、胶轮进料车4台,还为一车间、二车间、三车间安装了吸尘设备。贷款20万元新建家具生产车间800平方米。从乌海市经委争取到3万元技术改造费,自制锯带刨9台,大大地提高了生产能力。

1986年，厂领导十分注重民品和新产品的开发。年初自筹资金6万元，从包头化工研究所引进不饱和树脂漆的生产工艺，经过几个月的努力，于当年9月生产出了合格产品，经内蒙古自治区第二产品质量检查站抽样检验，内蒙古木器厂生产的不饱和树脂漆产品已达到国内同类产品一级水平，填补了乌海市轻化工业的一项空白。同时，内蒙古木器厂利用自产的不饱和树脂漆试制成功工艺装饰画和工艺桌面，在当年11月的乌海市地方产品交易会上，以工艺先进、美观大方、价格低廉等优点受到了用户的普遍欢迎。1986年当年，内蒙古木器厂共生产民用木制品2 268件，产值达35.4万元，销售额达6万元。

在精神文明建设方面，厂党、政、工齐心协力，投入资金1.7万元，发动职工搞净化、美化、绿化厂区，使整个厂区面貌焕然一新，当年被乌海市海勃湾区政府评为卫生先进单位。

1987年，内蒙古木器厂响应党中央、国务院和上级主管部门的号召，狠抓了"双增双节"工作，重点落实节约能源、降低消耗、提高三率、修旧利废、节约开支等工作。经过一年的努力，全厂共节约各类费用10万元。

这一年，厂内进一步狠抓了技术进步和技术改造，全年新增固定资产40万元，12项技术改造项目全部投入生产。其中，购置了5吨装载机一台，4吨快装锅炉一台，木工设备12台，自制锯带刨9台，自制短料长接立刨9台，改装开榫机3台。这些技术改造项目的实施，节约了原材料，保证了产品质量，降低了工人的劳动强度，为提高工作效率起到了积极的作用。

随着改革的深化，同年8月21日，内蒙古木器厂同乌海市经济委员会签订了为期4年的承包合同，石广恩同志为法人代表。9月，内蒙古木器厂与兵器工业部协商，在乌海市召开该年兵器工业部的产品订货会。此次订货会中，内蒙古木器厂累计获得486万元订单，占全年生产任务的60%。

为了进一步发挥党组织的战斗堡垒作用和党员的先锋模范作用，这一年内蒙古木器厂党组织召开了第一次全厂党员代表大会，选举产生了新的党委和新的纪委。石广恩同志任党委书记，李华勇同志任党委副书记兼纪委书记，王有武同志任纪委副书记，并制定了《党务工作目标管理责任制实施细则》。

1987年，内蒙古木器厂共完成工业产值502.1万元，比承包合同指标的240万元增长了109.2%，比1986年增长74.4%，实现利润49.8万元，减亏增盈达79万元，劳动生产率达11 677元/人，归还银行贷款14万元，利税1万元，被乌海市政府评为"1987年度经济效益先进企业"。

1988年上半年,内蒙古木器厂认真总结前几年执行经济责任制的经验教训,经过上上下下几次讨论,制定了当年的内部承包责任制。有8个生产车间和单位与厂部签订了经济承包合同,有15个科室和单位与厂部签订了经济责任状。车间内部也将指标层层分解,落实到班组、个人,严格考核,奖罚分明。从车间管理人员到每个工人都注意节约原辅材料,严格控制车间经费的开支,同时在圆木出材率、板材合格率、板材利用率上下功夫,在当年木材价格上涨1.6倍,产品价格却只上升0.8倍的情况下,厂里不但消化了86%的涨价因素,而且还实现利润70.8万元,预计年底工业总产值可达800万元。

改革出潜力,改革出活力,承包经营又使内蒙古木器厂这个军转民的"老大难"单位充满了生机。在这6年的改革中,内蒙古木器厂通过顽强拼搏,发生了深刻的变化。从1982年到1988年,固定资产总值从173万元增长到501万元,六年翻了三番;工业总产值从71.2万元增长到502.1万元,增长了七倍多;全厂劳动生产率从2 076元/人增长到11 677元/人,增长了五倍;资金周转天数从453天缩短为80天。

展望未来,一幅喜人的蓝图展现在人们的面前。一九八九年前半年的四百多万元产值的生产任务已经落实;一座建筑面积为3 400平方米的四层综合服务大楼已破土动工,建成后将开办产品销售门市部、旅馆、饭馆等,既能增加厂内收入,又可安排部分编余人员和待业青年。目前,厂里正在积极开发新产品,一条年产120吨粉状活性炭生产线将于一九八九年三月动工、七月一日正式投产。投产后预计年产值为46.8万元,年利润可达15万元。

人们坚信,内蒙古木器厂一定会在改革的浪潮中腾飞。

内蒙古第二铸锻厂简史

中新柱

1. 概述

内蒙古第二铸锻厂坐落于今乌海市海勃湾区东南角的桌子山西麓。内蒙古第二铸锻厂厂部大门朝北,甘德尔大街从厂区与家属区直穿而过。厂区西面与海拉路相接,北与海勃湾矿务局家属区相邻,南与乌海市压力容器检验所毗连。厂区分两部分,一部分坐落于桌子山中,建在有一个氧气车间,另一部分在山下,中间相隔海勃湾矿务局第四中学,是工厂的主体部分。内蒙古第二铸锻厂设有铸造车间、锻造车间、机修车间、炼钢车间、检验科和厂部等14个部门。山上与山下两个部分直通公路,其中一段就是甘德尔大街,交通方便,位置优越。

内蒙古第二铸锻厂筹备于1965年10月,始建于1967年3月,从1968年3月起陆续投产,是一家具有铸造、炼钢、锻造、精铸、轧钢、制氧、热处理、冷加工等工艺和配套设备的中型机械毛坯生产企业。截至1985年底,财务决算累计完成投产总额达483.7万元,总建筑面积34 744平方米。投产18年中,共生产铸铁件6 091吨,铸钢件1 633.56吨,锻压件1 516.63吨,精铸件1 624.66吨,生产氧气87.59万立方米,在册职工520人,其中工程技术人员46人,占职工总数的9%。

内蒙古第二铸锻厂自正式投产以来生产一直稳定发展,利润逐年增加,共完成工业总产值1 998.54万元,创造利润累计为126.9万元,减去总亏损额后,共向国家上缴利税50.6万元。

2. 建厂初期的三年（1967—1970年）

根据中共中央华北局关于地方小三线建设的指示，1965年10月，由内蒙古自治区二机局任命内蒙古综合电机厂原副厂长吴贵红同志为新建的内蒙古第二铸锻厂厂长，内蒙古铸锻厂原副厂长候喜同志为副厂长，共同主持建厂筹备小组的工作。筹备小组由吴贵红、候喜、田维新、徐镇守、卫怀生五位同志组成，办公室暂设在位于呼和浩特市的内蒙古铸锻厂内。

1966年3月，筹备小组迁往海勃湾地区，借住于海勃湾矿务局，开始了选址建厂等艰苦创业的工作

当时的海勃湾地区，除了仅有的几处建筑外，大部分还是荒凉的沙地，加以气候炎热干燥，条件十分恶劣，筹备小组的同志为了选址建厂，每天都在沙地和山沟中徒步跋涉。

由于工厂本身的特点，又根据当时"靠山、分散、隐蔽"的建厂方针，第一次将厂址选定在内蒙古第三通用机械厂东北角的一个山沟中，投资1万多元修筑了3公里左右的简易公路，但终因地面沙层过厚被迫停工，又于1966年10月改选在海勃湾东南角桌子山里的一条山沟中，同时考虑到铸造生产运输量大的因素，决定把铸造车间、机修车间以及厂部等设于山沟外，只将锻造车间、精铸车间设在山沟内，整个工厂分为两部分建设。

选址确定后随即开始了繁忙紧张的建厂施工。原定建厂总投资为190万元，后根据内蒙古自治区设计院的概算，由内蒙古自治区重工业厅1965年3月12日下发的设计任务书修正为230万元，要求1967年建成立即正式投产，1968年达到设计产能。全厂的工艺主要参考一机部第一设计院、第二设计院、第八设计院的设计任务书进行设计，由技术员田维新、徐镇守、樊育明等同志负责完成。建设工程由华北建筑公司第二工程处以投资包干的形式包建，于1967年3月全面展开建厂工程。

施工任务是艰巨的，华北建筑公司第二工程处的职工克服了重重困难，保证了施工的进度和质量。1967年底，19栋宿舍全部落成，借住矿务局宿舍的职工全部搬进新居。

1967年年底，山沟外的铸造车间和机修车间主体工程完成。

1968年年初，两个车间开始安装设备。3月，两个车间开始加工非标准设备。铸造车间暂时在一间简易的厂房中试制"200"产品，模具由包头玛钢件厂提供，试制获得成功。7月，两个车间又开始试制"230"产品，试制再次成功。两种产品分别于当年8月和9月正式投入小批量生产。铸造车间和机修车间完工之后，内蒙古第二铸锻厂于1969年3月开始大批量生产上述两种产品。

1969年1月，精铸车间完工并开始设备安装。由于承担安装任务的单位中途撤走，为了不影响安装任务，厂部组织机修车间和精铸车间的职工承担剩余部分的工程。在安装过程中，从工作台到机械设备有38项都是职工们自己设计制作的。仅用了两个多月的时间，机修车间和精铸车间的职工就完成了安装任务，并于当年4月28日炼出了第一炉钢。基于此，内蒙古第二铸锻厂开始试产部分精密铸钢件，为1970年正式投产奠定基础。

同时，锻造车间也经过紧张的施工于1969年2月完工，该车间于1970年8月投入生产。

至此，全厂主体工程基本结束，内蒙古第二铸锻厂将主要精力就转到生产管理上。

从1966年开始，各项设备陆续调来，大吨位的设备如自由模锻锤、锅炉等是内蒙古第二铸锻厂全体干部和职工从火车站用绞磨、滚杠和垫木在沙地上一寸一寸地向前挪移进厂的，而且途中有些斜坡的坡度甚至超过了30°。至1970年年底，内蒙古第二铸锻厂进厂设备总值达135.2万元。

在人员方面，除1965年筹建组的五人外，自1966年起，先后从包头永巨铁工厂和内蒙古铸锻厂以及巴彦淖尔盟（今巴彦淖尔市）等地调入技工40多人，组成内蒙古第二铸锻厂技术骨干力量，并从呼和浩特市和海勃湾地区新招收徒工97人，加上每年分配进厂的大中专毕业生，到1970年底，全厂职工人数达到233人，其中干部38人，工人195人。

建厂初期，内蒙古第二铸锻厂就一直注重生产效益。厂部发动全厂职工献计献策，大搞技术革新，改进生产工艺，使生产日趋上升。铸造车间"200"产品刚投入成批生产时，日产仅为200～500箱，通过技术革新后，日产量增到800箱，最高纪录达1 500箱，成品率也由原来的60%提高到90%。

特别值得一提的是锻压车间，为完成生产任务，在设备还未安装到位的情况下，全车间职工发扬"啃硬骨头"精神，靠人工用大锤敲打出了第一件合格的枪管，直到160吨摩擦压力机安装完成以后转为机械生产。

从1969年铸造车间投产到1970年底，全厂工业总产值累计达93.18万元，实现利润总额11.9万元。

1970年底，全厂共完成基建投资256.2万元，总建筑面积达10 433平方米。

1968年3月13日，内蒙古第二铸锻厂成立了厂革命委员会，由候喜同志任主任。

1970年初，根据五机部和内蒙古自治区国防工办的文件精神，确定内蒙古第二铸锻厂的代号为9159。

1970年7月，内蒙古第二铸锻厂实行军管，上级调白玉峰同志出任厂革委会第一主任，厂内设军管组，下设政治、生产、后勤3个办公室、全厂共分4个连队：一连为铸造车间，二连为锻造车间，三连为精铸车间，四连为机修车间，厂部为直属排。全厂由军管组管理，直到1973年撤销军管为止。

3. 军品生产稳步增长的十年（1970—1979年）

从筹建到投产的4年中，因各项任务完成较好，内蒙古第二铸锻厂多次受到内蒙古自治区国防工办的表扬。1971年7月，经内蒙古自治区国防工办同意，正式成立中国共产党内蒙古第二铸锻厂委员会，委员会由7人组成，夏汉兴同志任书记。同年9月，内蒙古第二铸锻厂召开了第一届党员代表大会，全厂党员从最初的5人发展到61人。

1972年11月，内蒙古自治区国防工办任命刘田同志为内蒙古第二铸锻厂党委第一副书记、厂革委会第一副主任。1973年5月，刘田同志任厂党委书记、厂革委会主任，候喜同志任副书记。

1978年7月，内蒙古第二铸锻厂革委会取消，改为党委领导下的厂长负责制。虽然形势不断变化，但厂领导班子一直相对稳定，他们互相配合，共同努力，带领全体职工发展生产，为内蒙古第二铸锻厂作出了积极的贡献。

从1972年开始，在厂党委的领导下，内蒙古第二铸锻厂恢复了"厂—车间—班（组）"三级管理体制，以厂为成本核算单位。同时，恢复了各车间、科室等12个单位的组织机构建制,制定了各单位的职责范围和各种规章制度。

从1970年到1972年,内蒙古第二铸锻厂累计实现利润3.6万元。

由于各项规章制度处在制定初期,厂领导班子管理经验不足,制度也不够完善,加之执行上的缺欠,内蒙古第二铸锻厂的生产管理出现了不少问题,一定程度上影响了生产进度,已出现亏损情况。因此,厂党委就于1973年发动全厂职工找管理上的漏洞、差距,进一步完善了各项规章制度,并开展社会主义劳动竞赛,有力地加快了生产发展,生产效率得到迅速提高,当年即扭亏为盈。1973年,内蒙古第二铸锻厂全年工业总产值达到91.61万元,超额40%完成年度生产任务,实现利润18.9万元。

1975年,内蒙古第二铸锻厂又对企业管理进行了全面整顿,成立了针对各级领导班子、设备管理维修和企业管理的"三整顿领导小组",下设办公室。内蒙古第二铸锻厂再次明确各项规章制度,并拟定了以岗位责任制为中心的各种管理制度,把厂内的计划管理落实到基层班组,进一步促进了生产,使当年的总产值上升到112.9万元,实现利润14.5万元。

1978年,在企业管理制度不断完善的基础上,内蒙古第二铸锻厂开始以车间为经济核算单位并实行奖励制度,当年产值达117.02万元,实现利润32.7万元,创历史最优。

从1970年到1979年的十年中,内蒙古第二铸锻厂共实现利润119万元,为国家的经济发展作出了贡献。

为了提高生产能力,内蒙古第二铸锻厂从1971年开始进行了第一轮扩建:在铸造车间原有的规模上追加投资9.9万元,扩建432平方米的厂房;两年后的1973年10月,内蒙古第二铸锻厂着手自制流水线设备,投资4万多元进行建设,该套流水线设备于1976年12月投入生产,有效提高了铸造生产效率,减轻了工人的劳动强度。

由于原材料运输不便和基建设备转运等原因,报经内蒙古自治区国防工办批准,由财政拨款再次投资65.5万元对内蒙古第二铸锻厂进行第二次扩建:将桌子山沟外的锻造车间迁至山下,并同时新建机修车间和锅炉房。内蒙古第二铸锻厂从1974年开始在山下建设厂房,此项工程建筑面积达2 466平方米。1975年厂房建成,设备安装到位,并于1976年1月正式投产。其间,为了解决锻造车间模具供应中的问题,经内蒙古自治区国防工办批准,把原为锻造车间生产热锻模具的内蒙古工具厂的模具车间的部分人员和设备调拨到内蒙古第二铸锻厂的锻造车间。厂房、设备、人员均齐备后，1976年锻造车间仅用半年就提前完成了一年的生产任务。

与此同时，内蒙古第二铸锻厂党委还发动全厂职工利用业余时间修建厂区马路，从1973年至1979年，共铺建6米宽的水泥路面600多米。

1977年，厂党委决定利用山沟中原锻造车间的厂房，投产制氧项目。当时，新兴的工矿城市乌海市还没有制氧厂家。经内蒙古自治区国防工办协调和批准，以固定资产调拨方式，从内蒙古第一机械厂调来两套50立方米/小时的制氧设备，并于1978年年初安装到位，调拨资产总值为19.3万元。同年5月，内蒙古第二铸锻厂顺利生产出纯度为99.2%以上的合格氧气，不仅满足了本厂的生产需要，还供应了乌海市的兄弟工矿企事业单位。

从建厂投产到1979年，内蒙古第二铸锻厂主要以生产军品为主，另有少量设备维修装配等非标准铸锻协作件。初期，由于经验不足，管理不善，加之"文化大革命"的影响，生产一直没有得到较好的发展。从投产到1972年，除职工人数超过设计水平的66.2%以外，其他如生产技术、经济指标均未达到设计水平，尤其是产品质量方面，成品率低、消耗大、成本高。以"200"产品为例，历年单件成本：1969年为0.80元，1970为0.68元，1971年为0.62元，1972年为0.74元，而单件出厂价规定为0.60元，历年实际单件成本均超过出厂价。尽管通过几年的努力，单件成本有所下降，但仍未能达到设计水平。

1973年，内蒙古第二铸锻厂党委总结经验，研究制定了一整套加强质量管理工作的措施，并组织了由技术人员、车间领导和老工人组成的"三结合质量攻关小组"，发动全厂职工狠抓产品质量，改进生产工艺。当年主要"200"产品的单件成本下降至0.50元，创历史最优。其他军品成本也有不同程度的下降，质量大幅度提高，超额40.9%完成年度生产任务，全员劳动生产率达2 411元/人。

同年，厂党委发动群众大搞"技术革新""自力更生办工厂"等活动，完成较大革新项目16项，如铸造车间把以前的冷风冲天炉化铁工艺改成热风冲天炉化铁工艺，使铁水温度达到1 300℃～1 400℃，焦铁比达到1∶13，并可适当利用土焦。

此外，职工们还自制了压缩空气清砂机、吊车、芯管机等，工作效率分别比以前提高了3倍、7倍和12倍。

所有这一切,都为内蒙古第二铸锻厂提高产品质量、降低产品成本作出了积极贡献。

1974年是内蒙古第二铸锻厂扩建工程紧张施工的一年。因主要精力集中于保证扩建进度,内蒙古第二铸锻厂的产品质量有所下降,导致主要产品单件成本回升到0.6元,出现军品废品率高、返修品多的现象。1975年至1976年的两年间虽有所改进,但都未能恢复到1973年的水平。其主要原因:一是管理制度不太健全,企业有章不循或无章可循,产品生产无工时定额,材料消耗无定额,材料供应基本也未细致核算;二是定额流动资金周转缓慢;三是材料供应没有严密的计划,库内积压物资日益增多,而生产急需物资则又供不应求;四是设备严重失修,大多带病运转,产品质量难以保证。

厂党委针对产品质量长期徘徊不前的情况,从1977年开始,先后建立了以岗位责任制为中心的七项制度和以八大经济指标为目标的管理制度。1978年,内蒙古第二铸锻厂又充实了检验机构,新建了88平方米的化验室。厂领导还带着老工人、技术人员到各产品的用户单位多次走访,了解存在的问题,回来后及时总结、改进。功夫不负有心人,1977年,内蒙古第二铸锻厂的军品综合良品率由之前的69%上升至76.55%,1978年进一步达到了88.5%。特别是1979年,内蒙古第二铸锻厂健全了全厂质量管理网络,在生产过程中,严格执行工艺操作规程,落实三检(自检、互检、专检)制度,并定期开展质量分析活动,使军品良品率提升至90%。作为生产毛坯件的机械行业厂,能达到如此水平,内蒙古第二铸锻厂付出了艰苦的努力。

1975年,内蒙古第二铸锻厂职工又自制2台吊车,并着手改进主要产品的生产线,经反复试验,于1976年将生产线由手拉传动改机械传动。1978年,内蒙古第二铸锻厂组织技术骨干开始自制红外线烘干半自动电泳涂漆流水线,在反复试制和工艺改进后,至1979年使流水线中漆的利用率从以前的50%提高到90%以上。1978年,精铸车间大胆试验,终于成功地使用海勃湾地区水玻璃配料代替了原从包头市、呼和浩特市进货的水玻璃配料;精铸涂料的原料石英砂也由从秦皇岛地区进货改为用当地石英砂;经技术攻关,蜡模配料中使用旧蜡复用率从20%改为40%,既保证质量又降低了产品成本。

通过多方面的努力,内蒙古第二铸锻厂的产品质量水平持续提升,主要军品的单件成本由1973年的0.50元再次下降到1979年的0.49元。特别是1978年,内蒙古第二铸锻厂的良品率大幅度提升。当时兵器工业国内同行业的最优良品率分别是精铸件76.3%、铸铁件83.5%、铸钢件97%,而内蒙古第二铸锻厂的良品率分别是精铸件76.39%、铸铁件87%、铸钢件95.1%,这些良品率的统计数字都已达到或接近兵器工业国内同行业的最优水平了。

1973年以前,内蒙古第二铸锻厂生产的军品一直执行内蒙古自治区国防工办1971年下达的第87号文件规定的出厂价格,由于产品质量好转、成本降低,内蒙古第二铸锻厂在1975年对出厂价格进行了一次调整,各类军品的出厂价格平均降低了13.5%,并于1978年在此基础上再次下调军品出厂价格10%,受到内蒙古自治区国防工办的表扬。

1974年以来,内蒙古第二铸锻厂在设备维修保养方面也做了大量工作,先后于1975年、1977年和1979年进行了三次设备大修。特别是1977年那次,厂党委组织成立了"设备维修会战小组",发动职工在当年5月开展设备大修。职工们将全厂的机械设备进行了一轮大检修。其间,修好约全厂75%的大中型机械设备,修好的各类小型设备约占全厂总小型设备的43%。同时,为30台设备喷了漆,清洁了所有电机的润滑部分,设备完好率由原先的50%,提高到80%。另外还规定了部分设备的保养范围,印发了40多种设备的说明书。这次"会战"收到了良好的效果,设备故障和操作故障分别同比1976年下降了38%和30.4%。1979年,内蒙古第二铸锻厂又对全厂机械设备按车间进行核对,建立健全了设备台账,改变了过去那种让设备带病运转的不正常现象,也消除了故障隐患。

在基建方面,自1970年以来,内蒙古第二铸锻厂一直坚持自建和包建的方针,大力发扬自力更生的精神。十年内,除完成第一次和第二次生产性扩建(包括化验室)外,还承建了包括家属住房、单身宿舍在内的生活用房4 628平方米,完成人防巷道300米。1977年,内蒙古第二铸锻厂利用业余时间开展义务劳动,修建了一个面积约300平方米、深5米的具有自然通风装置的战备隐蔽室,在其上盖起一座600平方米的简易俱乐部,可供观看电影及开展文艺表演等活动。

为了改善职工生活,解决家属中待业青年的就业问题,内蒙古第二铸锻厂曾由后勤组组织职工家属中的闲散人员在厂区内种植蔬菜,但收效甚微。

1973年1月，内蒙古第二铸锻厂正式组成"五七"家属工厂，该工厂主要为全厂职工解决蔬菜问题并搞些零星铸造活，工厂采取单独核算、自负盈亏的办法，当年即创产值9万余元。之后，该工厂继续扩大经营范围，增设了小商店。1974年，工厂对外拓展业务，与内蒙古工具厂、内蒙古胜利机修厂、内蒙古第三通用机械厂联合在乌达铁路桥北黄河岸边建成"海勃湾青年友谊农场"，后因三年没有收益，联合的三个兄弟厂家先后撤出，农场改组。从1977年3月开始，此农场即由内蒙古第二铸锻厂单独管理。农场占地面积为823亩，种植面积达233亩，后又在场内建成养鱼池，还办了鸡、羊、猪等饲养场。但由于当时条件所限，长期经营不善，除勉强盈亏平衡外没有得到其他收益，农村于1984年出售给了乌海市司法局。到1979年底，"五七"家属工厂共创产值69.95万元，基本解决了本厂待业青年的就业问题。

4. 军转民后生产大发展的五年（1980—1985年）

根据1978年2月全国计划会议精神，在保存军品生产能力的前提下，逐步把小三线三分之二的生产能力投入到民品生产。从此，整个乌海市小三线军工系统的生产开始由军品转为民品。

1979年以后，军品任务逐年缩减，到1981年几乎全部取消，上级又没有下达新的生产任务，内蒙古第二铸锻厂面临着如何继续生存和发展的难题。

1978年，厂党委组成了"民品生产业务小组"，由副厂长张云亭同志全面负责。该小组在充分调查市场的基础上，制定了"以销定产"的指导思想，让车间自己揽活，自己"找米下锅"。同时，小组先后派人分赴外地承揽业务，并与乌海地区的水泥厂铅矿、千里山钢铁厂等单位多次联系业务，使工厂得以断断续续地维持着生产。

1980年到1982年是"军转民"最困难的三年，由于没有指令性任务，内蒙古第二铸锻厂三年的亏损额达69万元之多。

1978年8月，内蒙古第二铸锻厂革委会撤销，实行党委领导下的厂长负责制。1979年，内蒙古自治区国防工办免去了刘田同志的厂长职务，任命候喜同志为厂长，李良生同志为代理党委书记。

在困难的三年中，厂党委为了完成国家对小三线生产战略转型的任务，大抓生产管理,实行经济责任制,采取盈亏包干、减亏盈利分成等办法,把国家集体的利益与职工个人的利益挂钩,同时还实行了浮动工资制,完成包干计划者,补发浮动工资,从而大大调动了职工的生产积极性。此外,厂党委决定严格控制非生产性开支。据统计,在不影响正常生产和职工生活的情况下,1980年内蒙古第二铸锻厂的非生产性开支在1979年的基础上压缩了50%。1981年又在上一年的基础上压缩了6%,做到了"生产节约一起抓",守住了内蒙古自治区国防工办下达的允许亏损指标。

为了促进民品生产的发展,经内蒙古自治区国防工办批准,内蒙古第二铸锻厂于1980年上半年投资143万元,购入并由职工们自己动手安装了半吨电弧炉,下半年即正式投产使用,使内蒙古第二铸锻厂的钢水质量达到了国家标准。

1981年,内蒙古自治区国防工办为了扭转小三线军工系统各厂停产或半停产的局面,组织成立了缝纫机总厂,生产JB1-3型天马牌家用缝纫机。乌海市小三线各厂开始改建缝纫机生产线。

早在1980年,由内蒙古自治区国防工办组织试制JB1-3型天马牌缝纫机时,内蒙古第二铸锻厂就已开始同步试制缝纫机的毛坯件。1981年,内蒙古第二铸锻厂由内蒙古缝纫机总厂批准投资42万元建设缝纫机生产线,从此开始了大规模的第三次扩建。本次扩建的内容是在原铸造车间另接477平方米的厂房,扩大原军品生产线为缝纫机生产线。经过两年多的努力,缝纫机生产线于1983年8月基本安装完毕,并投入批量生产。但由于缝纫机在销售上存在问题,后来被迫下马,从而结束了这段不到三年的转产历史。

1982年,内蒙古第二铸锻厂被列为内蒙古自治区军工局重点整顿企业之一。当时内蒙古第二铸锻厂的主要产品是为内蒙古第一机械厂生产挂胶履带板体精铸毛坯件,它结构复杂、精度和机械性能要求高,对于一个小三线军工厂来说是比较困难的。经试铸否定了砂型铸造工艺,改用了熔模精密铸造工艺,经一个多月试验终获成功。1982年6月,内蒙古第二铸锻厂的挂胶履带板体精铸毛坯件产品经内蒙古第一机械厂鉴定,各项指标均符合要求,随即签订了当年所需的40套、总质量达102吨的板体精铸毛坯件的生产合同。

1982年上半年,为完成板体精铸毛坯件生产任务,内蒙古第二铸锻厂把精铸车间搬到山下,占用铸造车间的木工房和焊工房,以及机修车间旧工房改建成了新的精铸车间。把原来的中频炉炼钢工艺改为电弧炉炼钢工艺,经三个多月的努力,到1983年年底,超额10套完成了当年的生产任务,受到了内蒙古第一机械厂的好评,遂又签订了1983年所需的100套、总质量达270吨的生产合同。

为了提高产品质量,内蒙古第二铸锻厂于1983年组织成立质量攻关小组,由副厂长宝音同志和总工程师田维新同志负责,定期开展分析研究产品的质量问题。挂胶履带板体精铸毛坯件自投产以来,由于产品试制时间短,在原材料、工艺、设备以及人员技术等方面都显露出很多不足之处。尤其是精铸车间搬到山下后,生产条件改变了,加之产品批量大、精度要求高,一些工艺参数没来得及修正,生产工艺水平一直不稳定,出现不少质量问题。1983年上半年的板体精铸毛坯件成品率只有68.28%,尤其是当年11月,发生了一起严重的质量事故,导致一次报废了2 537块板体精铸毛坯件,损失金额达7万余元,如按出厂价计算损失则高达13.57万元,其主要原因是操作过程中没有严格执行操作工艺而造成的。

基于此,内蒙古第二铸锻厂党委决定停产整顿,从根本上解决问题,防止类似事故发生,规定在生产中的每一道工序都必须严格执行各项工艺规范,如有违反,除给予行政处分外,还要采取经济处罚措施。经过一个多月的整顿,内蒙古第二铸锻厂的板体精铸毛坯件生产质量保持在了较高的水平。

内蒙古第二铸锻厂党委结合社会主义劳动竞赛和推行奖惩制度,在企业管理方面做了大量工作。特别是1983年,厂党委对车间、科室采取了各种形式的责任制来加强管理,以求提高企业的经济效益。

第一,机关科室采取"四定一奖"制,即定编制、定任务、定人员、定费用指标,明确职责范围,严格考核,计分得奖。

第二,铸造车间采取"三定一包"制,即定人员、定任务、定产量、定进度,包成本,按成本降低部分总额折算计奖。

第三,锻造车间和精铸车间采取"三定一超"制,即定人员、定产量、定质量,超产有奖。

第四,机修车间采取"三定一保"制,即定人员、定要求、定任务,保证全厂水、电、气供应,使设备正常运转、模具按需供应。

第五,氧气车间采取"盈亏包干、利润分成"制。

内蒙古第二铸锻厂通过这一系列的改革,大大调动了职工的生产积极性,促进了生产的发展。1983年,内蒙古第二铸锻厂一举改变了连续三年亏损的状况,共完成工业总产值212.9万元,为年生产任务的105.4%,盈利11.75万元,实现了扭亏为盈。

1984年月,内蒙古第二铸锻厂承接了国务院、中央军委的一项重要生产任务——190套挂胶履带板体精铸毛坯件,这是庆祝中华人民共和国成立35周年的国庆阅兵用产品。这一年加上内蒙古第一机械厂订货合同中的生产任务,当年共计需要生产250套挂胶履带板体精铸毛坯件,总质量达485吨。

国庆阅兵用产品的生产任务要求非常严格,数量、质量、时间上必须万无一失,对于内蒙古第二铸锻厂来说,这是一项既光荣又艰巨的任务。

厂党委明确提出,1984年全厂工作重点是抓紧抓好全面完成板体精铸毛坯件生产这一中心任务。由厂长候喜同志负责指挥,同时成立生产领导小组,规定生产问题由宝音同志负责、技术问题由田维新同志负责。此外,厂党委还特别设置了质量管理办公室,并在主要岗位上设置了工艺监督员。如此,内蒙古第二铸锻厂组成了强有力的生产指挥系统和质量把关系统。

在生产中,厂党委一方面发动职工打破工种界限,积极为国庆阅兵用产品的生产任务服务;一方面加强产品质量分析,将质量分析会由原来的每季开一次改为每周召开一次,发现的问题由质量攻关小组及时解决。

为了完善检验手段,检测机构在现有检验能力的基础上作了三大改进,使检验科真正发挥出质量把关的作用:第一,化验室定碳由原溶量法改为非水定碳法;第二,物理室增添一台大型XJG-05型金相显微镜,使产品内在质量的分析鉴定更科学、更准确,保证了原材料进厂后的抽样检测;第三,增加了一套型砂试验设备。

为了顺利完成国庆阅兵用产品的生产任务,内蒙古第二铸锻厂全厂职工都放弃了包括春节在内的节假日休息,日夜奋战、克服了种种困难,使首批产品的生产任务提前三天于5月28日完成;第二批产品的生产任务提前十天于8月5日完成;当年国庆阅兵用产品的生产任务提前十天于9月20日全部完成。

在完成国庆阅兵用产品生产任务的过程中,曾出现过两次较大的质量波动。第一次是在1984年2月,生产过程中因辅助材料变更以及操作等原因,使板体出现黑皮、耳孔裂纹、齿根裂纹等质量缺陷,成品率下降到34.75%,有时甚至造成全炉报废。经质量攻关小组讨论分析后,采用了钢水升温、板体增加工艺筋等措施成功解决了质量缺陷问题,次月的产品合格率回升到60.91%。第二次是在1984年6月,生产过程中板体普遍出现局部凹陷,合格率再次下降到38.99%,这不仅给内蒙古第二铸锻厂造成了重大的经济损失,更为严重的是直接影响了国庆阅兵用产品生产任务的进度。通过质量攻关小组历时20多天的技术攻关,拟定了两个技术改进方案,通过11次试验,最后采用在面层涂料中加入铝矾土、在耳孔处增设出气冒口等工艺技术改进措施及时解决了该质量缺陷问题,次月的产品合格率又回升到87.11%。值得一提的是,在这两次质量缺陷的技术攻关中,内蒙古第二铸锻厂都得到了内蒙古第一机械厂高级工程师刘顺发同志的大力协助。

1984年10月1日,装有由内蒙古第二铸锻厂生产的挂胶履带板体的装甲车队伍浩浩荡荡、威武雄壮地顺利通过了天安门广场,接受了党和国家领导人的检阅。全厂职工为庆祝中华人民共和国成立35周年献了厚礼。

截至1984年底,内蒙古第二铸锻厂共实现工业总产值374.9万元,利润52.9万元,超额上缴利润26万元,全员生产劳动率达到7 074元/人,每百元产值占用流动资金37.9元。这些指标都开创建厂以来的历史最优水平。同时,1984年当年的产品质量、单位成本等指标都优于以往,特别是挂胶履带板体精铸毛坯件的质量在全国同类产品中跃居首位。当年是内蒙古第二铸锻厂建厂以来生产量最大、质量情况最好、经济效益最高的一年。由于在完成国庆阅兵用产品生产任务的过程中成绩突出,内蒙古第二铸锻厂曾受到国务院、中央军委、兵器工业部的表彰和奖励,并被乌海市评为"质量管理好、经济效益高"先进单位,乌海市政府特授予"质量管理先进企业"光荣称号。

1984年,内蒙古第二铸锻厂之所以在同样条件下能完成2.5倍于1983年产量的生产任务,主要基于两方面的原因:从客观上看,当年的生产任务饱和度、品种、数量都比较集中,人力、物力都得到了充分的利用;从主观上看,主要是全厂职工都认识到完成当年任务的重要意义,在厂党委的领导下,全厂职工充分发扬了拼搏精神。

1978年以来,内蒙古第二铸锻厂领导在提高职工素质方面做了大量工作,先后采取脱产、半脱产、业余学习、岗位练兵和输送到外地培训等多种形式,开展对职工的文化技术教育，为职工提供多种学习条件，大大提高了职工素质。1985年，内蒙古第二铸锻厂被评为"职工双补教育先进单位"，受到乌海市成人教育办公室的表扬。

1975年以后，内蒙古第二铸锻厂加强了对"五七"家属工厂的领导，安排所有职工家属就业，并在技术、经营、管理方面给予支持和帮助。"五七"家属工厂从1973年开办以来，累计为国家创造了176.85万元的财富。为解决本厂待业青年就业问题，内蒙古第二铸锻厂于1982年成立了劳动服务公司，兴办和开发第三产业，有效解决了全厂的待业青年问题，解除了职工后顾之忧，同时也发展了生产，提高了经济效益。

内蒙古第二铸锻厂设有医务所，为职工劳保、保健、看病就医提供了方便。1982年，内蒙古第二铸锻厂还扩建了托儿所，增设了学前教育班，解决了职工子女入托难的问题。

通过几次调资及执行奖励制度以来，内蒙古第二铸锻厂的职工收入不断增多，1985年当年职工的年平均收入达到1 165元，职工家庭的高档消费品不断增多，过上了幸福欢乐的生活。

建厂20年来，内蒙古第二铸锻厂厂区的绿化工作也取得了明显的成效。通过职工们不断的努力，建成苹果园一处，绿化覆盖率达40%。每当大地春回，厂区处处花繁草茂，绿树成荫，起到了促进职工的身心健康的作用。

1985年，乌海市小三线所属各厂划归乌海市经委主管。在此之前的1984年11月，内蒙古第二铸锻厂曾全面调整了厂领导班子，由郑有良、王忠生等五位同志组成新的领导集体，使领导人员实现了专业化、知识化、年轻化。

1985年，内蒙古第二铸锻厂遵循《中共中央关于经济体制改革的决定》的精神，全厂在管理方面进行了一系列的改革，为进一步搞活企业做了大量工作。

首先，改革了不合理的管理制度，理顺了企业内部各方面的关系，对干部实行聘任制；其次，简政放权，把原来21个车间/科室合并为15个，并赋予车间五项权力：一是自行拟定内部承包条款权；二是奖金发放权；三是承揽业务权；四是车间内部的人事任免权和工人的临时调动权；五是工资浮动权。

通过一年的努力，1985年当年内蒙古第二铸锻厂在限电一个月的不利情况下，还完成了工业总产值224万元，实现利润15万元。

从1982年开始的全面企业整顿,经过三年的努力,内蒙古第二铸锻厂收获了应有的成果。1985年9月,作为第一批验收单位,内蒙古第二铸锻厂经乌海市验收合格。

经过近20年的努力,内蒙古第二铸锻厂建立和健全了各项规章制度,全部辑入《企业管理制度汇编》中。全厂组成了行之有效的指挥系统、质量管理系统和经营信息系统,完善了经济责任制,在企业的科学管理方面迈出了新的步伐,锻炼出一支素质较高的职工队伍。

内蒙古电梯厂简史

李　政

1. 概述

沿着乌海市海勃湾区新华大街东行5公里,便是一座群山环抱、绿树掩映的中型企业——内蒙古电梯厂。

内蒙古电梯厂的前身是内蒙古胜利机修厂,系内蒙古自治区地方军工企业,代号为国营九一四九厂,建厂初期为内蒙古机修厂。1980年7月,经内蒙古自治区国防工业办公室批准,正式定名"内蒙古胜利机修厂"。随着形势的发展,根据经济建设的需要,1984年3月,经内蒙古自治区经委批准,又更改厂名为"内蒙古电梯厂"。

1967年,根据中共中央华北局和内蒙古自治区人民委员会的指示,自治区政府开始筹建内蒙古机修厂。内蒙古机修厂的生产工艺是参照第一机械工业部第一、第二、第八设计院的工艺设计资料而设计编制的,总投资为206万元,设计总生产面积7 684.2平方米,设计在册职工总数为250人。当时的建厂设计任务是:为内蒙古自治区地方军工9家兄弟厂制造各种复杂的非标准设备,负责各家兄弟厂全部服役设备的大修理,并与兄弟厂的设备修理部门组成较为完整的设备修理系统,以保证各军工厂和军工配套厂设备的正常运转、补充和大修。此外,在设计上还考虑到在不影响各军工厂的正常生产、能力有余的情况下,尽力支援当地农牧业生产以促进当地农牧业的发展。

建厂以来,除了承担各兄弟厂的设备大修和非标准专用设备制造外,内蒙古机修厂还先后承担了五机部下达的JT4043机械动力头、1 kW电动机、5 kW电动机、5～7 kW电动机和内蒙古自治区经委下达的支援农牧业的6JD56×10型长轴深井泵、FD-5型、FD-2型风力提水机,有力地支援了军工和民机企业,并为当地的农牧业生产作出了积极贡献。

在"军民结合、保军转民"的方针指导下,1980年内蒙古胜利机修厂试制成功4台交流双速电梯样机,于1981年先后安装在呼和浩特市工艺美术馆、计算机站、环保局和新城菜市场试运行。1983年9月13日,内蒙古电梯厂的交流双速电梯产品通过了自治区级技术鉴定,从而在保军品生产的同时,又开始步入电梯生产行业。

内蒙古电梯厂在二十余年的发展历程中,曾遇到过许多困难和曲折,但全厂职工在各级组织的领导下,以顽强的精神,不断战胜困难,开拓前进。截至1987年年底,内蒙古电梯厂有在册职工540人,其中工程技术人员占职工总数的15%,固定资产达750余万元,建筑面积为23 432平方米,下设生产技术部、经营服务部、党务工作部、4个生产车间、13个业务科、1个安装公司、1个劳动服务公司、1所子弟学校和1个汽车队。全厂主要机械设备有152台,其中部分大型、精密设备处于行业一流水平,且检测仪器齐全。在技术装备上,内蒙古电梯厂有较全面的加工能力和手段,如6米龙门刨床、5米道轨磨床、2米精密丝杠车床、精密平磨床、外圆磨床、工具磨床、镗床、20 mm×2.5 m剪板机、315吨油压机、160吨折弯机、大型缝焊机以及包括高频、中频在内的全套热处理设备和喷烤漆设备,可适用于各种非标准机械设备的加工制造。内蒙古电梯厂的技术工艺已步入全国同类企业的先进行列,特别是在电梯的微机控制技术应用上,居全国领先水平。

内蒙古电梯厂的主要产品是以"飞天"为商标的JK系列乘客电梯、ZK系列乘客电梯、JKH系列客货电梯、JH系列载货电梯、JB系列医用电梯、JZ系列杂物梯和由微机控制的交流调速电梯。此外,还可根据用户需要,设计制造各种非标准电梯。以上7个系列共计35个品种的电梯产品行销内蒙古、北京、河北、河南、山东、山西、宁夏、甘肃、青海、四川、新疆等地。

2. 艰苦创业,知难而进

1966年10月25日,内蒙古第二工业局批准了内蒙古机修厂的工艺设计书。1967年1月16日,从内蒙古第一通用机械厂调靳文龙、郑景和、郝占章、宋怀谟、石泽厚、段成基、杨埃荣、方淑珍、李瑞浮、佟景环、冯文福等14名管理干部支援工厂的建设,并组成以靳文龙同志为首的筹建领导小组,带领着有志于献身国防兵工事业的20多名干部、工人,踏上了艰苦创业的征途。

为了贯彻中央提出的"小、专、新、协、靠山、隐蔽、分散"的建厂方针,厂址选定在海勃湾东山的环形山沟里。

本来"六五四工程指挥部"对1967年军工配套厂的开工顺序排定为:内蒙古工具厂、内蒙古跃进电厂、内蒙古机修厂。由于电厂搬至他处,故将内蒙古机修厂提到第二位。开工顺序的变换,给前期准备工作带来一定的困难。当时内蒙古自治区建设厅建筑工程公司(以下简称内蒙古厅建)的施工队伍等着开工,而设计院正在给内蒙古工具厂、内蒙古第二铸锻厂进行设计,机修厂的设计预计当年9月才能开始。为了不耽误开工,经设计院同意,机修厂的生活福利区部分由工厂自行设计。当时全厂尚无学过建筑的技术人员,为解燃眉之急,机械技术员杨万霖同志主动承担了这一任务。为给国家节省投资,他根据山地高低不平的实际情况,将职工住宅按地形分别设计,间数有多有少,排列有高有低,尽量减少土方量。

山上山下的奔波,夜以继日的伏案工作,杨万霖等同志消瘦了,但设计图纸提前出来了。

1967年5月1日,由内蒙古厅建和内蒙古机修厂干部职工组成的建设大军,在沉睡了千百年的深山中破土动工了。

当时内蒙古厅建的同志扎营山上,而内蒙古机修厂负责筹建工作的靳文龙、郑景和、杨万霖等20余名同志则挤住在矿务局宿舍内。为了抢时间、加快建设速度,大家在无交通工具的情况下,冒严寒、顶酷暑奔波于工地,积极主动地配合内蒙古厅建施工,并于每星期二、星期五下午定期参加劳动。他们那种高度负责和忘我工作的革命精神,确实令人感动。而内蒙古厅建的同志们,在吃、住、行以及施工条件都极为困难的情况下,发扬"一不怕苦、二不怕死"的精神,劈山、填沟、移顽石,以顽强的意志和勤劳的双手,经过一年半夜以继日的艰苦奋斗,到1968年12月初,一座新兴的军工厂建成了,荒凉的山沟焕发出勃勃生机。

在内蒙古厅建日夜抓紧施工的同时,内蒙古机修厂的干部和职工一部分留下来积极配合施工、催运设备,另外一部分则有组织地分批到北京等地有关兄弟厂参观、收集技术资料、学习企业管理。新招收的徒工和半工半读的技校毕业生也被送到呼和浩特机床厂和包头的有关兄弟厂培训。虽然工作很繁重,但同志们都是有条不紊、卓有成效地工作着。汽吊和卡车在1967年6月和7月先后进厂,随后各种机床设备也陆续提前或按时运到。当时,不仅军工系统没有大型吊车、拖车,就是整个海勃湾地区也找不到一台大吨位的吊装运载车辆。要把像龙门刨床之类总质量近20吨重的大型设备从火车站运上山谈何容易!但同志们以大庆人为榜样,自力更生,采用"蚂蚁啃骨头"的办法,开箱拆卸化整为零地将设备运上山再重新组装。可是有些设备,如龙门刨床,仅机座的质量就达17.75吨,也无法拆卸,好在当时已经陆续从内蒙古第一通用机械厂、内蒙古第三通用机械厂、呼和浩特机床厂等单位调进张家兴、龙凤祥、李文林等有实践经验的老工人及郑景和、郝占章、王立举、安兆明等技术人员,大家集思广益,决定采用"木板垫路、上加滚扛、拖拉机前面牵引,人在后面撬滚,交替前进"的办法。就是这三十来人,冒着袭人的严寒、呼啸的狂风和弥漫的飞沙,硬是三步一停五步一顿地从数公里外的火车站将龙门刨床运到了厂区,历时半个月,其艰难可想而知。龙门刨床的起运成功,谱写了一支自力更生的凯歌,再次显现了创业者们的智慧和无坚不摧的精神力量。为此,海勃湾市送来了贺信,内蒙古机修厂的全体干部和职工也受到了第五机械工业部和内蒙古自治区第二工业局的通报表扬。

1968年10月29日,全厂职工从矿务局宿舍搬迁到厂区,一面继续运设备,一面进行设备安装。此时内蒙古机修厂由靳文龙同志全面负责,全厂干部和工人总计88人。

在设备安装过程中,当时的一些技术人员如王立举、王琼、安兆明等和老工人张家兴、李文林等发挥了突出的作用,他们不分干部工人,不分技术工种,不计时间、不怕劳累,以能者为师,齐心协力地进行突出安装。到1969年3月,全部设备基本安装就绪,转入试生产准备阶段,并派出"三结合"调查小组分赴"六五四"各兄弟厂调研了解设备运行和生产情况,经过7个月的准备工作,内蒙古机修厂于1969年11月1日正式投产。

3. 发奋图强立志大干快上

1969年11月1日，内蒙古自治区国防工办召开了国防工业系统1970年计划工作会议，会上正式给内蒙古机修厂下达了为内蒙古第二通用机械厂第二条7.62毫米口径枪弹生产线生产所需的非标准专用设备和为内蒙古第一通用机械厂生产半自动步枪附件及7.5 kW交流电动机等两项试制任务。试制任务一下达，内蒙古机修厂便掀起了生产和技术革新的高潮。在许多关键设备尚未配齐技术工人的情况下，一些技术较高的老工人就主动地顶岗补缺，他们和技术人员一起，各尽所能边干边摸索操作规范和加工工艺，像李文林、刘金生等同志都逐渐掌握了多种设备的操作技能，解决了当时某些工种无技工的问题，发挥了老工人在关键时刻为厂分忧解愁的主人翁精神。在全厂职工的共同努力下，内蒙古机修厂于1970年1月顺利完成了内蒙古自治区国防工办下达的3台非标准专用机床的试制任务，并按时送交付内蒙古第二通用机械厂进行安装。不久，7.5 kW电动机的试制任务也顺利完成。这一年，内蒙古机修厂共生产非标准设备22台，首次大修机床2台，生产半自动步枪附件筒10 000件，并且当年试制当年生产7.5 kW电动机100台，有力地支援了内蒙古第二通用机械厂第二条7.62毫米口径枪弹生产线的投产并满足了兄弟厂对电动机的迫切需求，当年完成工业总产值41.49万元，比内蒙古自治区国防工办下达的产值指标多完成11.49万元。此时内蒙古机修厂的职工总数208人，全员劳动生产率为1 995.19元/人。除了超额完成全年生产任务外，厂里还自主设计和制造了部分设备和大量的工艺装备、工位器具，既促进生产任务的完成，也为国家节约了大量资金。

为改善职工生活，安排职工家属子女，1970年10月25日，内蒙古机修厂将矿务局青年林场的380亩土地和固定资产设备以9万元购入，建起了厂里自己的农林基地。

1971年是乘胜追击的一年，除了继续为内蒙古第一通用机械厂、内蒙古第二通用机械厂、内蒙古红旗化工厂生产专用设备和7.5 kW电动机外，内蒙古机修厂又新上1.5～2.2 kW电动机的项目。经过一年的苦干，三个兄弟厂所需的89台非标准设备全部提前完成，并生产7.5 kW电动机127台，试制

1.5～2.2 kW电动机220台。由于各厂的机床刚刚投入使用,因此,当年大修机床仅一台。1971年,内蒙古机修厂全年完成工业总产值75.85万元,比下达的产值指标多完成15.85万元,实现利润3.76万元。

在生产和试制电动机的过程中,为了减轻劳动强度,加快生产速度,保证产品质量,工人和技术人员自制了剪圆机、滚圆机、卷圆机等设备,并利用台钻革新成为打孔、套扣、紧固半自动流水线,加快了电机的生产,提高了产品质量。

同年7月8日,内蒙古机修厂革命委员会成立,由军管负责人喻光明任主任,贾玉转、叶继盛两位同志任副主任。该年年底内蒙古机修厂的职工总数已达377人。

1972年,军工系统各厂生产线所需的非标准设备已在上年底全部完成,而各兄弟厂设备尚属完好,全年无机床大修任务,仅两种电动机难以满足内蒙古机修厂的生产能力。为了发挥本厂现有技术力量和技术装备的优势,给国家多做贡献,经主动请示,内蒙古机修厂接受了五机部下达的JT4043机械动力头的试制任务。

新任务是振奋人心的,但要在当年进行技术工艺设计、试制、鉴定并投入批量生产,不仅任务繁重,而且困难也不少。一方面由于老技术人员不多,历年分配来的大学毕业生仍在车间参加劳动;另一方面,设备虽然全新,但缺陷很多,难于保证JT4043机械动力头的工艺要求,但大家在困难面前无所畏惧,一个个由工人、干部和技术人员组成的"三结合"攻关小组相继成立。他们边设计边试制,不断改进工艺和工装。例如,二车间技术员孙文考同志和工人密切配合,在不到一年的时间里,他们的"三结合"小组就获得技术革新成果十多项,其中,旋风铣就可提高工作效率10倍;设计改装的蜗杆磨不仅效率高,而且解决了缺少专用设备难以进行动力头蜗杆精加工的难题。一车间镗工组刘金生等同志为了解决动力头箱体镗孔速度过慢而影响生产进度的问题,与技术人员一起设计制造了一台组合镗床,将原来需30多个小时的动力头箱体精镗工序缩短至十几分钟,且质量完全合乎技术要求。经过全厂职工的努力和奋斗,内蒙古机修厂实现了JT4043机械动力头当年设计、试制,当年鉴定并投入批量生产的目标。一个刚投产三年的小厂以其艰苦奋斗的精神和优良的产品质量赢得了五机部和内蒙古自治区国防工办的信赖以及小三线各兄弟厂的赞扬。1972年,内蒙古机修厂全年共生产JT4043机械动力头141套、7.5 kW电动机296台,1.5 kW～2.2 kW电动机169台,工业总产值首次突破百万大关,超计划产值14.73万元。此外,为填补乌海地区汽车大修的空白,解决军工系统内和地方汽车大修需送外地的实际困难,内蒙古机修厂当年于3月10日开始筹备汽车大修车间。

1973年至1975年,是内蒙古机修厂继往开来,大步发展的三年。

1973年5月25日,随着军管会的撤离,由叶继盛同志任党委书记、革委会主任,郭文兴同志任党委副书记、革委会副主任,焦基明同志任革委会副主任的新一届厂领导班子正式成立。

内蒙古机修厂这三年主要的生产任务是JT4043机械动力头、电动机、试制C620车床和机床大修,三年共计生产JT4043机械动力头442套,7.5 kW电动机1 248台,1.5～2.2 kW电动机1 042台,大修汽车2辆,三年的工业总产值分别为150.66万元、160万元和152.15万元,实现利润分别为26.5万元、36.9万元和17.1万元。除连年超额完成生产任务和产值指标外,内蒙古胜利机修厂在技术革新、开发新产品方面也取得了重大进展。1973年,二车间试制成功双头镗壳机,实现了电机机壳加工半自动化;电修车间和"三结合"小组试制成功正弦绕组电机,使每台节省硅钢片5千克、漆包线0.5千克,大大降低了产品成本。柳思忠同志和热处理班的同志以科学的态度和实干精神,自己动手研制了国内仅有一年引进历史的新工艺装备——新式盐浴炉,使内蒙古机修厂登上了当时热处理技术的高峰。二车间李文林同志和磨工班的同志自制精度要求极高的花键拉刀,不仅可提高工作效率30倍,解决机床试制和机床大修的关键工艺,而且节省了大量资金(外购一套当时需30多万元人民币)。几年中,群众性的技术革新运动发展很快,共实现大小技术革新120余项,其中大型技术革新25项,有的解决了设备短缺问题,有的提高了质量、产量,有的改善了劳动条件、减轻了工人的劳动强度,促进了生产的发展。

1973年,内蒙古自治区国防工办在内蒙古机修厂主持召开了技术革新成果展览会,小三线系统内各兄弟厂都派出了干部、工人、技术人员前来参观学习。年终,内蒙古机修厂出席了内蒙古自治区国防工业系统先进集体、先进个人代表大会。工厂和下属一车间分别被授予先进集体。出席代表大会的先进个人有叶继盛、柳思忠、耿月娥、李宝元等同志。

1974年5月15日,内蒙古机修厂与内蒙古工具厂共同投资339.757元,由石嘴山公路段开始修筑通往市区全长3 605米、宽6米的柏油公路,于年底竣工,使昔日凹凸不平的土路变成了坦途,为工厂的生产和职工的生活提供了方便。

　　根据1975年五机部生产计划司的预测,根据产能,JT4043机械动力头与其配套的两种电机到当年年底就基本可以满足部属北方各兄弟厂的需求了。因此,在当年4月,内蒙古机修厂即着手筹备扩大汽车大修业务,抽调技术力量组成了一个年大修能力在40辆以上的汽车大修车间。

　　1976年,已连续生产五年的电动机和已连续生产三年的机械动力头当年果然没有生产任务。好在前一年内蒙古机修厂已有所准备,于是当年即决心抓好汽车大修业务,以弥补生产任务的严重不足,努力做到超产增收。内蒙古机修厂当年的产值任务为70万元,经过努力在三季度末就超额21.4%完成了全年产值任务。在全厂职工努力下,到年终累计超产30.24万元,超产值任务43.2%,取得了较好的成绩。

　　1975年5月,为了发展生产,支援农牧业建设,内蒙古机修厂开始试制生产深井泵,并在短短的四个月内就试制成功bTD-56×10型深井泵。10月12日,内蒙古自治区机械工业局在乌海市主持召开bTD-56×10型深井泵技术鉴定会。参加鉴定会的有内蒙古自治区国防工办、内蒙古农牧研究所、内蒙古农机公司和各盟/市水泵厂的代表。经鉴定,专家组认为bTD-56×10型深井泵产品"结构紧凑、性能良好、使用方便,适用于农田灌溉、牧区人畜用水及工矿企业供水、排水,适用范围广,适宜推广使用。样机的技术文件齐全、正确,数据可靠,主要零部件制造和装配质量较高",并认为"工厂有较完备的制造和检测条件,工艺流程合理,已达批量生产能力"。内蒙古机修厂从试制到鉴定投入批量生产,仅用了半年时间,速度之快,质量之好,使与会者赞叹不已。

　　1975年,内蒙古机修厂完成工业总产值109.98万元(所生产的部分深井泵因未实现销售未计算在产值内),制造非标准设备6台,大修机床14台、大修汽车33辆。

　　几年来,内蒙古机修厂的农副业也得到了迅速发展,青年农场和家属"五七"公社种地225亩,种树5亩,累计收获各种蔬菜28万千克,养猪4头,养羊676只,基本达到"夏秋菜自给有余,冬菜、肉食部分自给"。

1977年,叶继盛同志出席了全国兵器工业学大庆会议,并到大庆参观学习。

1978年,为了进入学大庆先进行列,内蒙古机修厂按照"大庆式企业"的六条标准,认真抓了各方面的工作。一是抓整顿,促进领导班子的革命化。厂党委于3月5日至5月30日,进行了历时两个月的"开门整风",加强党委自身建设,形成坚强的战斗集体。同时结合落实干部政策和知识分子政策,对组织机构进行了较大的调整。8月28日,厂革命委员会撤销,由中共乌海市委任命叶继盛同志为党委书记。行政领导班子也做了充实,由郭文兴同志任副厂长,并任党委副书记。二是抓队伍,做好"三基"工作,充分发挥各支部和职能科室的作用,带出一支好的职工队伍,为建成"大庆式企业"打下坚实基础。其间,厂里选老工人曹培谭同志、青年司机钱世民同志和青年女工刘秀兰同志为厂学大庆标兵。三是抓质量,加强企业管理。由工人、技术人员、干部组成的改章建制小组在1972年所制定的各项管理制度的基础上,通过两个多月的集体讨论,逐项开展修改、完善,使之更加科学规范。全厂认真开展"质量月"活动,涌现出车工张树青同志等一批良品率一直保持在95%以上的优质高产能手。四是抓大干,动员职工为实现全年奋斗目标做贡献。在年初的工作计划中,厂部就明确提出"在保证质量的前提下,第一季度实现开门红;第二季度实现双过半;全年任务提前完成"的奋斗目标。通过全厂职工的努力,春节也不休假,实现了一季度开门红的目标。此后,大家再接再厉,每个季度都取得了好成绩,到年底,提前一百天完成全年生产任务,工业总产值达172.17万元。

内蒙古机修厂在卫生、教育和职工生活方面也都取得了较好的成绩。卫生工作自工厂投产以来,连年被评为区、市、自治区先进模范单位。子弟学校曾两次出席海勃湾地区和乌海地区的先进代表大会,1978年又被评为教育战线的先进集体。内蒙古机修厂的农场和"五七"公社农副业收入累计达7.6万元,供给职工的蔬菜28万千克、猪肉2 300千克,既改善了职工生活,也增加了部分职工的家庭收入。

通过1978年一年的艰苦努力,工厂迈进了学大庆先进行列,出席了全国工业学大庆代表大会。

1979年4月,由于深井泵产品销售不畅,内蒙古农机公司取消了大部订单,内蒙古机修厂刚刚起步、正待发展的支农产品被迫于当年9月全部停产,此外按合同发往自治区内各农机公司的深井泵也长期积压,无法按时回款,占用了企业大量资金,给生产带来了巨大困难。

为弥补生产任务不足,内蒙古机修厂随即着手生产汽车配件CA-10半浮式半轴和与柴油机配套使用的传动头,由于积极开发新产品,1979年年底内蒙古机修厂完成工业总产值143.15万元,超产值任务18.35万元。

为了加强厂行政领导,内蒙古自治区国防工办于1979年5月任命于有政同志为副厂长。

4. 找米下锅,渡过困难

1979年,由于国民经济的调整,机械行业处于萧条时期。1980年,内蒙古机修厂正式定名为内蒙古胜利机修厂,但当年只争取到一份产值为37万元的CA-10半浮式半轴的订货合同。为了维持生产,在内蒙古自治区国防工办联合生产电梯计划未能实施之后,内蒙古胜利机修厂积极单独组织工程技术人员开展调研,着手筹备试制电梯。同时由厂部领导带队深入偏远牧区,走访牧民,测绘由澳大利亚进口的风力提水机并进行试制,以救"无米下锅"之急。

1980年,在仅有的一台250 kg的汽锤上,锻工组的同志和技术人员苦干巧干,成功锻造出CA-10半浮式半轴并投入批量生产,在各工序的努力下,全年生产CA-10半浮式半轴5 094根,在条件极为困难的情况下依旧按时、按质、按量履行合同,受到了订货单位的好评。

在汽车修理业务上,内蒙古胜利机修厂采取高质量、低成本、扩大修理范围和可办赊欠等四项措施积极承揽业务。由于精心操作,厉行节约,使汽车大修的成本由1979年的6 376元/辆下降至6 044元/辆,且服务质量相应提高,零活随到随修,既方便了客户,也扩大了业务渠道。特别是可以办理暂时赊欠的措施,受到了客户的普遍欢迎。上述举措使内蒙古胜利机修厂当年取得了折合大修汽车40辆的良好成绩。

当年内蒙古胜利机修厂的新产品FD-5.2型风力提水机,经过紧张的研发、试制,共生产了5台样机,分别安装在阿拉善左旗、鄂托克旗等地进行外场考核运行。

电梯业务方面,内蒙古胜利机修厂当年就生产出3台工艺技术复杂的乘客电梯和1台载货电梯,并采用了较为先进的集选控制技术。虽然未能批量生产,但它们却成为内蒙古胜利机修厂的电梯生产奠定了基础,填补了内蒙古自治区电梯生产的空白。

尽管付出了极大的努力,四处"找米"、苦心经营,但内蒙古胜利机修厂仍不景气,未能改变困窘的局面,全年仅完成工业总产值58万元(5台风力提水机和4台电梯样机因未计算在内),出现了工厂投产以来的第一次欠产(当年工业总产值任务为70万元)。

1980年5月9日,厂部任命郑景和同志为副厂长兼总工程师,以加强技术工作的领导和新产品的研制。

为了稳定职工情绪,积蓄力量,在这一年里,厂里特别加强了职工队伍的思想政治工作和文化、技术的学习,教育职工坚持四项基本原则,克服困难,努力做好本职工作,先后组织了各种层次的政治、文化、技术学习班。事实证明,内蒙古胜利机修厂的职工队伍是稳定的,思想是高度统一和积极向上的,在没有奖金的情况下,他们依然努力工作,出勤率保持在95%以上,保证了生产和各项工作的开展。

1981年,内蒙古胜利机修厂仍面对着"无米下锅"的局面,总产值降到38.3万元,实际亏损已高达67万元。

同年10月,内蒙古自治区国防工办调郑景和同志任内蒙古第二通用机械厂副厂长兼总工程师;任命马秀峰、王琼同志为内蒙古胜利机修厂副厂长。

在国民经济调整时期的这两年(1980年和1981年)中,内蒙古胜利机修厂基本处于秣马厉兵的阶段。

5. 以试制新装备为主的生产和整顿

1982年年初,除了FD-5.2型风力提水机有几台订货外,内蒙古胜利机修厂均无其他合同或供货协议。

到了4月,经内蒙古自治区国防工办联系,才从内蒙古第一机械厂接受了中共中央、国务院、中央军委下达的庆祝中华人民共和国成立35周年国庆阅兵用装备的部分研制生产任务。为了保证完成中央下达的任务,内蒙古胜利机修厂于4月24日召开了首届职工代表大会,发动群众共商振兴企业大计,经过讨论，调整了生产计划，并作出实行经济责任制的决议。大会之后，全厂同志以最大的热情和高度的责任感投入到光荣而艰巨的工作任务中，以期尽快试制成功，投入生产。然而"万事起头难"，由于产品新、品种多、质量要求高、技术工艺难度很大，加之厂里的设备不齐全，材料又过了订货时间，要在8个月中试制成功并生产出40套国庆阅兵用装备产品确不是一件易事。可喜的是厂内有一支能打硬仗、敢于和善于攻克技术难关的职工队伍，大家争分夺秒，全力以赴，到6月底就完成了大量的工艺设计和工艺装备的研制，其中包括组合机床3台，样板量具22种、88套计200多件，模具6种、16套，以及专用拉刀等。并且将国庆阅兵用装备产品的7种试制件送交内蒙古第一机械厂后一次全部通过鉴定。由于运输紧张、材料直到8月下旬才陆续进厂。8月底，厂党委开了生产扩大会议，会上决定党委成员和行政领导除留少数主持日常工作外，全部下到车间，既当指挥员，又当战斗员。同时抽调职能科室的领导和干部，深入班组协助工作或直接踏上生产岗位。后又召开了全厂职工生产动员大会，使全厂干部职工以最大的热情和干劲投入生产。一车间锻工组在组长杨培荣同志的带领下，一班首先把端联锻件班产由59件提高到80件；二班奋起直追，又把班产提高到110件。厂党委及时向他们发了贺信，并号召全厂同志向他们学习，在全厂蓬勃兴起了比学赶超的生产热潮。

  由厂长叶继盛同志、副厂长于有政同志分别组成的板体和端联器攻关小组，相继攻克了板体、端联器精度和几何尺寸难于保证的难题。

  端联器形状复杂，几何尺寸要求极高。攻关小组解恒俭同志克服困难，不断改进端联器拉刀。热处理的同志们也积极改进工艺，很快解决了原光洁度达不到要求的难题。王峰、翟正茂等同志在板体的锪孔、推削和端联器的压型过程中不断改进工装，使产量成倍增长。一车间吴东福同志在铣端联器通槽的工序中不断突破纪录，由班产15件提高到130件。二车间赵斌等同志，把用四爪卡盘加工的中联器改为用180°回转夹具加工，使班产由原来的6件提高到40多件。光荣的生产任务，加上首次实行经济责任制，贯彻"奖勤罚懒、按劳取酬"的原则，极大地调动了全厂职工的生产积极性，生产量突飞猛进，在短短的四个月里，便试制生产出履带销9 093件，板体8 424件，电联器下半部6 473件，中联器上半部6 189件，端联器3 742件，中联器和端联器螺枪161 515件，顺利地完成了国庆阅兵用装备产品的生产试制，同时为下年的大规模生产积累了经验,打下了良好的基础。

这一年,厂里还设计试制了美观实用的工具箱1 012个,试制浅井使用的2.5米风力提水机5台。从性能试验结果看,风力提水机产品运转正常,性能稳定,达到了设计要求,可批量生产供应农牧区。技术人员还完成了5.2米风力提水机、泵体的系列化工作,研制出DN50、DN70、DN100、DN140四种规格的泵体。以满足用户不同井深、不同规格的需要。当年,内蒙古胜利机修厂由副厂长带队,赴工程现场安装了过去订出的2台电梯。此外,内蒙古胜利机修厂全年大修汽车16辆。1982年全年工业总产值由1981年的38.3万元上升到103.4万元。开始扭转长期以来生产任务严重不足的被动局面。

1983年,内蒙古胜利机修厂一面狠抓生产,决心超额完成全年生产任务,一面开展以提高经济效益为中心的企业整顿工作。在动员学习之后,厂里于当年3月开始了人事调整工作,提拔使用了一批懂技术、会管理、有干劲的中青年干部。同时,按照"用其所长"的原则对科室工作人员和生产工人做了相应调整。企业整顿和生产责任制的贯彻执行有力地促进了生产的发展,在生产的发展中又不断加强和完善了管理,内蒙古胜利机修厂当年实现工业总产值388万元,超额完成36.64%,利润为指标的117.5%,达到23.5万元,产值和利润都创造了建厂以来的最优水平。全员劳动生产率达8 100.34元/人,工人劳动生产率首次突破万元大关,达12 848元/人。

同年3月14日,由内蒙古自治区军工局组织对FD-5.2型风力提水机进行了技术鉴定,经由水电部牧区水科所、机械工业部牧机所、农机部、内蒙古自治区科委、内蒙古农牧学院等21个单位35名专家组成的鉴定委员会鉴定,认为FD-5.2型风力提水机经较长时间的外场使用考核,运行性能良好,达到设计要求,该产品还具有结构合理,使用保养方便等多种优点。会后,内蒙古自治区人民政府把内蒙古胜利机修厂定为该风力提水机的重点生产厂。

1983年9月13日,内蒙古军工局又组织对电梯产品进行了技术鉴定,经由天津电梯研究所、天津大学、内蒙古自治区科委、内蒙古自治区经委统建办、内蒙古自治区标准计量局、内蒙古自治区建筑设计院、内蒙古自治区建筑研究所等27个单位39名专家、教授和工程技术人员组成的"电梯产品鉴定委员会"鉴定,认为内蒙古胜利机修厂的电梯产品整机性能和舒适感都达到相关部委标准的要求,准予进行批量生产。

电梯产品通过技术鉴定后,本可以投入批量生产,但内蒙古胜利机修厂当年于忙于国庆阅兵用装备产品的生产,故未能全面铺开,不过这次鉴定却给1986年的电梯生产打下了基础,为"军转民"的过渡创造了条件。

令人兴奋的是,在这一年里,内蒙古胜利机修厂与天津大学自动化系袁修乔教授联合研制的电梯微机控制技术首先应用于电梯产品,使内蒙古胜利机修厂电梯产品的技术水平跃居国内同行业的领先地位。

1984年3月,内蒙古胜利机修厂正式更名为内蒙古电梯厂。

1984年,是内蒙古电梯厂历史上不平常的一年,为了提前超额完成国庆阅兵用装备产品的生产任务,全厂职工、干部日夜奋战,克服了一个又一个困难,同心协力,于8月顺利实现既定目标,使受阅部队提前投入了训练。对此,内蒙古第一机械厂发来感谢信,内蒙古自治区军工局发来贺电。

10月1日,当全厂干部、职工从电视机上看到挂胶履带板的坦克方队通过天安门广场的盛况,无不流下激动的泪水,全厂干部、职工通过辛勤的劳动,为祖国的国防现代化建设作出了贡献。国庆后,工厂受到国务院、中央军委、兵器工业部的通令嘉奖和奖励。这年,内蒙古电梯厂完成工业总产值580万元,超额完成产值任务11.5%,实现利润40万元,在精神文明建设方面也取得了可喜的成绩,被评为区级文明单位。

1984年年底,内蒙古自治区军工局对厂领导班子进行调整,11月1日叶继盛同志离任,由王琼同志任厂长;丛贵发同志任党委副书记;柳思忠同志任副厂长;王立举同志任副厂长兼总工程师。

6. 开始"军转民",砥砺前行

1985年1月,内蒙古自治区人民政府决定,将内蒙古自治区军事工业局所属驻乌海市企事业全部移交给乌海市人民政府领导。1月30日,内蒙古电梯厂开始由乌海市经委直接管理。在这一年里,内蒙古电梯厂紧紧围绕经济建设这个中心,以经济体制改革、整党、企业整顿为重点,积极开展各项工作。为了卓有成效地加快企业生产发展步伐,增强企业活力,顺利地度过"军转民"这一重大转折,内蒙古电梯厂自觉地试行了厂长负责制,并在近几年实行的经济承包责任制的基础上,结合企业整顿和整党,从完善企业内部经济责任制入手,开展了企业经济体制改革工作。针对以往在经济责任制方面只考核任务完成情况不考核利润指标,以致出现速度和效益不同步的问题,厂部决定从实际出发,充分考虑车间与车间、车间与科室、科室与科室的不同情况,分别实行全额利润承包、自负盈亏独立核算的专业经济承包和经费包干等几种不同形式、不同内容的经济责任制,从而进一步调动了职工的生产积极性,有力地促进了企业的发展。

1985年,内蒙古电梯厂上半年顺利地实现"双过半",并在6月创建厂以来月产值超百万元的最高纪录,一个月就完成了一个季度的计划产值,内蒙古电梯厂当年总计完成工业总产值461.2万元,实现利润26.7万元。

1986年是内蒙古电梯厂"军转民"改革创新、团结奋斗、砥砺前行的一年。1月25日,乌海市委任命郑景和同志为党委书记;1月27日焦基明同志任厂督导员,由柳思忠副厂长全面负责行政工作。5月,党委副书记丛贵发同志调离。

年初,这一年的生产任务又成了"无米之炊",内蒙古电梯厂再度处于困难的境地,职工们都很焦急。面对困局,厂党委、厂部行政领导率先认真地学习了有关军工体制改革和确保"军转民"的文件,进一步端正业务指导思想和对军工体制改革的认识。通过学习,深刻地意识到"军转民"已势在必行,而且刻不容缓,否则,企业就难以自立生存。厂部根据企业自身的优势和市场信息,确定加速发展电梯生产,并发动全厂职工为转产献计献策。内蒙古电梯厂出现人人关心"军转民"的局面,并从多个方面着手开展"军转民"。

第一是由生产型转向经营开拓型。1986年年初,厂长就明确提出,变"产供销三个环节,生产是龙头"为"销、供、产,以销售为龙头"。为此专门设立了经营销售科,并由厂长直接领导。一年中,经营销售科的同志们本着"不厌其烦、不厌其杂、不厌其小"的经营方针,积极寻求销售市场,把产品推销到华北、西北、西南等9个地区。在经营销售过程中,注重文明经营,始终把产品质量、信誉和做好销售后的维修服务作为取胜的法宝。为了进一步宣传产品,增强市场竞争力,内蒙古电梯厂分别在4月和10月结合电梯安装交付使用,于银川、太原召开了大型用户座谈会暨订货会。内蒙古电梯厂的这些举措对开拓市场、提高产品质量,起到了良好的促进作用。8月,内蒙古电梯厂针对多数用户及电梯开梯管理人员对电梯整机性能和操作技术不熟悉的情况,为全国15家电梯用户的17名同志免费进行了为期一个月的技术培训。由于在各方面坚持了正确的经营方向，内蒙古电梯厂在激烈的市场竞争中逐渐站稳了脚跟，赢得了越来越多的客户。

第二是从以完成任务为中心转向以提高经济效益为中心。厂里一方面加强经济核算，重新调整生产组织，尽力降低材料定额，千方百计地降低生产成本；另一方面尽最大努力购进平价材料，使企业以尽可能少的人力、财力、物力生产出尽可能多的符合市场需要的产品。1986年一年内，内蒙古电梯厂购进平价钢材340吨，并与全国20余家工厂建立了比较稳定的长期供货关系，减少了中间环节和费用。同时，内蒙古电梯厂狠抓产品质量，严格控制废品损失。

第三是由"外延式"扩大再生产转向"内涵式"扩大再生产。在全部转入民品生产之后，原军品生产线的设备大量闲置，而电梯生产线尚未建成，给生产带来一定困难。为了适应电梯生产，内蒙古电梯厂一方面挖潜革新，充分利用现有的人力、财力和技术，把生产组织好；另一方面则依靠科学技术进步，积极进行产品更新换代和技术改造。这一年，仅小型革新就达66项，节约资金7 903.6元。为了在竞争中求生存、求发展，内蒙古电梯厂在批量生产交流双速电梯的同时关注新产品的开发。除了和天津大学自动化系合作研制第二代电梯微机控制系统外，内蒙古电梯厂又进一步签订了联合研制生产交流调速电梯的协议，以加快产品的研发。此外，内蒙古电梯厂着手试制生产曳引机，该产品可满足国内各行业的需求，助力各类工矿的生产。为了尽快地把科学技术转化为生产力，1986年内蒙古电梯厂共投资200万元，进行了较大范围的技术改造。

第四是从封闭型转向开发型。内蒙古电梯厂打破条块分割，实行横向联合。除了和天津大学联合进行新产品开发外，还和天津电梯研究所、廊坊建筑机械化研究所、西安建筑机械化研究所等单位进行密切联系，发动职工广泛交流学习技术。在产品销售方面，内蒙古电梯厂先后与青岛、太原、呼和浩特、保定等地建立了互利的合作关系，初步形成销售网络。在生产协作和物资供应方面与全国20多个厂家建立了比较固定的协作和供应关系。

上述四个方面的转变，使内蒙古电梯厂在企业经营中确立了商品经济观念和竞争观念，使企业出现了新的转机和活力。

1986年，内蒙古电梯厂实际亏损19.15元，减亏0.85万元并全年完成工业总产值280.1万元,其他各项经济指标完成得也较好,其中全员劳动生产率达5 187元/人,综合良品率达99.2%。

1986年,内蒙古电梯厂在党风建设中也取得了较好成绩。经市委验收,内蒙古电梯厂党风建设达到了五条验收标准,基本上实现了党风的根本好转;在精神文明建设上也做了大量工作,保持了文明单位的称号,还先后被评为先进基层工会、工业普查先进单位。在全市爱国卫生运动银马赛中取得"三连冠",获得了银马和乌海市政府颁发的1 500元奖金,同时连续三年被评为"阿基奈"银杯赛厂矿组第二名,在乌海市安康杯竞赛活动中也被评为优胜单位。

1987年对内蒙古电梯厂而言是继往开来、乘胜前进的一年。当年的厂领导班子由党委书记郑景和同志、厂长柳思忠同志、副厂长兼总工程师王立举同志、副厂长张宝林同志和督导员焦基明同志组成。

当年年初,厂部就确定了全年"产量突破50台,产值完成300万元,实现减亏10万元"的奋斗目标。然而,大家都知道,在"双增双节"的大背景下要完成上述目标是非常困难的。内蒙古电梯厂正确处理"双增双节"和发展生产的关系,狠抓了经营和销售,在往年的基础上又扩大了横向联合。内蒙古电梯厂在兰州市木材公司召开了一次订货会,订出电梯10台,成交额达90多万元,并获得了大量的订货信息。内蒙古电梯厂加强横向经济技术联合,加快产品更新换代。和天津大学自动化系联合研制的第一代、第二代微控制技术投入应用后,内蒙古电梯厂于1986年开始研制微控制交流调速电梯,并于当年8月交付四川省宜宾酒乡宾馆使用。这一新产品的研制成功,使内蒙古电梯厂有了自己的"拳头产品",从而打开了北京这个全国最大的电梯销售市场。此外,内蒙古电梯厂还采取不同的方式,与自治区内外有关单位结成了销售、安装、维修服务联合体,为其电梯产品在市场竞争中站稳脚跟、扩大销量起了积极作用。

1987年7月,内蒙古电梯厂与乌海市经委签订了承包经营合同,进一步深化企业的内部改革,推动了各项工作的顺利开展。11月,城建部电梯许可证验收组对内蒙古电梯厂的技术、工艺、零部件制造质量、安装质量、整机性能、职工素质和各项管理工作进行了管理验收,给予内蒙古电梯厂很高的评价。在城建部随后于广州召开的电梯生产、安装许可证评审会议中,内蒙古电梯厂被评定为全国首批取得电梯生产许可证、电梯安装许可证的企业。

1987年，内蒙古电梯厂共生产电梯58台，试制成功的曳引机也投入了批量生产，完成工业总产值315.63万元，减亏11.5万元，产品质量和产值分别超额16%和52%完成乌海市经委下达的全年任务，比上一年分别增长28.9%和12.7%。

目前，内蒙古电梯厂全厂干部、职工意气风发，决心不断开拓进取，为祖国的各项建设事业作出更大的贡献。

内蒙古工具厂简史

云武和

1. 概述

内蒙古工具厂（国营九一三九厂）筹建于1965年，截至1988年共有固定资产660万元，全厂建筑面积2.1万平方米，其中家属住宅建筑面积近1万平方米，共设5个生产车间、一个下料工段、一个科室，职工总数为398人。内蒙古工具厂共有加工设备有200多台，其中金属切削机床143台，高精度机床41台，进口设备16台；另有热处理设备2台、锻压设备12台、计量检测设备18台，进口设备18台。内蒙古工具厂能承接中小型夹模具、标准铣刀、铰刀、拉刀、专用量具等各类产品和机床附件的加工生产。现在主要产品有：200～250 mm 四爪单动卡盘、立铣刀、键槽铣刀、液压拨盘（机床附件）、多用活顶尖等。

内蒙古工具厂原系内蒙古直属军工企业，厂址的选择定点是根据中央规定的"远离大城市，靠山、隐蔽、分散"的方针选定的。按照1965年5月27日内蒙古自治区重工业厅的文件指示，内蒙古工具厂原定在海勃湾市机械厂的基础上进行改建，后来决定和主机厂相邻，定址于拉僧仲庙西南地区的山沟，后又几经周折，才选定了现在海勃湾地区的厂址。

内蒙古工具厂地处海勃湾地区的东山，北靠无名山，连接摩尔沟煤矿，南邻内蒙古电梯厂，东依凤凰岭，西瞰海勃湾城区，距海勃湾火车站约3千米。在霞光的辉映下，远远望去，黄河像条玉带横贯乌海全市，各式建筑尽收眼底，美不胜收，通往厂区的盘山路弯弯曲曲顺沟而上。一进山口，便是内蒙古工具厂的家属区，那里的房屋层层有序，一派繁荣兴旺的景象。子弟学校和各类职工福利设施位于南侧的坡上，北面是居民点，高大的工人俱乐部坐落正中。绕过两个山湾进入山沟，映入眼帘的是两面山坡上的单身宿舍，由于建在半山上，这些单身宿舍被职工们称作"空中楼阁"。穿过单身宿舍，距厂区大门百米处的正面是厂部办公楼，再转上一个"之"字形的山湾，便见生产车间傍山顺沟而建，从山口到车间深处约有千余米。厂区内，由于多年的改建维修，石垒的护坡整齐有序，厂内多年的绿化与山顶的突兀形成鲜明的对照，山下丛林茂密、郁郁葱葱、奇花争艳，加上机器的轰鸣声，显得生机盎然。

内蒙古工具厂的筹建是根据华北局、一机部的部署，具体按照内蒙古自治区人民委员会的指示执行的。根据预定的设计方案，内蒙古工具厂的总投资为280万元，建筑面积是8 873平方米。建厂设计是基于一机部下属设计院编的地方军工厂（工具部分）Ⅲ型工艺设计资料，并通过实地调查而确定的。内蒙古工具厂的设计定位是为地方各军工厂服务的专业化工具厂。它可为半自动步枪厂、枪弹厂、地雷/手榴弹厂及雷管厂等军工厂生产重大、精密、复杂的专用工艺装备和工具，设计产能为上述五个军工厂所用工艺装备机加工工时的40%～45%。

内蒙古工具厂由于对个别项目考虑不周，工艺设备方面有缺项，到1968年工厂全部建成时，上级实际投资达430万元，建筑面积也有所增加。

2. 艰辛创业

根据内蒙古自治区工交委机械工业局下达的基本建设计划，内蒙古工具厂要在1966年年初正式破土动工，总投资为280万元，并强调要坚决贯彻"艰苦奋斗，勤俭建国"的方针，反对"贪大、求洋、求全"，发扬"干打垒"精神，尽可能就地取材，降低造价，同时要加快速度，保证建筑质量。但由于种种限制，基建工作一直在延后。当时筹备建厂的领导干部没有办公地点，只好占用内蒙古自治区重工业厅二机局的一间办公室，刚来的单身同志出了工作，也在这间办公室内居住。内蒙古工具厂的第一任厂长是刘振满同志，接着陆续调进党委书记牛步峰同志和其他干部若干人。经过筹划，由厂长刘振满同志、党委书记牛步峰同志带队到海勃湾配合建设单位破土动工。第一批到海勃湾的人员有张正国、韩宝珠、王福才、董书仁、李庆生等同志。除了留在呼和浩特市做组织调配工作的数人外,已到达海勃湾的同志都各有分工,陆续赴建设工程现场指挥和协调。当时选定的厂址在拉僧仲庙西南地区的山沟,距主机厂仅千余米。正当房屋位置选定、厂区布置结束、破土挖地基的时候,1966年6月,接到上级通知,要求内蒙古工具厂暂停基建,尽快搬到呼和浩特市安装设备并投入生产。厂领导接到通知后,马上讨论制订了搬迁计划:第一步,立即通知厂家,将所有未到厂的订货设备更换配送地址;第二步,7月中旬前将已到海勃湾的轻型设备和所有办公生活用具全部运往呼和浩特市,除个别人员处理善后工作外,所有人员赴呼和浩特市参加设备安装,准备生产;第三步,在内蒙古第二通用机械厂未搬迁到海勃湾之前,根据内蒙古第二通用机械厂对生产工具需要的轻重缓急确定安装的设备顺序,与内蒙古第二通用机械厂协作生产;第四步,内蒙古第二通用机械厂搬迁结束后,再按照现有厂房和设备进厂的情况统一安排厂内布局,年内以制造非标准设备和部分二类工装为主,尽快制造一部分工装解决以供主机厂的急需。韩宝珠同志回忆说:"搬迁基本按计划实现了,留住在基建点上的几位同志可受苦了,那才叫发扬艰苦奋斗的精神哩!为了给国家节约资金,几个人发扬愚公移山的精神,不怕风沙,不怕烈日,十几天的时间,硬是用土办法把几十台数吨重的设备搬上汽车运到火车站。年初为了解决吃菜难而种的白菜、萝卜,收获后也都卖给了兄弟厂的职工家属。"1966年下半年,留守人员全部撤离海勃湾地区。除去派去河北小三线厂培训的1965年招收的50名徒工,以及去东北军工厂学习的从包头、呼和浩特调进的技工,厂里只有近30名干部和工人,就这样,在厂长刘振满同志的带领下,这群人紧张地进行着安装设备工作。到1966年年底,急需设备已安装完毕,这时又陆续调进了十几名技工,赴河北培训的50名徒工也返厂走上了工作岗位,随即便开始试车生产,为主机厂解决燃眉之急。

当时全厂职工都有留在呼和浩特市建厂的思想,不愿去海勃湾,所以从设备安装以及试车生产,进度之快是可想而知的。但是事与愿违,正当试产刚刚开始,接内蒙古自治区重工业厅二机局指示,新厂址仍在海勃湾,可以重新选点,但必须符合"远离大城市,靠山、隐蔽、分散"的方针。鉴于此,厂领导立即召开会议进行了动员。小三线职工们的思想是过得硬的,搬迁通知下达后，职工们都积极响应号召。这也是有原因的，起初在各地企业抽调人员、招收徒工时，逐个进行了严格的政治审核，都是热爱党、热爱社会主义、立志献身军工的好同志，虽然不免有这样或那样的想法，但执行上级的命令时个个都不打折扣。而党员的先锋作用也很关键。当时职工的思想就是党叫去哪里就去哪里，为了小三线，去哪里都可以。大家都为自己是一名军工战士而自豪。搬迁开始后，厂领导分工负责，分兵两路，大部分人员留在呼和浩特市搞生产，一小部分到海勃湾选点搞基建。1967年3月，由副厂长张云亭同志带领干部狄勇、张正国、韩宝珠等十几名同志，奔赴海勃湾地区重新选址建厂。基建工程由内蒙古厅建第二工程队负责，厂址选好后，建筑工程即刻破土动工，力争一年之内全部竣工。时间紧、任务急，搞基建的同志们和建筑工人一起发扬"一不怕苦，二不怕死"的精神，到年底除个别工房和外加设施未完成外，其他的项目基本结束。在施工中，所有同志都付出了全部心血。工地没有房子，他们就借住在海勃湾矿务局的二层红楼里，距工地三四千米远，开春的风卷着黄沙刮得他们走三步退两步。为了节约开支，减少运杂费，他们自愿放弃租借汽车来往工地，硬是每天步行上下班，中午自带干粮，渴了喝口凉水，饿了啃口馒头，就这样干了几个月。为了节约开支，许多搬运工作他们也都自己干。当年的海勃湾只有一条不想用的土路能够通往东山，别的地方全是沙丘和洪水沟，同志们一路见沙就铲、见沟就平，坚持把几百吨的物资运到了工地。打井队把水井打好了，同志们自告奋勇安装水泵两台，使一号井、二号井很快能够为工地施工供水，也解决了工人们吃水的问题。到1967年三季度末，主要厂房和几栋单身宿舍均已完工，家属住宅临近结尾，呼和浩特市的生产人员从10月开始往海勃湾搬迁，招收的第二批徒工也结束了培训陆续从河北返厂，一个大搬迁开始了。到1968年2月，内蒙古工具厂的搬迁才基本结束，从海拉尔、包头、呼和浩特等地支援本厂的技工也陆续报到进厂。内蒙古工具厂于1968年上半年经过试车，逐步投入生产。

在这次搬迁中，设备陆续到厂，大部分可以用汽车拉运，但有几台吨位大、体积大的设备汽车拉不了，当时的海勃湾各单位也没有大型的拖车。革委会主任刘振满同志召开紧急会议，发动全体职工出主意想办法，最终决定用靠人力用绞磨拉。厂领导当场拍板，各车间、各科室都积极响应，很快抽调出几十名职工，他们发扬"人拉肩扛"的精神，在烈日暴晒、风沙扑面的条件下，苦干了20天，硬是在黄地上把几台大型设备从海勃湾车站拉了回来，为内蒙古工具厂早日定型投产作出了贡献。

从1967年年末到1968年，全厂职工边搬迁边安装，边试制边生产，克服了设计上、技术上的重重困难按计划完成了上级布置的任务和兄弟厂的协作项目，保证了主机厂工装和刀具、量具、夹具的供应。

内蒙古工具厂的厂房建设到1968年9月才基本结束，其间厂里主要生产主机厂和本厂用的各类工装和主机厂的刀具、量具、夹具，共生产各类工装1 909套、量具158套、刀具73件、夹模具149套，并成功试制2级块规，加上其他零星工具159套，年终收入达3万元。

3. 生存与发展

内蒙古工具厂为地方国营军工企业，1965年至1967年隶属于内蒙古自治区重工业厅二机局，1968年改由内蒙古自治区国防工办管理，1983年开始归内蒙古自治区军工局管理，1985年1月划归乌海市管理。

内蒙古工具厂于1969年正式投入生产，主要任务是生产半自动步枪、子弹、地雷、手榴弹等武器生产所需的各种工具以及一部分其他配套厂的工装。在中央精神的指导下，在工程技术人员和工人同志们的共同努力下，内蒙古工具厂当年全面完成上级下达的生产任务，实现工业总产值50万元。

1969年12月，内蒙古工具厂实行军管，军管组会同革委会把原来的生产组织改编为班、排、连，1970年当年实现工业总产值70万元。

随着主机厂生产的不断发展，内蒙古工具厂所承担的任务也越来越重，原设备能力和厂房已不能满足生产的需要，上级拨给内蒙古工具厂建厂的投资额已经大大超出预算，到1968年底已达到430万元。随着急需的各种配套设备不断到站入厂和人员的增加，厂房内显得拥挤杂乱，为此，内蒙古工具厂及时地进行了设备的调整并对厂房进行了扩建和改造，以适应生产的发展。

截至1971年，内蒙古工具厂实际投资已达493万元，在册职工总数为398人，这一年内蒙古工具厂的产量大幅度增长，生产各种刀具23 238件、量具1 667套、夹模具368套，生产其他零散工具88 158件（套），实现工业总产值75

万元。

　　内蒙古工具厂自投产以来所承担的各项任务中大部分是主机厂没有能力加工生产的,属于急、难、精的产品,而且品种多、数量少、加工难度大、质量要求高。好在内蒙古工具厂的职工队伍技术高、素质好,他们来自五湖四海,各有所长,大家都虚心学习、取长补短,涌现出不少技术能手。选派到内蒙古工具厂的大学生都深入生产第一线,主动参加生产劳动,取得了丰富的实践经验,在企业的生产活动中,他们理论联系实际,攻克了许多急、难、尖的项目,既保证了主机厂的生产需要,也为内蒙古工具厂培养了一批又一批的技术人才。这一时期,内蒙古工具厂的大学毕业生多达32名。

　　1973年以后,随着设备和人员的增加,内蒙古工具厂的生产能力不断提高,但由于主机厂在工装方面的自制能力已有所加强,内蒙古工具厂的生产任务出现了下降的趋势。当时的厂领导及时请示主管部门,并提出了试制新产品的意见。上级的答复是,在保证主机厂工艺工装需要的情况下,军民结合、平战结合,适当研发民用产品,支援地方建设,为国家创造财富。为此,内蒙古工具厂及时组织技术人员和有经验的工人赴外地进行调研。经过调研和讨论,内蒙古工具厂决定试制高度划线卡尺产品,并责成三车间成立"卡尺试制小组",派技术骨干赴兄弟单位学习。学成归来后,试制小组立即投入了紧张的设计工作,没有图纸自己画,没有专用工装自己制造,仅用了一个月的时间就拿出了样品。内蒙古工具厂随即将样品送至北京标准计量局开展鉴定,经鉴定,内蒙古工具厂试制的高度划线卡尺产品各种精度要求符合国家相关标准,同意批量生产。

　　为了使高度划线卡尺早日投入批量生产,内蒙古工具厂几次派人去外地测绘专用设备图纸,在专用设备的制造中,厂领导现场办公,第一时间解决生产过程中的各类问题。职工们干劲十足,因陋就简,就地取材,成功制造专用设备8台,其中,刻字机、研磨机、照相腐蚀仪、氙气灯等属于结构复杂、精度较高的设备,圆弧磨床、离心机、喷砂机、套扣机以及主尺刻线照相仪都属于新工艺设备。这些设备的制成,为内蒙古工具厂批量卡尺生产奠定了基础。

　　在1974年中,内蒙古工具厂不但按时完成了主机厂的生产任务,而且生产了高度划线卡尺1 000把,全年实现工业总产值105万元,其中高度划线卡尺的产值为52.74万元,占当年工业总产值的50%,使内蒙古工具厂第一次实现了盈利,扭转了自投产以来"只花钱、不挣钱"的局面,为内蒙古工具厂的资金积累、扩大再生产、增加职工福利创造了条件。

在1974年以后的几年中,除高度划线卡尺作为民品生产方面的主要产品外,内蒙古工具厂还生产了标准通用立铣刀、三面刃铣刀、角度铣刀、切肉机、绞肉机等民品,为工具厂"军转民"打下了良好的基础。

党的十一届三中全会以后,内蒙古工具厂党委及时地按照党中央的文件精神和上级指示,将工作重点转移到经济建设上来。为了开辟企业的新局面,发挥各方面的积极性,内蒙古工具厂首先改选了党委会,委员由原来的5名增加到10名,吸收了知识分子党员加入党委会,并大胆选拔中青年知识分子和有经验的技术工人走上各级领导岗位。刘崇璋、张正国、巴达尔等同志就是在这一时期先后被提拔为厂级领导的。对其他知识分子,内蒙古工具厂均按规定评定了技术职称,并根据个人能力分别予以提拔和重用,较好地落实了知识分子政策。

1979年,随着主机厂军工产品的削减,内蒙古工具厂生产任务不足的问题越来越突出,所生产的高度划线卡尺和标准通用刀具等民品也出现了滞销。为了工厂的生存和发展,厂领导积极组织人员到外地承揽订单,先后与50多家单位签订了共计160万元的供货合同,暂时缓解了当年生产任务不足的局面。随着合同生产任务的落实,内蒙古工具厂相应调整了原来的生产线,把几个主要生产车间的力量按产品的工艺流程分别组成了三条生产线。第一条生产线进行131型工具的加工;第二条生产线生产120型中修工具;第三条生产线主攻倒刺的试制和专用工具及其他产品的生产,并且增加了珐琅、镀锌等工序的操作间。没有厂房,职工们就因地制宜、自己动手,利用旧澡堂改成简易珐琅工序操作间,另把原来镀铬车间的生产线分割成两条,解决了镀锌工序的问题。在安装设备的过程中,厂电工组、机修组在科领导的带领下会同技术人员一起自主设计,自主安装或制造了许多专用设备,仅用了两个月的时间就完成了全部所需设备的安装和制造,为企业节约了上万元的开支,保证了当年的生产秩序。

在131型工具和120型中修工具的生产中,充分显示了内蒙古工具厂技术人员和工人队伍的能力。这两款产品分别是坦克和军用车辆的中修工具,每套工具多则上百件且形状各不相同,结构复杂,尺寸精度要求很高。技术人员和工人们群策群力，自行设计上百种简易工装，及时地解决了工艺技术难题。厂里在生产管理中也采取了新措施：任务逐级承包，定人员、定任务、定奖金，从而有力地调动了广大职工的生产积极性。1979年，内蒙古工具厂实现工业总产值169.3万元，超额完成9.9%，各项经济指标均达到要求，实现利润15万元。

国营企业的生产形势总是受到全国经济形势的影响，由于生产任务的不足，几年来各小三线军工厂都面临着"找米下锅"的困局，内蒙古工具厂也不例外。

1981年，由内蒙古军工局牵线，由内蒙古第一通用机械厂、内蒙古第二铸锻厂、内蒙古木器厂、内蒙古工具厂联合试产家用缝纫机，内蒙古工具厂承担了12种小部件的加工任务。1982年，内蒙古工具厂一边建设生产线，一边紧张地开展各种小部件的试生产。1983年，内蒙古工具厂正式批量生产12种小部件，可是好景不长，家用缝纫机项目由于销路不佳被迫下马。

1984年下半年，内蒙古自治区军工局调整了内蒙古工具厂的领导班子，按照四化的标准，由张正国任厂长，申日盛任党委副书记，李生跃任副厂长。

新一届领导班子认真总结几年来内蒙古工具厂走过的路，深入基层，倾听职工意见，招贤纳谏、广开门路，尝试开展横向联合，在改革的洪流中迈出了新的步伐。

要搞活企业，必须进行改革。几年来，改革的观念在这个山沟里逐渐形成并深入人心。内蒙古工具厂新一届领导班子根据群众的意见反复研判，首先制定了厂对车间、科室的经济责任制。为提高企业经济效益，厂部带头开展简政放权，把一部分权力下放到基层，使上下各级有职有权，有奖有罚。

1985年4月，内蒙古工具厂开始与呼和浩特机床附件厂联合，加工"环球牌"四爪卡盘产品。该产品是名牌产品，销路好，出口量大，前景可观。上级在资金和政策方面都给予内蒙古工具厂诸多帮助，使得内蒙古工具厂可以边建生产线边试制，于当年12月便投入了批量生产。同年，内蒙古工具厂还与银川机床附件厂联合生产液压拨盘，该产品也于当年投入了批量生产。1986年，内蒙古工具厂与包头第一机械厂联合生产出口波兰的铣刀。通过这些横向联合，内蒙古工具厂逐步有了生机和发展，经济效益不断提高。内蒙古工具厂进入历史转折时期，自1985年起，在"军转民"方面已初见成效，形成两条民品生产线,生产能力和产品质量逐步提高。民品的生产将为内蒙古工具厂生产力的发展奠定基础。同时,为了提高企业的经济效益,增强企业的发展后劲,内蒙古工具厂不断开发新产品、引进新技术,锐意进取,展望未来。内蒙古工具厂将随着改革开放的深入发展,开拓新的局面,为振兴乌海,为社会主义建设做出更大的贡献。

内蒙古跃进火力发电厂简史

牛茂功　张　丰

1. 概述

内蒙古跃进火力发电厂(简称跃进电厂)位于乌海市海拉公路32千米处东侧额热格腾乌拉山北端的山脚下,东临内蒙古第一通用机械厂、内蒙古第二通用机械厂,西靠西桌子山水泥厂,北和海南区政府相望。

整个厂区三面环山,东面有一块开阔地。厂区西高东低呈阶梯形,东西狭长,占地面积(包括家属区)约19万平方米。

厂部被一条柏油马路一分为二。路南边的山脚下,有两个比较大的洞口和一座冷却塔、一个输煤场,半山腰伸出两根烟囱。当年从战备需要出发,发电厂主设备全部安装在人工开凿的洞内。主机组为两台214-10/13-350型锅炉(国营建成机械厂产)、两台21-1.5型汽轮机(上海汽轮机厂产)和两台TQT616/4型汽轮发电机(国营松江电机制造厂产)。

路的北边是党政工团的办公室、职工之家、单身宿舍及职工食堂、医务室、车库等。

厂区四周和柏油马路两旁的榆柳丛中白杨挺拔。

跃进电厂属县级单位,厂部下设7个职能科室,3个生产车间,1个劳动服务公司。厂党委下设6个党支部,在册职工为202人(男职工149人,女职工53人),其中中共党员48人,共青团员54人,高中以上文化程度的32人,助理工程师以上的技术人员3人,厂级干部3人,中层干部12人,待分配的原副厂长1

人,退休职工41人,离休人员2人。

厂内装有两台1 500 kW火力发电机组,一座35 kV变电站。主要用户为内蒙古第一通用机械厂、内蒙古第二通用机械厂、六五四医院以及盘井地区及骆驼山一带的百余个单位,总计供电线路约139千米。

2. 建厂

跃进电厂于1968年3月着手筹建,筹建工作由周福成同志主要负责,工厂代号一〇八三,隶属于内蒙古自治区第二机械工业局,建厂宗旨是为小三线军工企业服务。跃进电厂的设计由内蒙古自治区电力设计院负责。施工由内蒙古厅建一处承担,周福成同志为建筑单位的代表,建厂技术指导员由米永庆同志担任。

为了使工程建筑保质保量地完成任务,上级从集宁、包头第二热电厂、包头第三发电厂调来一部分行政干部、技术人员及工人,总计约300人,根据工程项目的具体情况,分别组成了修路、土建、凿洞三个大队,加上临时工,参加工程建设的总计约有500人。

修路队约90人,负责修建从内蒙古第一通用机械厂和内蒙古第二通用机械厂的路口到车间洞口西侧输煤场的公路,全长约2千米。虽然地势起伏不平,有深沟、有山丘,但修路队逢山开路,遇沟填平,总计移动土方约10万立方米,顺利完成了修路的任务。

土建队约100人,负责兴建办公楼、职工食堂、单身宿舍、医务室、家属房、车库等,总面积约为1.6万平方米。

凿洞队约300人,洞深约80米,最高处有17米,洞内设有锅炉洞室、汽轮机洞室、联络通道、配电洞室、洞室主通道、洞室副通道、输煤通道、洞室通风道等,总计运出土石约3万立方米,这些土方碎石用于洞外填沟筑路。

设备安装由内蒙古电力公司一〇三八工程队简正横、姬亚轩两位同志负责,有70多人参加了此项工作。

1970年10月1日,第一台1 500 kW发电机组正式运行。1971年9月,第二台1 500 kW发电机组投产,全厂的固定资产为525.9万元。至此,建厂的职工们克服重重困难,圆满地完成了建厂任务。

3. 历程

1968年8月至1971年4月,李万森同志任厂革委会主任,周福成、张明辉两位同志任副主任。

1969年1月,跃进电厂实行全面军管,黄渺忠任军管会主任、张洪儒、白振林两位同志任副主任。

1971年,跃进电厂党委成立,刘裕光同志为第一任党委书记。

1971年5月至1972年6月,吴贵红体重任厂革委会主任,周福成同志任副主任。

1974年至1976年4月,焦基明同志任厂革委会副主任。

1976年3月至1976年11月,彭心填同志任厂革委会副主任。

1970年至1976年,跃进电厂处于动乱年代,投产七年总计亏损139万元。

1976年12月至1978年8月,宋步法同志任跃进电厂党委书记兼革委会主任,谭连举、彭心填两位同志任革委会副主任。

1978年至1983年3月,宋步法同任跃进电厂党委书记兼厂长,彭心填、周福成两位同志任副厂长。

1977年,跃进电厂全年发电888.6万千瓦时,工业总产值59.1万元,利润0.1万元。

1977年3月,跃进电厂被内蒙古自治区人民政府评为"大庆式企业"。跃进电厂从1980年开始给职工兴建砖木结构家属房,截至1986年,总建筑面积达1 185平方米。

1981年,跃进电厂全年发电773.5万千瓦时,工业总产值52.6万元,利润7.3万元。

1982年,跃进电厂全年发电785.3万千瓦时,工业总产值53.6万元,利润8万元。

1983年,谭连举同志任跃进电厂党委副书记(代书记),王端昌同志任副厂长(主持行政工作),原厂领导宋步法、彭心填和周福成三位同志待分配。

1983年,跃进电厂全年发电843.2万千瓦时,工业总产值57.9万元,利润9万元。

为了提高职工素质,从1983年开始厂领导决定在职工中进行"双补"工作,到1985年,总计参加学习的有51人,经过考核,全部领到了合格证,占应补人数的79.7%。

1983年,根据上级的指示,跃进电厂组建了劳动服务公司,确定以工为主,采取多种经营的方式大力发展第三产业,开办蔬菜队、小煤矿、泡花碱厂等,解决了职工家属和待业青年的就业问题。

1984年,王端昌同志任跃进电厂党委书记,张树芳同志任副厂长(主持行政工作),郝光普同志任副厂长。

1984年,跃进电厂全年发电811.8万千瓦时,工业总产值52.9万元,利润7.5万元。

同年,跃进电厂实行了经济责任制,各项管理制度逐步建立健全。当年跃进电厂召开了第一届职工代表大会,主席团主席为张树芳同志。

1985年,跃进电厂全年发电1 193.4万千瓦时,工业总产值77.6万元,利润10.9万元。

同年4月8日,跃进电厂与乌海电网正式并网。9月,王海诚同志调任跃进电厂党委副书记。12月,跃进电厂对二号汽轮机进行了更新改造。

1986年,跃进电厂计划全年发电1 200万千瓦时,实际全年发电1 770.8万千瓦时,超计划570.8万千瓦时,当年工业总产值任务为78万元,实际完成115.1万元,超额37.1万元,实现利润14.7万元,创跃进电厂建厂以来产值产量历史最优水平。

1986年年初跃进电厂对一号汽轮机进行了更新改造并被乌海市评为文明单位。4月,跃进电厂召开了第二届职工代表大会,张国信同志为主席团主席。6月,张树芳同志调离跃进电厂。9月,周福成同志任副厂长(主持行政工作)。10月,王端昌同志调走,党委工作由党委副书记王海诚同志主持。1986年年底,经乌海市经委验收并宣布跃进电厂为乌海市第一批实现党风好转的单位之一。当年跃进电厂的固定资产累计达583.9万元。

4. 展望

跃进电厂从筹建以来历经风雨,广大干部、职工艰苦奋斗,在工作中积累了丰富的经验，为跃进电厂今后的发展打下了坚实的基础。但由于跃进电厂原是为小三线军工企业配备的小型自备电厂，装机容量小，主机组全部装在洞中，且机组均为20世纪50年代末期的产品，经多年运行，设备陈旧老化，又无备品更新，经济效益已无法满足社会发展的需求。考虑到乌海地区对电力的需求情况，因此仍然要确立以提高经济效益为中心的思想，对现有设备逐步进行更新，以增加企业的后劲。同时从机组老化、容量小、效益低及地处山洞的客观实际出发，配合内蒙古自治区及乌海市电力建设的发展，教育职工更新观念、开阔视野，有计划、有目标、有措施地进行智力投资，力争为电力事业培养出一批合格的管理人才和技术人才，为乌海市电力事业的发展作出应有的贡献，让跃进火力发电厂这颗明珠灿烂生辉。

内蒙古六五四物资供应站简史

张效义

1. 概述

1965年4月,内蒙古自治区在伊克昭盟海勃湾地区筹建地方小三线的同时,为了加强领导,统一指挥,经内蒙古自治区人民政府批准,成立了"六五四工程指挥部",负责海勃湾地区的地方军工筹建工作。1969年,地方军工厂相继建成投产后,又根据生产需要,成立了"011二类机电站",专为地方军工提供二类机电产品,该机电站即为内蒙古六五四物资供应站的前身,隶属内蒙古自治区国防工办。

1971年5月,按照国务院统一部署,在全国部分省(区)设点筹建地方火工厂,定址于乌海地区。内蒙古自治区国防工办为加速筹建工作,成立"七一五工程指挥部",同时,撤销"六五四工程指挥部",原有人员一部分分配到"七一五工程指挥部",另一部分充实到"011二类机电站"。

1972年,内蒙古自治区国防工办为适应生产需要,决定撤销"011二类机电站",成立内蒙古六五四物资供应站。

1981年,为贯彻"军民结合"的方针、在军品任务缩减的情况下,于同年6月,经内蒙古自治区人民政府批准,地方军工企业的部分工厂联合生产家用缝纫机,并组建了协调生产、统一指挥的办事机构——内蒙古缝纫机总厂。在各生产厂家的共同努力下,当年试制当年投产,并于1983年通过了内蒙古自治区组织的生产技术鉴定。但鉴于家用缝纫机市场饱和,产品严重滞销而最终停产。1984年1月，由内蒙古自治区军工局批准，撤销内蒙古缝纫机总厂，并与内蒙古六五四物资供应站合并。

原内蒙古六五四物资供应站招待所系内蒙古六五四物资供应站下属业务部门之一。1984年9月，内蒙古自治区军工局决定，将招待所作为单独核算的经济实体，成立内蒙古军工局招待所。

1985年1月，根据内蒙古自治区人民政府的决定，六五四系统企事业单位全部划归乌海市管理，内蒙古六五四物资供应站转由乌海市经委主管。为便于工作联系，乌海市经委保留了内蒙古六五四物资供应站的名称，行政上与乌海市经委工业供销公司合并，成立乌海市经委供销公司，但经营、财政均实行独立核算。同时，为了加强横向联合，销售地方工业产品，提高乌海市的知名度，经乌海市政府批准成立"乌海市工业品贸易中心"。该贸易中心设在乌海市经委供销公司内，属于"一套机构，两个牌子"，后发展为"全国城市工业品贸易中心联合会"的成员之一。

2. 业务范围和规模

1965年4月至1969年7月，经过四年多的艰苦创业，六五四系统各厂都先后投入批量生产，达到了设计产能。为了协调计划统配物资的供应与管理，更好地为企业生产服务，上级单位组织成立了不以营利为目的的物资储备单位——内蒙古六五四物资供应站，负责组织编报、汇总技术物资计划，供应各生产厂的生产、维修用料及二类机电等产品，统一管理与供应计划内的物资，是具有一定规模的经济实体。

职工方面，从建站初期的6人发展到后来的63人，其中包括管理干部7人，专业技术干部12人，有高级职称者1人，有中级职称者6人。在36人中，具备大专文化程度的有1人、中专（高中）文化程度的有14人；中共党员14人，占职工人数的22.2%。

内蒙古六五四物资供应站的固定资产为57万元，流动资金180万元，供应站占地面积2.2万平方米，建筑面积为3 600平方米，其中库房2 400平方米，办公室530平方米。

建站初期，内蒙古六五四物资供应站设有业务组、财务组、办公室、招待所等。随着经营业务不断扩大,内蒙古六五四物资供应站对组织机构进行了优化调整,设有办公室、财务科、机电科、经营科、材料科及劳动服务公司。

3. 历任党政负责人

1969—1971年,"011二类机电站"的负责人为张久勤同志。

1972—1981年,石广恩同志任内蒙古六五四物资供应站站长,杨树林同志任党委书记。

1981—1984年,岳振刚同志任内蒙古六五四物资供应站站长兼党委书记,赵作久同志任副站长。

1984—1985年,张新同志任内蒙古六五四物资供应站站长,岳振刚同志任党委书记,赵作久同志任副站长。

1985—1987年,齐振山同志任内蒙古六五四物资供应站站长,张新同志任党委书记,赵作久同志任副站长。

1987—1988年,齐振山同志任内蒙古六五四物资供应站站长,薛恒光同志任党委书记,刘洪珍、赵作久两位同志任副站长。

4. 经营情况

1969—1984年,地方军工企事业生产用料执行原兵器工业部指令性下达计划,实行按计划供应。内蒙古六五四物资供应站经费的主要来源为按国家规定收取的管理费,虽然经费有限,但供应站力图保持收支平衡,不足部分由内蒙古自治区国防工办在企业上缴利润中予以补贴。

1985年1月,内蒙古六五四物资供应站划归乌海市经委管理以后,随着经济体制改革的深入,物资供应指令性计划缩减,大部分以市场调节为主,内蒙古六五四物资供应站的经营遇到了较大的困难。为适应新形势的要求,除继续保持原有的供应渠道外,内蒙古六五四物资供应站坚持靠自身建设促自身发展,充分发挥供应站的业务经营特点,千方百计地开辟新的物资渠道,在原来经营范围的基础上扩大到煤炭、化工、建材、日用轻工等产品,以满足市场需求,为乌海市的经济发展服务。

1985年，内蒙古六五四物资供应站全年销售额为180万元，实现利润5.2万元。

1986年，内蒙古六五四物资供应站全年销售额为219万元，实现利润2.8万元。

1987年，内蒙古六五四物资供应站全年销售额为230万元，实现利润2.6万元。

1988年，内蒙古六五四物资供应站全年销售额为280万元，实现利润8万元。

1987年，内蒙古六五四物资供应站开始推行经营承包责任制，制定了1988年到1990年的经营承包方案，将任务指标分解到各业务科室，并与乌海市经委签订了经营承包合同。

为了企业的发展和取得更好的经济效益，内蒙古六五四物资供应站还编制了到1990年的规划和到1995年的长远发展规划，作为今后经营的奋斗目标。

内蒙古六五四医院简史

史向东

1. 概述

内蒙古六五四医院位于今乌海市海南区拉僧仲庙办事处南端,占地面积为3.7万平方米,是一所综合性医院。

医院筹建于1965年,1968年开始投资兴建,建筑面积为5 780平方米,其中门诊部为1 173平方米,住院部为1 580平方米,医技科为1 076平方米,行政总务科室为1 951平方米。医院定编床位100张。1970年5月,内蒙古六五四医院基础建设完工交付使用并立即正式开业。

刚开业时,内蒙古六五四医院只有医务工作者30多人、病床30张。技术骨干主要是从内蒙古医学院附属医院、内蒙古医院、内蒙古干部疗养院、锡林郭勒盟军分区、呼和浩特医院等处为支援小三线而来的,其中少数民族占多数。医院职工最多时曾有103人。1987年10月移交乌海市海南区政府时内蒙古六五四医院仍有职工85人,其中卫生技术人员68人,占80%。这68人中有副主任医师1人,主治医师4人,医师9人,医士10人,助产士1人,药剂士3人,护士7人,其他技士2人,护理员17人,检验士2人,药剂员7人,其他初级技术人员5人。除卫生技术人员外,有行政管理人员11人,工勤人员6人。内蒙古六五四医院设有内科、外科、五官科、中医科药房和行政后勤等科室。医院曾隶属于内蒙古第二通用机械厂和内蒙古自治区国防工办领导,后划归乌海市海南区政府主管。

2. 发展

在内蒙古自治区国防工业办公室的重视和有关部门的支持下，内蒙古六五四医院的发展较为迅速。建院以来，上级先后拨款为内蒙古六五四医院购置了200 mA的X光透视机、万能手术床、无影灯、麻醉机、高频电刀、眼科裂隙灯显微镜、膀胱镜、超声波机、牙科综合治疗台、心电图机、基础代谢机、新生儿保温箱等医疗器械与设备。1980年后，又增添了400 mA的X光透视机、软线、内窥镜、脑电图机、心电示波器和制剂全套设备。另外，还为内蒙古六五四医院配备了解放牌大卡车一辆，救护车、吉普车各一辆。1978年，上级拨款为内蒙古六五四医院新修了院内通道和篮球运动场。内蒙古六五四医院历年基本建设投资总额达100万元，历年设备投资总额达120万元。

3. 服务范围和效益

内蒙古六五四医院主要是为了保障海勃湾地区和乌海地区小三线军工系统的发展，但是由于地理环境条件的限制，服务对象主要是内蒙古第一通用机械厂、内蒙古第二通用机械厂、跃进电厂和周围的厂、矿、牧区的职工及其家属。因技术力量雄厚，医疗设备齐全，加上良好的医疗质量和高尚的医德医风，内蒙古六五四医院很快便赢得了广大患者及其家属的好评，取得了较好的社会效益。同时，内蒙古六五四医院在防病、治病和计划生育等项工作中也都做出了突出的成绩。

在外科、妇科方面，内蒙古六五四医院可以开展胃、脾、肾切除术，子宫全切和侧切，处理剖宫产、肠梗阻、高危产妇等疑难病症。

在内科方面，内蒙古六五四医院可以开展风湿性心脏病、高血压心脏病、冠心病、肝昏迷、上消化道出血、脑血管意外、重度一氧化碳中毒、青霉素重度过敏反应等疾病的抢救和治疗。

在五官科方面，内蒙古六五四医院可以开展气管切开、气管异物、眼球内异物、青光眼、白内障、腭裂、唇裂等疾病的手术和治疗。

内蒙古六五四医院日均门诊量为67人次，病床使用率为35%。

内蒙古六五四医院建院以来面对各种天灾人祸,医院历任党政领导都全力贯彻执行党的卫生工作方针、政策,认真执行民族政策和知识分子改革,为内蒙古自治区国防工业的生产和保障作出了积极贡献。

1973年,内蒙古六五四医院外科荣获五机部、内蒙古自治区军工系统、内蒙古自治区工交系统授予的"先进集体"称号。

1983年,内蒙古六五四医院被评为计划生育无事故先进集体。

1984年,内蒙古六五四医院妇产科被评为内蒙古自治区计划生育先进集体。

1985年,内蒙古六五四医院药房获乌海市质量管理三等奖。

此外,医院医疗护理人员中历年被上级领导部门评为先进个人的也不少。

由于内蒙古六五四医院属于"白手起家",所以全院上下都十分珍惜人才,重视智力投资。建院以来,内蒙古六五四医院先后派出54人分别前往乌海、伊克昭盟、呼和浩特、银川、西安等地进修深造。

1977年,内蒙古六五四医院专门抽调拉布哈朝鲁、姜毓筠两位同志为海勃湾地区培养2名五官科医士。

内蒙古六五四医院的工会工作和共青团工作开展得也较好,在乌海市举办的历届卫生系统女排比赛中取得过两次第一名的佳绩。

4. 历届党政领导人及任期

1970年5月至1973年5月,党委书记:徐立端、缪成均。业务负责人:段兰亭。

1973年5月至1975年6月,党委书记:刘殿林。

1973年5月至1976年12月,副主任:段兰亭、拉布哈。

1975年6月至1977年1月,党委书记:韩昌林。

1977年1月至1978年8月,党委书记、院长:王占山。

1978年8月至1981年7月,党委书记、院长:张新。

1980年5月至1985年4月,院长:刘功。

1981年7月至1983年5月,党委书记:谭连举。

1983年5月至1984年12月,代理党委书记:王海宝。

1985年4月至1987年10月,由赖景林同志主持医院党政工作。

5. 展望

1987年10月,乌海市政府决定把内蒙古六五四医院划归海南区政府管理,与海南区人民医院合并,为海南区居民的医疗保健提供优质服务。随着在改革开放的深入,医院必将为海南区的卫生事业继续发挥更大的作用。

内蒙古国防工业职工中等专业学校简史

王文清

当您从乌海市政府所在地——海勃湾区海河路出发,沿着包银公路(海巴线)朝乌达区方向南行至11千米处,便能看到公路东西两边各有一片建筑群,这就是原内蒙古"七一五工程指挥部"筹建的黄河化工厂工地。人们习惯地把它叫作"七一五"。内蒙古国防工业职工中等专业学校就是以这个"半截子"工程为基础建立起来的。之后,乌海市又以此校为基础,建立了乌海工业学校,实行"一套人马,两个牌子"。

内蒙古国防工业职工中等专业学校地处甘德尔山西麓、黄河东岸的黄白茨地段。校园东靠包兰铁路和包银公路,西傍黄河,与河心岛大中滩隔水相依,南北与海勃湾农场的第八、第九生产队为邻。在这里,可遥望乌兰布和沙漠东缘及其人造绿洲。夜间可观赏那灯火辉煌的乌达矿区夜景。由于地理、地质和气候等原因,校区所在地全是荒漠秃岭,唯有师生们在校园种植的几片小树林给这里增添了些许色彩。此外,校区的社会服务机构不配套,且远离市区,生活条件比较艰苦。可是,在这里工作和学习的人们发扬当年三线军工奋发图强、艰苦创业精神,常年不懈地辛勤耕耘,为乌海市及内蒙古自治区的建设培养了一批又一批本领过硬、作风优良的新一代军工技术人才。

1. 概述

内蒙古国防工业职工中等专业学校占地面积约6万平方米,校园内有一幢二层教学楼,建筑面积约1 400平方米;有15栋学生宿舍,建筑面积约2 700平方米;有4栋办公室、医务所用房,建筑面积约720平方米;学生食堂(带礼堂)占地面积达1 400平方米,锅炉房占地面积约430平方米,装有2台锅炉;学校设有图书阅览室,藏书3 000余册,还有一间实验室,各类实验器材价值1.4万元;校园有3处体育活动场,总占地面积1万平方米;此外,学校配有大轿车、大卡车,吉普车和货运摩托车各1辆。

内蒙古国防工业职工中等专业学校为县级事业单位,原属内蒙古自治区国防工业办公室主管,从1985年年初随小三线军工企事业单位划归乌海市经济委员会主管。以下数据均基于当时划归乌海市的实际情况进行叙述。

内蒙古国防工业职工中等专业学校内设教务科、学生管理科、政工科、总务科、办公室和劳动服务公司。党团组织健全,校党委下辖4个党支部,校团委下属11个团支部,全校有党员54人,团员349人。学校由校长兼任党委书记,设副校长两人,党委副书记一人,其中具有大学本科文化程度的有两人,具有中专文化程度的有一人,平均年龄48岁。有校督导员三人,副科级以上中层干部18人。全校在册职工98人,其中外借、进修、上学和在劳动服务公司工作的共计28人,直接在校从事教学和服务的共计70人,其中包括教学人员30人,行政人员19人,工勤人员21人。全校教职工中,具有大专以上文化程度的有18人,具有中专、高中文化程度的有36人,有少数民族职工5人。

内蒙古国防工业职工中等专业学校有教学班11个,在册学生442人,其中中专5个班,学生共计176人,技工6个班,学生共计266人。

内蒙古国防工业职工中等专业学校共培养历届毕(结)业生737人。职工中专班毕业140人,他们回到单位后,绝大部分从事技术员工作,还有一部分从事行政管理等工作,有3人被提拔为科级干部。技工班毕业的学生大多数成为工厂的生产骨干,有近百人成为班组长和干部,有一个人荣获全国小发明三等奖。他们普遍受到用人单位的好评,据各厂家反映,这几年工厂在"军转民"的生产中,明显可以看出从技校毕业的职工比直接就业的职工适应能力强、技术全面、理论基础好,在四化建设中发挥了应有的作用。

2. 前身——内蒙古国防工业技校

1979年6月22日，经内蒙古自治区人民政府批准，内蒙古国防工业技工学校正式成立，直接隶属于内蒙古自治区国防工业办公室。其办学宗旨是适应国防工业建设的需要，为自治区各军工企业培养技术工人，轮训在职职工。初步设计规模为在校生800人，发展定位为内蒙古自治区小三线军工系统的职工培训中心。

内蒙古自治区国防工办的领导十分重视办校工作，多次布置和检查办校的工作情况，解决办校存在的问题。承担筹备技校具体工作的"七一五工程指挥部"，除组成以周仁昌同志为组长的部分人员负责后续工作外，其余领导和工作人员都将主要精力投入技校的筹建工作中。内蒙古自治区国防工办为加强技校的筹建和领导，从包头机械工业学校和内蒙古自治区国防工办机关调来程鹏、郑学林两位有办学经验同志具体负责办学事宜，加上军工系统各单位的大力支持，以及筹备人员辛勤工作，短短三个月时间，内蒙古国防工业技工学校就基本做好了开学前的准备工作。

1979年8月7日，内蒙古自治区国防工办党组下达批文，正式任命原"七一五工程指挥部"党委书记阎芝翔同志为技校党委书记兼校长，任命程鹏、郑学林两位同志为副校长，共同组成学校的首届领导班子。当年10月按计划从呼和浩特、包头和乌海三地的军工单位子弟中招收学生200人，共设铣工、车工和钳工三个专业，其中铣工一个班，车工和钳工各两个班。内蒙古自治区国防工办和乌海市劳动局的领导参加了开学典礼。

技校的教职工主要以"七一五工程指挥部"的技术人员和干部、工人为基础，并从本系统调配来一部分大中专毕业生，师资力量较强，思想业务素质好。

1980年5月9日，经内蒙古自治区国防工办批准，成立了内蒙古国防工业技工学校党委纪检组，由三位同志组成，党委委员程鹏同志兼任组长。1981年4月17日，内蒙古自治区国防工办又发文，任命陈显廷同志为副校长，兼任教务科科长。

继1979年的首次招生后，内蒙古国防工业技工学校于1980年再次招收了一个班共计新生39人，为钳工专业。同时，举办了技术员培训班，学员来自

"六五四"系统的几个单位,共32人,经过近一年的理论学习,通过考试,全部顺利结业。

1981年内蒙古国防工业技工学校再次招收电工专业新生42人,同时举办青年技术人员培训班一期2个班共60人,该期培训班的学员在近一年的时间里学习了技工学校机械加工专业类的课程,经考试合格结业。

1982年,由于国防工业的调整,内蒙古国防工业技工学校没有招收新生,只举办了青工文化补习班两期3个班,学员共计110人,学习内容为初中课程,学员们参加了乌海市成人教委的双补验收考试。当年7月,内蒙古国防工业技工学校79级学生共有196人毕业,分配到呼和浩特、包头、乌海等地的各军工单位工作。

从"七一五"工程筹建伊始到内蒙古国防工业技工学校成立的初期,教职工生活、饮用的都是浑浊的黄河水和咸涩的大口井水,对教职工的身体健康带来了一定影响,水源改造成为当时的民生要事。内蒙古水文地质一〇四队利用在乌海市施工的机会,无偿给予援助,于1981年钻出了新的水井。校实习工厂的同志不畏严寒风沙,及时进行上水施工,到1982年春天,教职工就用上了干净卫生的新水源,从此结束了用浑水、喝咸水的生活。

为了改造、美化校区环境,1983年春季,学校经过总结前几年在这里种树的经验教训,开始种植较大面积的以沙枣、榆树为主的成片林,树间试种紫花苜蓿和草木樨,经过全体教职工的辛勤劳作,植树造林取得了成功,校园内逐渐出现了6片小树林,约20多亩,极大地改善了校园环境。

从建校到1982年年底,学校先后设立了办公室、教务科、总务科和实习工厂,并将"七一五工程指挥留守处"和"七一五子弟学校"作为两个科级单位接管。这两个单位基本属于内蒙古国防工业技工学校的下辖单位,党务、行政由学校统一领导,只是经费来源不同,财务独立管理。1985年7月,学校按上级指示将"七一五工程指挥留守处"移交给乌海市经委管理。"七一五子弟学校"则于1987年2月由海勃湾区文教科代管其行政业务,但党团工作仍由学校管理。

1983年4月,内蒙古国防工业技工学校又设了劳动服务公司。它是以原黄河青年农场为基础,由学校与"七一五"系统合办的一个公司,是学校统一领导下的一个科级单位,财务独立核算。

同年5月,内蒙古国防工业技工学校将实习工厂移交内蒙古胜利机修厂,在厂工作的20多名干部和工人以及全部设备财产都划归该厂。

实习工厂的厂房有1 083平方米,内有车床8台、万能铣床1台、磨床2台、摇臂钻床1台、台式钻床3台、弓锯床1台、空气锻压锤2台。此外,还有空气压缩机、砂轮机等设备20余台和十多个装有台虎钳的操作台以及一定数量的刀具、量具及二类工装。这些厂房、设备和工具是利用筹建黄河化工厂的机修车间设施改建的,各类车床等是学校投资购买的,基本具备本校所设专业的实习条件。

3. 职工中专的成立

为了适应国民经济现代化建设的需要,提高职工队伍的素质,开展多层次的职业技术教育,解决工厂初级技术人员短缺的状况,内蒙古自治区军事工业局(原内蒙古自治区国防工办)向自治区人民政府申请,将内蒙古国防工业技工学校改为职工中专。自治区人民政府批准于1983年9月发文批准,内蒙古国防工业技工学校正式转为内蒙古国防工业职工中等专业学校,学校的地址、人员、领导机构和隶属关系不变。当年10月,内蒙古国防工业技工学校首届学员入学。

内蒙古国防工业职工中等专业学校成立近4年的时间里,共招收中专班学员四届6个班216人,开设了机械制造、企业管理、水泥工艺、冶金机械4个专业。其中,水泥工艺和冶金机械专业的两个班分别在西桌子山水泥厂和千里山钢铁厂设了分校。职工中专班的学员主要来自内蒙古自治区军工单位和乌海市经委系统,也有来自乌海市其他厂矿工业企业的,还有来自其他盟市兄弟单位的。八三级学员于1986年7月完成了全部学业,经过、考试、毕业设计及答辩,40人全部毕业。

内蒙古国防工业职工中等专业学校还招收了技工班四届10个班,共计460人,至1986年,已经毕业了四届7个班277人。

1983年招收的中专班为机械制造专业,技工班为车工和电石制造专业,各2个班。电石班的学员共88人,是受乌海市劳动局委托,为海南区电石厂招生培养的。1984年招收的中专生为机械制造专业,技工班为车工和钳工专业,各设一个班,其中钳工专业30人,招收的是高中生,学制二年。1985年招收中专班3个,分别是机械制造、水泥工艺和冶金机械专业。技工班为车工和铣工两个专业,共3个班,其中铣工专业一个班42人。1986年招收的中专班为企业管理专业,技工班为车工专业,其中按招生指标招收70人,指标外代培21人。

1985年10月,乌海市经委在内蒙古国防工业职工中等专业学校举办了厂长统考学习班,为期3个月,学员来自委属厂矿的厂长和经理共22人,他们通过学习,其中20人在全国统考中取得双科合格的优异成绩。

1984年11月1日,内蒙古自治区经济委员会党组发文,对小三线军工单位领导班子进行了调整。原校级领导全部免职,新任原实习工厂主任宗占江同志为校党委书记,原救务科副科长孙风海同志为副校长,两位同志均为副职代行正职,实行"组阁制"。新领导就任后,于当年11月19日召开了全校职工大会,宣布韩诚善同志为主管教务的副校长。虽韩诚善同志就任工作后不久便因故调离,但这次大会确立了学校的各科室负责人及校设机构,形成了稳定的学校领导班子和组织机构。

1985年2月,中共乌海市委批准了校党委换届的组成人员。新的党委由五名委员组成,宋占江同志为代行政职的副书记,王玉清、石喜昌、韩生、孙风海等四位同志为委员。1985年5月16日,乌海市经委发文,原校党委委员、副校长程鹏、郑学林、陈显廷三位同志任校督导员。

1986年5月,乌海市经委对学校的领导班子进行了调整,内蒙古第三通用机械厂副厂长何庆富同志与孙风海同志互调,何庆富同志任内蒙古国防工业职工中等专业学校代行正职的副校长、党委委员,张继仁同志任副校长、党委委员,贺国雄同志为党委委员、纪检组副组长职务。此时校党委由六位同志组成。石喜昌同志于1985年夏天调往乌海市经委工作。

学校的内设机构,在内蒙古国防工业职工中等专业学校成立以后也发生了几次变动。

1984年11月,校领导班子对校内机构做了相应的调整,在原有机构的基础上,新成立了财务科、学生管理科和生活服务科,原组宣科与办公室合并为办公室。

1985年3月12日,学校对校内机构再次进行了调整,并随之调整了工作人员。调整以后,学校内设政工科、办公室、财务科、总务科、教务科和劳动服务公司。

　　1985年7月,根据乌海市经委座谈会的精神,将"七一五工程指挥留守处"交经委管理,并将"七一五工程指挥留守处"在劳动服务公司和砖瓦厂工作的11人调入学校,将学校的人员编制由99人增至110人。学校将砖瓦厂作为下属的一个科级单位来管理。

　　1986年9月,学校又恢复成立了学生管理科。11月,为了集中精力办学,将砖瓦厂移交乌海市经委下属的海勃湾砖瓦厂,人员留在学校安排工作。

　　1985年3月学校新一届党委成立后,遵照乌海市委的安排,制定了实现全校党风根本好转的规划和措施,进行了全校整党工作。

　　在整党中,明确了"面向现代化,面向世界,面向未来,调动各方面的积极性,同心协力,注重实际,建立一支素质好、文化高、年富力强的师资队伍,建立一支政治素质好、业务管理能力强、工作效率高的党政管理队伍,把学校办成快出、多出合格人才的普通中等专业学校"的办学指导思想。

　　在整党验收合格后,校党委在抓好整党回头看的同时,努力开展精神文明建设工作。党委成员和各支部成员都制定了"约法三章"和"十不准"等规定,建立了抓党风责任制。加强党的建设,开展普法学习,进行了精神文明建设。1986年,校党委下属的五个支部中有四个于下半年实现了党风根本好转。建成"文明班"一个,校医务所和学校计划生育工作都受到上级业务部门的表彰,涌现出校级优秀党员六人,市级优秀党员一人,市级优秀教师等先进人物五人。学校成为乌海市爱委会表彰的卫生文明单位,年底经乌海市委验收合格,实现了全校党风根本好转。

　　内蒙古国防工业职工中等专业学校从建校以来,在教学上一直坚持正规化教育。对技工班学生不仅重视理论考试和实习考核,而且还要在毕业时进行答辩。对职工中专班不安排实习课的规定也做了修改,从理论课时内挤出一定时间进行实习,实习后要撰写实习报告,毕业时还要进行严格的毕业设计,写出较高质量的毕业论文并进行答辩。

　　为了提高教学质量,负责教务的校长、教务科领导经常跟班听课、组织教学观摩,注重听取和解决教学中的实际问题。校图书馆对高年级学生实行开架借阅,拓展他们的知识面。几年来学校先后购置了1.4万元的实验器材,加强了教学中的部分实验课,还购买了约3万元的教学仪器、示教模型和挂图等,帮助提升教学质量。同时,学校建立了任课教师工作条例和工作档案,采取选送教师进修、鼓励参加函授学习、收看电视教育课程等措施,不断提高师资素质,使各科理论教学水平逐步提高。在1986年进行的乌海市职工中专统考中,内蒙古国防工业职工中等专业学校的教师在"金属工艺学"和"教学"的考核中分别取得第一名和第二名的好成绩。

学校一向注重学生德、智、体、美、劳的全面发展。学生科在管理中实行操行成绩百分制考核,经常组织学生参加建校劳动。党团组织在加强思想政治工作的同时,经常开展健康向上、丰富多彩的文体活动,并重视在学生中发展党员。

1985年9月,学校认真筹备庆祝了我国第一个教师节,作出了提高教师待遇的具体规定:在政治上提高教师地位,尊师重教,解决教师入党难的问题;在经济上基于单身教师每月7元伙食补助费,每年增报一次70%的探亲路费;教师子女免费入学入托,以及在生活上给予优先照顾等。这些规定都一一得到了落实。

为了稳定教师队伍,充分发挥教师的作用,1986年学校提高了教师超工作量补贴,并增设了教师代课津贴,以每人每年60元为基数,按具体工作状况分等发放。为了使教师能集中精力做好教学工作,总务后勤的服务工作总是全力以赴。例如,冬季,学校后勤人员总是把冬菜送到教师家中或运至离家较近的地点,并优先安排教师拉煤。财务科的同志每月把工资逐个送到教师手中。学校还考虑部分教职工上下班距离较远的问题,把供领导办公的大轿车改成教职工上下班的班车。校领导和各科室负责人均实行值班制度,从根本上改变了过去下班后学校出现问题无人负责的状况。为了使单身教师和住宿学生有较好的学习和休息环境,学校于1986年把宿舍的沙土地面改建为水泥地面,并粉刷了教室和宿舍墙壁,改造了窗户,安装了纱窗。

4. 乌海市工业学校的诞生

1986年6月6日,内蒙古自治区人民政府办公厅发文批复了乌海市人民政府关于成立乌海市工业学校的请示,同意筹建乌海市工业学校,地址设在内蒙古国防工业职工中等专业学校内,实行"一套人马、两个牌子",并对办校的规模等方面提出了相应的要求。

乌海市工业学校的成立,是在乌海市委、市政府认真酝酿调研的基础上决定的,代表了全市人民的愿望,得到了各行各界的关心。该校是乌海市第一所工科普通中专学校,将在乌海市的发展及内蒙古自治区的建设中发挥重要作用。

1986年,乌海工业学校的筹备工作正在市政府和市经委的领导下积极进行。

内蒙古国防工业职工中等专业学校自1979年建校至今,经历了技工学校、职工中专和普通中等专业学校等几个发展阶段,从侧面反映出乌海市的职业技术教育和中等专业技术教育的不断发展。作为乌海市教育事业的重要组成部分,内蒙古国防工业职工中等专业学校必将拥有美好的未来。

内蒙古先锋电厂简史

牛 婷

1. 概述

1965年开始，内蒙古自治区开始在呼和浩特市以南的清水河县布局建设小三线企业——红旗化工厂，主要生产雷管引信等军用火化工产品。上级领导为了解决红旗化工厂动力电源问题，曾多次赴红旗化工厂的周围选择电厂厂址，经过多次对比，最后决定在距离红旗化工厂5千米的小庙子大队贾家湾沟内建厂，筹备小组由刘保仁、王才、牛锡纯、王占元、陈德满、刘五等六位同志组成。其中，王占元同志负责全面指导，刘保仁、王才、牛锡纯三位同志负责具体领导工作。

内蒙古先锋火力发电厂（简称先锋电厂）由内蒙古自治区国防工业办公室从1967年4月开始筹建，至1969年5月，终于在清水河县小庙子人民公社贾家湾村成功兴建并投产，装机容量为2 250 kW，当月1号机——国产750 kW汽轮发电机组投产发电。至11月，2号机——苏制1 500 kW汽轮发电机组也投入运行。从1967年4月至1967年12月，先锋电厂有干部16人、技工31人、徒工30人、临时工4人，预计在1968年可达到115人。

先锋电厂投产初期，生产工人主要从海拉尔电厂、牙克石电厂和扎赉诺尔电厂调来的，干部多数是从清水河县、托克托县等地调进的。先锋火力发电厂归内蒙古自治区国防工业办公室管理，主要为红旗化工厂军工生产供电，兼顾县城及附近农村的农灌和照明。

电厂投产后,成立先锋电厂供电所,负责供电区内全部供用电管理工作。先锋电厂设计年发电量400万千瓦时。至1984年,先锋电厂累计发电5 000万千瓦时。

2. 开创期(1967—1969年)

清水河县是乌兰察布盟西南部最偏僻的山区,全县14个公社,共9万余人,耕地面积80万亩,山大沟深,水土流失严重,这些都给修建电厂徒增了许多问题。而先锋电厂修建需要占用耕地62亩,其中建筑面积就有6 300多平方米。

修建初期,内蒙古自治区电业管理局对修建费用进行的概算,认为建厂投资应控制在260万元以内。后来在修建过程中,逐渐显现出一些问题,才使得投入资金不断增加。

在各单位协商讨论中,发现的主要问题如下:

一是根据内蒙古有关部门的要求,先锋电厂在1968年5月就需要投产使用,因此土建工程便一刻不能耽误,冬季时仍需施工,这就大大增加了施工难度,施工费用因此也会增加。

二是先锋电厂选址位于山区,远离铁路,修建时所需要的材料需要从呼和浩特等地运输过去。虽然清水河附近有一些砖厂,可修建时发现砖的数量仍供不应求,需要从外地运砖,因此,刚开始的预算并不能支撑后续修建时的这些额外差价。

三是由于缺乏详细的地质资料,刚开始修建时计划是用租借来的钻机进行施工的,但由于钻机电源问题迟迟未能解决,因此只能由人工开挖,钻机的租借费用与来回运输费也是一笔不小的开支。

四是为解决电源问题,需要另外购置柴油发电机一台。

五是要增设电厂至城关邮电局专用通信线路一条。

六是设备缺陷消除及补配费,汽轮机及附属设备改造费和非标准件加工费之间也有一定的差价。

七是各种大件设备,除运杂费外,还需要支付火车站的保管费。

八是在城关因电厂业务需要新建一座供电营业站,建筑面积约160平方米。

九是由于夏季洪水灾害,已修建的公路和部分住宅有所损坏,需要增补费用进行修缮。

十是为职工的生活便利,需要修建供水管线。

十一是新调入职工的工资以及生产人员的培训费也需要拨款。

建设的过程困难重,一线建设人员与上级领导不断讨论,逐一解决上述问题,终于拨开迷雾见到曙光,成功逐个移除了建厂路上的"绊脚石"。最终整个修建过程共投资320万元。

投产初期,先锋电厂有徒工36人,在1967年4月,内蒙古自治区国防工办为电厂新招的20人,后送往牙克石电厂培训10个月。1968年2月,先锋电厂又招收6人,连同原来的一部分徒工一起派往丰镇电厂开展岗位培训。汽轮机、发电机、锅炉的运行徒工,检修、化验等工种则派往集宁电厂学习。由于缺少劳动力,这些徒工大多在1968年清点到厂设备后就一起参加设备安装工作了。

1969年8月,清水河县遭遇前所未有的特大暴雨,上有山头、下有山沟的厂房时刻面临着岩石、泥土滚落的危险,并且职工生活区90%以上的房屋都遭到了洪水袭击,时刻可能倒塌。为了保证厂房的安全,保证正常送电及电厂人员的生命安全,厂部迅速做出决议,精确部署了多项措施,全厂职工群策群力,避免了电厂遭受重大损失,保护了电厂人员的生命安全。

3. 发展期(1970—1979年)

1970年,按内蒙古自治区国防工办的决定,将国防工办所属内蒙古先锋火力发电厂从1970年11月1日起下放清水河县管理。上级领导认为这有利于调动地方积极性,有利于革命和生产建设。

此时,先锋电厂虽已投产,但仍有许多问题亟待解决:

一是电厂有些设备并未按照原计划订货与到货,比如轴流风机减温减压器、电力电缆、水泵、除尘器等。

二是有一台锅炉为苏联制造的产品,根据其他兄弟厂同类炉运行经验和金属化验,过热器管不符合技术要求,其他厂已经因为爆破而更换,为了保证电厂今后的生产安全,先锋电厂也需解决这一问题。

三是从先锋电厂至城关,只有一条10 kW供电线路,但此线路不仅供给红旗化工厂,还供给城关照明、农田灌溉、工矿企业等,但这些企业缺乏用电安全设施设备,一旦出现问题,整条线路都将瘫痪,这将对国防工业会造成巨大影响。

对此,清水河县立即召开会议,讨论解决了上述问题,确保了先锋电厂的安全发电及供电。

1971年,由于革命和生产建设的发展,在先锋电厂投产送电后,清水河县发电厂的柴油机停运,该厂只是负责城关供电、线路维修和县内机电设备修理等。为了加强统一管理,减少开支,充分发挥现有设备和技术力量,经清水河县革委会研究、军管组批准,决定将清水河县发电厂合并进先锋电厂。合并后由先锋电厂调整现有设备和技术力量,增设机电修造车间,承担全县机电设备修造任务,并且由先锋电厂统一核算实际库存,同时不能因为合并中断现有生产和业务工作,更不能在合并期间扩大开支和转移资产。与此同时,先锋电厂从上一年开始的机械化半机械化设备的革新工作初现端倪,11个革新项目取得成功,大大提高了工作效率,这些革新设备主要在炉用、加酸、调速器、电气试验等方面发挥作用。

1972年,先锋电厂正式移交清水河县管理。同年,清水河县投资90万元,建成先锋电厂至茅台子的35 kV输变电工程,输电干线全长25.7千米,同时架设10 kV支线5条。同年,电厂职工人数达153人,固定资产净值287万元,当年工业总产值为13.26万元,全年实际发电量达204万千瓦时,亏损13.4万元。

1973年,供电所从先锋电厂脱离,单独成立清水河县供电所,先锋电厂与供电所统归清水河县水电局领导。

1974年,清水河县投资94万元,建成韭菜庄35 kV变电站,主变压器容量1 000 kV/台,架设先锋电厂至韭菜庄输电干线28.7千米。

1978年,先锋电厂重归内蒙古自治区国防工业办公室领导,成为红旗化工厂的自备发电厂,建制相当于红旗化工厂一个车间。先锋电厂收归国防工办管理之后,在确保红旗化工厂生产用电的前提下,所节余下的电量由清水河县供电部门统筹安排使用。先锋电厂至红旗化工厂的专用线路建成之后,其财产权归先锋电厂,旧线路仍归清水河县接收管理。此时先锋电厂有在册职工

117人，临时工14人，其他人员34名。1978年3月，清水河县革命委员会决定将小庙子公社贾家湾生产队划给先锋电厂，并让电厂做好当年生产计划安排及生产，搞好"双学"运动，这对电厂的发展又是一个不小的挑战。工厂按照"大庆式企业"的六条标准，认真抓了各方面的工作。

4. 开拓创新的实践期（1980—1984年）

1980年，先锋电厂在狠抓生产的同时严抓安全问题，使全厂从上到下形成了一张安全网。配合当年5月的全国安全月活动，先锋电厂在厂内大张旗鼓地进行了宣传教育，提高了各部门对安全工作的认识，使大家从思想上引起了重视，并且对厂内设备进行了进一步的安全检查，存在问题立即立项处理。厂内专门成立安全委员会，车间设置安全小组，班组设置兼职安全员，在厂内形成三级安全责任制，使各生产岗位明确自己的安全职责范围，这一行动安排也取得了很大的成效，从1980年全厂生产情况来看，事故停电和非计划停电次数与1979年相比明显下降，并且1980年并未发生人身伤亡和重大设备事故。健全的规章制度是安全生产的良好保障。1980年，先锋电厂在厂内进一步修改重印了以"两票三制"（工作票、操作票、岗位责任制、交接班制、巡回检查制）为重点的七项规章制度，要求各级部门做到"有章必循，循章必严"。各级领导也积极深入基层，对于做得好的班组和个人及时进行表扬，这大大调动了职工们的积极性，大家你追我赶，做到对危险隐患"零容忍"。各个班组积极展开"五无"活动（无事故、无障碍、无人身轻伤、无异常、无差错），职工对于确保安全生产有了很强的自觉性。

通过一年的时间，厂内人员深刻体会到安全工作的重要性。但根据先锋电厂的生产实际，还是存在一些问题的：一是各级领导对安全生产还未引起高度重视，因此对几次全厂停电事故未做认真分析。二是在技术培训与岗位练兵这项工作中，各车间开展的技术培训与业务学习由于各种原因未能坚持到底。

针对以上存在问题，先锋电厂领导层迅速召开会议，经讨论提出几点改进措施：一是厂党委要进一步加强对安全工作的领导，按照水电部颁布的安全工作的技术和规定，定期分析安全形势并传达下去，对于事故隐患绝不能姑息迁就。二是各车间、各职能部门对安全生产应负的职责要明文规定，让职工清楚地了解自己的责任，并主动担负起互相监督的职责。三是职工的技术再造与技术培训一定不能忽视，安排专人负责组织开展。

1980年，在厂党委的正确领导下，全厂职工同心协力，超额完成了国家下达的全年生产任务，使电厂扭亏为盈，取得了一定的成绩。这一年，电厂全年发电396万千瓦时，超额完成16万千瓦时；完成工业总产值25.7万元，超额完成1万元；全年供电295.1万千瓦时，超额完成21.88万千瓦时；全年厂内用电90.3万千瓦时，比计划少用16.48万千瓦时；全年厂用电率22.8%，比计划的28.1%降低了4.3%；全年标准煤耗1.31千克/千瓦时，比计划的1.35千克/千瓦时降低了0.04千克/千瓦时；全年发电成本104.07元/百万千瓦时，比计划的123元/百万千瓦时降低了18.93元/百万千瓦时；全年供电成本139.69元/百万千瓦时，比计划的170元/百万千瓦时降低了30.31元/百万千瓦时；全员劳动生产率1 479元/人，比计划的1 342元/人提高了135元/人。除此之外，各种消耗材料都有不同程度的下降，全年由原计划亏损2万元，变为实现利润0.1万元。

对于发电量大于供电量的现象，先锋电厂开展了群众性增产节约、增收节支工作，取得了非常好的效果。通过动员，全厂职工积极出主意、想办法、做计划、定措施。一方面修旧利废，变废为宝，不断降低原材料的消耗，满足生产的需要。例如，一车间1980年年初以来坚持不领高压阀门，发现漏电及时修理高压阀门，研磨更新，支部书记陈德满同志以身作则，以实际行动教育职工，一次翻修铁锹12把；二车间在保证设备良好状态情况下，修理废旧阀门7个，为国家节约资金350元；三车间通过清库整理，修理小电机12台，互感器9套，磁力启动器9套，为国家节约资金约3 000元。另一方面，厂内积极开展对外承揽业务，广开门路。例如，一车间为清水河县五金公司加工货架，给清水河县人民影院安装锅炉，且多次登门售后，用户也十分满意；二车间将回收的蒸馏水出售，开展炉渣的回收，补焊汽车、拖拉机缸体，为附近社队机械进行焊接，受到群众的一致好评。1980年一年中，先锋电厂对外加工纯收入达3.352万元。

1981年，先锋电厂在内蒙古自治区国防工办党组、清水河县委和厂党委的正确领导下，积极开展文明建设，以安全生产为中心，经营管理为重点，狠抓增收节支工作,在用户用电量大幅度减少的困难情况下,经过全厂职工的共同努力,当年完成工业总产值16.3万元,超额完成2.5万元;全年发电253.21万千瓦时,超额完成38.21万千瓦时;全年供电167.93万千瓦时,超额完成22.73万千瓦时;全年厂内用电率29.4%,比计划降低4.6%;全年标准煤耗1.61千克/千瓦时,比计划降低0.09千克/千瓦时;供电成本230.92元/百万千瓦时,比计划降低16%;全员劳动生产率923.03元/人,比计划提高了123.68元。同时,与上一年一样,厂内自己搞基建工程,并对外承揽业务增加收入,因此全年亏损14.6万元,比计划亏损18.1万元整整少了3.5万元。在如此困难的情况下,厂内仍尽最大努力,用5.34万元改善了职工住宅和福利设施,给职工发放面粉、蔬菜、瓜果等补贴合计0.7万元。但这一年厂内也发现了很多问题,最关键的是供发矛盾突出,导致厂内计划难定,有电难送,生产被动。除此之外,厂内领导"好人主义"思想影响规章制度执行,导致纪律松弛,干部责任心不强,也有部分职工一心"向钱看"。针对这些问题,厂内也积极拟定了解决措施,经过年末总结,很好地遏制了各类不良风气,生产并未受到很大影响。1981年,厂内还给职工发放了一次性奖金,有效调动了职工的积极性。

1982年,国家对于国民经济进行了进一步调整,为适应国民经济的调整,使电力行业更好地为人民生活服务,先锋电厂的各位负责人曾先后走访用户,反复落实各单位的用电情况,由此发现用户用电量很小,发电量大于用电量的矛盾很突出,继续亏损的可能性很大。基于此,厂领导广泛征求群众意见,反复研究讨论,认真编制了1982年的年度生产计划,并且制定了比较合理的经济技术指标——计划年度实现工业总产值16.3万元,发电250万千瓦时。后经过全体职工和干部的共同努力,在设备状况不佳和用户用电量不大的情况下,全年完成发电345.19万千瓦时,比计划多发电95.19万千瓦时,全年实现工业总产值22.44万元,比计划增加了6.14万元;厂内用电率29.5%,比计划的37%降低了7.5%;全年标准煤耗1.58千克/千瓦时,比计划的1.75千克/千瓦时降低了0.17千克/千瓦时;全年发电成本129.34元/百万千瓦时,比计划的157元/百万千瓦时降低27.66元/百万千瓦时;全年供电成本198.31元/百万千瓦时,比计划的260元/百万千瓦时降低了61.69元/百万千瓦时;全年全员劳动生产率1 260.67元/人,比计划的916元/人增加了344.67元/人;全年工人劳动生产率1 569.23元/人,比计划的1 180元/人增加了389.23元/人;全年亏损14.7

万元,比计划的亏损17万元减少2.3万元。同时,这一年还完成了在基本建设、设备大修、更新改造方面的任务。

1983年11月,内蒙古自治区军工局决定将内蒙古先锋火力发电厂改为一个发电车间合并至红旗化工厂,合并后的多余机组全部封存,人员全部转入红旗化工厂。1984年11月,内蒙古先锋火力发电厂停止发电。电厂停机时,有职工146名,原负责的供电任务由喇嘛湾发电厂和702电厂承担。

5. 职工生活

根据"六五四工程指挥部"对其所属各厂生活福利建筑的规定,单身职工人数按全员的60%核定住宿面积,家属按40%核定住宿面积。后根据"勤俭建国"方针,先锋电厂又自营建造石窑100间,每平方米造价很低。但电厂实有职工情况与"六五四工程指挥部"规定的情况不同,电厂带家属职工占67%,单身职工占30%,还有电厂调入的技工,大多是老职工,家庭人口多,因此估算下来平均每户仅27平方米。再者,电厂建于清水河山区,原来没有一点基础,在基建期间的工人占用了一部分房间,所以电厂职工住房安排着实困难,甚至有许多单身职工住在办公室、伙房或者是暂时借住在水保站房屋内。

从开始设计时,工程师就考虑到了职工住宿问题,因此基建时就预备了职工宿舍108间,每间使用面积18平方米。1967年筹备处就向内蒙古自治区二机局提出申请,要求迅速建立学校及商店。因建厂职工大多来自周边地区或其他盟,且有随工家庭30多户,总计达150多人,其中就有入学儿童31人。随着职工人数的增加,必须解决职工生活用品的供应问题与子女上学问题。1968年时,先锋电厂就提出要建设商店并扩大宿舍占地面积,同时还需要有院落、道路及学校的运动场地等,这些诉求在建厂过程中都逐一得到了落实,为职工及其家属的生活提到了便利。先锋电厂从1979年至1982年新建职工住宅面积800平方米,共计投资9万元;安排待业青年24人,共计增加开支2.57万元;调整工资66人,共计增加开支2.09万元;为职工发放奖金共计0.95万元。1979年职工全年工资总额9.35万元,1981年职工全年工资总额13.18万元,增长了44%;1979年职工当年平均工资537.49元/人,1981年职工当年平均工资757.49元/人,增长了41%。职工的家庭生活用品和高档用品都有所增加,总的来说,职工的生活越来越好。1980年,先锋电厂本着节约的原则,组织职工自己动手搞基本建设工程,建成混合结构小桥两座,砌筑厂区围墙135米,砌筑家属区生活排水沟65米。先锋电厂发动职工家属修路,给职工家属计工时发补助,一方面节省了雇佣农村劳动力的开支,另一方面也改善了职工家属的生活,为职工家庭增加了一部分收入。

第二编
内蒙古小三线建设
档案资料选辑

乌海市档案馆有关小三线建设档案资料

内蒙古第一通用机械厂工会劳动保护工作自检工作汇报
档案号：0294-11-0010-0006

根据全国总工会劳动保护"三个条例"（《工会劳动保护监督检查员暂行条例》《基层（车间）工会劳动保护监督检查员工作条例》《工会小组劳动保护检查员工作条例》）的规定，按照乌海市1997年工作目标考核要求，现将我厂工会劳动保护工作自我检查情况汇报如下：

1. 建立健全工会劳保监督检查网络

今年根据我厂机构调整和人员变动的实际情况，对工会各级劳动保护监督检查组织做了新的调整。厂委员会由7人组成，主任为工会主席，副主任由工会副主席、人事劳资处处长、纪委副书记分别担任，成员由职工代表，工会、人事劳资处工作人员组成。成立了12个车间分会的劳动保护监督小组及10个其他分会小组，并设车间分会小组检查员51人。这些网络的建立，使工会劳动保护工作从组织上得到保证，纳入了正轨。

2. 根据"三个条例",对企业执行劳动保护工作的检查监督工作

组织领导方面,工厂成立了以厂长为首的安全生产委员会。

各种经济承包合同中都有劳动保护安全生产内容目标,实行了安全生产劳动保护责任制,突出表现在《九年经济责任制考核标准》上,并在对班组考核打分时将安全生产劳动保护放在重要位置。这样就将安全生产同个人工资奖金挂起钩来,为达到安全生产搞好劳动保护工作的目的打下了良好基础。

有安全生产劳动保护例会,每月召开一次汇报会。由人事劳资处组织检查各单位,车间安全生产劳动保护用品的发放使用上存在的问题,检查不安全的物质状态,不安全行为及各种事故隐患,各车间的劳保用品情况发放使用是否按规定执行,安全生产规章制度、安全教育制度、安全守则、安全技术操作规程等贯彻执行的情况。

有对下面督促检查措施,层层实行了目标管理,建立了班组管理措施。

抓了宣传教育工作。出黑板报160期,广播稿件143篇,对入厂的新工人、技校实习人员在上岗前都进行了三级安全劳动保护教育,对特殊工种做到了全都经岗前培训,考试及格,持证上岗。

工厂开展了"一遵""两反""三落实"和"为劳动保护做一件好事"活动。一是开展了安全合格班组达标竞赛活动,开展了背安全操作规程的活动。达标班组的职工基本上都会背诵岗位的安全操作规程,从而提高了广大职工自我防护的意识。二是开展了安全意识的评价活动。发动广大职工对各级领导进行安全意识评价,从而促进了各级领导重视劳动保护安全生产,特别是提高了第一责任者的安全意识。三是开展了对各类事故案例的剖析,通过现场会的形式,组织各车间管安全生产的主任、技安员进行现场教育。四是开展了违章检查活动,1996年度查出劳动保护用品穿戴不齐等违章行为77人次,查出后当场进行批评教育。五是坚持召开车间班组安全生产劳动保护会议,总结安全生产情况,提出问题及时解决。

我厂以"安全生产周"为契机,动员全体职工投身到"安全第一,预防为主"的活动中来,使"人人遵章守纪、事事确保平安"成为时尚、成为气象。活动中积极进行了违章行为和生产安全隐患的大检查,通过整改取得了明显效果。

我工会劳保监督委员会还检查了如下内容：一是厂建立了主要职业危害工艺流程图档案，使我们对全厂生产工艺流程中的职业危害工艺，有害工种、岗位的分布情况都能做到心中有数。工会站在全厂职工的角度，站在维护职工权益的立场，对上述的工作现场工作地点、岗位进行监督检查。二是建立了有害工种、岗位监视点平面图档案和有害工种职工健康卡片，做到了一人一档、一人一卡，1996年度对有害工种职工全部进行了体检，对接触粉尘的职工全部拍了胸片，对有害作业的重点工位全部进行了检测，达标率均在90%以上。三是检查了我厂劳保用品发放工作，确保我厂在现阶段不折不扣地执行了国家规定的机械工业工种防护用品发放标准。四是在保健品发放方面，我厂今年又修订并下发了《关于调整保健标准的通知》，将安全生产和劳动保护列入了职工保健标准的主要内容。五是检查了女职工保护情况，全面贯彻《女职工劳动保护规定》《妇女权益保障法》及《中华人民共和国劳动法》是我厂工会女职工委员会的一项重要职责。近年来，我们根据这些法律法规，发布了《女职工劳动保护规定》，使女职工"四期"保护得到了行政上的保障，解决了女职工休产假达不到规定天数的问题，从而维护了女职工的合法权益。

最近我厂又对上述各类问题进行了全面自检，检查结果：1996年度未发生死亡事故、重伤事故及交通、火灾、爆炸、设备等事故。我厂在各方面基本达到了要求。

内蒙古第一通用机械厂工会
1997年6月10日

职工消费合作社献给职工真情一片
档案号：0294-11-0018-0013

三通厂原属三线军工企业，1985年移交地方管理，经历了"军转民"为寻求出路而上下求索的艰辛，面对当今市场经济大潮的冲击，三通厂全体员工经过艰苦奋斗，使企业走出了低谷，扭亏为盈，但随着国家产业政策的调整，又受"三角债"的困扰，流动资金严重短缺，企业生产效益受影响，职工的生活发生了暂时的困难。

1996年,职工消费合作社在乌海市试办三通厂分社,是乌海市新办的第一家消费合作分社,在企业非常困难的情况下,企业拿出部分资金支持合作,分社在厂工会的积极努力下,广泛地宣传了成立职工消费合作社的意义和目的,使广大职工理解消费合作社是以服务为宗旨,不以营利为目的,通过产销挂钩,连锁经营,减少中间环节,以优惠的价格为职工特别是困难职工提供生活必需品,从而减少职工生活费支出,缓解职工的生活困难。

职工消费合作社积极探索并明确指导思想,坚持服务职工、让利职工,维护职工的利益,改善职工的生活福利条件,为困难职工排忧解难。职工消费合作社在起步阶段,职工集资4 140元,行政拨给7 140元,在流动资金十分有限的情况下,厂工会领导下基层采购、装卸,采取购进量小、购进次数多的办法,加快资金流动速度,截至1997年10月,入社社员共计215人,营业额6.4万元,职工受益5 600元,并给社员人均分红三斤鸡蛋。

依靠广大职工办社,使消费合作社健康发展;依靠广大职工建立信息反馈,让职工群众尽可能参与并了解消费合作社的经营情况。职工消费合作社每月向基层分会主任汇报一次合作分社经营情况,听取意见,并建立了向社员通报的制度和信息反馈的制度,从而保障了社员的权益,调动了广大职工的积极性。

职工消费合作社尽心尽力地解决职工的实际问题,最大限度地调动职工的积极性,全心全意为职工服务,同时也为工会组织注入新的活力,增加了凝聚力,使基层的工会建设焕发了生机。

内蒙古第三通用机械厂职工消费合作分社
1997年12月

内蒙古第一通用机械厂民主管理制度
档案号:0294-11-0026-0023

坚持党的全心全意依靠工人阶级的方针,是办好国有企业的重要保证之一。加强职工民主管理,民主监督,是《中华人民共和国企业法》《中华人民共和国工会法》《中华人民共和国劳动法》赋予工会和职代会和广大职工的职能和权利,为了保障厂职工的合法权益,支持工会职代会和广大职工积极参与工厂的民主管理,特制定本制度。

要坚持全心全意依靠工人阶级的方针,认真贯彻企业法、公司法和劳动法,支持工会、职代会独立自主地开展工作,保证广大职工在工厂改革和生产经营中的主人翁地位,发挥主人翁作用。

党委要重视做好职代会决议和职工代表提案的落实工作,建立和完善党政领导干部接待,来信来访制度,对职工群众的来信来访意见和建议做到有落实、有回音,涉及职工切身利益的问题,都要按照有关规定和程序研究和办理,做到程序公开,办理结果公开。

职代会是工厂实行民主管理的基本形式,是职工行使民主管理权利的机构,职代会的工作机构是工会,工会负责职代会的日常工作,职代会行使下列职权:

一是听取和审计厂长关于工厂的经营方针、长远规划、年度计划、基本建设方案、重大技术改造方案、职工培训计划、留有资金分配和使用方案、承包租赁经营责任制方案的报告。

二是审查同意或者否决工厂的工资调整方案、奖金分配方案、劳动保护措施、奖惩办法及其他重要的规章制度。

三是审议决定职工福利基金使用方案以及有关职工生活福利的重大事项。

四是民主评议和监督工程各级管理人员提出奖惩和任免的建议。

五是依法保障和维护职工的合法权益,在企业重大问题决策上,听取群众的意见,保证职工了解和参与工厂的改革和经营管理。

六是听取审议工厂招待费使用报告。

七是建立完善集体合同制度,依法参与劳动合同纠纷的调解和仲裁。

职工有参加工厂民主管理的权利;有对工厂的生产和工作提出意见和建议的权利;有向国家机关反映真实情况,对工厂领导干部提出批评和控告的权利。各级党组织和工会要保障职工享受以上权利。

各级管理人员要密切联系群众。党政主要领导要经常深入基层,听取和了解职工群众对工厂改革、生产经营和其他工作的意见和建议,不断改进工作,同时,要自觉接受职工群众的监督和批评。

党委要加强对工会职代会的领导,定期听取工会职代会的工作报告,及时讨论研究他们工作中的重大问题,指导工会职代会按照法律的规定和党的方针政策开展工作,协调好与行政之间的关系,支持帮助工会职代会按照法律和章程创造性地开展工作,履行民主管理、民主监督的职责。

本制度自印发之日起执行。

中共内蒙古第一通用机械厂委员会

1997年11月20日

内蒙古工具厂家属"五七"厂工作总结

档案号:0294-42-0071-0008

我厂"五七"厂于1968年在上级党委的关怀下,在厂党委的直接领导扶持下,本着"以农为主,以工养农,以副助农"的基本原则,组织职工家属30多人在远离市郊、条件艰苦的旷野里开荒种地。家属同志们不怕苦不怕累,为了增加收入,提高家庭生活;为了解决我厂蔬菜供不应求问题,使职工安心工作,党委派遣领导、骨干技术人员,带领家属克服一无厂房、二无设备、三无资金的困难,决定把"五七"厂扎扎实实地办起来。

刚开始办"五七"厂就遇到诸多困难,就连一把钳子、改锥都没有,更不要提工作方案了。于是,领导组织家属们学习并充分讨论,大家意见统一想出了办法:义务劳动,并每人从工资里抽10%的资金买一点必须及简单的工具暂时作为家底开始干。

当时"五七"厂只承揽一些力所能及的零活,如压螺母、焊大门、焊货架、装凳子等。没有车间怎么办?家属同志们不怕苦,露天作业。夏季烈日当头像在蒸笼里,焊大门、焊货架本身就热,负责电焊工作的家属同志们汗流浃背,但依然一手拿焊具一手拿焊罩坚持工作。春秋两季飞沙走石,风一刮眼都睁不开,干起活来就更困难了。冬季严寒逼人,在外工作的家属同志们手脚都冻麻了，但大家没有抱怨、没有退缩，勇于跟大自然做斗争，一年下来"五七"厂收入6 000元，人均收入0.8元/天。

随着社会的发展，"五七"厂的情况较前逐步好转，人员也逐年增加，生产任务也随之变为卷炉筒、做洗衣盆、做油桶、做炉盘、烙铁，还承揽了一些其他加工业务，人均收入也从0.8元/天增加到1.2元/天。

为了适应的生产需要，家属们本着勤俭持家的原则，自己动手盖起了一排小平房作为车间。有了车间还得有设备，"五七"厂干群一心，本着"少花钱，多办事"的宗旨，修旧利废，艰苦创业，压缩开支，自费购置铣床一台、刨床一台、磨床一台、小拖拉机3辆、翻斗车2辆。随着生产日益发展，"五七"厂从家属中培养了一批技术力量充实到工厂，现在已培养出车工11人、铣工4人、刨工3人、冲压工6人、电焊工3人、铸铝工6人，他们既能看懂图纸，又能熟练操作，均已成为工厂的业务能手。

在"五七"厂党支部的领导下，在"五七"厂队委会的带动下，家属同志们的一致努力下，生产不断向前，人员逐年来由30人增加到120人。家属们的人均收入由原来的1.2元/天逐年增加至1979年的1.8元/天。从事普通劳力的家属年均收入在600元左右，收入高的甚至超过了800元。例如，副业队长杨秀荣同志双年满勤一天不误，经常加班加点，吃苦耐劳，劳动所得达到最高水平480个工日，以每个工日1.8元计算，当年年收入达864元。人们的生活好了，干劲大，情绪高昂，衣食无忧，家属们一心为四化建设大搞生产，"五七"厂的当年总收入已由6 000元增加到1979年的16万元。

随着业务的发展，"五七"厂由一个只能生产简单工业配件的小工厂发展到能够生产拖拉机轴、齿轮、汽车牌照样板、法兰盘和其他备件的综合机械加工单位。

1977年后半年，"五七"厂决定生产成品定型产品手摇鼓风机，该产品累计生产近万台。1978年年底，"五七"厂开始筹备150型风机的生产工作，经过联系模具、学习经验、购置材料、组织生产、联系销路等一系列工作，1979年10月，"五七"厂的150型风机产品正式投产。

新产品刚一投产，领导干部和技术人员都信心百倍，他们东跑西颠，不分昼夜，不计报酬，星期天不休息，深入一线指导家属同志们生产。"五七"厂本着"多劳多得，按劳取酬"的原则，分两班同步作业，谁也不甘落后，人人争当先锋,边摸索边实践,不怕苦不怕累,两个半月的时间便生产风机3 000台,产品经内蒙古电机变压器厂鉴定,完全合乎国家规定,产品销售收入达16万元。

1978年年底,"五七"厂还新增820平方米厂房和96平方米车库,建移动容水量845立方米的蓄水池一座。

"五七"厂的全体同志在成绩前戒骄戒躁,放眼未来。我们本着"以农为主,以工养农,全面发展"的建设方针,1980年将在1979年的基础上,按计划进一步扩大生产:

一是生产150型民用风机一万台,产值18万元。

二是生产150型民用电风扇一万台,产值22万元。

三是投资两万元修水池,一座容水量达3 500吨,最多可达6 000吨,并在去年建成的喷灌系统的基础上再建一个加压站。

四是春季实现蔬菜的基本自给,秋季实现土豆、萝卜、大葱的自给。

五是在有条件情况下购置一辆汽车。

六是准备采购一台平面磨床。

七是开垦一亩地做温室。

八是实现家属青年同工同酬。

九是在条件允许的情况下在水池中养鱼。

十是为完成40万产值的任务,同外单位发展协作生产。

在1980年,"五七"厂争取实现人均收入2元/天以上,并增加设备投入,搞好福利设施。

1980年3月24日

清水河县有关小三线建设档案资料

关于成立红旗化工厂居民搬迁领导机构的通知
1976年永久案卷号61

红旗化工厂、城关公社：

根据内革计基字〔76〕48号文和内革军工字〔76〕57号文精神，为了加强战备，确保军工安全生产，迅速解决好红旗厂区居民搬迁问题，经县委、红旗厂、城关公社等有关部门负责同志研究商定，成立红旗化工厂居民搬迁领导机构，现通知如下：

搬迁领导小组由杜仲棠同志任组长，彭宝之同志、杨汝霖同志任副组长。组员由康焕武、王杰、章福录、武吉玉、赵俊、赵成太等同志组成。

搬迁领导小组下设搬迁办公室，由武吉玉同志兼任办公室主任，赵成太同志、赵俊同志兼任副主任，办事人员由谷天旺、杨永胜、曹守兴等同志组成。

办公室地址设在红旗化工厂内。

上述同志接知后，立即到职工作。

特此通知。

1976年6月5日

国营九一一四厂文件（申请贷款）
1978年永久案卷号98

内蒙古自治区国防工业办公室：

近年来我厂生产不断发展，产值逐年增加，1978年内蒙古自治区国防工办批准我厂工业总产值为331.2万元（比1977年增加了三分之一，比1975年增加了一倍），利润计划为43万元，足额流动资金平均占用额为250万元，成本下降8.2%，国家拨给我厂的流动资金是120万元，银行贷款平均在50万元左右。

进入1978年以来，银行贷款比较紧张，银行户头经常没有钱，生产总需的开支有时也不能按时支付。截至10月底，我厂尚有8万元的托收承付不了，欠缴税金1.1万元，欠缴利润34万元，欠缴折旧5万元。遇上发工资，有时只能靠留下来的托收办理结算贷款才能应付局面。

我们曾多次到清水河县支行联系贷款，但一般得不到满足，得到的回答是：没有指标。清水河县支行也很少明确我厂的贷款指标，有时下达指标实际已经占满，严重影响生产的顺利进行。

1979年内蒙古自治区国防工办给我厂下达的工业总产值建议指标为400万元左右，利润计划实现65万元，成本下降1%，定额流动资金计划占用275万元，如果流动资金或银行贷款得不到满足，不仅影响1978年的利润、税金、折旧费上缴计划的完成，而且影响我厂1979年生产计划的顺利进行。

根据我厂的实际情况，需要增拨流动资金30万元，银行贷款指标也应得到保证，我们要求内蒙古自治区国防工办同内蒙古自治区分行协调，根据内蒙古自治区国防工办批准我厂的定额流动资金占用指标和我厂的贷款计划，满足我厂的贷款需要，并单独给我厂下达指标，由清水河县支行监督我厂贷款执行情况，我厂继续按时向清水河县支行抄报财务月报、季报、财务收支计划和财务决算。

国营九一一四厂
1978年11月14日

关于红旗化工厂建成大庆式企业申请验收的报告
1979年永久案卷号142

内蒙古自治区国防工办、乌兰察布盟委、清水河县委：

我厂是内蒙古自治区国防工办、乌兰察布盟委和清水河县委规划今年建成大庆式企业的单位。根据内蒙古自治区国防工办、乌兰察布盟委和清水河县委关于验收大庆式企业的通知精神，我们在学大庆半年自检的基础上，按照新的大庆式企业标准，于12月中旬组织副科以上干部和职工代表共56人，用四天时间进行了学大庆年终自检，通过自检，由检查组全体同志讨论对我厂各项工作统一了认识，有了一个基本的估价。

检查组一致认为：我厂自企业整顿以来，特别是今年以来，在内蒙古自治区国防工办、乌兰察布盟委和清水河县委的领导下，我厂党委带领广大职工、家属认真学习，贯彻党的十一届三中全会和五届人大二次会议精神，认真学习叶剑英同志国庆讲话，在实现党的工作重点转移和建设四化的新长征中，坚持四项基本原则。贯彻八字方针，按照厂党委年初提出的"乘胜前进攀高峰，誓为四化立新功，生产技术结硕果，以生产为中心，以管理为重点，继续整顿企业，放手发动群众，开展增产节约运动，全厂上下，齐心协力，艰苦奋斗"，在"学大庆"中迈出了新步伐。

一年多来，我们认真贯彻党的十一届三中全会精神，迅速实现了党的工作重点的转移，坚持四项基本原则，加强了思想政治工作，结合我厂实际，巩固和发展了安定团结的政治局面，开展了真理标准的讨论，有力地促进了思想的解放，使党的实事求是的传统作风得到恢复和发扬。处理了部分遗留问题，认真执行党的干部政策、知识分子政策和民族政策，并从各个方面加以落实。建立了党委领导下的职工代表大会制，发扬民主，接受群众监督，依靠群众办好企业。

今年继续狠抓了两级领导班子的思想和组织建设，进行了党风教育，党委和常委分别进行了整风，党委、党支部制定了加强自身建设的措施，从而使各级领导班子进一步统一了思想，振奋了精神，鼓舞了干劲，积极发挥了领导作用。实行党委集体领导，坚持民主集中制的原则，贯彻执行了党委领导下的厂长分工负责制，坚决执行党的路线、方针、政策和国家法令。企业的重大问题由党委集体讨论决定,以厂长为主的行政指挥系统贯彻执行党委的决议,按照各自分工积极进行工作。厂长、副厂长分工把口,各负其责,互通情况,密切配合。各级领导班子团结战斗,积极发挥了坚强的领导作用。

狠抓"三基"工作,努力搞好职工队伍建设。切实加强基层组织的建设,从党员、团员、老工人中努力培养骨干,扩大骨干队伍。今年有7名积极分子加入了中国共产党,有15名青年加入了共青团。通过加强思想政治工作,促后进转化,使后进面越来越小。开展了岗位练兵、技术演示、技术学习培训等基本功训练。办起了各种类型的职工夜校,举办了专业人员训练班,开展了以"优质、高产、低耗、安全"为内容的社会主义劳动竞赛,掀起了"比、学、赶、帮、超"的竞赛高潮。加强了岗位责任制,做到人人有专责,加强了劳动纪律,扭转了"干好干坏一个样"的状况,在全厂基本形成了一支觉悟高、纪律严、技术好、干劲足、能打硬仗的职工队位。

在企业管理方面,建立健全了一套比较完整的、符合我厂生产发展要求的管理制度。逐步按照经济规律办事,开放了经济核算的试点工作,继续整顿提高了产品质重,开展了全面质量管理的教育,加强了物资、设备的管理,设备完好率达66.6%。坚持了文明生产,整顿了厂容厂貌,自己动手修建了厂区马路、种植了树木、绿化了厂区,使工厂面貌发生了很大变化。

超额完成了1979年的国家计划,八项经济技术指标达到和超过了历史最好水平,工业总产值完成计划的104.1%,四种主要产品的产量都全面地提前超额完成了国家计划。

产品综合良品率比计划提高3%,主要材料消耗都较计划有所降低,产品成本比去年降低2.1%,全员劳动生产率、利润、资金占用都完成了计划。

在增产节约方面,煤、油、电消耗比去年都有所下降,增产电雷管50万发,价值10万元;增产延期雷管2万发,价值4 800元。全年节约材料资金6万多元,在挖潜、革新、改造和采用新技术、新工艺等方面取得了10项新成果。坚持安全生产,没有发生重大人身事故和设备事故,事故频率比去年降低5.5‰。制定了废水处理规划和方案,在上级拨款后已开始设计,为明年治理并发挥投资效果做了准备。

我们把农副业生产和关心群众生活列入党委工作的重要议事日程,经常研究、部署、检查、落实。在去年为职工生活办了十件事的基础上,今年又办了十件事。

我厂组织人员在农场种地400亩,今年喜获丰收,共产土豆17万斤,为去年的3.5倍,产粮2万斤,为去年的2.5倍,农场家属蔬菜实现了自给,另外还养了210只羊。

新建宿舍1 000多平方米,给家属全部安装了自来水管,加强了职工食堂、托儿所、医务所的管理,提高了服务质量,基本解除了职工的后顾之忧。

工厂对标大庆式企业存在的主要差距是:由于今年贯彻调整方针,上级给我厂下达任务减少,造成产值、产量和利润等几项指标低于去年水平。企业管理还不够严细,还有漏洞。废水处理虽做了工作,还没有从根本上解决问题。职工整体文化技术水平较低,技术人员少,技术力量比较薄弱。

经过我厂职工代表讨论和党委研究,一致认为我厂基本上具备大庆式企业的六项条件,申请上级前来检查验收。

通过检查验收,如果我们能够进入大庆式企业行列,我们绝不骄傲,而要向更高的标准努力迈进。如果还达不到大庆式企业标准,我们也绝不气馁,要继续带领全厂职工大干苦干,努力奋斗,一定把我厂建成大庆式企业。

1979年12月20日

关于加强城关发电厂建厂工作领导的通知
1967年案卷号3

内蒙古自治区清水河县抓革命促生产第一线指挥部

〔67〕清指办字第46号

城关发电厂建厂领导小组:

为了加强城关发电厂建厂工作的领导,经指挥部研究决定,现将该厂建厂领导小组组成人员调整通知如下:

刘保仁同志任组长,王才同志、牛锡纯同志任副组长,王占元、陈德满、刘五等同志参与小组领导。其中,王占元同志蹲点负全面指导,刘保仁、王才、牛锡纯三位同志抓具体领导工作。

上述人员现已到职,希望具体分工,把建厂工作很好地抓起来,保证按时、按质、按量完成建厂任务。

1967年5月10日

清水河县发电厂筹备处关于建厂情况的汇报
1967年案卷号4

清水河县计委：

  清水河县发电厂筹备处根据前者确定的开山任务基本完成，最近内蒙古自治区电管局设计室和计委、"六五四指挥部"在实地勘测研究决定，为了基础建设经久耐用，因而又加大了开山任务。往北再多开4米做烟囱，往南再多开2米，把生产办公室、热工实验装进去。

  当前运输任务虽没以前大，但还有相当一部分石材需要往外运送，可是当前正处于三伏天，大部分车辆都回去帮助放牧，现在只留下3辆大车，不能及时拉运出去，影响厅建按时施工，影响安装队按时安装。按需要还得增加15～20辆大车。特请示计委及有关部门给予帮助解决。

清水河县发电厂筹备处
1967年7月29日

关于内蒙古先锋火力发电厂成立革命委员会的批复
1968年案卷号7（永久）

内蒙古先锋火力发电厂：

  经乌兰察布盟革命委员会研究，同意你厂成立革命委员会。该厂革命委员会由七人组成。

  主任委员：刘保仁。

  副主任委员：王玉良、军代表（暂缺），不设常委。

委员：李德山、李广，暂缺两名。

乌兰察布盟革命委员会
1968年5月22日

关于报送先锋火力发电厂人员编制表表由
〔68〕先电革字第26号

内蒙古自治区第二机械工业局：

　　有关人员编制问题已于〔68〕电总字8号上报在案，近据内蒙古自治区第二机械工业局指示，又经全厂职工和革委会反复酝酿讨论，提出我厂定员编制意见，请给及早批复是何。

　　解决劳动指标问题，根据我厂劳动人员编制156人，我厂现在实有正式职工89人，尚缺67人劳动指标，请批复以便迎接投产需要，在批复时请将我厂现用的临时9人转招为正式职工。

先锋火力发电厂革命委员会
1968年7月4日

抄送：清水河县革委会生产建设委员会

附表　内蒙古先锋电厂总人员编制表

项　目	工　种	人　数	备　注
干部	管理人员	15	包括两办各组全体管理人员及技术员
服务人员	医务	2	一名医生、一名调剂及护理
	通讯	1	
	炊事员	4	包括烧锅炉一人
	警卫员	7	

续表

项　目	工　种	人　数	备　注
运行	汽机	20	包括给水工
	锅炉	16	
	配电	12	
	化验	6	
修理	检修工	24	包括机炉工、电工、车工、钳工、铆工、锻工、热工、木工、瓦工
	运煤	20	包括装卸工
	汽车司机	9	包括修理工
运行	班长	4	
供电		16	包括开票收款员
总计		156	

内蒙古先锋火力发电厂关于补报建厂厂址审批的报告
1968年案卷号9（定期）

内蒙古自治区第二机械工业局、"六五四工程指挥部"：

根据1967年2月4日会议纪要和文件精神，遵照"备战、备荒、为人民"的战略方针以及"靠山、隐蔽、分散"的精神，上级领导为了解决红旗化工厂动力电源问题，曾数次赴红旗化工厂的周围选择电厂厂址，经过多次反复对比，最后确定建在距红旗化工厂的西侧五公里左右的贾家湾沟内，但因筹建人员不懂业务，认为经领导选择便可开工，故尚未办理报批手续，特此补报建厂厂址，请核批为要。

抄送：清水河县委、人委、计委

1968年1月20日

关于二轻局接收先电"五七"电镀厂财产设备的批复
1979年案卷号90(永久)

清水河县第二轻工业局：

  你局〔79〕清二轻字第28号报告收悉，为加快第二轻工业的发展，提高产品质量，增加花色品种，适应新形势的需要，我县第二轻工业必须来一个较大的发展。

  电镀行业是五金行业必不可少的配套工业，经研究同意你局意见，将原先电厂厂房，即"五七"厂和办公室等全部划归你局，有关先锋电厂的投资设备你局应和先锋电厂协商办理手续，以便尽快恢复生产。

  抄送：

  内蒙古自治区第二轻工业局、乌兰察布盟经委、乌兰察布第二轻工业局、清水河县经委、先锋电厂等分管工业的书记、主任。

1979年5月24日

关于对《红旗化工厂筹建农场需要土地的报告》的批复
〔76〕清革字第92号

清水河县革命委员会办公室：关于城关粮库发生大火、红旗化工厂筹建农场
  需土地、合并核算单位、处理自留树问题等报告、批复
案卷号：81第16号 自1976年1月26日起至1976年11月25日止 永久

内蒙古红旗化工厂：

  你厂革发〔76〕字第23号《关于筹建农场需要土地的报告》收悉。经1976年6月3日县常委会议研究，决定在王桂窑公社石壁桥附近划出200亩荒地，以满足你厂筹建小型农场，解决职工农副产品的需要。在使用期间，由你厂管理，不准转让，使用完毕收归国家。

特此批复

1976年6月5日

内蒙古自治区革命委员会关于改变先锋电厂领导关系的批复
内革发〔1978〕236号

清水河县革命委员会办公室：关于工矿企业、交通运输等方面通知、报告
（包括先锋电厂问题的批复）
案卷号：4　自1978年1月9日起至1978年12月14日止

自治区国防工办、乌盟行政公署、清水河县革委会：

内革军工办字〔1978〕278号报告收悉。

经研究，同意将内蒙古先锋电厂收归内蒙古自治区国防工办领导和管理。

清水河县用电仍按现在的情况供应，不要改变。

内蒙古自治区革命委员会
1978年12月1日

清水河县革命委员会、内蒙古红旗化工厂革委会
关于红旗化工厂居民搬迁经费的请示报告
清革发〔74〕218号 红革发〔74〕第14号

清水河县革命委员会办公室：关于劳动工资、基本建设、其他几个问题的文件 劳动工资计划、传文霞工资问题的处理、工资基金管理、基本建设会议情况、红旗化工厂军民搬迁经费、工业废渣综合利用。
案卷号：9第7号　自1974年4月27日起至1974年12月24日止

内蒙古自治区国防工办：

  五机部、内蒙古宁夏民用火工企业巡回检查组于1974年6月9日至12日对红旗化工厂85号火雷管的安全生产以及厂区情况进行了全面的、认真的检查。在检查中发现红旗化工厂厂区与清水河县瓦窑沟生产队居民混杂一起。这样既不利于工厂企业管理，也不利于保密工作。同时对居民生命财产的安全有着严重的威胁，继续下去，势必会造成不良后果。建议居民尽快搬迁，厂区建立围墙护网。

  对此，我们十分重视，认为巡回检查组的意见是正确的，居民搬迁是必要的，因此，曾于1974年6月底，组织了专人对厂区居民进行了调查（关于厂区情况的调查报告已报国防工办），经国防工办同意后，又于1974年9月12日由清水河县和红旗化工厂共同组成了红旗化工厂居民搬迁办公室。由清水河县委副书记贺芝林同志挂帅，在本年10月又组织有关单位的有关人员对红旗化工厂的厂区居民逐户进行了详细的、认真的普查。

  普查结果，共需搬出51户，用费约需176 910元。

  我们拟予1975年2月开始动工，争取在1975年年底全部搬完，请尽快批示。

  特此报告

清水河县革命委员会
内蒙古红旗化工厂革命委员会
1974年12月24日

关于内蒙古先锋电厂下放清水河县管理移交会议纪要

清水河县工业局关于先锋电厂管理移交、合并
喇嘛湾化肥厂下放的决定通知
文书处理号：2 目录号：1 案卷号：4

  按内蒙古自治区革委会生建部、内蒙古自治区国防工办和乌兰察布盟革委会内蒙古革生〔70〕农字755号文、内蒙古工办发字〔70〕第216号文、〔70〕乌革字第54号文《关于内蒙先锋火力发电厂下放清水河县管理的通知》，决定将内蒙古自治区国防工办所属内蒙古先锋火力发电厂从1970年11月1日起下放清水河县管理。"按1970年度决算数字进行接收"的精神，内蒙古自治区国防工办、乌兰察布盟革委会生建部、清水河县革委会于2月1日至3日在清水河县军管组的领导下对移交有关问题进行了研究。

与会同志认为，内蒙古先锋电厂下放清水河县管理，是贯彻落实伟大领袖毛主席"备战、备荒、为人民"和"应当更多地发挥地方的积极性，在中央的统一计划下，让地方办更多的事"的伟大教导的具体措施，是革命和生产建设的需要，是上级领导对清水河县的关怀和支持。

清水河县革委会表示，坚决接受上级给我们的任务，高举毛泽东思想伟大红旗，自力更生，继续把这个厂子办好，发挥为国防工业服务和在社会主义建设中的积极作用。

内蒙古自治区国防工办的同志在移交过程中对企业生产和基建中的问题进行了积极的安排，表示在厂子下放后仍给予积极支持和关怀。

决定将750 kW和1 500 kW两台发电机组、10 kV线路4.1千米、总投资3 052 917.72元、流动资金80万元、全厂职工137人（包括借用人员2人）全部移交清水河县。

1970年度决算亏损的269 931.87元由国防工办进行拨补，应缴折旧基金63 502元仍按原渠道上缴。

有关设备改造资金问题，国防工办表示与自治区革委会生建部研究后再确定。

关于结存的基建物资，电厂根据生产需要可以备存一部分，其资金由电厂向"六五四"结算。

关于1971年物资供应的问题，内蒙古自治区国防工办表示，如已汇总列入计划的仍按旧渠道供应，今后会在物资方面仍给予支持。

先锋电厂虽已投产，但还存在一些问题待今后进一步研究解决：

一是先锋电厂原从1969年5月投产，但按设计在设备上有的还未订上货，有的已订货还未到货，如轴流风机、减温减压器、电力电缆等，另有热力试验器的仪表、水泵、除尘器等还需投资5万余元。

二是1 500 kW二号机组系苏联产品,锅炉根据其他兄弟厂同类炉运行经验和金属化验,过热器管不合要求,其他厂已因爆破而更换。先锋电厂在基建中已提出更换但还未实施。汽轮机的叶片与锅炉的情况相同,也需要更换。为了保证先锋电厂今后的正常生产,在今后需要安排解决。

三是先锋电厂至城关只有一条10 kW供电线路。该线路不仅为红旗化工厂供电,而且还为城关照明、农田灌溉、工矿企业供电。这些单位缺少用电安全设施,一旦发生问题将直接影响整条线路,这对红旗化工厂乃至自治区的国防工业安全存在一定的隐患,有待今后解决。

移交清册另发清水河县革命委员会。

1971年2月5日

清水河县革命委员会关于将县发电厂合并先锋电厂的通知
清革〔71〕第12号

清水河县工业局关于先锋电厂管理移交、合并
喇嘛湾化肥厂下放的决定通知
文书处理号:2　目录号:1　案卷号:4

先锋电厂、县发电厂:

由于革命和生产建设事业的发展,在先锋电厂投产送电后,县发电厂的柴油发电机停止发电。县发电厂只负责城关供电、线路维修和县内机电设备修理任务。

为了加强管理,减少层次,充分发挥现有设备和技术力量,经县革委会研究决定,军管组批准,决定将县发电厂合并至先锋电厂,合并后增设机电修造车间。

现将有关问题通知如下:

合并后由先锋电厂调整现有设备和技术力量,增设机电修造车间,承担全县机电设备修造任务。

认真做好财务清理工作,以3月21日账面和实际库存移交先锋电厂统一核算。

人员问题另行安排。

现有生产和业务工作不得因合并而中断。

确保财产安全,不得在合并期间扩大开支和转移资产。

1971年3月12日

关于内蒙古先锋火力发电厂下放清水河县管理的通知

内蒙古革生〔70〕农字755号
内蒙古工办发字〔70〕第216号
清水河县工业局关于先锋电厂管理移交、合并
喇嘛湾化肥厂下放的决定通知
文书处理号:2　目录号:1　案卷号:4

乌盟革委会:

根据伟大领袖毛主席"应当更多地发挥地方的积极性,在中央的统一计划下,让地方办更多的事"的教导,将内蒙古国防工办所属内蒙古先锋火力发电厂从一九七零年十一月一日起下放给清水河县管理。

一九七零年度生产、基建财务决算由国防工办六五四工程指挥部负责处理,清水河县按照一九七零年度决算数字接收。

具体交接事项,由国防工办和清水河县直接办理。

内蒙古自治区生建部
内蒙古自治区国防工业办公室
1970年11月1日

乌兰察布盟革命委员会关于先锋电厂放交清水河县管理的通知
〔70〕乌革字第54号

清水河县工业局关于先锋电厂管理移交、合并喇嘛湾化肥厂下放的决定通知
文书处理号：2　目录号：1　案卷号：4

清水河县革委会：

　　根据毛主席"应当更多地发挥地方的积极性，在中央的统一计划下，让地方办更多的事"的伟大教导，内蒙古自治区革委会生建部和内蒙古自治区国防工办以内革生〔70〕农字755号、内蒙古工办发字〔70〕第216号通知决定将内蒙古自治区国防工办所属内蒙古先锋火力发电厂从1970年11月1日起下放给你县领导和管理。

　　该厂1970年度生产、基建、财务决算等仍由内蒙古自治区国防工办"六五四工程指挥部"负责处理，你县按照1970年度决算数字接收，具体交接事项，请直接与内蒙古自治区国防工办联系办理。

1970年11月9日

关于清水河县先锋电厂移交给内蒙古自治区国防工业办公室管理的议定书

清水河县工业局（行政事务类）：
内蒙古自治区政府、清水河县政府、清水河县计委、先锋电厂关于基本建设、先锋电厂移交的通知、批复
文书处理号：6　目录号：2　案卷号：43
自1981年3月20日起至1981年12月9日止

根据内蒙古自治区革命委员会内革发〔1978〕236号文件批复精神，由内蒙古自治区国防工业办公室、乌兰察布盟水电局、清水河县革命委员会等有关部门共同商定对清水河县先锋电厂归属内蒙古自治区国防工业办公室领导有关交接事项议定如下：

清水河县先锋电厂自1979年1月1日起收归内蒙古自治区国防工业办公室领导和管理。凡属1979年先锋电厂的各项计划悉由内蒙古自治区国防工业办公室编审下达。全厂职工人员以及电厂的固定资产、流动资金均按1978年度财务决算移交（接收）。

原先锋电厂所管的供电车间按其车间的实有人数和占用的财产也从1979年1月1日起归属清水河县领导。

凡属该车间的固定资产以及属于供电业务需用的流动资产（原材供料、办公用具、生产机具等）均划归清水河县。其划转手续也按原先锋电厂1978年度财务决算所确定的固定资产、流动资产一一造册办理。

先锋电厂收归内蒙古自治区国防工业办公室管理之后，在确保红旗化工厂生产用电的前提下，所节余下的电量统一由县供电部门安排使用。

原先锋电厂到红旗化工厂的10 kV线路（4.1千米）在未架设好通往红旗化工厂的专用线路之前仍由县里管理和维护。为了保证红旗化工厂生产用电可在该厂以东设一分闸。

在此4.1千米线路之内的用电部门（如油库、物资局、交通局、小庙公社地区、材料厂、胶化厂、农机厂、粮油厂、造纸厂、医院等）也应在确保红旗化工厂生产用电的前提下适当控制供电而增加分闸。

新批准的从先锋电厂至红旗化工厂专用线路建成之后，其财产权归先锋电厂，旧线路仍归县里管理。

先锋电厂在册职工117人、临时工14人全部移交，按照国家有关规定办理手续。领导班子人员去留问题，另行研究解决。

先锋电厂1979年以前供电业务发生的债权（各社队、水泥厂等所欠电费）均仍由县供电所负责结算清理。原则上旧欠款每月最低收回5%。新的业务关系，除红旗化工厂用电直接由先锋电厂结算外，其他用户的电费皆由县供电所负责办理结算。

先锋电厂只是对供电所一户结算电费（双方另订合同）。

从原先锋电厂拨交给县供电所解放牌卡车一辆。

原先锋电厂管理的电石车间（包括一栋家属房屋）不做移交，但是这笔投资由先锋电厂代垫资金69 839元，该款项在移交同时由清水河县还清。

目前先锋电厂居住的房屋和"五七"队用的车间暂不变动。

待县里还清此款之后，先锋电厂创造条件逐步搬出。

1979年起先锋电厂和清水河县供电部门所发生的电价，每千瓦时暂时执行县里已批准的0.14元标准，具体结算办法双方另订合同，并报经双方领导部门审核备案。

电厂移交部门：清水河县革命委员会
电厂接收部门：内蒙古自治区国防工业办公室
1979年3月20日

清水河县经济贸易局关于内蒙古生力资源集团红旗化工有限公司基础雷管自动填装线项目的批复
清政经发〔2011〕7号

清水河县工业局（行政事务类）：
内蒙古自治区政府、清水河县政府、清水河县计委、
先锋电厂关于基本建设、先锋电厂移交的通知、批复
文书处理号：6　目录号：2　案卷号：43
自1981年3月20日起至1981年12月9日止

内蒙古生力资源集团红旗化工有限公司：

你公司报来红政字〔2011〕22号《关于申请基础雷管自动填装线项目的立项报告》收悉。经研究，现批复如下：

项目内容为：基础雷管自动填装线项目，年产基础雷管8 000万发。

该项目总投资1 520万元，全部由企业自筹。

该项目建成后，实现销售收入12 620万元/年，实现利润1 580万元/年，实现

增值税2 068万元/年，实现城建税103.4万元/年，实现企业所得税395万元/年。

该项目建设周期为10个月。

请贵公司根据本批复，必须按照国家产业政策和程序，做好环评、能评和生产安全评价，方可开工建设。

清水河县经济贸易局
2011年2月25日

第三编
内蒙古小三线建设
回忆录及口述资料

厂初建工作的回忆

毕恩田
原内蒙古红旗化工厂党总支书记

    我是建厂初期的一名老同志，耳闻目睹红旗化工厂二十年来的发展变化，心情无比激动。下面是我对工厂初建工作的一段回忆。

    那时候，根据当时的国际形势，党中央、国务院为了加强国防，提出要加快"三线"建设步伐，并制定了"靠山，隐蔽，分散"的建设方针。

    内蒙古红旗化工厂是内蒙古"小三线"建设的重要工厂之一，开始准备在海勃湾市建厂，后来华北局"三线"工作会议不同意在海勃湾市，原因是海勃湾市兵工厂太多太集中，不符合"分散"的方针，而且海勃湾地区风沙大，气候干燥，容易产生静电，不适合雷管生产，所以要求重新选择厂址。

    当时，选择厂址的工作是在内蒙古自治区计委主任阿木古郎、自治区经委主任王孟樵、内蒙古第二机械工业局局长田恩敏等同志的具体领导下进行的。当时，毕恩田、彭宝之、赵义等同志根据上级精神，先后从海勃湾市出发，在京包线以南地区的和林格尔县、托克托县、准格尔旗等地选择厂址。几经周折，初步决定在乌兰察布盟清水河县城关镇定点。因为清水河县可以从呼和浩特市直接通往山西省，是一个重要的交通要道。西面可以通往伊克昭盟等地区，战略地位十分重要。如果发生战争，工厂所需的原材料可通过山西省直接运到我厂，粮食和煤炭当地可以自给。另一方面，建厂所用的部分建筑材料可就地取材，能为国家节约大量资金，建厂后职工的生活福利等问题也好安排。

当时,内蒙古自治区有关负责"三线"建设的领导同志也视察了该地,当场表示,在清水河县建厂完全符合中央提出的"靠山、隐蔽、分散"的方针,可以立即做好工艺设计和施工的准备工作,就这样,厂址定在清水河县一带了。

1966年5月,由五机部组织的各省、自治区"三线"建设会议在山东济南召开,参加会议的是各省、自治区"三线"建设的领导同志,我也参加了这次会议。这次会议很重要,是进一步贯彻党中央提出"靠山、隐蔽、分散"方针的会议。会议中,我们参观了济南枪厂,他们工厂隐蔽很好,用飞机拍摄都看不到工厂,为我们"三线"建设树立了榜样,提供了经验。

会议后,我们以济南会议精神统一思想,统一认识,重新全面部署了建厂的各项工作。

为把内蒙古红旗化工厂建设好,五机部从抚顺四七四厂和内蒙古自治区直属企业以及清水河县调来了一部分工程技术人员,并由毕恩田(党支部书记)、彭宝之(副厂长)、赵义(副厂长)、刘观峰、冀生、刘清林共六位同志组成了厂领导班子。

1966年下半年,上级为厂里招收了第一批徒工,以培养重点工序上的生产骨干。这些徒工主要是从清水河县、呼和浩特市、托克托县、萨拉齐、察素齐等各地招收的,总共一百四十人,都经过了严格审查。徒工进厂后,首先进行了政治教育,这在当时是很重要的。

徒工通过政治学习和建厂劳动,提高了政治觉悟和劳动素质,深深地认识到了军工建设的重要性和所肩负的光荣历史使命。同时,厂领导班子对每个徒工也做了初步了解,根据他们的文化程度、健康状况和平时的工作表现分别安排了岗位,并到对口厂抚顺四七四厂进行了培训实习。

在建厂施工中,我们始终贯彻"多快好省""百年大计,质量第一"的思想,采取了"先易后难,逐步展开"的方法。在东沟,首先施工的是机加工车间,车间建完后,马上安装机器设备并投入机械加工,为施工中提供了急需的生产部件和简易的工装设备。我们在工房结构上坚持实事求是的原则,一车间(冲压车间)和机加工车间不涉及易燃易爆产品,所以车间工房采用了砖木结构,二车间和三车间因涉及易燃易爆产品,采用了钢筋混凝土结构。施工中我们注意节约材料,凡是当地有的,能用的尽量用,不能用的再从外地买。有的工房的墙体,我们利用的当地的石头,用水泥沙浆砌,经过验证符合要求,工程造价低,为国家节约了资金。我们还十分注意施工质量,重要工房施工前都要对施工人员进行技术交底,严格要求施工人员按施工规则操作。同时,我们还指定专人负责施工质量抽查,发现问题及时向施工方提出并协商解决。例如,我们发现三车间屋顶混凝土有裂纹现象,第一时间向施工单位提出这个问题,他们及时进行了加固,保证了工房的质量。

电源也是个十分重要的问题,建厂施工初期,首先必须解决电源的问题。当时清水河县政府只有一台柴油发电机,每天也只能运转4小时,仅供照明用。面对这种现状,我们采取了临时解决措施,另调来两台柴油发电机,保证了施工顺利进行。对于今后生产中的电源问题,当时我作为建厂的主要领导,从大局出发,还是考虑要建立电厂,这不仅有利于工厂生产,而且有利于促进当地国民经济的发展。"六五四"的领导同志根据厂里意见,会同上级领导和地方政府有关领导同志前往清水河县贾家湾和八楞湾村察看了地形,最后决定在贾家湾建电厂,建厂投资由"六五四工程指挥部"负责,建立电厂所需干部由当地政府负责解决。

建厂中,我们得到了地方政府的大力支持。我们初建时,没有一间办公室和宿舍,当时县政府把招待所最好的房子腾出来供我们办公和居住。每当遇到停工待料影响施工时,清水河县和上级武装部的有关领导都会及时研究解决,抽调人力物力,在近期内把施工需要的沙子和石头运到施工现场,保证了施工进度。我们对徒工也加强工农联盟的教育,教导他们要尊重当地政府的领导,要尊重当地的风俗习惯,要积极地帮助当地群众。当时县医院没有救护车,在抢救乡里的危重病人时,我们无偿地支援他们,让工厂与当地政府和人民群众紧密团结在一起,真正体现了工农联盟的相互支持、自力更生。对于生产急需的标准设备和非标准设备,我们充分发挥工程技术人员和老工人的作用,克服困难,自己动手安装,为国家节约了资金。建厂初期,我们考虑到了将来的生产,进行了两手准备,一手抓基建,一手抓试生产。从上到下指定了专人负责,一包到底。例如,二车间起爆药试生产过程中,当时二车间党支部书记弓射敌同志带领职工大干苦干,刻苦攻关,严格遵守工艺规程和安全操作规程,终于试制成功了起爆药。凡是投产前进入红旗化工厂的老工人都为工厂的初建工作作出了较大贡献,都应该载入红旗化工厂的史册。

红旗化工厂建厂从始至终是一个光辉的历程。在庆祝建厂十周年之际,回忆过去,看看现在,我心情无比激动,向日日夜夜战斗在第一线的工人表示祝贺,向支援红旗化工厂建设的工程技术人员和老工人表示崇高的敬意。

我的一点回忆

赵 义

原内蒙古红旗化工厂副厂长

今年是红旗化工厂建厂二十周年,今昔对比令人感慨万千。我作为一名参加该厂筹建工作的负责人,亲身经历了它的诞生、成长,使我对它倍感亲切,它伴随着我走过一段不平坦的路。事实证明,我们的党是伟大的,她领导我们战胜各种困难,一起迎来曙光。

在筹建红旗化工厂之前,我正在海勃湾筹建第三通用机械厂,第三通用机械厂远离市区,吃住条件较差,风沙也比较大,有时要住帐篷,看到工厂就要上马,从心底感到欣慰。

就在这时,上级下来文件,调我去筹建红旗化工厂,当时对抛下第三通用机械厂真有些舍不得⋯⋯那里的工作还没有完结,我就匆匆离开海勃湾,赶往清水河县筹建红旗化工厂。当时先去的只有三个人,除我之外,还有管人事和财务的两位同志。县政府的同志给了我们大力的帮助,给我们安排了吃住,使我们在他乡异地有了落脚的地方。建厂工作很重要,但同时也很琐碎,就像一对新人筹划一个新的家庭,事事都要想到,否则就会出现差错,造成损失。此时我们的心整个扑在了建厂工作上,不分昼夜地奔忙,虽然也有恼火的时候,但一想到为我们党、我们祖国和人民又建起一座有益的工厂,就会感到有无穷的力量、使不完的精力。

首先要选好厂址。为了选好厂址我们几乎走遍了大青山,从呼和浩特到包头,转头又到和林格尔、托克托县等地,选一个向上报一个,不行再选,最后选在了清水河一带。我们几乎走遍了那里的山头,为了备战,为了安全,厂址便决定在交通不便的山沟里。

有了新居,需要武装、组织。为此,我们设计了厂房、工艺,调来了机器设备,并从抚顺市调来了一批技术骨干,招收了工人,定了工厂代号。

参加建厂的同志为早日投产作出了贡献,特别是在"文化大革命"时期,大家克服了极"左"路线造成的干扰破坏,使工作得以完成,从这方面讲,建厂的过程就是克服重重障碍的过程,工厂是在逆境中建立起来的。

"文化大革命"搅乱了工厂的秩序,筹建工作受到严重干扰。看到这种情景,怎能不让人痛心,作为一名老党员,我也深受其害,但是我始终没有放弃党性原则,坚持履行共产党员的义务,以共产党员的标准严格要求自己,是党挽救了我们的国家、我们的工厂。

时至今日,红旗化工厂发生了很大变化,取得了很大成绩,党的十一届三中全会又恰似一阵暖人的春风,给我们的工厂带来了无限生机。这之中当然有我们全厂干部和职工洒下的辛勤汗水,在建厂二十周年之际,我能看到厂子发生这样大的变化,感到由衷的高兴,我虽然已不在红旗化工厂工作了,但我的心还是跟全厂的同志连在一起的,我预祝工厂在新的形势下取得更大的胜利。

建厂与体会

彭宝之
原内蒙古红旗化工厂副厂长

在红旗化工厂建厂二十周年之际,我应工厂的邀请,把我在红旗化工厂期间的经历简单回顾一下。

我是响应党中央的号召,于1966年由中央企业——抚顺华丰化工厂(四七四厂)支援边疆三线建设,来到内蒙古红旗化工厂开展建厂工作的。内蒙古红旗化工厂于1965年筹备,1966年开始施工建设。当时选点是在内蒙古第一通用机械厂的南沟,后来华北局不予批准,原因是离内蒙古第一通用机械厂太近不安全,不靠山也不够隐蔽。后来经内蒙古自治区二机局的调研和努力,上级终于批准我们在呼和浩特市一带进行选址。于是我们重新选址,经过两个月的考察,最后确定在清水河县城关镇瓦窑沟,报经五机部和"六五四工程指挥部"批准,决定内蒙古红旗化工厂由海勃湾迁至清水河县,最初的人员有毕恩田、赵义、彭宝之、刘观峰、冀生、贾捨一、宋玉干、李慧敏、孟兰菊、李青云、唐胜义、刘贵铎、董丽华、刘清林、那忠喜、赵连相、魏举良、张万才、姚志军、崔希跃、王永绪等26人。其中,从四七四厂调来的工程技术人员有12人,后来大部分又调走了,但贾捨一和宋玉干两位同志留在了红旗化工厂工作。

当时建厂计划投资300万元,实际投资超过了440万元;设计职工人数为375人,后达到500人左右;设计建筑面积约5 000平方米,实际到1974年已超过1.7万平方米。

内蒙古红旗化工厂的技术干部全部是抚顺四七四厂支援的,技术工人是由山西一〇四厂支援的(实际只来了2人),机加工工人是由赤峰的兄弟单位调入的。徒工方面,红旗化工厂在1966年10月从清水河县招收了70人,12月底又从呼和浩特、托克托县等地招收了70人。

迁厂时,我和工程技术人员第一批于1966年7月底动身,8月初来到呼和浩特市,由内蒙古第二通用机械厂的汽车把我们送至清水河县。县政府的同志接待了我们并为我们找了几间房子住下。当时清水河地区的条件很差,没有电灯,我们就点煤油灯和蜡烛进行工作,一直到深夜。为了加快建厂的速度,早日投产,我们克服了重重困难,坚持开展工厂布局工作和生产工艺设计工作。

当时工厂布局和生产工艺设计是由工厂工程技术人员自己负责的,其中包括:工厂的设计面积、设备选型、人员配备、技术培训和材料订货、工具、量具、模具的设计加工等。土建设计由包头城建局设计院承担,土建施工由内蒙古自治区建设厅负责。经过两年多的设计与施工,建设工程于1968年基本建成,主要设备安装完毕,初具规模,实现了水、电、蒸汽三通,具备了试生产的条件。

建厂期间,正处在"文化大革命"初期,刚刚建成的化工厂被搞乱,生产秩序一时无法保证,使1968年建成可试生产的内蒙古红旗化工厂,推迟到1970年才开始试生产,当年完成电管105万发,火管813万发。

从建厂到组织生产,我在内蒙古红旗化工厂待了十几年,现在回顾起来是很复杂的。

首先,在建设方针上必须坚持实事求是的原则,在建厂初期计划须执行两个"三百",即工厂总计300人,投资总额300万元,多一点也不行。当时我认为这是不符合实际的,要搞好生产,何必非要两个"三百"不可?后来经请示和调查研究,领导同意突破原来设计的总人数、总投资的两个"三百"的限定。截至1974年年底,工厂总人数达500多人,总投资达440余万元。

其次,原设计的设备选型方面不够合理,在设计任务书上认为是先进的、合理的,可实际上是行不通的,这在之后的生产实践中得到了证明。例如,制造氮化铅的非标设备的投料量是0.5千克,经过讨论我们认为是不合理的,改为2千克,这样才能满足工厂的生产需要,而河北那边还是按照0.5千克的投料量来设计非标设备的,不得不将其改造成2千克的才能投入生产。许多其他的设备在选型方面也是如此,如在建厂初期原计划只要三台c-620车床,负责全厂的维修即可,但实际上根本无法满足生产需要。以后,我们又增加了大量的设备,有磨床、车床、铣床、刨床等大小设备总计几十台,使红旗化工厂有一套较完整的维修和机加设备,具备了较强的工具加工能力,以至在工具加工方面完全达到了自给。内蒙古红旗化工厂之所以能在全国三线同行中居前列,与建厂初期的建设、机加设备的增加、工具的自给和自主培养的一大批技术人员有密切的关系,并为以后的发展打下了良好的基础。

再次,在工房设计方面我们也进行了修改,按最初设计,工房建筑面积偏小,不利于生产,更不利于今后的发展。我们与北京方面负责的第五设计院进行了多次交涉,使当时设计的"三小"得到了改变,由小锅炉、小跨度、小工房改变为现在的大锅炉、大跨度、大工房,这样适合生产,方便运输,这是我的第三个体会。

最后,在火化工生产过程中,我们时刻把安全生产放在首位,否则就会出问题,会发生事故。在安全生产方面,工厂要求必须严格执行组织管理制度,配备较完善的安全设施,同时要求检查工作保持经常化,按客观事实严肃处理问题。尤其是防险设备必须有一定的保险系数,在生产过程中保持一定的存放量,不能超过,不能只顾生产不顾安全,任意扩大存放量。否则,一旦发生事故,就会给国家和人民造成无法挽回的损失。在这一点上,许多火化工厂有血的教训,有深深的体会,不管过去、现在还是将来,都必须注意。

总之,我深深地感到内蒙古红旗化工厂从建厂到现在,二十多年来是非常不容易的,从无到有,从小到大,由最初的土建设计到工艺设计,由建成到试产,化工厂为内蒙古自治区、为国家培养了不少人才,创造了大量的财富,为内蒙古自治区的经济建设和四化建设作出了很大的贡献。

我作为红旗化工厂建厂初期和之后主持工厂生产的负责人之一,在红旗化工厂建厂二十周年大庆的时候,把我所想到的和自己多年来的体会写下来,作为一份纪念献给化工厂,希望化工厂不忘建厂时的历史面貌,在新形势下开拓前进,把化工厂建设得更好,为国家的四化大业多做贡献!

由于过去的时间较长远,回忆起来可能有遗漏和很多不足的地方,写得不够完善,请包涵。

对红旗化工厂恢复性整顿中一些情况的回忆

白云飞
原内蒙古红旗化工厂党委书记

  我是1978年7月调入红旗化工厂工作的，1980年5月调离了红旗化工厂。当时，全国都在进行恢复性的企业整顿工作，因此，我一到任便同全厂职工一道投入紧张的企业整顿。在历时两年的企业整顿中，我与全厂干部、群众建立了深厚的友谊，现仅就记忆所及，做一些片段性的回忆。

  1978年7月20日，内蒙古自治区国防工办党组派我来红旗化工厂工作。我到厂的第三天，国防工办副主任郝继堂同志宣布了国防工办党组的决定，重新组建了内蒙古红旗化工厂领导班子：我任党委书记；昌义祥同志任副书记、厂长；郑增贵同志任副书记；弓射敌同志、高才晓同志任常委、副厂长；杨策同志任常委。当时，摆在新领导班子面前的任务是十分艰巨和繁重的，厂领导虽然在组织上做了调整，但更重要的是要加强自身的思想建设。当时工厂清查、平反和落实政策等工作都没有开展起来，环节班子需要考察与调整，不久前发生的事故造成的欠产也需补上，事故遗漏问题以及稳定职工思想情绪等都亟待解决。党委经过认真分析研究，认为工作千头万绪，首先要抓好清查、平反和落实党的各项政策。这是增强团结、拨乱反正，实现党的工作重点转移的关键所在。工厂必须尽快投入生产。因此，我们首先狠抓了生产管理，建立了每周一次的生产例会制度，加强生产调度指挥，每月不仅要完成当月的生产任务，还把拖欠的任务补上。与此同时，经过调查了解，我们得知红旗化工厂建设于"文化大革命"时期，工厂遭受了不少的冲击，一直无法稳定生产秩序，群众也因此存在一定的思想包袱和心理压力。经党委研究后，我们认真抓了清查、平反和落实政策等工作，凡属确是冤假错案的就坚决按照上级的文件规定彻底平反，较好地落实了政策，很好地稳定了生产秩序、稳定了群众思想。

在落实政策中我们还着重落实了党的知识分子政策，做好技术人员的思想工作，充分发挥他们的智慧和力量。在1978年11月调整各车间、科室领导班子时，不仅把有专业知识、适合做领导工作的一些技术人员选拔到领导岗位上来。工厂还在整个内蒙古自治区地方军工系统中最先授予了王秀兰、王殿平两名同志助理工程师的技术职称，并开始实行总工程师制，任命张荣康同志为副总工程师。

我们很注意领导班子自身的思想建设和作风建设。上级对厂级领导班子做了组织调整以后，在工作组的指导下，及时召开党委扩大会议，进行了开门整风。党委同志们白天坚持深入车间，了解情况，指挥生产；业余时间参加会议进行整风，人人精神饱满，干劲倍增，增强了团结，转变了作风。

从1979年7月开始，厂党委结合学习《党内政治生活若干问题准则》，花了三个月时间又开展了一次整风。首先，党委认真学习《党内政治生活若干问题准则》，联系实际，对照准则要求自觉进行整风。同时，在全厂发动党内外群众，让群众给党的各级组织和干部，给厂党委成员提意见。党委针对群众提出的上百条意见，认真对照检查并加以改正。经过学习和整风，厂领导和各级干部都能做到以身作则，严格要求自己，努力为群众服务。他们积极参加劳动，生活不搞特殊。1978年5月，包装工房发生了较为重大的生产事故，一些职工因此心有余悸。当时，为了恢复生产秩序、稳定职工情绪，从厂领导到一般科室干部，坚持每天轮流到车间参加劳动，同时还参加整顿厂容厂貌的义务劳动，清理垃圾，修桥铺路，挖山运土。就连年龄较大、身体又不太好的高才晓、张万才等老同志也不甘示弱，和小伙子们一起挥汗劳作，各级领导干部无不参加，既当指挥员又当战斗员，很好地鼓舞了职工们的士气，生产秩序很快得到了恢复和稳定。

在生活上，领导干部和群众一样同甘共苦，不搞特殊化。记得一次采买水果时，有个别负责的干部同志私下多买了些，领导发现后，耐心向他们说明情况、讲清道理，然后将这些水果同采买的水果一起分发给了第一线的工人，这件小事在群众中引起了强烈反响,遵守厂纪厂规的意识蔚然成风。同时,党委十分关心群众生活,两年来先后解决了与广大职工有密切关心的托儿所搬迁扩建和采暖工程、厂礼堂的修整和接通暖气工程、家属区自来水安装工程等,得到了职工的好评。厂党委还经常强调办好职工食堂和医务所,不断改善和提高服务质量以及新建住宅,调整改善职工宿舍等。所有这些,都为职工生活带来了方便,解除了职工的后顾之忧。

为了尽快实现建成"大庆式企业"的奋斗目标,全厂职工在努力完成生产和科研任务的同时,彻底改变了厂容厂貌和生产生活环境。

火化工厂生产中安全是头等大事。但是,由于在"山、散、洞"方针指引下,红旗化工厂建设在山沟里,客观上对生产、生活都造成许多不便,给安全工作带来了诸多挑战。每逢刮风下雨,不是尘土到处飞扬,就是泥沙遍布全厂,很容易带入车间,对生产安全造成严重隐患。为了改变这种状况,党委决定发动群众,自己动手修筑厂区马路。经过干部、技术人员和工人的共同商量,大家群策群力,修路方案很快便形成了。清水河县那时候还没有修柏油路的设备,得从外地租用,开支过大,经济上不允许,于是群众因地制宜、就地取材,最后确定了铺设水泥马路的施工方案。1979年8月1日,我和昌义祥同志专程到内蒙古自治区国防工办向领导作了请示汇报,得到了上级的大力支持,当即决定拨款6.5万元资金和近百吨水泥支持工厂修路。8月10日,我们召开了全厂职工大会,进行动员和部署,修筑马路的战斗正式打响。首先,厂里建立了以厂长昌义祥同志为首的指挥系统,组成了技术、材运和后勤服务等业务组及由车间、科室抽调人手组成的专业施工队。在做好思想准备和组织准备的基础上,一场热火朝天的群众修路战斗开始了。搞测量、平路基、抢运水泥等工作都紧张有序地开展起来了。尤其是需用的砂石量大,我们就发动群众,提出全厂职工每人采集2立方米石头("五七队"每人1立方米石头)的倡议,得到了职工们的大力支持。任务落实到人,不论男女老少,也不分职工家属,大家干劲十足,很快在全厂呈现出一派采集石头、抢修马路的热潮。到处是车拉肩扛、大人背小孩抬的热烈场面,因公伤残或身体欠佳的同志也毫不示弱,自己干不动,就动员家属子女帮助干。经过全厂职工及家属的共同努力,在不到一个月的时间里,采集了大量的砂石,全程1.36千米马路所用砂石约2 000立方米,除了一小部分外购以外,绝大部分都是职工及家属自己动手采集的。这不仅为国家节省了大量资金,更为修路奠定了坚固的物质基础。

经过西沟试铺取得经验后,当年9月8日,铺路工程全面展开。虽然厂里由车间、科室领导带队组成了各个施工队,但他们干这种活都是"大姑娘坐轿子——头一回"。他们严格按照设计结构和施工要求进行操作,认真细致,毫不马虎。为了按期完成任务,各队之间展开了"你追我赶,争当第一"的劳动竞赛。同志们人人振奋,个个干劲十足,白天大干一天,晚上加班加点。后勤服务部门在领导的组织和带动下,服务到工地现场,送饭送水、送医送药,材料供应也是随叫随到。在施工期间,曾因下雨停工两天,为不误工期,每班的工作队伍都主动要求增加任务,把耽误的时间抢了回来,结果仍按原计划于9月17日前胜利地完成全部铺设工作。

广大职工十分珍惜自己的劳动成果,当铺上水泥路面以后,需要一段时间加以养护。因此,上下班时,职工们宁可绕道远行,不管行走怎样困难,也决不踏上路面一脚。有一次,深夜突然下起雨来。我从睡梦中赶到工地时,杨永升、马卯喜等许多同志早已冒雨赶到了现场,将堆放在那里的水泥和路面遮盖好。

当时组织领导工作已很紧张,除了注意发挥工会、共青团和各科室、车间的组织作用外,厂领导还做了相应的分工。根据当时的工作情况,分为三条战线,三套人马:一是由副厂长弓射敌、副总工程师张荣康两位同志主抓生产和科研,在整个施工期间,电雷管生产照常进行,延期雷管试制也紧张有序,所以这方面的工作丝毫没有松懈;二是由副书记高才晓、政治处副主任丛贵发两位同志负责生产协调和外部沟通工作;三是由我和办公室主任杨策同志负责铺设马路的任务。按照分工,同志们都积极主动,密切配合,分兵把口,各负其责。工作中随时随地碰头,经常互通情况,遇到重大事情,及时召开会议,讨论研究决定。虽然任务繁重,领导力量紧张,但大家工作起来都感到得心应手,心情舒畅。

在党的十一届三中全会精神的指引下,在内蒙古自治区国防工办、乌兰察布盟和清水河县的领导关怀和大力支持下,我们迅速把党的工作重点转移到了生产建设上来,落实党的各项政策,促进了安定团结的局面,出现了"人心齐、干劲足、风气正"的大好形势。全厂职工齐心协力搞四化,到处是意气风发、斗志昂扬、你追我赶、争先恐后的新气象,好人好事层出不穷。在企业整顿中,我们认真抓了基础管理工作,建立健全规章制度,使生产指挥调度、设备维护、安全生产、整洁卫生以及计划、财务、物资、人事等各项管理工作都有所加强。1978年当年超额完成生产任务,上缴利润125.6%,向国家多缴利润11万元,其他各项工作均取得了可喜的成绩。全厂职工再接再厉,乘胜前进,又经过一年的艰苦努力,于1979年建成了"大庆式企业"。这是企业整顿的成果,也是今后企业腾飞的基础。

  以上这段历史的回顾,在红旗化工厂建设史上来说是很短暂的。然而,它是红旗化工厂正本清源、振兴生产、发展经济的转折,起到了积极的作用,作出了应有的贡献。其根本原因是:上有党的十一届三中全会精神的指引和上级机关的正确领导;下有职工同志们的辛勤劳动和努力拼搏。当然,我作为厂领导班子的一员也发挥了应有的作用。红旗化工厂的成果源于全厂干部职工的团结一致,源于坚持实事求是、严于律己,源于群众的拥护和支持。所以,回忆这段工作,总结经验教训,对我的今后的工作是很有裨益的。

四十年的回顾

弓射敌
原内蒙古红旗化工厂厂长

时间过得真快,转眼间内蒙古红旗化工厂走过了四十年的历程。这四十年里,既是短暂的又是漫长而曲折的。所谓短暂是在这几十年里,红旗化工厂把一个手工作业、品种单一、工艺落后的小厂建设成为一个机械化、半自动化、品种齐全、技术含量较高的现代化的中型企业。所谓漫长而曲折是指红旗化工厂在"文化大革命"中艰难前行,在改革开放中逐步成长成才的过程。下面就把我任职期间所经历的主要情况介绍一下。

20世纪60年代,鉴于内外部形势的变化,毛主席提出了"备战、备荒、为人民""深挖洞、广积粮""要准备打仗"的号召。在上级号召和备战思想的指导下,全国建设了很多小三线地方军工企业,其主要任务是武装地方民兵,红旗化工厂也是当时建设的小三线军工企业之一。

红旗化工厂最初选址是在海勃湾三家通用机械厂的后沟,但后来考虑到海勃湾风沙大,不易保证产品质量,才重新选址到清水河县瓦窑沟。

内蒙古红旗化工厂筹建时是由内蒙古自治区二机局负责。为了防止遭到敌机轰炸,把工厂建成小厂房,与居民区混杂在一起,并在工房上面垒起了不少假烟囱,看起来好似一个农村,这是当时建厂的要求。

工厂的设计是由第五机械工业部第五设计院按照辽宁抚顺华丰化工厂的生产线规模设计的,计划投资300万元,招收工人300名,实际最后投资超过了400万元,建成后工厂主要技术领导和工程技术人员都是从华丰化工厂选调来的。

设计中的主要产品有五种：85号火雷管、85号电雷管、军用木柄手榴弹铝壳雷管、8A型地雷引信雷管、炮弹雷管。其设计年产量是：军用木柄手榴弹铝雷管290万发、8A型地雷引信雷管10万发、炮弹雷管30万发、85号火雷管、85号电雷管总产量约1 000万发。由于种种原因，当时只试制投产了85号火雷管、85号电雷管和军用木柄手榴弹铝雷管，85号火雷管、85号电雷管是1970年投产的，军用木柄手榴弹铝雷管是1972年投产的。

建厂初期，厂主要领导有毕恩田、赵义、彭宝之等同志。红旗化工厂在建厂和投产期间正处于国家动乱时期，人心不齐，工厂管理混乱，领导变换频繁，工作无法正常进行生产。1968年、1969年上级主管部门先后委派以王选同志和以任万贵、郝玉山两位同志为代表的军宣队进厂协助工作，同时还派了以王荣同志为班长的一个警卫班，主要负责小庙子产品库房的安全保卫工作。

1970年，上级又派来了以宝音达来同志为首的军管组对工厂实行军事管制，当时的厂领导班子是：军管组组长宝音达来同志，副组长胡为东同志、高尚仁同志、李义同志。1973年，军管组撤离，厂里组建了新的领导班子：副书记、革委会副主任彭宝之同志，副书记郑增贵同志，革委会副主任刘国才同志，革委会副主任刘观锋同志，我当时也被任命为革委会副主任，主要抓产品生产。

1974年，厂领导班子进行了调整，从新疆调来的高才晓同志任党委书记、革委会主任。1978年，厂领导班子又重新进行了调整。从包头第二机械厂调来了白云飞同志任厂党委书记，昌义祥同志任厂长，并任命郑增贵同志为副书记，我和高才晓同志为副厂长。

我是从1981年12月起任厂长的，一直到1995年12月退休，在厂长这个职位上工作了十四年。

这十四年里，我见证了发生在红旗化工厂的几件大事。

一是1969年7月30日的特大洪水。

1969年7月30日晚上，当时的军宣队正在三间窑开会，外面突然下起了瓢泼大雨，来势凶猛，雨水为柱，短时间内，地面的积水就有半米多深。东西两沟山洪暴发，防洪沟的水一时流不出去，都溢入厂区。大部分厂房和多数地沟进水，办公区各科室也都进了水，水最深的地方达一米左右。办公区单身宿舍的被子、衣物多数被洪水冲走,技术科的资料也被冲走了一部分,其余大部分图纸被洪水淹没无法使用。后来的厂部办公楼的位置当时有一个露天仓库,除厚钢板外,仓库里的物资都被洪水冲走了。洪水从厂区流出冲垮了县中学的围墙流向了县城区,把马路淤高了近一米,据当时七十岁左右的老人回忆,从记事起就没有见过如此大的洪水。这场洪水给工厂带来了重大损失,人们至今难以忘怀。

二是产品大报废。

电雷管投产时,由于是在军管时期,政治运动不断,工人操作不熟练,执行工艺不严,从投产到1973年上半年,生产的产品存在严重的质量问题,火雷管半爆、电雷管瞎火,用户纷纷提出退货,库房产品卖不出去,造成产品大量积压。

按过去的规定,只要产品生产出来,厂内交验合格,就可算产值利润,即使是废品,工厂也无权处理。因此在1975年左右,经上级批准才将不合格的火电雷管进行报废处理。报废工作由厂技安科组织,武装部配合,技安科选了一片很远的沙滩,销毁了大约100多万发产品。

1973年,工厂停产整顿,大抓技术管理,严格执行工艺,加强了劳动纪律。产品质量稳步提高。与此同时,工厂组织召开用户座谈会,疏通了与用户的关系,畅通了销售渠道。

三是与电厂合并。

建厂初期,清水河县并无电厂。为了保证红旗化工厂的正常生产,上级配套修建了先锋电厂,既供厂里用电又供县里用电。1983年,由于县里工业基础薄弱,用电量少,电厂连年亏损。于是当时的内蒙古自治区军工局决定撤销先锋电厂,将其合并为红旗化工厂的一个发电车间。由于七〇二电厂当时也下放到清水河县管辖,两厂同时发电浪费太大,经与县里商定,停运我们的发电车间,由七〇二电厂保证我们的供电。

回忆片段二则

杨 策

原内蒙古红旗化工厂党委书记

红旗化工厂在建厂初期是白手起家的,各项工作从头做起。厂区环境十分艰苦,两条深沟,一片荒凉,困难确实不少,特别是用水方面,十分不便。整个厂区只有山下一口水井,用辘轳绞绳吊水,当时建厂用水、职工生活用水、住在厂区周围的老百姓用水,都靠这口水井,所以每天从早晨五点钟就开始排队吊水担水。我就是因为要早起下山挑水,只能让几个孩子独自在家睡觉自己摸黑出门,几个小孩醒来后找不见大人,害怕得大哭起来,邻居以为发生意外纷纷干了,造成一场虚惊,现在回想起来还记忆犹新。

在建厂初期,厂里在新工房周围的山坡上种树搞绿化,用水浇灌,也是靠这口井水,十分不便,就这样过了大约一年多时间,厂里打了井,安装了自来水供水系统,才从根本上解决了生产生活用水不便的问题。

还有那场洪水,也让人印象深刻。

在1969年7月30日清水河县城关镇下了一场倾盆大雨,一时山洪暴发,淹没了厂区。

大雨过后,洪水从东西两条沟的山坡上滚滚而下,直接冲进了厂里的办公区。当时的办公室就是厂区前面的八间窑洞,一时全被洪水淹没,其中一间是副厂长赵义同志的办公室,被洪水一下推成个两头空的大门洞,室内所有的图纸资料被洪水席卷一空。还有一间是财会办公室,所有的账册、票据等资料全漂浮在水面上。当时我是财会主管,我们及时冒雨抢救,把大部分账册、票据等资料捞了出来,转移到高地晾晒,挽回了一部分损失。

厂里有个电话总机房,里面仅有的一台交换机也被洪水淹没,当时在场的老工人崔师傅等人冲进去七手八脚把这台机器搬到一个方桌上,避免了交换机进一步被洪水浸泡。

厂办公区西侧的职工宿舍窑洞全部被洪水淹没,当时有位烧茶炉的职工家属李老汉被困其中,只能站在宿舍外面的窗台呼喊求救,真是令人心焦,其混乱场面可想而知了。

洪水过后,厂区内外一片狼藉,泥沙堆积、被洪水冲走的物资随处可见。厂领导及时调查情况,评估损失,组织动员全厂职工一起行动,逐步恢复了厂区的面貌和生产秩序。

梦中的六五四
——跃进火力发电厂

刘瑞明

原跃进火力发电厂工人

六五四,一般人对这三个数字没什么感觉,但对于"六五四工程"出身的人来说,它意味着一段难以忘怀的人生历程。我当年工作的跃进火力发电厂是"六五四工程"的配套厂,坐落在内蒙古乌海市海南区政府南三公里处,那是一处东南西三面环山,只有北面是一个冲积面的小山沟。就在这么个小山沟里面分布着三个工厂。他们就是当时大名鼎鼎的六五四小三线军工系统的核心工厂。有生产半自动步枪的内蒙古第一通用机械厂(国营九六四厂),生产步枪子弹和气枪子弹的内蒙古第二通用机械厂(国营九五四厂),以及我所在地提供动力的内蒙古跃进火力发电厂。除了这三个工厂,"六五四工程"还有在市区的内蒙古第三通用机械厂(国营五五六厂)、内蒙古木器厂、内蒙古工具厂、内蒙古机修厂(电梯厂)、内蒙古铸锻厂、六五四物资供应站等单位,加上后来的国防工业中专,前后共有12家企事业单位相继建成。

"六五四工程"的二十多年,一代军工人激情燃烧的火红年代,是我们至今记忆犹新的回忆,那里曾经有医院、学校、邮局、银行、商店、粮站、肉铺、派出所、自办的托儿所、电影院,能自制冰棍,还有那咬得腮帮子疼的"钢丝面"。夏天的肉食、蔬菜基本能自我满足,俨然一个功能全面的"小王国"。很长一段时间,人们吃穿用的都是凭票供应。地方粮票、全国粮票我现在还多有收藏。每天上学放学路过副食品商店的门口,看见满柜橱的美食我都馋得直流口水。

  生活在"六五四"的小孩是幸福的,在和平年代一般人很难见到真正的武器,更别说听到枪炮声了。我们的童年可以骄傲地说是在枪声中长大的,一会儿一通厂做出的枪要做试验,一会儿二通厂做出的子弹要做试验,还有民兵实弹训练,步枪、机关枪的实弹射击声时常回荡在"六五四"的山沟里,热闹极了。1973年我从呼和浩特的农村来到这个当时海勃湾最红火的地区,一直生活到1994年才搬到海南区居住。回想起这二十多年的生活如同昨日的情景一样历历在目。

春季篇

  每当春季开学的时候,乌海的天气渐渐变暖。在这干旱少雨的西北与华北交界之地,春天最大的礼物就是沙尘暴。一刮就昏天暗地,在家只得把窗帘拉严了,否则满屋全是土。大白天也得把灯打开,要不什么也看不见。春天最开心的事就是放风筝。满天都是各式各样的风筝,有牛皮纸糊的蝌蚪形状的,有简单省事的尿盆风筝,还有为数不多用的彩纸糊的花式风筝,漂亮极了。我们每天一放学就跑出去放风筝,一直到天黑。春天里最有趣的事情还要属养小鹰崽。每到三四月,周末的下午,由高年级的大哥哥领上我们一群五六年级的孩子就上电厂山后的悬崖上,拿根粗一点的绳子,从腰间把一个胆子大些孩子绑好扎紧,他的胸前挂着空书包,手里拿着一个铁钩子,一群人从悬崖顶上拉着绳子慢慢往下放,放到事先侦察好有孵出小鹰崽的窝上面,把大鹰赶跑,用铁钩把小鹰崽掏出来放进书包里。上面的伙伴一边用石头驱赶想靠近的大鹰,一边往上拉掏小鹰崽的小伙伴。掏回来的小鹰崽大部分小孩由于怕家长不同意是不敢要的。只有几个不怕大人打的孩子抱回了家。每天下午一放学的任务就是去野地里打"马蛇子"和抓"牛牛"喂小鹰崽。一般喂个一个月,小鹰崽就长大能飞了。当时最得意的事情,就是在天上能认得自家的鹰,一个口哨就能让在空中的鹰飞到自己的手上。快乐总是短暂的,因为小鹰崽会飞后自己能去野地里找食,回家的次数慢慢变少了,最后彻底地回到山上自己生活去了。因为养不住,所以大家以后就很少养小鹰崽玩了。

夏季篇

夏天是我们最快乐的日子。尤其是放了暑假，第一件事就是去一通厂水库游泳。那是个用石头和水泥砌成的长方形大水池，是给搞副业的生产队囤水浇菜地用的。每当放满了水，满池绿油油的水对我们而言是种无限的诱惑，我们"六五四"的男孩子几乎没有不会游泳的，都拜一通厂水库所赐。中午不睡觉，拿着弹弓打鸟也是我们时常干的事情。从家里的鸡窝偷几个鸡蛋去房后的水边挖个洞。用四周的"白灰块儿"把鸡蛋包住，再盖上沙子，不停地浇水，十几分钟鸡蛋就熟了，吃起来真香。完事了再约上几个小伙伴到树荫里玩"翻鞋"的游戏，什么"双刀""单刀""黑夜""白天"等鞋型现在还记忆犹新。夏天还有一样"开心事"是下暴雨，一下暴雨，山洪就下来了，时不时地就把一通厂生产队种的西瓜和别的农作物冲到我们这里，很是开心。有时水大了过不去河还不用上学，看来合理逃课的基因骨子里就有。平时三个厂子轮流放电影，放学后，第一件事就是回家搬板凳去露天电影院占地方，为了抢个好地方，可没少与街坊四邻干仗。小伙伴们在一起有玩不完的游戏。男孩子扇空烟盒做的三角、用牛皮纸做的四角，滚铁圈，踢毽子，弹溜溜，骑马杀仗，挤人墙等。女孩子玩的游戏更丰富，跳皮筋、玩羊拐、丢沙包、跳方格、用海娜花染指甲、拿铁夹子烫发等，玩得不亦乐乎。我们时常玩一种赢弹壳的游戏。由于有得天独厚的条件，我们都能辨认出大人们打完枪后带底火的弹壳。过过火的弹壳，那栗色的壳身吸引着我们，感觉像古董一样值钱。相反，那些金光灿灿的新弹壳我们都不稀罕，因为它没有底火，是空弹壳。一通厂、二通厂和我们电厂都有副业生产队，种有各种蔬菜和瓜果。到了成熟的时候，我们时常去菜地里顺点黄瓜和西红柿吃。好玩又刺激，经常被看菜地的老人追着满街跑。

秋季篇

快乐的暑假时光匆匆而过，秋季开学的日子又到了。上课的日子总是那么漫长。秋天是收获的季节。满树红红的沙枣是我们的最爱，拿上书包，一会儿就能捋上半包，吃完留下的沙枣核拿线串上做门帘子很时尚。我们也帮大人们摘院子里的苹果、毛桃,地里的甜菜、土豆。我们户户都有菜窖,那时冬天能吃到的蔬菜品种少,全靠秋天储存。我大概记得,我们一家六口一冬天怎么也得两大麻袋土豆、六七百斤大白菜,还有"心里美"、蔓菁、白萝卜等,还得腌一大缸酸菜和咸菜,家家都是这么过来的。后来随着社会的发展我们住上了楼房,也有了大棚蔬菜,这菜窖才退出了历史舞台。我们这群捣蛋鬼时常也去生产队的菜地里顺些豌豆,到防空洞找些干柴烤着吃,当时感觉吃什么都香,在那个物资缺乏的年代,吃仿佛成了头等大事。每年秋天学校都会举办运动会,那是我们在学校里最热闹的三天,是一年中最开心的日子。不用写作业,在自己擅长的项目上大显身手拿个名次。

冬季篇

瓜果梨桃的日子一结束就到了冬季。寒风凛冽的冬日也挡不住我们爱玩的天性。每天一放学,小伙伴们都赶快抱上冰车去房后的冰面上集合。那时有滑木冰车的,有滑用子弹箱做的冰车的,还有技术高的小伙伴滑单冰刀。没有大风的日子里,我们可以顺着冰面一直滑到去老石旦的公路桥桥底。我们几个疯得厉害的有时会掉进有活水的地方,棉鞋弄湿了,赶紧生堆火烤鞋,一不留神就把鞋面烤煳了,回到家里免不了一顿胖揍。由于时常挨打,我们几个遇到啥事情都嬉皮笑脸的,脸皮厚了日后在社会上反而抗击打能力增强了,哎,什么事都有两面性,福兮祸兮!每到星期六的下午打扫完卫生我都会去厂里泡一个热水澡,也是冬日里比较享受的事情。下雪天,扫开一片地,支根棍,砖头压在竹笆箩上面,拉根绳子套麻雀也是冬天里为数不多的乐事之一。当然,冬天最隆重的还是春节,大年三十年夜饭一吃,我们就换上过年的新衣到处乱跑,兜里揣着小鞭炮,手里拿着炮香,一个一个计算着放到午夜。接近零点,全"六五四"每家每户都把家里的鞭炮和花炮拿出来,比着劲儿放,仿佛谁家放得多放得响,从天上汇报完工作回来的灶王爷就会去谁家一样,满城欢乐。现在每当唱起罗大佑的那首《童年》,我的眼泪止不住地流,共鸣处太多。

一转眼,从"六五四"出来已有二十八年了,好在没有离太远。上下班一天两回路过"六五四",如今他的容颜发生了很大的变化,大部分都拆迁了,三个厂都留下了不多的建筑,诉说着他们各自的历史。"六五四"小三线军工纪念馆的建立,是我们军工系统的福音,说明国家和政府没有忘记我们,而且还要把我们"六五四"的精神发扬光大。以后再有外地的前辈和朋友回来,我们就能从纪念馆里留存的资料找到他们当年工作生活的影子了。期待有朝一日,曾经在"六五四"军工系统奋斗过的前辈们、朋友们相聚在"六五四"。

  蜻蜓点水般地回忆了一下少儿时在"六五四"的快乐时光,在这么短的篇幅里远远写不尽小时幸福生活的感受,还有太多的情景需要今生去慢慢回忆和享受。今世感恩"六五四",是他成全了我小学到初中的学生生涯,是他赋予我了充实的儿时生活,是他给予我了小三线军工系统后代的称号,这个称号在我心中价值连城!希望我们"六五四"小三线军工纪念馆越办越好!"六五四"呀"六五四",我心中的故乡,我心中的殿堂!

技术工作回忆
——1988年底所做的个人工作回顾

王立举

原胜利机修厂副厂长

1959年,我从内蒙古工业学校毕业后被分配到内蒙古商业厅五金机器制造厂技术组,参加工作后接受的第一个任务是金工车间工艺布置,同时决定由我负责金工车间设备安装、试车,在技术组我负责机械加工图纸审核、工艺编制和工装的设计。通过实际工作锻炼,我很快能独立工作,并作出一定成绩,被工厂任命为技术员。厂里派我一人常驻天津作厂技术代表,解决处理天津机械局所属几个厂承担我厂设备的制造技术问题。回厂后,我又负责承担我厂精细镀锌车间的20多台机器设备的安装、调试工作,直至设备全部达到设计要求。因为工作勤奋努力,厂任命我为技术组组长,负责处理全厂技术工作。在我任组长期间,厂里生产的铅锭在全国评比中荣获第二名的佳绩,1965年2月,我调到内蒙古自治区重工业厅二处筹建九六四厂。在筹备工作中,首先分配给我的任务是驻内蒙古工业学校全面负责复制制造枪械的所需的技术资料、图纸,那时候还没有复印机,上万张图纸全部手绘,必须保密、正确、按时、保质、完整地完成复制任务,保证产品试制及生产顺利开展。厂成立技术科时,我任三组组长,负责刀具设计并主管标准化工作,领导全组同志对所有刀具图纸审核。对工艺上所选用的执行工厂标准和企业标准的工装(夹具、刀具、量具)图纸进行校对,保证资料正确、完整和统一,同时还要处理工装加工制造中的技术问题。生产资料复制和工装准备工作结束后,厂里分配我到四车间担任试制小组组长,组织开展关键部件的试制工作,对工艺、工装进行全面验证。终于，我负责的产品在1966年国庆节前夕全部通过验收，厂里立刻向内蒙古自治区和五机部报捷，我受到了厂党委的表扬。

1967年，我被调到九一四九厂，进厂后被派到北京机床修理公司学习机床大修，任北京学习组组长。回厂后，开展二通厂专用设备制造，主要负责电动机试制工作，确保短期内电动机产品试制成功并投入批量生产。之后，由我负责的五机部下达的动力头试制任务也顺利完成并投入量产。之后我还完成了我厂第一台机床的大修和我厂第一台c620车床的试制。在车床产品投入量产后，我主管深井泵产品，并参加了我厂的深井泵产品鉴定工作。

1979年，我分管汽车配件和非标制造两大项任务。起初，我厂生产的汽车半轴质量不过关，试验中跑了1 000米就断了，我查了有关资料并组织开展了许多试验，将原热处理的硬度要求改调至341～415 HB，攻下了汽车半轴的质量难关。我厂的汽车转轴轴栓经常断裂，用户意见很大，我决定重新进行设计和加工，我把18个轴孔其中的8个改成了39°倾斜角的锥孔，装配轴栓时配上锥体套，这样就将轴栓与转轴形成一体化结构，大幅提升了轴栓的机械强度，解决了轴栓断裂的问题。

1979年下半年，我参加由内蒙古自治区国防工办组织的电梯会战指挥部工作，分管产品设计，我设计了我厂第一台载荷1 000千克，速度1米/秒的客梯产品和载荷500千克的货梯产品，两款产品均在1980年通过了内蒙古自治区组织的鉴定。

1980年，我任厂技术科科长，负责全厂技术工作，同年由内蒙古自治区国防工办授予机械制造专业工程师。

1982年，我负责试制w120产品，此产品在国庆35周年盛大阅兵式上光荣地接受了党和人民检阅，工厂受到兵器工业部的嘉奖。

1984年，内蒙古军工局任命我为副厂长兼副总工程师，在此时期我厂全部转产民品，由我负责组织领导并指导全厂工程技术人员对电梯产品进行系列化规模化工作，先后设计完成5个系列31个型号的电梯产品，电梯成为我厂唯一的民用产品，产品销往北京、河北、青海等地。经内蒙古自治区经委批准，厂名改为内蒙古电梯厂，成为内蒙古自治区首家主营电梯设计和生产的厂家。

1987年，乌海市经委任命我为厂总工程师兼副厂长，负责全厂技术、动力和生产工作，我之前负责的微机控制交流调速电梯项目已基本成功，1988年9

月通过试制鉴定后,我厂的交流调速电梯项目步入了高速发展的轨道。虽然自己参加技术工作近30年,取得了一些成绩,但这些都得益于党和人民对我的培养,是同志们共同努力的结果,今后我要更好地认真贯彻执行党的十一届三中全会确定的路线方针和各项政策,坚持四项基本原则,为祖国四个现代化贡献自己的一切力量。

原内蒙古第一通用机械厂副厂长李志忠的访谈

访谈时间：2022年9月17日上午9：00
访谈地点：海勃湾区黄河东街北一通厂小区
访谈对象：李志忠（原内蒙古第一通用机械厂副厂长）

王利中：您当时进入小三线这个工厂之前是干什么的？能不能简单说一下您的经历？

李志忠：我出生在临河，1965年参加的中考。

王利中：就是考中专？

李志忠：当时我们那一届里我年龄最小，再没有比我小的了，1949年出生的一个班里也没几个，大部分和我同时上学的是1946年出生的。我就是那一年参加完中考以后，到这里来的。

王利中：参加中学考试进中专？

李志忠：我报的是中专。那时候我在农村，家里条件不太好。我要报的内蒙古水电学校当时在我们地区就招收10个学生，我说就报这个。但是那时候我们报志愿是你自己先填，填完以后最后一栏服从分配，一般都这么填。当时毕业的时候，宣传的就是"一颗红心，两手准备"，最后都是要服从分配的。但是第一志愿，自己还是想去那里学习的。

王利中：当时没想过考高中吗？

李志忠：我为什么没上高中？就是那时候家庭条件不是那么好，我不想上高中，因为从个人家庭生活考虑，上高中每月你得自己拿十来块钱，这是最起码的生活费。因为我上初中的时候就得拿个八九块钱，高中了你还得问家里去拿这个钱。我当时上初中的时候，我们家两弟兄，哥哥比我大三岁，我俩一个班从小学上到初中,我刚到15岁的时候,父亲突然脑出血去世了。后来我的哥哥又上了半年学就不上了,他退学供我上学,所以毕业的时候我就报了个中专,我不上高中了。可是当录取通知书下来的时候,当时我们村里那个邮递员是我家的亲戚,高兴地把录取通知书给捎来了,我拿到一看上面写着"海勃湾六五四信箱四分箱"。那时候的地址就是这样的,我被内蒙古第一通用机械厂半工半读学校录取了,就到巴彦淖尔了。

王利中:就是现在的磴口县吧。

李志忠:那时候叫巴彦高勒市。后来撤了,改成了巴彦高勒镇磴口县,到那里报到。报完到以后,就在当地住了一晚上,第二天一早起来,来了好多同学,呼和浩特的、包头的,我们一起坐火车到了海勃湾,实际当时就是中专考到内蒙古第一通用机械厂的。

王利中:先去巴彦高勒报到,报完到之后坐火车到海勃湾这儿。

李志忠:实际就相当于服从学校安排了。当时我去学校填志愿的时候没填这个学校。当然了,那时候家里正好在最困难时候。那时候六年级毕业也就是说百分之二十的能继续上学,所以我去了学校以后老师把我叫到办公室,说学校有政治任务,各个学校要推荐人了,要把家庭背景清楚的、政治表现好的、学习好的学生推荐上去,所以就把我的志愿给改了。

王利中:学校把你的志愿改了?

李志忠:是的,把志愿改了,而且学校还是个任务,就是确保我们这些人到校。因为那时候学校也不说跟你具体去干啥,但一定是要去的,这是政治任务。那时候我才十六七岁,挺单纯的。我想想这样的话实际也行,起码我还能上学,能离开农村了。说实在话,那时候农村还是艰苦的,年轻人都想到外面去就闯一闯,去奋斗,我就是这么来的。

王利中:就这样到了海勃湾的半工半读学校?

李志忠:对。我们当时计划招100个学生,真正来了报到的是98个。后来第二年突然还有一个同学去世了,最后是97个。

王利中:在学校你们主要都学些什么?

李志忠:就是按照军工专业设计的,机械制造冷加工专业,就是针对制枪工艺的。当时海勃湾是一个县级市,一共就4万多人。1958年上马矿务局的时候人来了不少,后来不知怎么又下马了。到1965年,那时候的矿务局还没有上马，一直到1965年以后才逐步恢复生产。当时小三线建厂的时候，主要援建我们的是一个重庆的厂子。按照中央要求，这个厂子的军工代号是二九六厂。

王利中：明白了，你们就是重庆的这个厂子援建的。

李志忠：他们对口援建的就是我们一通厂。二九六厂抗日战争那会儿就是军工厂，算是老厂了，听说是全国数一数二的轻兵器制造厂，而且还有轻武器研究中心。另一个对口援建是黑龙江北安的六二六厂，正式名称叫庆华机械厂，是抗美援朝的时候建起来的，主要是生产冲锋枪。

王利中：您在那个半工半读学校读了两年吧？

李志忠：实事求是来说只上了一年，1965年秋天来的，1966年秋天就"文化大革命"了。

王利中：那1966年之后，您是在学校还是直接分在厂里了？

李志忠：还在学校，因为学校实际上就是一通厂代管的，所以叫内蒙古第一通用机械厂半工半读学校，是给"六五四"培养技工人才的。虽然由一通厂代管，但是整个人员还是归二机局的，也就是后来的国防工业办公室。

王利中：那您正式进厂是在什么时候？

李志忠：正式进厂是大串联以后了。10月开始大串联的，1966年8月底是我们来开学。正好这一个来月在学校也上不了什么课，那时候已经开始有点乱了。

王利中：也就是大串联的时候算是进厂工作了？

李志忠：大串联我们是分三拨走的，一拨北京，一拨天津，一拨青岛，分成三路，直接从乌海坐车，我那一拨三十来个人，最后到的北京。北京好玩，没见过世面，这突然一下冲到北京，就觉得北京最好，哪儿也比不上北京。你说青岛、天津，转完以后不如北京好。我在北京待了45天。每天就去各大院校转，转完清华转北大。12月底我们才回来的，回来以后还是开不了课。其实那时候我们也不想上课，只想赶快进厂，想着进厂以后，我一个月起码能拿二十多块的工资吧，半工半读一个月才十几块钱，所以年龄一到就想进厂。我是班上年龄最小的，我最晚进厂，还算上了半年学，但按当时的教育计划应该是要学整整一年半的，理论课学完还有一年半实习。

王利中：按照这个正常教学计划，1965年秋季入学，然后转年到1967年，您是哪一年进厂的?

李志忠:1966年12月底进厂的。当时是学校开不了学,开不了学就进厂吧,工种都是自己挑的。唯一是不能到机关,机关不是你去的地方,你要是想学技术的,就要去基层车间,然后电工也可以,铣工也可以,我胆小,我说我想学点技术,那时候讲技术,还有句"紧车工,慢钳工,溜溜达达当电工"的顺口溜。还有说钳工是个万能工啊,车间没有你干不了的活,还没有图纸要求,最后我们统统转去做钳工了。

王利中:您下厂的第一个工种就是钳工。那时候厂子是什么情况?有被军管吗?

李志忠:我进厂的时候还没有军管。

王利中:革委会也没成立呢?

李志忠:没有呢,那时还是厂党委。

王利中:厂党委还在,厂长书记都还在,那厂里的生产秩序还可以吗?

李志忠:指挥得好像不顺畅。因为什么呢,我们本来就是个先建厂,1965年建厂的时候只有个筹备处。后来在海勃湾这里有个小机建厂,厂里有一个大车间,一个小院子,然后通过协商,筹备处把这个厂接收了。然后这个厂的政治条件是符合一通厂要求的,就留下。所以一通厂应该是在1965年年初到当年秋天的时候就有了。我们来的时候厂里已经架上机器了。我们1965年8月20日到的,那个时候工具车间已经有了,产品车间还在盖着呢,产品车间就在山沟里头,我们就是在那干一些协助性的工作。咱们搞机械加工的都清楚,这个东西比较复杂,有一套工艺装备,这个东西你得预先做好,我们还确实去实习了一个月,你造起来以后,每一个零件、每一道工序当中都有专用的工具,不是说把铁块放进机床产品就出来了,不是那样的。产品车间里因为都是工艺装备,所以建设速度是相对比较慢的。

王利中:那阵子厂里领导都在,生产却不是很顺畅,那当时有没有正式投产?

李志忠:没有正式投产,但是生产方面是不顺畅的。那时候根据上面的安排,是1966年10月1日起正式投产。1966年秋天的时候,厂里的环境也都搞得差不多了,机器陆续进去了。上面统一要求是在1966年年底试制成功,就是1966年产品出产。生产产品的第一步,你得先试制成功吧。实际上好多部件都是我们厂自己做出来的,有些零件可能是协作生产的,有做好的零件直接可以拿来用。在总装车间里,我们按照装配工艺把所有零部件组装起来,这个产品试制就算基本完成了。要说批量试制,好像是1967年的事情了。但1967年就进入"文化大革命"时期了,整个厂子都没办法生产了。

王利中:那什么时候算是恢复生产了?

李志忠:1969年12月中下旬,中央决定自治区全面军管。然后咱们小三线就直接被军管,解放军进来了。

王利中:也就是说厂子的生产是1969年年底开始军管后才算恢复的?

李志忠:是的,说是军工企业特殊,不搞"文化大革命"了。

王利中:解放军直接管理以后,厂子具体是什么时候转向正式生产的?

李志忠:可以说从那个时候就正式生产了。1969年12月19日,眼看都快过年了,通知我们过年前要造出1万支枪来。

王利中:那军管之后,厂子正式生产产品,这1万支枪的任务来得及吗?

李志忠:不搞"文化大革命"了,让厂子造出1万支枪来,也不管什么定型不定型了,上面知道你能造出来的。

王利中:就是只要把枪生产出来就行?

李志忠:对,任务就是就造出1万支枪来,必须完成任务,厂子里就开始搞生产大会战。

王利中:1万支枪后来造出来了没?质量怎么样?

李志忠:造出来了,质量上没问题。因为我们厂的那些专用设备都是重庆调过来的,好多专用设备还是很先进的。而且工艺路线实际已经用了几年了,相对稳定,操作也很熟练,只不过前几年生产秩序比较混乱,没有系统制造产品。所以当时这几年来生产的零部件都还在,军管了,生产正常了,我们加班加点1万支枪也就造出来了。

王利中:那时候你还是当钳工?

李志忠:我还是当钳工,当时就我是工具钳工。这是你的本职工作,你得把它干好,你得完成任务,当时我算是个绝门工,其他工作不干,专门就干这个工种的活儿。那时绝门工就我们几个。

王利中:几个人就只做专门的工作?

李志忠:全厂就是两三个人,有些车间整个车间就只有一个人会干这种工作,还负责带着一个徒弟。工作内容属于绝门功夫,比如你校正枪管的时候,它是以那个脉孔为中心的,只能凭经验,用眼睛一看孔就得知道这个枪管直不直,这就是绝门功夫,我认为我这个钳工也是属于绝门工,我干的工作别人干不了。

王利中:那1980年之前主要是保证军工生产,是具有保密性的吧?

李志忠:是的,是保密性的。厂子在这个山沟里,生活方面很不方便,不能和城里比,太封闭。特别是孩子们要上学,长大了要就业,都不方便,这些都得厂里解决。不过好在我们自己有医院,那个医院也是按照县级医院配置的,有些设备、药品比海勃湾那边的还好,有时候海勃湾的人还特意来我们医院看病。

王利中:那孩子上学怎么解决?

李志忠:厂里办了学校,我们从小学到高中都有,孩子上学就在这山沟里头,就在那边的厂办学校里,我们厂子自己盖的学校楼,我们不办学校了以后,那学校就归地方了。

王利中:师资是从哪来的?

李志忠:原先调来时候就考虑到了,进来了职工家属也正好有一部分是教书的。当时内蒙古师范那边也分进来一些人。

王利中:您钳工干了多长时间?

李志忠:我干到1980年。

王利中:1980年,然后就走上管理岗位了?

李志忠:对。那之前我突然得了眼病,然后就不适合干钳工了,再加上那时候才三十一岁,是厂里头的青年标兵,算是小有名气的年轻人,技术骨干这种。"军转民"之后,军品就越来越少了,我那些绝活也没有用。试制民用长气枪的时候,我就担任试制组长,后来长气枪也试制过、猎枪也搞过。

王利中:1980年那阵子不干钳工以后就走上管理岗位了?

李志忠:还不算走向管理岗,还是工人,但实际干的不一定是工人的活。因为让你当试制组长,从设计到工艺再到加工设备选型,都是我牵头的。

王利中:当时您是试制组长?

李志忠:对,设计、工艺和设备选型都完成以后,就把所有的资料和参数交给技术科,第一批3 000支民用长气枪制造的时候,总装车间的产品就发生了质量问题。那一批是准备要发往天津口岸出口的,我们是三个车间一起搞民品的,因为工具车间的钳工是最有技术的,那些出问题的长气枪就拿来由我们工具车间钳工组修理。修完以后,我就发了眼病,因为修那个东西是很费眼睛的,而且是需要长期工作的,我的眼睛从1976年一直到1980年那几年一直感觉有点累,又老是加班加点。年轻人总想出人头地的,想干得好一点干得多一点,后来我自己分析应该是一种眼睛血管扩张,当时诊断的时候就说是眼底出血了。这个到底是啥病?后来有位眼科专家从内蒙古医院调来我们"六五四",很有名气的。我就找这个专家看眼睛,他说你这个是旧病,这个病找不着原因,眼底视网膜已经出血了,也没有啥定论,很难治好了。我就问他治还是不治,他说还是要治的,但是实际上也没有啥好办法。后来我也翻书,我这个人好学习,我也查资料,书上也没讲是怎么引起的,实际上现在讲起来就是工作压力大,导致眼底血管扩张,视网膜出血。那时候因为年轻,我还是还想治的,突然就只有一只眼睛了,能治就治吧。结果越治越不行,治到后来那只眼睛索性看不见了。后来我说咋办,要不然到外地去看病。我有一个同事是知青,他爸爸就是二五三医院的眼科医生,他说让我去他爸爸那边再看看。

王利中:厂里也准假让你去看眼睛?

李志忠:是啊,到了那里,他爸爸也没什么好办法,待一个月,就只能给好好调理,重点是保护眼睛。一个月之后,同事的爸爸说你这么年轻,还想争取的话,推荐去南京工人医院,报纸上说那边有一个什么特殊疗法,看看能不能给治好。如果也治不好了,就不要治了,保护好眼睛,好好养着就行了。后来我去了南京,又通过我们的同学让他帮忙联系好,最后那边也说不行,治不好。

王利中:当时您是右眼发病是吧?

李志忠:是的,右眼,后来南京那边和我这么一说,我倒是想开了,反正还有一只眼睛的眼底很好,保护好那只眼,如果后面技术好了,能手术治疗了再去做手术吧。

王利中:那就是当时没做手术,继续保护休养?

李志忠:没做,继续休养,保护好眼睛。虽然这是我人生中的一个挫折,实际上坏事也能变成好事。我从那以后就开始保护身体了。过去我认为自己身体很好,没毛病,感冒也不用吃药,就喝点水,最多我吃点清热解毒的,我就从来没打过针。就这闹了眼病才三十出头，后来我觉得身体才是最主要的。咱们再干工作，干事业，首先得把身体搞好。

王利中：回厂之后您开始注意自我休养？

李志忠：我回厂之后就想我到底干点啥？我今年虚岁七十四了，就这么想，如果没有那次挫折，我可能还达不到现在这种状态。因为就像那样干工作，我觉得迟早得把身体搞垮。我过去搞技术革新的时候，连续六天几乎没睡过觉。那时候我母亲在家给我看孩子，我晚上加班回来，她看见我双眼都红了。我小名叫万才，她说万才你照照镜看看眼睛，你还加班，你不睡觉，你不要命了？我一看两眼通红。

王利中：您回来之后这个组长的工作还接着干吗？

李志忠：不干了。那批活干完以后，我就离开看病了。南京回来以后，这不都过了好几个月了。厂里这个时候也不忙，后来军品也不干了，就休病假了。厂里休病假有规定，最多休半年，半年以后再上班，我就休了半年。病假结束我就回到工具车间上班，我说我这个眼睛干钳工太费劲，我就申请换工作岗位。后来厂里安排我做调配工作，调配就是来回转一转的活儿。

王利中：调度对吧？从事调度工作？

李志忠：也可以说是调度，反正就是干一些辅助工作。

王利中：算是管理工作？

李志忠：不算，实际上就是照顾性质的。但车间遇到技术难题还是会来找我去帮忙，去看，这一来一去的，眼睛也没得到休养。后来厂里索性让我脱离生产了，我的眼睛确实需要休养。厂里照顾我，把我调到工会去了。

王利中：您是什么时候调到工会的？

李志忠：应该是休息了一年，1981年年底1982年年初的时候调到工会的。工会有个俱乐部，还有一个图书室，我这人就爱看书。我觉得工会的工作还行，我可以好好养一养。我那时候厂里也不忙了。我正式转成管理岗是1984年年底的时候。1985年年初，厂里组建了新的领导班子，老一茬的领导干部几乎一刀切了，提了一批有一定文化水平的干部，实行了厂长负责制，由新上来的厂长主持行政工作，行政办公室这块儿要有个秘书，缺个写材料的。

王利中：所以把您调过去了？

李志忠：后来正好是他们在研究，因为这些人都是我的老同事，都熟悉。

他们知道我能力上没问题，又是党员和厂里头的纪律委员，关键是我一张文凭。我的情况他们都知道，就问我眼睛行不行。我觉得行，我说反正注意点就是了，写字比干钳工省眼睛。我还开玩笑地说要写字有时候闭着眼睛也能写，干钳工的时候可不行。我就这样正式到办公室当秘书了。

王利中：这份秘书的工作您干了多少年？

李志忠：我刚开始去的时候干的是秘书工作，但第二年就成了办公室副主任。我那个主任工科老中专生，写不了文章，后来厂里一调整，把他给调到科研室当主任去了，这我又成了行政办公室主任了。这个办公室主任我一干就是十年，从1985年干到1995年。我是1995年提任的厂长助理，1996年当的副厂长。

王利中：九十年代那时候厂里开始生产摩托车前叉减震器了吗？

李志忠：我记得是1985年开始的，反正我也去了当秘书的时候就给这个项目写可行性报告，翻来覆去都是我写的。他们为啥着急叫我过去，就是要写这个报告。

王利中：等于说是厂子准备转产摩托车前叉减震器，是在1985年之前就已经开始筹划了？

李志忠：差不多是的，我印象当中是1986年开始转产的，实际1979年就开始筹划转民品了，因为上面交代说1979年厂子光生产军品的话饭都吃不上了，得自己找点饭吃，然后到八十年代就彻底没军品了。

王利中：军品全没了，那厂子能靠民品生存下去了。

李志忠：是啊，得找米下锅，那时候出口的民品还算有一点规模，算是救了一通厂，吃了几年饭。后来在1982年的时候又开始搞缝纫机，1984年缝纫机定了型以后，批量生产又都入库房，一堆卖不出去。因为搞缝纫机的时候是凭票供应，等批量生产出来了，又不用凭票供应了。为什么不凭票供应？因为市场经济了，产品多了，选择丰富了。你说咱们国家这么多搞机械加工的单位，还有电子行业的工厂，都一下子"军转民"，都去搞民品了，所以这个缝纫机根本卖不动。

王利中：然后就转产摩托车前叉减震器了？

李志忠：那时候得到信息，说是嘉陵厂也要搞民品，和日本本田合作生产摩托车，人家这个思路很对，不搞大而全，搞技术协作，就是我引进技术在国内生产本田的摩托车,把各个部件分包出去,你生产排气管,我生产发动机的壳子,嘉陵厂最后验收装配,生产摩托车成品,就这样投资少效率高。前叉减震器就是其中之一,我们有这个能力和产能,就和嘉陵厂对口联系,看看能不能搞,可以的话就合作。

王利中:我看这资料,当时乌海市政府也从中牵线搭桥是吧?

李志忠:这个就是政府真正为企业服务。因为那时候厂子已经交给乌海市管理了,那么你这个企业没活干,再养活这么多人,要企业自己怎么活下去?这方面人家政府服务得挺到位的。

王利中:正式生产摩托车前叉减震器是什么时候?

李志忠:1985年开始试制。我们的样品就拿出来以后,乌海市副市长带队去重庆嘉陵厂,因为人家嘉陵厂很重视这个事情,一把手老总接待,见面了以后,也认可咱们的样品,第一批就签了5 000套的合同。回来以后,我们就从1986年开始正式批量生产了。搞机械加工是很不容易的,产品的设计、工艺、设备选型、工具装备等都要确定一套流程,这个挺难的。刚开始供货的时候,我们也不知道啥规模效应,就这样一直供了十几年。到了1988年,供货量上去了,我们就产生规模效应了,经济效益开始上去了,到1991年是一个高峰。

王利中:1995年,您是当这个厂长助理那时候的生产情况怎么样?

李志忠:那个时候也还行。当时市场情况挺好的,产量逐年增加,到1991年更是供不应求。那一年不知道怎么搞的,火得不行,供不应求,我们不单给嘉陵厂供货,还给洛阳那边的摩托车厂供货,洛阳那边也和这个泰国正大集团搞了个合资项目,生产摩托车,两家的摩托车的型号实际差不多,我们那个减震器正好和洛阳那边的车型也能配上。经济效益上去了,那年以后我们厂兼并了市里头的另外两个厂。

王利中:对,我看了那个资料。1992年9月兼并了工具厂、胜利机修厂。

李志忠:胜利机修厂后来改名叫电梯厂,它和工具厂都是"六五四"下面的。

王利中:我看了当时的档案,就说是兼并后弄了两个厂区,一个是海勃湾厂区,一个是海南厂区。那当时厂部是不是搬到海勃湾去了?

李志忠:是的,1992年是9月,对吧,市里头决定兼并的。因为一通厂效益好,产品干不过来,工具厂和胜利机修厂都没活干,大家都是搞机械加工的,并进来就都能活下来了。

王利中：那生产管理部门也迁到海勃湾来了？

李志忠：对，谈完兼并以后，搬过来也有好处，对外交往比较方便，要不一些业务单位来我们这里很不方便，当时我们那边还不像现在这么方便，路都没有修好。

王利中：那就是说海勃湾两个厂区，原本那边还有一个厂区，一共三个厂区？

李志忠：对，但实际上三厂区的时间是很短的，市里为了统一管理，考虑兼并以后我们一共一千多人，就让一通厂把全部资产和债务都接收下来，整个一通厂一起搬过来。然后把原来那个地方移交给市里头。

王利中：那是1992年整体搬过来的？

李志忠：1992年决定兼并，那么多职工，那么多设施设备，你得盖楼盖车间吧。1992年9月，确定兼并以后，我们就筹划设计厂房了。一直到两年以后，这个新厂区才算盖好，家属房也盖好了，1994年，一通厂才全部搬了过来。那边就没人了，相对来说挺快的。

王利中：那就是三家单位都合并到一个厂区？

李志忠：是的，一通厂那边原本的厂区已经给农林局，后来说是划给了海南区的房产局，转成国有资产了。

王利中：您是什么时候退休的？

李志忠：2005年，就是一通厂政策性破产的时候。

王利中：说到这个破产的事，实际是受摩托车市场衰败的影响是吗？

李志忠：是的，我们靠这个吃了十年饭。1985年开始试制，1986年小批量生产，1987年正式批量供应，1988年企业扭亏为盈，1989年开始已经基本形成经济规模了，产量逐渐增加。时间到了2000年，2000年可能是达到最高了，产量到了105万套，但是效益还没有以前的好。因为价格低了，市场上开始打价格战，这也说明市场已经饱和了。

王利中：摩托车市场不行了之后有没有想到再重新转产别的？

李志忠：实际上我们在厂子整体搬迁的时候就已经预见这个情况了。我们实际上是有经验的，知道一定要研发新产品，主要是当时我们的王厂长，我认为他是对一通厂贡献最大的厂长，也是一通厂经济效益最好的时候，1996

年,他就退了。

王利中:那1996年之后有准备转产别的产品吗?

李志忠:一通厂当时减震器不行的时候,就没有拿出一个比较好的新产品来取代这个产品。我们开发汽车减震器的时候实际已经晚了,当时记得还给夏利车供过货。但因为开发晚了,我们做摩托车减震器,人家已经开发汽车减震器了,等你批量生产汽车减震器,人家早就形成规模了,这个时候你再去竞争,技术、质量、成本、影响力都比不过人家。

王利中:那就像田径赛场跑步一样,抢跑道,搞晚了。

李志忠:尽管咱们和嘉陵厂还是有合作的,但后来也出现了困难,因为市场上价格战打起来了,价格太低了,成本受不了。

王利中:也有这种可能。我看来,一个是摩托车市场的低价竞争、恶性竞争,还有一个是产品升级,小轿车逐步替代了摩托车,对吧?而且更关键的是,现在是市民骑电动车比较普遍,摩托车它毕竟耗油,都在市区里开,速度也差不多。

李志忠:时候到了1995年、1996年的样子,人们已经看到摩托车市场迟早是要饱和的,1997年开始大打价格战,一直到2000年,虽然产量已经达到105万套,但是经济效益跟不上。我们的摩托车减震器最早四百多块钱一套,后来降到三百多、二百多,到2005年供应的时候,一百二一套你也得卖,后来一百二一套也卖不动。

王利中:就是说没有市场前景了是吗?

李志忠:对,然后我们就着手开发汽车减震器,但我们开发得晚了,如果早开发5年,可能还有一定的发展前景。后来嘉陵摩托车把工厂都搬到越南去了,因为国内市场饱和,摩托车产品后来被电动车取代了。

王利中:您说得挺全面的,非常感谢你接受访谈。

原内蒙古第二通用机械厂职工丁贵本及其妻子的访谈记录

访谈时间：2022年9月17日下午16：30

访谈地点：乌海市新华西街黄化小区

访谈对象：丁贵本（原内蒙古第二通用机械厂职工、劳动模范）及其妻子张玉君

王利中：您什么时候进厂的？

丁贵本：1966年10月，1966年厂里到老石旦招工的。

王利中：到老石旦煤矿招工？就是乌海老石旦煤矿吗？当时您是在老石旦煤矿？

丁贵本：我当时是家属，我跟着父亲从老家到的老石旦。

王利中：您老家是什么地方？

丁贵本：山东的。

王利中：山东什么地方？

丁贵本：山东莱州。

王利中：您父亲从山东莱州带着全家到这个乌海来的？

丁贵本：一开始我父亲先来的，后来我们才投奔我父亲来的。

王利中：您父亲当时就在老石旦煤矿工作是吗？然后正好这边小三线军工企业招工，您在老石旦煤矿听到这个消息就去了？

丁贵本：他们来招工的时候，你拿身份证件去报名就可以，我们到那去了以后，一共有二十来个去报名的，最后招了我们中的六七个。

王利中：招了六七个，那进厂之后您是先做学徒是吧，主要是干什么工作？

丁贵本：做学徒，就是那个80吨电炉，烧制弹壳。

张玉君：就是干退火的工作。

王利中：哦，弹壳退火工作，最初做学徒工就一直操作这个电炉干退火？

张玉君：他又不常在那，后来都调走了。他上班的时候啥也不管，24小时不回家。我们这地震可厉害了，我们当时有一个闺女一个儿子，俩孩子还都小，一个两岁多，一个一岁。半夜三更的，四点钟地震了，他也不回来，早班、二班、三班，三个班过去了都没回来，人家地震都往家跑，就他家里什么也不管，到第二天中午才回来，我说我们几个震死了你也不知道。

王利中：这是哪一年地震的？

张玉君：1974年、1975年的时候吧。地震的时候我们都有感觉的，在家里我喂奶，那灯泡来回摇晃。

王利中：您当时在厂子里也能感到地震吗？

丁贵本：当时我们管着设备，24小时充电不能停，停一会儿就耽误好几天工期。

王利中：那只能坚守岗位。您当时所在的一车间主要生产弹壳，就一直只生产弹壳吗？二通厂"军转民"是什么时候开始的？

丁贵本：我记得是1985年开始的，厂子里开始做录音机，什么乱七八糟的都做，洗衣机啊这些，但做什么都不挣钱，最后我转到七一五厂，后来二通厂就开始生产聚氯乙烯了。

王利中：哦，看来转产过不少产品。您评上劳模是什么时间？

丁贵本：最早是1978年吧。

王利中：1978年，那时候还主要生产军品，您评上的是内蒙古自治区的劳模？

丁贵本：是的。

王利中：当时自治区的劳模是怎么评出来的？

丁贵本：全厂评比。

王利中：全厂评比一个，您就评上了？

丁贵本：我本来是这个厂子的普通工人，1975年以后，我担任车间副主任，最后1978年厂子推荐我当劳动模范，最后全厂投票选出来的。1978年我还去北京参加了全国兵器工业铁人大会，在北京待了一个月。当时是我们那里的市委书记叫我们这些劳动模范去北京开会的，开完会还带我们参观了毛主席纪念堂。1985年的时候把我调整到厂工会去了,1987年我又去了七一五厂。

丁贵本:那您有没有回"六五四"看看?

王利中:回去过两次了。没能进到二通厂里面,就是到一通厂里面去看了看。

张玉君:一通厂的那个电厂还有一个展馆。

王利中:电厂我们也去了,一通厂也去了,"六五四"的那个医院锁着门我没进去,还有二通厂也是没人进不去。我听一通厂的老同志说,他们在附近搞了几片地,自己搞后勤。二通厂是不是也这样?

丁贵本:是,一样。也有这个后勤,过去叫农副业大队,后来改成劳动服务公司。

王利中:二通厂农副业大队在什么地方?

丁贵本:就在厂区往南,在路的南边。

王利中:路的南边,主要也是生产一些蔬菜和副食品吗?当初这个二通厂家属都住的什么地方?

丁贵本:都是住在家属房。

王利中:哦,有家属房,是不是和一通厂一样?所有家属住在一块儿?

丁贵本:他们一通厂的家属房是从现在的展馆那条路往那头走,我们厂的家属房是往这边走的。

张玉君:我们离他们又不算远。

王利中:现在都拆了?

张玉君:啥也没有了,二通厂还有三棵木瓜树。

王利中:对,现在那几棵木瓜树是属于保护性树木。

张玉君:木瓜树那边就是二通厂的地方。

王利中:张师傅,您是什么时候来这儿的?

张玉君:我是1970年,我哥在老石旦。我那时候毕业了,就来我哥这了。

王利中:您老家在什么地方?

张玉君:河南驻马店。

王利中:您的哥哥在老石旦煤矿干活?您1970年过来投奔您哥哥,然后是哪一年认识丁师傅的?

张玉君：我们是1972年经人介绍认识的，之前我们谁也不认识谁。

丁贵本："六五四"当时还有个医院。

王利中：对，那张师傅，您到二通厂也是招工进来的吗？

张玉君：他在二通厂上班，我是结婚后进厂的。

王利中：就是先认识丁师傅，结婚以后调到二通厂，您到二通厂以后开始是做什么工作的？

张玉君：我开始是家属，后来转正的。

王利中：那您都干过什么工作？

张玉君：乱七八糟的啥都干过，我干的活可多了。

王利中：您说说，回忆一下。

张玉君：我刚进二通厂的时候没有工作，我就烧白灰、上山打石头、拉煤，我啥体力活都干过。

王利中：是厂里分派给您的工作？

张玉君：不是，那时候没转正，自己找的活儿。后来厂子给家属转正，就回到厂子里干后勤，管那些办公用品。我啥苦都吃过，你别看我这个身材，石头这么大，我都能抱得动。

王利中：您是什么时候退休的？

张玉君：我是2005年退休的，他2003年退休的。

王利中：哦，都是到退休年龄退的。那阵子厂里已经是转产生产那个聚氯乙烯。

丁贵本：厂子之后转给乌海君正集团了，君正不想在这边生产聚氯乙烯，就把厂子搬到乌达去了。

张玉君：我们这批老的都退休了，一刀切全部退下来了。厂子里全部是年轻的，谁愿意走都跟走了，不愿意走，你自动离职啊，老的一刀切退掉。

王利中：老的一刀切，年轻的有的自谋生计，有的留下了？

张玉君：不干的可多了。

王利中：自己出去找工作。之前丁师傅说厂子搬去乌达了，就是现在乌达的君正是吧？

张玉君：对，就是乌达君正，现在又发展到蒙西去了。

王利中：是啊，那边有君正的蒙西水泥厂。

张玉君：我们儿子、儿媳妇、闺女全都在乌达。

王利中：那现在他们在乌达住着？

张玉君：不在，我们家都住在这里。

王利中：家在这儿，工作在乌达？

丁贵本：是啊，我父亲是老石旦煤矿的。我们归伊克昭盟管，我是劳动模范，盟里有退休待遇，我是二通厂这边的，我弟弟是木器厂这边的，1973年我们一块儿归伊克昭盟管了。

王利中：那二通厂最初"军转民"的时候都生产什么产品呢？

丁贵本：最初是音响、洗衣机、录音机这些。

王利中：都是不太成功是吧？

丁贵本：洗衣机成功了，天马牌洗衣机，音响也算成功了。但当时卖不上价钱，厂子这么多人要养活，这些产品供不起这么多人的开支，后来就转产聚氯乙烯了。

王利中：转产聚氯乙烯，您觉得厂子转产聚氯乙烯这步走得对吗？

丁贵本：算是成功的，当时一通厂做摩托车前叉减震器。二通厂调研以后发现我们要是也做那个东西挣不到钱。

王利中：哦，人员多，挣钱少，利润低。

丁贵本：是啊，而且我们二通厂机床少，技术也不够好，比不上一通厂。

王利中：一通厂有技术条件，所以转产摩托车前叉减震器。二通厂没有这个技术条件，所以生产聚氯乙烯，我看还生产那个水泥包装袋是吧？

丁贵本：是啊，专门从别处引进的技术。

王利中：二通厂是哪年被收购的？

丁贵本：2003年。

王利中：您退休之后厂子被收购的？

张玉君：我们都是收购以后还在厂里干过一阵子的，后来一刀切退下来了。

丁贵本：当时厂子里头的情况是，愿意走的职工一人给两万块钱，我们老得快退休的没有。

王利中：就是像您这样的二通厂老职工等于说要么买断工龄了，要么就退休。等于说这个企业改制转卖，新职工要进行安置，老职工能走就走，能退就退?

张玉君:是啊,我们老的尽量都退,那些暂时退不了的,不愿意留下就给你发上两万块钱,自己去外面找生计。

王利中:买断工龄,然后年轻的一些职工愿意跟就跟,到转制后的企业接着干,愿意自谋生计就去自谋生计。2003年到2004年是厂子的转折点。

张玉君:我们闺女、儿子、儿媳妇都留下了。

王利中:他们现在的工作怎么样?

张玉君:现在还是可以的,搬去乌达以后算正式发展起来了。

丁贵本:那职工才挣得多嘛,到乌达以后的职工每个月可以挣三四千块钱,这才好起来,过去钱很少的。

王利中:职工待遇上来了。

张玉君:现在在君正上班的普普通通的工人每个月都四千多块,你要是上夜班那一个月可以有五六千块,现在挺好的。刚进去工作的相对一点,像我们儿媳妇这些,一般都有个四五千块钱的工资。

王利中:儿媳妇、闺女都在君正上班?

张玉君:闺女在君正那里当领导了,综合部的副部长,现在看来也觉得挺好的,比其他企业都好。

王利中:那您现在的这个房子是什么时候盖?

张玉君:2000年,厂子拨款给盖的,我这房子买下来才花了七万块。

王利中:等于说是厂子给盖的,自己出七万块买下来?

张玉君:我们交了两万块,剩下的贷款。房子是2001年盖好的。

王利中:那等于说是给职工福利了,然后自己掏两万块钱首付就可以买?

张玉君:是啊,我们这里算面积大的,西门那边,首付才一万多,那边的房子小。

丁贵本:这个都是厂子补贴了一部分的。

张玉君:水、电、地皮什么的,都是厂子掏的钱。

王利中:算是厂子给职工的最后一批福利?

张玉君:算是最后一批,我们赶上了,要不哪住得起楼房,真的。那时候你看我想要个底楼,厂子要管基建,还要管分房抓号,我两回都抓到四楼,你不能想到哪就要哪,要抓号,我可想要个低一点楼层,但毕竟是福利性质的,厂子能做到这个份上,已经很不容易了,我们都很理解。

王利中:搬到这来之前,您是住在海南区?

张玉君:不是,我在滨河区的平房。就在现在滨河区路边那个加油站,再往后走一段就是我们的房子了,是厂子早年盖的平房。

王利中:那就是说原先是住在海南区那里,您是什么时候迁过来的?

丁贵本:1991年。我们分两批过来的,第一批就住在立交桥前面。

张玉君:我们在加油站后面。

王利中:你们是第二批。就等于说二通厂当时已经准备迁过来了?

张玉君:原来都在住单身宿舍或者家属宿舍,后来厂子给盖了平房。

王利中:那么厂子是什么时候开始搬迁,搬到这儿来的?

张玉君:1988年。原来都是坐车上下班,早晨来晚上回去,后来没办法了,宿舍那边开始弄技术学校的房子了。

王利中:那是家属先搬过来,还是职工家属都一起搬过来的?

丁贵本:家属没搬,需要上班的人先搬过来。

张玉君:不上班的不让来,上班的才让来了。

丁贵本:一批房、二批房、三批房,那后来都搬到这边的楼房里来了?

王利中:都从那边慢慢迁过来了。上班的先迁过来,然后职工家属再迁过来。从宿舍那边分批过来。

张玉君:对,不上班的都暂时住宿舍。

王利中:还在海南区那个地方住?

张玉君:对,后来厂子才给盖的那个退休福利楼。

王利中:周围这一片盖上楼之后都迁过来了,是1987年的时候?

丁贵本:1987年开始往这里搬迁的。

张玉君:到2000年以后,咱们都住上了楼房。

王利中:那等于说海南区那边就是彻底放弃了。当时是出于什么考虑,这个工厂搬迁搬到这?它不像一通厂,它是合并了胜利机修厂和工具厂之后1992年才搬来的。

张玉君:没有我们搬得早,他们晚,我们早。

丁贵本:国家有文件,撤销三线以后,给职工找出路。一通厂做摩托车前叉减震器,我们二通厂做聚氯乙烯。

王利中:就等于说这个是上面的决定,把二通厂搬迁到海勃湾。考虑到二通厂准备转产,为了方便就搬迁过来。

张玉君:我们转产比一通厂大约早两年。

丁贵本:实际也差不多。但说起来一通厂楼房还盖得早一些呢。

王利中:我上午去过一通厂家属区。那就是说一通厂、二通厂都为职工谋求了最后一批福利,帮助职工,特别是退休职工解决了后顾之忧。

张玉君:是啊,一通厂的退休金也比我们高,有四千多块,我们才三千多。

原内蒙古第三通用机械厂职工刘建福及其子刘刚的访谈

访谈时间：2022年9月17日上午12：00
访谈地点：海勃湾区幸福南区24号楼2单元
访谈对象：原内蒙古第三通用机械厂职工刘建福及其子刘刚

王利中：来小三线之前，您在什么地方生活？
刘建福：我在老家乌兰察布的商都县。
王利中：商都县，您当时是学生？
刘建福：我是学生。那时候我念的是高小，高小毕业以后就来了。
王利中：是通过招工吗？
刘建福：是的，厂子招工。那会儿搞那个"备战、备荒""深挖洞、广积粮"。这个厂就建在东山那儿。
王利中：招工以后就到三通厂来了？
刘建福：那时候三通厂刚刚建厂，来了以后开始就帮忙造厂房。
王利中：建厂搞基建，您也参加了？
刘建福：参加了。搬砖、和泥，我干了不少苦活儿。拉煤、建锅炉房、烧锅炉，啥都干过。
王利中：基建是什么时候全部完成的？
刘建福：大概是1965年10月。
王利中：您是什么时候正式进厂的？
刘建福：我是1966年12月正式进厂的，之前派出去培训。我回来的时候已经有一个车间开始生产手榴弹了。

王利中：手榴弹，我知道。就说您1966年12月进的厂，那个时候已经有一个车间开始生产产品了。

刘建福：是的，生产手榴弹，就这一个产品。

王利中：那您算是学徒工，您刚开始在厂里干什么？

刘建福：刚开始就是打杂。

刘刚：后来生产的时候干火工，你看我父亲的手就知道。

刘建福：当时从小三线军工企业回老家后不敢和别人说自己是干火工的，这个带保密性质。我们跟火药打交道，不可以告诉人家，要保密。

王利中：主要是做火药、炸药。

刘建福：我们做导火索。厂子的名字就是内蒙古第三通用机械厂。

王利中：也就是现在的内蒙古北方保安民爆有限公司。

刘建福：当时代号五五六厂，就是三通厂。那时候有国家制定的代号，保密用的。

王利中：基建全部完工是什么时候？

刘建福：我进车间是1966年年底，1967年我又去山西阳泉那边了。

王利中：去山西阳泉学习？

刘建福：是的，也有去北京五〇六厂那里学习的，就是房山化工厂。

王利中：就是1967年您到山西阳泉学习了一段时间？

刘建福：是的，三通厂这边开始生产，调部分人去学习培训。

王利中：您去了山西阳泉那边学习了多长时间？

刘建福：三个月，学了三个月回来了。回来以后就直接参加生产。

王利中：您最初是参与生产火药？

刘建福：是的，火药，我的工作就是制造火药。我后来出了工伤。

王利中：什么时候出的工伤？

刘建福：1977年，我们开始做民用导火索，靠手榴弹维持不了工人开支，得弄点民品。

王利中：民品是什么时候开始搞的？

刘建福：1967年我们就开始生产民用导火索了。

王利中：那个时候三通厂一方面是生产手榴弹、地雷，另一方面也生产一些民品，民用导火索什么的？

刘建福：民用导火索前后生产了四十来年。1987年我就不干了，2005年退休以后我女儿接替我进厂工作。三通厂最后还是支撑不下去了，过去我们属于国家管制，归五机部，后来归兵器工业部。我们一开始是五机部的军工企业。

王利中：就是说您一开始就是生产火药、导火索，后来就也没换过工种？

刘建福：我后来出了工伤以后就去了保卫科。

王利中：就在保卫科一直干着？

刘建福：干到退休，清闲点，已经受了工伤了。

刘刚：我父亲手上、膝盖、脸上都是黑的。

刘建福：当时给都烧坏了。

王利中：那事故还挺大的？

刘刚：是，当时受伤的有三个人，我爸是最轻的。那时候好在火药没有毒性。

王利中：三个人中包括你父亲，那这三个人都受伤了？

刘建福：是的，最厉害的那个听说耳朵烧没了。

王利中：1967年"文化大革命"，那个时期三通厂还是正常生产吗？

刘建福：三通厂还是能够正常生产的。

王利中：就等于说这个三通厂在"文化大革命"时期没有受太大影响？

刘建福：生产上影响不大，没停产。

王利中：就是说没有军管？

刘建福：军管了。

王利中：也是1969年军管的吗？是因为1969年整个自治区都军管吗？

刘建福：我们1968年就军管了。从军管到后来的军检，一直在生产。

王利中：生产一直没断？

刘建福：是的，后来部队进来军检，我们也通过了。

王利中：部队验收，就是部队驻厂军代表审验产品？

刘建福：差不多，军管以后，我们一个车间派驻一个军代表。书记都是部队的，最低都是连级干部。主任是地方的，以共产党员为主。三通厂没停过产。

王利中：就没有停过产，它不像一通厂。我问了，"文化大革命"刚开始的时候一通厂还停产了。

刘建福：我们为什么没有停产呢？因为我们三通厂有个总指挥部，里头都是原先从包头调过来的老工人，很有威望。

王利中：哦，给压住了阵脚。

刘建福：老工人用铝合金专门做了根旗杆，抬了个五星红旗，立一块总指挥部的牌子，参加啥活动，扛上旗就走了。

王利中：您来到这个厂子参加工作。当时待遇怎么样？

刘建福：那会儿是学徒，十八块钱。

王利中：十八块钱一个月，住的是单位的单身宿舍？

刘建福：是啊，一间宿舍住十来个人，一共有三栋宿舍，现在还在呢。

王利中：三栋宿舍都是单身职工住的？

刘建福：是啊，我们吃食堂，住单身宿舍。

王利中：像一通厂、二通厂就离市区很远，单身职工住得比较偏，各方面都是比较差。你们毕竟是离市区比较近，情况好很多吧？

刘建福：我们吃得可好了。

王利中：副食供应还不错吧？

刘建福：是啊，确实吃得不错，每天食堂四五百人吃饭，吃饭得排队，每顿七八个菜可以选。最次的菜七分钱。我跟你说啥菜啊，就那个"菜娃娃"，现在叫娃娃菜，你看过去哪有啊？其实就是这么粗的白菜帮子，中间的菜心拌豆腐，七分钱。

王利中：七分钱，这是我听过的最低的价格，七分钱的娃娃菜拌豆腐。

刘建福：最便宜的烩菜是一毛钱，就是土豆、豆角、豆腐加点肉。最贵的菜，我想想，就是过油肉，还有那个羊肉。

王利中：那您退休之后待遇如何？

刘刚：退休金也一般，我爸退了十几年了，现在不到四千块钱，这几年才涨起来的。

刘建福：我退休那会儿拿的一千多，现在是三千多块一个月，我上班时候拿六百来块，到退休近四十年工龄。

王利中：您是55岁退的吧？

刘建福：55岁不到提前退了，火工是特殊工种。我们挣的钱都贡献给国家了。

王利中：当年都是"先生产，后生活"。

刘建福：那时候不像现在，利润高的时候单位就多发点奖金，那时候单位花不了就全部上缴给国家，我们那会儿搞"开门红"，大干一个月。我当时是学徒，过年不回家，抓革命，促生产。

王利中：那成家了以后，您儿子那会儿上学是在自己厂子办的子弟学校吗？

刘刚：我们那会儿小学都是在厂子办的子弟学校读的。

刘建福：那是三通厂办的子弟学校，大家的孩子都在里面读书。

王利中：那个子弟学校现在归到市里了？

刘刚：2000年左右归市里的。现在叫六小，有校车接送孩子，条件好多了。

王利中：哦，就是现在的六小。

刘建福：它原本就是三通厂自己的子弟学校，当时我们子弟学校的孩子还可以考这里的一中、二中，我儿子当时考的就是一中。

王利中：好的，时间关系，感谢您和您的儿子接受我的采访。

原内蒙古木器厂工会主席胡世俭及其子胡荣军的访谈

采访时间：2022年9月17日下午3:00
采访地点：海勃湾区建设北路新锐雅园
访谈对象：胡世俭（原内蒙古木器厂工会主席）及其子胡荣军

王利中：您什么时候进厂的，来厂之前您是做什么工作？

胡世俭：我是1968年进厂的。我是内蒙古林学院毕业的，就是内蒙古农业大学的前身。

王利中：您是毕业后来这儿的。那您也算是老大学生了。您的祖籍是哪的？

胡世俭：祖籍山东济宁。

王利中：当时从山东济宁考到内蒙古林学院？

胡世俭：不是。我二哥参加了抗美援朝，1953年去了大连，然后1956年就转业到了包头。我父亲和我母亲先到包头的，我1957年从山东到的包头。

王利中：您也算是跟着父母来包头的？

胡世俭：对，来了以后考了林学院，学的是木材专业。我们有三个同学一块儿分配到内蒙古木器厂。根据当时的形势，毛主席提出来要建成小三线，上级就先在包头成立了一个车间。

王利中：包头木器厂是什么时候成立的，您知道吗？

胡世俭：应该是1965年之前。原先是只有二十来个人，后来这些人一块儿去了海勃湾。

王利中：就是当时的包头木器厂是吧？原先是只有二十来个人？然后全

部搬到海勃湾了?

胡世俭:对,后来又调来了一批。

王利中:您是1968年毕业之后分到内蒙古木器厂的,对吗?

胡世俭:是的,我是毕业以后分配来的。当时基本上还没投产,只是开始试制一些简单的产品,枪托、手榴弹木柄什么的。我们开始试制以后,木材都是由木材公司代锯车间加工的。等到1969年左右,才成立了一个制材车间,把关于木头的活,都拉到厂子里了,然后加工板材,还有手榴弹木柄等。当时制材车间就只有我和另一个从包头木器厂来的,我俩就一块儿把这个车间建起来了。

王利中:当时您在这个车间担任什么职务?

胡世俭:我原来是班长。后来成立了车间,我就当了车间主任。当时我们选了三个人到木材公司去学习了两三个礼拜。后来就是在朱师傅的指导下,我们都开始开锯床了,其中有一个人后来当了医生。

王利中:就是你们三个人里头有一个后来当了医生?

胡世俭:对。我当车间主任,一直干到1982年,后来调到生产科当科长去了。1984年被提拔成了厂工会主席,一直干到退休。

王利中:您是什么时候退休的?

胡世俭:是1998年退休的,那会儿厂子不行了,1998年就是提前退休了。

王利中:您是多少岁退休的?

胡世俭:58岁,虚岁。

王利中:按照政策您应该是60岁退休。

胡世俭:1997年厂子就开始不行了,1998年正式宣告破产了。

王利中:1980年开始,这边小三线企业不是都开始转产民品了吗?当时木器厂生产什么产品?是不是也参与那个缝纫机的制造了?后来也不成功是吗?

胡世俭:是啊,我们也搞过缝纫机的插板,我还曾经带着小凳子到山东去推销,但销不出去。

王利中:您一个人?那挺辛苦的。

胡世俭:不是,还有一个人,当时我们两个去的,推销缝纫机插板,最后也没成功。

王利中：当时木器厂就这一种民品？

胡世俭：还有家具。

王利中：转产家具也不行吗？是什么原因呢？

胡世俭：当时的话，军工企业转做家具的也不太多。厂子之前主要是给武器弹药生产做配套，转行生产精致家具，没有那个工艺水平，做出来的东西很粗糙，再说靠卖家具也养不活这个厂子五六百号人，不行的。

王利中：厂子什么时候开始效益下滑的？

胡世俭：这个厂效益最好的时期是枪托这些都不干的时候，那时候给山西那边和陕西西安两个大三线厂子做炸药箱子。

王利中：给大三线企业配套做这军工产品？军转民以后木器厂不行了？

胡世俭：对，后来就是给大三线生产弹药箱。那时候挺好，物料都是一车皮一车皮来的，厂里那个院子小，木头都放不下，有些只好都放到墙外头。1988年国防工业部门又在厂子里开了一个订货会议。那时候可以说是效益最好的。到了1992年左右就又不行了，因为和平年代，都搞经济建设了，炸药箱子的订货越来越少。

王利中：除了缝纫机插板、家具外，木器厂还有生产过什么产品？

胡世俭：折叠板凳之类的家具，其中折叠板凳和缝纫机插板是到泰安销售的。我们那会儿就是拿着样品去泰安，我和张厂长去的。1998年厂子就破产了。

王利中：也就是转产都不成功，破产之后厂子的职工是怎么安置的？

胡世俭：分流了一部分，有的是分流到千里山钢铁厂，还有到玻璃厂的。

胡荣军：还有那个二厂转产的地方。

王利中：君正？还有分流到君正的？那地方原来是二通厂。

胡荣军：以前是二通厂，也是军工单位。对，最后不是让人兼并了，最后是君正。

胡世俭：凡是55岁以上的，都给你办提前退休了。

王利中：55岁以上的男女职工全部办理提前退休？

胡荣军：对，但没到55岁这条线的都一刀切。我还好，快到60岁直接就退了。这条线以下的分三股进行分流。最后还有一波干不动活的，就像50岁左右的，就是当保安。还有一部分人自己找活儿去了。

王利中：就是现在所说的自由职业者？

胡世俭：这是时髦的说法，其实就是破产的时候拿笔钱，自己出去找饭吃，和原单位彻底分手。那会儿厂子虽然不行了，但不是还要发工资嘛，就先欠着，其中有三个被欠工资超过1万元的。

王利中：有三个人被欠工资超过1万元的？

胡世俭：对，欠工资，我是最高的那个，欠了我一万三千八。

王利中：欠一万三千八，最后是怎么解决的？

胡世俭：最后把这片地都转让了。

王利中：就是把厂子的地皮转让搞房地产开发了？

胡荣军：就是给职工搞福利的那块地皮啦，以前买菜感觉不方便，厂里就在那块地皮上自己弄点菜，地皮是厂子自己的。

王利中：这跟一通厂、二通厂的情况相似。直接搞了几百亩地，组织五七家属队，自己搞副业。

胡世俭：对，那片地转让了之后，把拖欠的工资都给补上了，那个石厂长是一万二，李厂长一万一，我一万三。

王利中：就是转让地皮之后得了补偿款，再把职工的工资给补上了，是吗？

胡世俭：对，这时候职工也有好多不同意转让的，闹得凶的都是比较年轻的，不像我们都快退休了，所以都不闹。

王利中：那这些相对年轻的职工对于厂子对他们的安置还是不满意的是吗？

胡世俭：肯定是不满意的。再后来的话，这块转让了，还有东边一大片，现在都还在，虽然当时住着很多人，但也打算转让的，可因为木器厂职工闹了几次，政府就一直就压着不让转出去，因为搞房地产开发的话，分配肯定会有不公平的地方，怕闹事，有些开发商是准备在这地方搞房地产的，可是政府一直没同意，所以一直到现在也没开发，就这块地皮一直没动，现在还在。

胡荣军：就是办公室那一片，还有干燥室那一片。

胡世俭：现在都还在，这儿一大片地。

王利中：那些厂子破产被一刀切的职工，都得到妥善安置了吗？

胡世俭：其他没安置完的，给了两年的生活费，有的按照每个月是一百块钱算，有的安置每个月一百多一点算。

王利中：一个月一百多一点，一年也就是一千出头，两年也就是两千多，就算安置完了？

胡世俭：对，这就算安置完了。比较起来的话，人家一通厂、二通厂比我们木器厂强多了，可是木器厂穷，闹得越厉害，得到的越少。

王利中：胡师傅，我还有个疑问，就是当初厂子破产清算的时候，那些档案材料都到哪去了？我去市里的档案馆查的时候，人家档案馆说没有木器厂的档案，我感觉很奇怪。

胡荣军：不对啊，我们破产清算的时候都是走的正常手续，材料应该都在档案馆。

王利中：是啊，上级部门来破产清算的时候这些档案材料都要封存，档案馆说没有木器厂的，就很奇怪。

胡世俭：应该是有的。

王利中：还有一种可能，会不会交给上级机关了，送交市经委那边了？

胡荣军：有可能。

胡世俭：反正破产清算的时候档案材料都交出去了。后来什么到底送去哪里我也不清楚了，我们也查不到。

胡荣军：木器厂最后归市经委管，破产清算那时候也归经委管。对，是不是让市经委那边拿走了？这是破产以后的事情，基本没人关心了，已经破产了，大家都得为了生活奔走。

王利中：据我了解下来，有两个厂，一个是你们木器厂，还有一个就是第二铸锻厂，就这两个厂子，档案找不到了。

胡世俭：木器厂是最早破产的。对，后来是第二铸锻厂。

王利中：唯独就没有这两个厂子的档案找不到了。

胡世俭：你去市经委那边问问吧。

王利中：好的，那谢谢两位接受我的采访。

内蒙古乌海地区三线建设述论[①]

王利中

20世纪六七十年代，中央出于国防战备的需要，开始在西北、西南广大地区进行了大规模的三线建设。这些建设项目对于改善中国的工业布局，促进西部地区的工业化发展，起到了重要作用。目前，已有的研究均已对西南的云、贵、川等地以及西北的陕甘等地的三线建设进行了探讨。而作为北部边疆的内蒙古自治区在当时虽然没有被划入大三线地区，但也在现今乌海的部分地区进行了小三线建设。对此，学界关注不多，在一些地方志和地方党史中略有提及。有鉴于此，本文将对乌海地区三线建设背景、过程及其对地区社会经济发展、城市化发展产生的影响进行探讨，以求教于学术界同仁。

1. 内蒙古地区三线建设的背景及规划

20世纪60年代初，中国面临的国际环境日益恶化。由于中苏论战，两国关系紧张。美国加紧孤立中国，干涉越南内政，悍然轰炸越南北方，威胁中国南部边界安全。如何应对未来可能爆发的反侵略战争，成为中国领导人所要思考的问题。1964年开始，中央所制定的国民经济"三五"计划逐渐由解决

[①] 原载《内蒙古师范大学学报（哲学社会科学版）》2019年第3期，为内蒙古党委党史研究室党史研究课题"20世纪50年代以来内蒙古地区工业变迁研究"（编号NS2014001）阶段性成果。

人民群众吃、穿、用为主转向了以战备为主。1965年9月,国家计划委员会最终拟定出了《关于第三个五年计划安排情况的汇报提纲(草稿)》(简称《汇报提纲》)。《汇报提纲》中所说的方针任务主要有:"第三个五年必须立足于战争,从准备大打、早打出发,积极备战,把国防放在第一位,加快三线建设,逐步改变工业布局……"同时,《汇报提纲》提出"计划安排五年基本建设投资850亿元,留50亿元机动。……基本建设投资的重点是国防工业和重工业,项目的分布大部分在西南、西北三线。"①可见,《汇报提纲》实际上这是一个战备计划,主要以三线建设为主。1965年10月,中央工作会议批准了《汇报提纲》。众所周知,三线建设分为大三线和小三线。大三线是指西南云、贵、川三省和西北的陕、甘、宁、青四省区,后又扩大到湘西、豫西、鄂西、晋南等地。由中央投资建设一大批兵器工业、钢铁、有色金属、煤炭、机械、化学工业项目,以及交通、邮电通讯等基础设施项目。小三线则是相对于大三线而言的,是指中部及沿海省、市、自治区的后方腹地。

关于沿海的一线、二线省市和中部省区如何安排自己的小三线的建设,早在1964年10月18日,中共广东省委向党中央和中南局提交了《关于国防工业和三线备战工作的请示报告》。报告中就提出广东地区小三线建设的设想,主要是:"加速地方军事工业建设,从广州等前沿城市中迁建部分民用工业到三线去,加强国防公路和国防通讯网的建设,加强后方农业和山区经济的发展……"②毛泽东在看了此报告后,批示给刘少奇、周恩来、邓小平等领导人:"广东省是动起来了,……是否可以将此报告转发第一线和第二线各省,叫他们也讨论一下自己的第三线问题,并向中央提出一个合乎他们具体情况的报告。"③

根据毛泽东的批示,10月25日,周恩来与主管国防工业的罗瑞卿召集有关部门负责人讨论了广东省委的报告和毛泽东对这一报告的批示。10月29日,周恩来、罗瑞卿联名起草了《关于一、二两线各省、市、区建设自己后方和备战工作的报告》,提出:一是建设一批地方军工厂,包括枪支、子弹、地雷、手

---

① 薄一波:《若干重大决策与事件的回顾(下卷)》,中共中央党校出版社1993年版,第1209页、第1210页。

② 陈东林:《三线建设:备战时期的西部开发》,中共中央党校出版社2003年版,第133页。

③《建国以来毛泽东文稿》第11册,中央文献出版社1996年版,第196页。

榴弹和炸药等轻武器制造厂。二是为了配合地方军工厂的建设和保证战时供应，要从大城市搬迁一些必要的配套工厂到省区自己的后方，并在后方相应地建设一些小煤矿、小电站和必要的修配工厂。三是修建一批储备粮库、原盐、汽油等战略物资的仓库。四是加强一、二线后方地区的农业建设，特别是山区建设。五是迁建或者新建一些必需的医院和学校。①11月3日，毛泽东批准了这一报告。小三线项目的规划和建设工作全面启动。

内蒙古地区在国家三线建设布局中不属于大三线地区，但内蒙古自治区党委在1964年已经开始筹划自治区三线建设布局问题。1964年9月12日，内蒙古自治区党委印发了《内蒙古自治区经济建设"三线"布局的初步设想》，提出了关于发展"小而全"的地方工业的设想，即"依靠沿海老工业基地支援，是发展自治区工业的不可缺少的重要条件，在执行中要从全局出发，使内迁的工厂既有利于'三线建设'和自治区现有工业协作配套，又有利于沿海工业调整和压缩城市人口。根据中央战略方针，内迁工厂布局，设想东部以乌兰浩特、赤峰、通辽三个点为主，西部以丰镇至乌达一条线为着眼点。这三个点和一条线是东北、华北经济后方的战略布局"②。根据这个设想，内蒙古地区将成为东北、华北等一线地区的战略后方。

1964年10月底，第五机械工业部派三名副总工程师帮助内蒙古自治区筹建小三线军工厂。内蒙古自治区党委研究决定，选择自治区内较好的企业作为地方军工厂的基础厂进行包建，即由商业厅五金厂筹备半自动步枪厂，由呼和浩特拖修厂筹备子弹厂，由包头工业局抽调人员筹备地雷、手榴弹厂。12月，国务院国防工业办公室召开全国各省、市、自治区和中央有关部委参加的小三线建设会议，传达贯彻落实中央的批示精神和地方军工的建设项目和投资计划。会议由国防工办主任赵尔陆同志主持，内蒙古自治区参加会议的有：人民委员会三线办公室主任王孟樵、重工业厅副厅长王振邦、商业厅五金厂厂长卢克勤、呼和浩特拖修厂厂长靳文龙。会议确定在内蒙古地区建设的小三线项目有枪厂、子弹厂、地雷和手榴弹厂以及各配套厂。内蒙古自治区党

---

① 周恩来、罗瑞卿：《关于一、二两线各省、市、区建设自己后方和备战工作的报告》，《党的文献》1995年第3期，第36页。
② 中共内蒙古自治区委党史研究室：《六十年代国民经济调整·内蒙古卷》，中共党史出版社2001年版，第443页。

委得到汇报后，正式确定三线项目中的军工厂为内蒙古第一通用机械厂（生产枪械）、内蒙古第二通用机械厂（生产子弹）、内蒙古第三通用机械厂（生产地雷、手榴弹），配套厂有工具厂、机床大修厂、木器厂、锻铸厂、电厂等。项目的筹建工作由内蒙古自治区计委副主任阿木古郎，以及王孟樵和王振邦等人全面负责。内蒙古地区的小三线建设全面展开。

2. 海勃湾市三线建设情况

中央关于三线建设选址的原则一般是"靠山、隐蔽、分散"，尽可能不占良田，"先生产后生活"。对于内蒙古地区小三线建设的厂址选择，内蒙古自治区党委进行了仔细研究，乌达至丰镇一线以南的地区，符合中央要求的地点有清水河县、海勃湾市（今乌海市的海勃湾区和海南区）等地。自治区人民政府主席乌兰夫拍板，把小三线建设放在海勃湾，并指定自治区人民政府副主席李质带队赴海勃湾市选择厂址。①除了海勃湾市之外，内蒙古自治区党委还决定在清水河县建立一个生产雷管的化工厂和一个电厂②。海勃湾与乌达隔黄河相望，市区东部、南部均为山区，主要有千里山、桌子山、甘德尔山，经过李质等人的调研，三线建设的厂址最终确定在两处，一个是市区南约三十公里处的拉僧仲庙，这里远离市区，十分荒凉，因四面环山，中间是一片开阔地而成为枪厂和子弹厂的所在地。另一个是在市区南部六公里处，建地雷和手榴弹厂。厂址确定后即决定成立工程指挥部，因为确定军工企业厂址的时间是1965年4月，于是相继开工的8家军工企业的建设工程统称为"六五四工程"。③

1965年4月开始，全国各地支援乌海地区三线建设的工程技术人员、管理

---

① 郭启俊、王成：《乌海的开发与建设》，内蒙古人民出版社1999年版，第585页。
② 1966年10月，由国家投资300万元，在清水河县城关人民公社瓦窑沟动工兴建以生产雷管为主的中型地方军工企业，名称为国营内蒙古红旗化工厂。1968年，内蒙古国防工业办公室在清水河县小庙子人民公社贾家湾村兴建先锋火力发电厂，总投资320万元。先锋火力发电厂归内蒙古自治区国防工业办公室管理，主要为所属红旗化工厂军工生产供电，兼顾县城及附近农村用电。参见万凤翔：《清水河县志》，内蒙古文化出版社2001年版，第335页和第355页。
③《中共乌海历史》编辑部：《中国共产党乌海历史》，中共党史出版社2009年版，第79页。

干部、技术工人纷纷汇聚到这一地区,相继建成了内蒙古第一通用机械厂、内蒙古第二通用机械厂、内蒙古第三通用机械厂、内蒙古工具厂、内蒙古胜利机修厂、内蒙古第二铸锻厂、内蒙古木器厂、内蒙古跃进电厂等军工项目,以及六五四医院、六五四物资供应站、内蒙古军事工业局招待所、国防工业技工学校等后勤基础配套项目。到1984年,7个军工企业(跃进电厂除外)累计投资4 335.5万元,拥有工程技术人员279人。这些三线工厂在从事军工生产15年中(1964—1979年),共完成工业产值2.018 8亿元,实现利税1 837.56万元,①相继生产了56式半自动步枪、子弹、地雷、手榴弹、炸药等军工产品(见表1)。

表1 乌海地区三线军工企业情况表

厂 名	代 号	建厂时间	产 品	1979年后"军转民"产品
内蒙古第一通用机械厂	国营九六四厂	1965年4月	56式半自动步枪	摩托车前叉减震器、家用缝纫机
内蒙古第二通用机械厂	国营九五四厂	1965年2月	7.62毫米口径普通枪弹	汽枪弹、太阳能热水器、单缸洗衣机、聚氯乙烯和纺织布包装袋
内蒙古第三通用机械厂	国营五五六厂	1965年4月	地雷、手榴弹	警用催泪弹、工业导火索、元明粉、岩棉、导爆索、增雨防雹火箭
内蒙古木器厂	国营九〇九厂	1965年4月	军工配套木制件、包装木箱、木器	军品包装箱、民用家具、不饱和聚酯树脂
内蒙古第二铸锻厂	国营九一五九厂	1967年3月	各种军工配套设备的精铸件、铸铁件、铸钢件、锻钢件	工业氧气、履带板板体
内蒙古胜利机修厂	国营九一四九厂	1967年5月	军工配套设备大修、非标准专用设备制造	风力提水机、电梯

---

① 《乌海市志》编纂委员会:《乌海市志》,内蒙古人民出版社1996年版,第180页、第261页。

续　表

厂　名	代　号	建厂时间	产　品	1979年后"军转民"产品
内蒙古工具厂	国营九一三九厂	1966年5月	军工配套专用工艺装备的刀具、量具、夹模具	高度划线卡尺、铣刀、四爪卡盘
内蒙古跃进火力发电厂	一〇八三工程	1968年3月	军工配套电力服务	

资料来源：中国人民政治协商会议内蒙古自治区乌海市委员会文史资料委员会：《乌海市文史资料选辑》（第四辑），乌海市海勃湾矿务局印刷厂1988年12月版。

　　这些在乌海地区建设的小三线企业体现出一些较突出的特点：一是建设速度快。内蒙古第一通用机械厂1965年4月破土动工。1966年5月，工厂的4个产品加工车间全部竣工。全厂职工在基建工程尚未全部完工的情况下边建设边试制，经过三个月的努力，于1966年9月宣告枪支试制成功。内蒙古第二通用机械厂则是当年筹备，当年建厂，当年出了产品，成为军工系统的大庆式企业。①内蒙古第三通用机械厂的创业者们在一年的建厂时间内自力更生、艰苦创业，建成了两条生产装配线，使工厂初具规模。二是为地方国防事业作出了巨大贡献。内蒙古第一通用机械厂在1969年底共试制出成品枪450支，1970年试产定型，1971年投入批量生产，当年产量达15 038支，超过设计生产能力，结束了内蒙古自治区不能生产轻武器的历史。第二通用机械厂在建厂一周年前夕生产出了7.62毫米口径普通枪弹17 000余发，试制取得了圆满成功，填补了内蒙古自治区枪弹生产的空白，为正式生产打下了基础。②到1985年为止，乌海地区的军工企业共生产步枪175 140支，枪弹47 587.2万发，生产手榴弹、地雷833万枚。③三是为满足生活需求，发展了农业和各项副业生产。乌海地区地处荒漠，当地的农业开发是在1958年"大跃进"的形势下起步的。但是由于工矿业的发展，当地人口增长很快，一些蔬菜和副食品供应不足，一

---

① 郭启俊、王成：《乌海的开发与建设》，内蒙古人民出版社1999年版，第587页。
② 郭启俊、王成：《乌海的开发与建设》，内蒙古人民出版社1999年版，第404页、第589页。
③ 王成：《乌海的改革与开放》，内蒙古人民出版社2001年版，第516页。

些厂矿企业纷纷建立农场满足本企业职工及家属的需要。三线企业进驻海勃湾后,各厂分别动员家属开荒种菜。干部、工人都抽出工余时间参加垦荒运动,见到了成效。内蒙古第一通用机械厂、内蒙古第二通用机械厂、跃进电厂在建厂投产后,组建了"五七"生产队,打井开荒,在厂区和家属区附近开垦出各自的农副业生产基地种植蔬菜,种植面积达225亩。同时,内蒙古第一通用机械厂、内蒙古第二通用机械厂均建立了各自的农场,开发了水浇地约13.33公顷。内蒙古工具厂和内蒙古第二铸锻厂联合开办了友谊农场,开发了水浇地200亩。①这些农场、生产基地种菜、种树、饲养牲畜,既保证了职工的夏菜供应和冬菜、肉食部分自给,又解决了职工家属的就业问题。内蒙古第一通用机械厂的农副业生产部门还被评为国防工业战线的先进集体。②

3. 三线建设在乌海地区的成就及其影响

20世纪六七十年代,内蒙古乌海地区进行的小三线建设,无论对地区经济,还是对城市建设等方面都产生了积极的推动作用。

第一,小三线建设为乌海地区经济发展作出了贡献。1959年,为了给包头钢铁公司的建设提供原材料和能源,乌达矿务局和桌子山矿务局相继成立,开始大规模的煤炭开采。为了维修一些大型煤矿机械设备,机械工业也在这一地区出现,如乌达煤矿机械修配厂、海勃湾机械厂等。小三线企业落户当地后,这些军工企业除了军品生产任务外,还承担着一些地方民品生产任务,改变了原先乌海地区机械工业局限于机械修理的局面。如内蒙古第二铸锻厂于1977年上了制氧项目,1978年5月,顺利生产出纯度在99.2%以上的合格氧气,不仅满足了本厂生产需要,还供应了本市兄弟工矿企事业单位。1973年3月,内蒙古胜利机修厂筹备汽车大修车间,开始为乌海本地汽车提供修理服务。1975年5月,胜利机修厂又为地区农牧业服务,开始试制并生产深井泵,半年时间即实现批量生产,生产出的深井泵受到自治区机械工业局的好评。

---

① 《海南区志》编委会编:《海南区志》,内蒙古人民出版社2004年版,第153页、第154页。
② 中国人民政治协商会议内蒙古自治区乌海市委员会文史资料委员会:《乌海市文史资料选辑》(第四辑),乌海市海勃湾矿务局印刷厂1988年12月版,第7页。

1974年，内蒙古工具厂开始生产民用品——高度划线卡尺，以后还陆续生产了标准通用立铣刀、三面刃铣刀、切肉机、绞肉机等，满足了地方民用产品的需求。从1966年至1984年，7个军工厂（除电厂外），累计建成厂房10.1万平方米，拥有各类设备1 296台，金属切削、铸造、热处理、电镀等加工手段比较齐全。① 更为重要的是，这些军工企业为国家培养了一批企业管理干部和优秀工程技术人员，为乌海市经济发展储备了一批人才。

20世纪80年代初，乌海地区的三线企业军转民后，境遇各不相同。② 一些企业脱颖而出。如第一通用机械厂生产摩托车前叉减振器，后又兼并了内蒙古胜利机修厂、内蒙古工具厂。1998年，企业改制为股份制公司——内蒙古一通机械有限责任公司，成为当时国内最大的摩托车减振器生产厂家之一。第二通用机械厂在1986年转型为化工企业，开始生产聚氯乙烯和纺织布水泥包装袋，先后兼并了乌海地区的乌达化学工业总公司、长青包装材料厂、代兰塔拉铅矿后，组建了内蒙古黄河化工集团公司。1996年，该公司拥有资本4亿元，职工3 300人，年创产值2亿元，利税2 500万元，成为内蒙古自治区最大的氯碱化工企业。③ 2004年，黄河化工集团改制为内蒙古君正化工有限责任公司，并于2012年成功上市。内蒙古第三通用机械厂"军转民"后生产民用工业导火索，在这个基础上逐步转化为化工企业。2003年，企业改制为内蒙古北方保安民爆器材有限责任公司，主营增雨防雹火箭等。2004年，公司工业总产值、销售收入均超过2 000万元。2008年，公司的主营系列产品占到公司工业总产值80%的份额，人均创利税超过2万元，已达到高科技企业标准。④

第二，小三线建设促进了乌海地区城市化的发展。1949年以前，乌海境内仅在老石旦和乌达有几家私人小煤窑和零星分布的几家农户和牧民，基本处于待开发状态。中华人民共和国成立后，黄河西岸的乌达地区先后隶属于内

---

① 《乌海市志》编纂委员会：《乌海市志》，内蒙古人民出版社1996年版，第261页。
② 六五四物资供应站1985年划归乌海市经济委员会领导，成立经委供销公司。跃进火力发电厂下放乌海市领导后，因机组设备老化，人员全部划归海勃湾发电厂。内蒙古第二铸锻厂和内蒙古木器厂均已宣布破产。参见王成：《乌海的改革与开放》，内蒙古人民出版社2001年版，第523页。
③ 郭启俊、王成：《乌海的开发与建设》，内蒙古人民出版社1999年版，第412页。
④ 乌海市政协文史资料委员会：《改革纪事——乌海市政协文史资料第十二辑》，宁夏润丰源印业有限公司2015年版，第122页。

蒙古自治区的阿拉善旗和巴彦淖尔盟。黄河东岸的海勃湾地区隶属于伊克昭盟的鄂克托旗。1954年冬,海勃湾地区成立了桌子山矿区办事处。1958年开始,乌海地区进入了第一次大规模开发建设时期。为了响应中央"大炼钢铁"号召,乌达和桌子山两大矿区组织人力开展了"万人上山夺煤大会战"。同时,西桌子山水泥厂、卡布其石灰石矿、甘德尔铅矿、乌达发电厂等企业相继建设起来,大批人口涌入乌海地区。1960年,乌海地区人口猛增至125 243人。其中,海勃湾地区67 831人,乌达地区57 412人,具备了成立两个县级市的基本条件。1961年7月9日,经国务院全体会议第111次会议决定,批准设立内蒙古自治区海勃湾市和乌达市。①两地分别由伊克昭盟、巴彦淖尔盟管辖。后来,随着国民经济的调整,该地区也开始精简职工,压缩城市人口。1963年,乌达和海勃湾两市累计精简职工24 046人,压缩城市人口47 765人,使两市人口减至7.5万人。②

1965年,以小三线建设为主的第二次大开发在乌海地区展开。内蒙古第一通用机械厂和第二通用机械厂厂址设在了离海勃湾市区以南约三十公里的拉僧仲庙地区。"六五四工程指挥部"也设在这里。后内蒙古跃进火力发电厂也设在了这一区域。为适应地方军事工业的发展,海勃湾市在这一地区设立"六五四"街道办事处(1976年改名为新桥城市人民公社)。内蒙古第三通用机械厂建在了海勃湾市区南六公里处的凤凰山脚下,后第二铸锻厂、木器厂、胜利机修厂等企业也在其周围建立,形成了另一个三线企业聚集区。这两个区域后来分别成为乌海市海南区和海勃湾区的核心区;当时除了三线建设项目外,当地还建设了千里山钢铁厂、砖瓦厂、建筑陶瓷厂,以及三〇一工程(生产油脂)、三〇二冷库(储存肉类)等冶金、建材、轻工项目,以配合三线建设。大量的建设人员及其家属来到乌海地区,当地人口再度增长。据统计,1965年,乌达市人口为54 439人,海勃湾市为40 279人,两地人口合计94 718人。1970年,海勃湾市人口已达71 687人,比1965年增长44%,乌达市人口66 101人,比1965年增长18%,两地人口合计137 788人(见表2)。

---

① 《中共乌海历史》编辑部:《中国共产党乌海历史》,中共党史出版社2009年版,第66页。

② 马万里:《中国共产党乌海市党史大事记(1949—2000)》,内蒙古人民出版社2002年版,第21页。

表2 主要年份乌海地区人口统计表

年 份	乌达（人）	海勃湾（人）	合计（人）
1960	57 412	67 831	125 243
1965	54 439	40 279	94 718
1970	66 101	71 687	137 788
1976	92 413	111 886	204 299
1980	96 065	129 979	226 044

资料来源：《乌海市志》编纂委员会：《乌海市志》，内蒙古人民出版社1996年版，第127页。

　　随着乌海地区城市化的发展，为更好地开发当地资源，协调发展，乌达、海勃湾两地统一管理的要求凸显出来。1971年5月13日—18日，在中共内蒙古自治区第三次代表大会上，乌达矿务局党委书记石生荣提出了两市合并设立乌海市的建议。内蒙古自治区党委也分别在1972年3月、1973年7月和1975年8月向国务院提交了相关报告。1975年8月30日，国务院作出了《关于内蒙古自治区乌达市与海勃湾市合并成立乌海市的批复》。11月，内蒙古自治区革命委员会召开组建乌海市的工作会议，决定将乌海市的党政机关设在海勃湾（今海勃湾区新华街道办事处，属于原海勃湾城市人民公社一部分），因为"当时海勃湾的工矿业比较齐备，地势平坦开阔，街道也比较宽展整齐，铁路从市区经过，又是小三线建设的前沿，所以它成为了乌海市政治、经济、文化的中心"。①由于当时乌海市还不够设区的条件，只能设三个县级办事处。原乌达市设立乌达办事处，原海勃湾市设立了海勃湾办事处和拉僧庙办事处。1976年1月10日，乌海市正式成立。之后，由于乌海市人口超过了20万，设立市辖区的条件已经成熟。1979年12月13日，经内蒙古自治区革命委员会批准，1980年元月，乌海市三个办事处改设为区，即乌达区、海勃湾区和海南区，乌达区党政机构驻巴音赛（今巴音赛街道办事处），海勃湾区党政机构驻海勃

---

① 《中共乌海历史》编辑部：《中国共产党乌海历史》，中共党史出版社2009年版，第142页。

湾（今凤凰岭街道办事处，属于原海勃湾城市人民公社一部分），海南区党政机构驻新桥（今拉僧仲庙街道办事处）。这一年，乌海市人口已达226 044人（见表2）。

　　第三，三线建设为当地社会事业的发展提供了有力支持。当时为了解决三线企业职工就医和子女入学问题，内蒙古自治区政府在海勃湾建立了六五四医院，在几个家属聚集区分别由内蒙古第一通用机械厂、内蒙古第三通用机械厂、内蒙古胜利机修厂和内蒙古黄河化工厂建起四所中小学。1970年，六五四医院建立伊始，服务对象主要是三线企业职工及其家属和周围厂矿牧区的居民，因其技术力量强，设备比较齐全，医疗质量高而受到群众的好评，取得了很好的社会效益。从1973年开始，该医院多次获得自治区工交系统、军工系统，以及乌海市先进集体荣誉称号。1987年，该医院与海南区人民医院合并，继续为当地人民提供优质医疗服务。

　　20世纪70年代，由于三线建设项目已在海勃湾市全面建成，"六五四工程指挥部"的历史使命已经完成。1971年5月，中央批准在海勃湾市建设一家炸药厂，原"六五四工程指挥部"的建制转入筹备建厂工作，成立"七一五工程指挥部"。炸药厂代号五四四五厂，第二厂名黄河化工厂。1979年6月，该工程因国家压缩基建项目而下马。8月，为了培养军工企业接班人，内蒙古自治区政府在原黄河化工厂原址上筹建了内蒙古国防工业技工学校，主要招收呼和浩特、包头和乌海等地军工企业及其下属单位的职工子弟，为全区军工企业培养技术工人、轮训在职职工。1983年，为适应国民经济现代化建设需要，内蒙古自治区军事工业局（原国防工业办公室）经自治区人民政府批准，在原国防工业技工学校基础上设立内蒙古国防工业职工中等专业学校。学校开设了机械制造、企业管理、水泥工艺、冶金机械四个专业，学生除了来自内蒙古地区的军工企业及其下属单位的职工子弟外，还有乌海市各厂矿企业的职工子弟。1985年，乌海市原三线企业划归乌海市经济委员会管理。1986年6月，乌海市人民政府在内蒙古国防工业职工中等专业学校基础上成立了乌海市工业中等学校。它也是乌海市第一所工科普通中专学校，生源主要来自乌海当地，专业已从原有的比较单一的机械专业过渡到工业与民用建筑、无机化工、机械电子、计算机等专业，从为军工企业培养人才过渡到为当地各行各业培养技术人才。

4. 乌海地区三线建设的历史经验

对于内蒙古乌海地区三线建设而言,它凝结着建设者们宝贵的心血,也给后世留下了一些经验。对于正在进行的西部大开发有着借鉴意义。

第一,为了支援乌海地区的三线建设,中央和地方政府组织各地、各部门为这些企业提供各种帮助,加快了工程项目的建设,体现了社会主义制度集中力量办大事的优越性。主要表现为:一是技术和人员支持。中央第五机械工业部从有关部属企业抽调来了专业技术干部和关键工序生产的技术工人,如重庆二九六厂和北安六二六厂对口支援枪厂,沈阳三二一厂对口支援子弹厂,北京五〇六厂对口支援地雷/手榴弹厂。内蒙古自治区各地方企业如海拉尔牧业机械厂、呼和浩特机床厂、内蒙古铸锻厂、包头拖拉机配件厂、包头三〇三厂也分别支援了一批工程技术人员和管理干部。特别是内蒙古军区后勤部第七三二五工厂,抽调80多人由厂长王富荣同志带队,从呼和浩特赶到海勃湾,积极参加地方军工企业的建设,成为三线企业的主要力量。二是工程土建支持。内蒙古自治区经济委员会要求内蒙古第一通用机械厂、第二通用机械厂、第三通用机械厂在1965年4月5日前做好全部准备工作,6月1日开工,当年8月底完成土建工程。工程由华建八公司负责,海勃湾市提供工程所需建筑材料。土建工程前后共计消耗片石2万立方米、卵石3 000立方米、沙子17 000立方米、石灰1 000吨,而砖瓦则先由自治区物资局从包头市调拨一批,以后由海勃湾市生产。为了解决建设运输问题,自治区还提供了50辆汽车和100辆马车。① 在各方努力下,工厂的建设速度很快,当年三个机械厂生产所需的土建工程就全部完工。三是后勤支持。对于三线建设项目落户海勃湾,当地的各单位给予了大力支持和协助。施工队伍一到现场,邮电局当天就把电话通往施工工地,市人民医院在施工现场开设了医务室,并派驻了骨干医生。商业服务部门分别将理发馆、饭馆设到工地。市物资局全力以赴,及时组织供应各种物资。同时,大批建设人员和工厂技术人员、职工家属汇聚到海勃湾地区,

---

① 《关于内蒙在海勃湾市建立第一、第二、第三通用机械厂的情况汇报》,乌海市档案馆档案:1-1-180。

他们的住宿和饮食保障也是一个重要问题。为此,海勃湾市专门将原海勃湾矿务局办公大楼、食堂腾出供"六五四工程指挥部"和各厂筹备人员使用。将原海勃湾机械厂的厂房设备和人员全部调拨给枪厂。市粮食局专门组织供应大米,照顾从南方调来的职工吃大米的生活习惯。市公安局解决了百余名由对口厂调入职工家属的农村户口问题。

第二,三线建设中所体现的艰苦奋斗、无私奉献的精神,是前人留给我们的一笔精神财富。当时三线建设的负责人之一靳文龙同志回忆:"工程开始建设时,我们就把艰苦创业放在首位。在生产方面,一切设施都要保证工艺的先进性,保证产品的质量,而在生活方面则因地制宜、因陋就简,家属房盖的是'干打垒',而且干部职工一视同仁,党员干部带头将家属迁移到厂区。"①第三通用机械厂在设备进场时,没有搬运工,全凭干部职工手拉肩扛,硬是把设备安装到位,在短暂的一年内,建成了两条生产装配线,使工厂初具规模。大多数军工企业当时都是在基建工程尚未完工的情况下边建设边试制,为的是争取早日完成国家的三线建设任务。正是靠着这种实干苦干的精神,三线建设项目才能如期顺利地竣工投产。

第三,西部地区三线企业的"军转民"工作,一方面要依靠企业自身的努力,另一方面针对企业面临的客观具体困难,政府部门根据实际情况给了大力的支持与帮助,为政府在西部大开发中的管理和支持积累了一定的经验。在当时的历史环境下,国家从国防战备的角度来谋划三线建设,忽视了经济效益。大多数三线企业主要生产军工产品,对外保密,形成了一个封闭的军工生产体系,完全按照计划经济的机制在运行。改革开放开始以后,军工产品的生产任务迅速削减,这些三线企业为了生存和发展纷纷转产民品,并依靠自己去开拓市场,骤然进入了一个陌生的领域,困难重重。首要的问题就是开发民品遇到的资金不足。乌海地区的三线企业从1979年"军转民"以来,到1984年,五年期间累计亏损1 132.45万元。②大部分工厂处于半停工状态,工资发放靠上级拨款和银行贷款,三线企业处于十分困难的境地。针对这些问题,1985

---

① 郭启俊、王成:《乌海的开发与建设》,内蒙古人民出版社1999年版,第591页。
②《中共乌海历史》编辑部:《中国共产党乌海历史》,中共党史出版社2009年版,第220页。

年，内蒙古自治区政府决定给予乌海市三线企业多项特殊优惠政策：一是军工停产后的专用工装（毛坯、半成品）造成的积压由军工局负责解决。二是各军工企业向军工局借贷的农副业款减免偿还；三是政策补贴及减免税。三线军工企业下放乌海市后，自治区财政自1985年开始每年补贴180万元，到1989年共补贴900万元。根据财政部《关于对三线调整单位减免税的通知》精神，乌海市原地方军工企业享受减免税的优惠，从1986年到1995年前后共减免税257.92万元。四是积极筹措资金。自治区和乌海市有关经济管理部门和金融部门支持三线企业"军转民"的项目开发，先后投入的技改资金连同企业自筹的总计达到4.8亿元。①五是牵线搭桥联系业务。乌海市政府积极为三线企业牵线搭桥，与区外企业进行生产联合。第一通用机械厂的摩托车前叉减振器项目，就是乌海市分管工业的副市长与经委的领导一起赴重庆嘉陵机器厂联系而促成的。政府部门的积极作为有力地促进了三线企业"军转民"工作的开展。

第四，三线企业"军转民"的根本出路在于要选择正确的发展方向，研发适合市场需要的新产品，不断进行技术改造。例如：内蒙古第一通用机械厂自1985年起先后组织了180多人次对26个产品进行了调研，写出了十多份可行性研究报告，最后确定为重庆嘉陵机器厂配套生产摩托车前叉减振器。1988年，内蒙古第一通用机械厂的摩托车前叉减振器年产量达到121 082套，扭转了连续8年的亏损局面，实现利润10万元。1994年，生产能力达到120万套，产品品种也已发展到17个车型25个规格，覆盖了丰田、川崎、铃木、雅马哈四个品牌多个系列的摩托车减振器市场，成为重庆嘉陵集团、济南轻骑集团等国家定点摩托车厂家的配套供应单位，国内市场份额已占到12%左右。②进入21世纪后，由于国内摩托车市场的饱和，产品连续大幅度降价，该企业亏损严重，资不抵债，又未能及时调整企业发展方向。2004年12月，国家正式批准其破产。③内蒙古第二通用机械厂军"转民后"相继生产过钢钉、镀锌铁丝、太阳能热水器、气枪枪弹，以及"天马牌"洗衣机等产品。1986年，企业放弃机

---

① 王成：《乌海的改革与开放》，内蒙古人民出版社2001年版，第518页、第520页。
② 王成：《乌海的改革与开放》，内蒙古人民出版社2001年版，第522页。
③ 乌海市政协文史资料委员会：《改革纪事——乌海市政协文史资料第十二辑》，第39页。

械加工行业,转型氯碱化工。依托当地资源,生产适应市场需求的系列化工产品。纺织布水泥包装袋引进项目,电石、烧碱和聚氯乙烯树脂的技术改造项目相继获得自治区批准立项。1988年开始,新项目相继投产,后又不断开展技术改造,使电石、烧碱、聚氯乙烯树脂的年生产能力达到5万吨规模。该企业通过多次技术改造以及企业兼并,已从过去单一的机械加工发展为以化工生产为主,以轻工、机械加工为辅的综合性大型化工集团。① 内蒙古第三通用机械厂"军转民"后,相继开发了元明粉、岩棉、警用催泪弹等产品,但最终还是"军转民"失败。1997年,该厂被列入乌海市第一批破产企业名单。1998年,企业调整了发展战略,以开发民爆产品作为发展方向。当年建成了一条年产500万米的导爆索生产线,填补了自治区的空白。2000年,企业与乌海市气象局合作,依托大专院校和科研院所共同开发出了人工气象产品——增雨防雹火箭,当年企业扭亏为盈。后不断开展技术研发,所形成的"机载碘化银末端燃烧器"技术成果通过国家级鉴定,填补了国内空白,RYI-6300型增雨防雹火箭被列为国家级火炬计划项目。2008年,该企业成为北京奥运会开闭幕式消减雨作业装备唯一供应单位。②

综上所述,三线建设尽管存在着这样或那样的问题,但它对地区社会经济发展的积极贡献是毋庸置疑的。虽然随着国民经济发展的变化,原三线企业早已改行,但我们永远不能忘记三线企业的建设者们为国防事业所作的贡献。他们所秉持的那种自力更生、艰苦奋斗的创业精神是不可多得的精神财富,在新时代更需要弘扬和传承。国有企业如何在市场经济的大潮中攻坚克难、屹立潮头,就需要先辈们的这种精神,成功实现"军转民"的企业也是我国经济发展中的很好的范例,是今天西部大开发中值得借鉴和参考的宝贵经验。

---

① 乌海市政协文史资料委员会:《改革纪事——乌海市政协文史资料第十二辑》,第147页。
② 乌海市政协文史资料委员会:《改革纪事——乌海市政协文史资料第十二辑》,第120页、第122页。

下 篇
三线建设研究者回忆录

因绵阳结缘：团队三线建设研究回顾

张　勇

西南科技大学社会科学处处长兼任四川军民融合战略研究中心主任

我是一个地地道道的四川绵阳人，除读硕士、博士研究生及短暂工作挂职以外，绝大多数工作、学习、生活在绵阳。我领衔的科研团队的研究方向也具有地方特色，主要是军民融合发展战略和绵阳科技城建设，团队2015年获批成为四川省首批20个社会科学高水平研究团队之一，2019年荣获绵阳市"建设中国科技城和西部现代化强市先进集体"荣誉称号。在很长一段时期我都认为团队对绵阳是非常熟悉的，这个认识直到几年前研究绵阳的三线建设而发生改变，至此，我团队又增加了一个新的研究方向：三线建设工业遗产。

近日，三线建设研究领域全国知名专家、上海大学历史系的徐有威教授约请我写一篇文章，让我回顾开展三线建设研究的有关情况。我在欣喜研究成果得到同行专家认同的同时，也深感惶恐，因为我与许多从事三线建设研究的专家不同，不是历史、文物、博物馆等专业毕业的，也非这些领域的长期研究者。经思考再三，我还是决定撰写此文，主要考虑是做一个学术总结回顾，肯定团队师生贡献，致谢帮助过我们的人。

我团队研究三线建设主要源于三个"绵阳"项目：

一是"绵阳三线建设博物馆"的选址论证。

2019年3月，绵阳市文广旅局新任局长代宏打电话询问我团队有否力量承接绵阳三线建设博物馆选址论证任务。当时我团队的向铭铭老师还没有调走，向老师是博士、副教授，主持完成过国家自然科学基金等多个项目，在三线建设工业遗产方面有较好的研究基础。代宏局长听完我的介绍,再加之他对我团队的了解,很快安排了市文广旅局相关负责人到校洽谈合作。经谈判比选,市文广旅局确定由我的团队负责这个项目。为高质量完成项目,我安排团队骨干陈丽娜老师牵头,刘健教授、胡健教授以及向铭铭、陈君锋、晏强等老师组成项目组开展研究。在对攀枝花中国三线建设博物馆、贵州三线建设博物馆实地调研的基础上,对"绵阳三线建设博物馆"主题定位、展馆构想、项目选址、建设方案等重要问题进行了研究,并提出了建议。

2020年4月,在选址论证基础上,绵阳市决定建设"绵阳三线建设博物馆",建设地为梓潼县长卿镇长卿村七组。

二是绵阳三线建设历史文化研究。

为推动博物馆建设,绵阳市成立了"绵阳三线建设博物馆"建设工作协调小组,土地使用审批、居民拆迁补偿、土建工程招标等多项工作迅速启动。正在博物馆建设紧锣密鼓推进时,建设单位发现在全国居然找不到一套能够支撑博物馆展陈大纲招标文件编制的绵阳地区三线建设的研究成果。2020年下半年代宏局长再次打来电话,希望我团队能够对绵阳地区三线建设历史文化开展详尽研究以支撑博物馆展陈大纲的编制。我给代局长汇报说,全面研究绵阳地区三线建设的任务光荣但艰巨,我团队承接这项任务有三个要求:一是原始档案;二是工作时间;三是科研经费。几天后我接到代局长打来的电话,告诉我他们研究了,档案资料由文广旅局协调提供但需注意保密,科研经费由文广旅局和建设单位各出一半,工作时间希望我团队尽量抓紧提前。

鉴于任务艰巨,没等项目手续确定下来我就全面启动了研究工作。历史研究至关重要,我安排了陈君锋老师负责。陈君锋博士是专门学历史的,擅长中共党史党建研究,人年轻,有活力。他和胡健教授带领研究生张磐、姚宇捷、李世玉、陈彦伊赴四川省档案馆、绵阳市档案馆以及绵阳市下辖县市区档案馆进行档案查询及整理。他们历时8个多月,收集了档案资料5 423卷、地方志书和厂史厂志105本,并购买党和国家领导人年谱、当代中国丛书、中国人民解放军通鉴、院士传记等书籍500余册,为研究工作打下了扎实基础。文化研究方面,我提出要从重要成就、重要人物、重要精神、特大事件四个维度全面开展。经初步研究,发现全面梳理难度非常大,团队先后投入廖传惠教授、贾芳老师、晏强老师、刘静老师等多名骨干,刘静老师终于在研究工作中取得较大

2020年12月,陈君锋博士(右一)请国家测绘总局第三分局原革委会主任崔前钟的子女辨认旧址遗存建筑的当年用途

进展。遗产研究方面,我交由向铭铭老师负责,此时向老师已调至西南民族大学工作,但是她仍然坚持指导张磐、姚宇捷等研究生开展了调研、实测、登记等工作。整个项目仍然由陈丽娜老师牵头,陈老师是团队的老成员,这个项目重要,安排她牵头,我是放心的。

2021年暑假前后,在师生协作攻关下,团队完成了项目研究,形成了《绵阳三线建设历史文化研究报告》,共十章十余万字。2021年7月,绵阳市文广旅局征求了市级相关部门意见,市级有关部门还征求了中国工程物理研究院、中国空气动力研究与发展中心、中国航发四川燃气涡轮研究院、长虹、九洲等在绵国防科研院所和军工企业的意见和建议,并完成脱密脱敏审查。2021年7月21日,绵阳市文广旅局组织召开了研究报告研讨会,我出席并作汇报,报告的许多新发现震惊了参会人员。

研讨会后,我们对研究报告进行了修改完善。"绵阳三线建设博物馆"建设单位依据报告完成了展陈设计大纲编制单位比选,并确定了设计方案。

三是"三线核武器研制基地旧址"历史、文化、遗产研究。

2021年6月,正在绵阳三线建设研究项目收尾阶段,梓潼县联系我,希望我团队能够承接"三线核武器研制基地旧址"的历史、文化、遗产研究项目。

三线核武器研制基地旧址废弃的宿舍楼

"三线核武器研制基地旧址"是2019年10月7日经国务院核定并公布的第八批全国重点文物保护单位。承接了这个研究任务以后,我深感责任重大,经认真思考,决定将团队师生分成四个小组开展研究工作。第一小组由陈丽娜牵头,负责历史背景研究;第二小组由陈君锋牵头,负责建设历史研究;第三小组由刘静牵头,负责旧址文化研究;第四小组由向铭铭牵头,负责遗存建筑研究。陈丽娜、陈君锋两个研究小组通过档案整理、文献研究、口述历史等方法,梳理了"三线核武器研制基地旧址"的历史发展脉络;刘静老师牵头的小组不仅研究了"二机部第九研究设计院""中国人民解放军第九研究院""二机部第九研究院""核工业部第九研究院"四个阶段取得的重大成就,而且全面系统研究了曾在绵阳基地工作过的重要人物,据他们小组统计,仅获得两院院士称号的科学家就有33名于三线建设时期在绵阳基地工作过。向铭铭带领陈彦伊、李世玉、李婷婷、黄莞迪、刘芯、赵晓琴、付运好、李静等研究生采用收集资料、查阅档案、研究文献、当面访谈、现场观察、记录造册等对三处旧址开展了工业考古。由于部分旧址被用于养殖基地多年又刚刚收回,环境条件十分恶劣,向铭铭作为女教师带领学生克服困难,对每一栋建筑进行梳理,弄清楚了每栋建筑的"前世今生",是非常不容易的。

1. 收获四个"意外"发现

近年来,我团队在三线建设研究领域的多个发现,有必然的结果,也有意外和偶然。

一是意外发现"中国人民解放军第二铁道兵学校"旧址。

中国人民解放军第二铁道兵学校旧址

"中国人民解放军第二铁道兵学校"旧址是团队研究"国营朝阳机械厂(国营五〇二三厂)旧址"过程中意外发现的。2020年团队刚刚承接绵阳三线建设研究项目不久,代宏局长通知我参加一个小型研讨会,主要任务是给来绵考察"国营朝阳机械厂旧址"的我国某知名导演介绍该厂三线建设的历史和情况。该厂旧址我团队进行过多次实地调研,情况已比较了解,但由于我这次是代表绵阳介绍该厂历史情况,应该务求准确。正好陈君锋博士正在收集绵阳三线建设档案,我让他先把朝阳厂档案整理出来一起研究。

在查阅朝阳厂档案时,一份手写档案引起了我的注意。这份档案是1969年由中国人民解放军五○二三厂军管会、国营第五○二三厂筹建组写给绵阳地革委并绵阳军分区的一份报告,主要内容是关于筹建五○二三厂的几个具体问题。这份报告第一句话写道:"为了坚决贯彻伟大领袖毛主席关于'抓紧三线建设'和'要准备打仗'的指示,为了加速筹建工作的开展,五机部五○二三厂军管会和部分筹建干部已进驻绵阳铁道兵学校,并着手工厂的筹建工作。"这句话令我非常汗颜,因为这之前我从来没有听说过"绵阳铁道兵学校"这个单位。好奇心让我继续读下去,又发现了两处关于该校的记述,一处是五○二三厂提出"请将原铁校使用的邮政代办所和银行储蓄所留给我厂使用";另一处是五○二三厂提出协调解决"相家湾小学问题",报告提道:"据了解相家湾小学现有学生80%左右是铁校干部子弟,另有20%是附近社员和171医院的子弟。该校的教员全是铁校的家属,估计这些教员将随着铁校的迁走而调动工作。"看完这两处记述我就更奇怪了,这个"铁校"到底是一个什么单位?竟然还有邮政代办所、银行储蓄所、干部子弟校,另外它为什么要迁走,又迁到哪里去了呢?

带着这一串串疑问,我立即组织团队对这个"铁校"开展了研究,居然挖掘整理出了"中国人民解放军第二铁道兵学校"的历史。原来,1961年4月22日,总参谋部批复铁道兵,同意在四川绵阳组建"中国人民解放军第二铁道兵学校",执行师级职权。1962年,铁道兵直属院校精简整编,将三所院校缩编为一院一校。整编后,将第二铁道兵学校改称"中国人民解放军铁道兵学校",对外代号"中国人民解放军总字五○二部队"。1969年,根据《军队院校调整方案》,铁道兵只保留一所铁道兵学校,撤销铁道兵学院和铁道兵学校。1969年8月14日,中央军委批复:原铁道兵学院院址为铁道兵学校校址;原绵阳铁道兵学校的营房、营具全部移交给国务院第五机械工业部。1970年2月28日,绵阳铁道兵学校和第五机械工业部五○二三厂关于学校营房、营具的清点移交工作结束。双方共移交营房56 122平方米,各类器具13 764件。同时移交的还有全部水电和卫生设备。

第二铁道兵学校的历史研究清楚以后,我随即组织团队师生开展了建筑遗存找寻工作。寻找建筑遗存我是非常忐忑不安的,当时朝阳厂国有工矿棚户区改造项目已立项实施了几年,该校旧址会不会早就被当成朝阳厂废弃建筑误拆了?然而令人惊喜的是,我团队师生通过文献研究、人物访谈、仔细求证、实地测绘,居然找到了总面积约1.6万平方米的遗存建筑,包括办公楼、图书馆、礼堂、食堂、医院、车队、家属楼、附属小学和军事警戒设施等。由于这些遗存建筑全部没有得到应有保护,为了防止被进一步破坏,我专门写了一个报告给绵阳市文广旅局,建议区分铁道兵学校和朝阳厂的旧址建筑,加强铁道兵学校旧址的保护利用。

二是意外发现"中华人民共和国国家测绘总局第三分局"旧址。

中华人民共和国国家测绘总局第三分局(简称"国测三分局")这个名字我以前也没有听说过,第一次看到是在绵阳的三线建设档案中,档案记载了这个单位在绵阳县普明公社征地的情况。这么大一个单位在绵阳开展三线建设,我却从没听说过,这引起了我的兴趣,我决定组织团队开展研究。

我们首先开展了历史文化研究。原来,中华人民共和国国家测绘总局成立以后,先后设立了第一分局、第二分局、第三分局,作为测绘生产基地和第一线指挥部,按照大区域分工负责管理全国测绘任务,国测三分局主要负责华东、中南、西南地区的国家测绘任务。1964年中央做出三线建设重大战略决策后,国测三分局在绵阳县征地建设新基地并搬迁来绵,为保密,对外代称"二〇二信箱"。通过三线建设,国测三分局在绵阳建成了一个从外业到内业,从大地测量到航测,从制图到印刷,具有完整测绘科研生产体系和综合生产能力的重要基地,并建成了当时全国最大的地图储备库。1969年11月,为加强备战,国务院、中央军委决定将总参测绘局与国家测绘总局合并后撤销国家测绘总局,国测三分局随之撤销。成都军区接收组进驻国测三分局,接管全部设备、财产。1973年,随着国际形势缓和,国务院、中央军委决定重建国家测绘总局及第一分局、第二分局、第三分局。三线建设调整改造搬迁时期,测绘科研生产基地逐渐搬离绵阳。国测三分局驻绵阳期间,先后完成了青藏高原测图、西南三线建设地区测图等重大测绘任务,为隐藏安康和祖国战略后方基地建设作出了重大贡献。

既然国测三分局具有如此重要的历史文化,那么寻找它的遗址自然成为重要任务。由于团队之前通过档案研究,已经掌握了国测三分局征地建设地址,但奇怪的是各类电子地图软件中均显示那个地方是一大片空地,什么建筑也没有。我团队就请绵阳市文广旅局通知普明街道办事处协助调查,街道办事处的同志去了好几次,一处遗址遗迹也没有找到,更为奇怪的是连那一大片空地也没有找到。正在我百思不得其解的时候,却意外发现了一位外地回绵老人的美篇,美篇配发了她探访"二〇二信箱"的照片。我屏住呼吸对着照片一看,心里禁不住怦怦直跳,这不就是驻绵某部队的营房吗?正好这个部队的政委曾是我的学生,我马上打电话问他们单位所在地是否为"国家测绘总局第三分局"的旧址?他回答说:"老师,你说的这个单位我没听说过,但是我们单位的确曾是'四川省测绘局综合测绘大队'的旧址,单位还专门有标识纪念"。听到这,我马上说:"这就对了!我过来给你讲。"后来在部队的支持下,团队对这些遗存建筑进行了实地勘查,发现国测三分局遗存建筑19处,包括分局机关办公楼、航测队、制图队、制印厂、礼堂、食堂、车库、宿舍楼、小卖部、电影场、子弟校、招待所等建筑,面积2万余平方米,总占地200余亩。

为做好旧址保护与利用工作,我撰写了《关于重视"国家测绘总局第三分局三线旧址"保护与利用的建议》,得到了四川省的主要领导同志的重要批示。

三是意外发现了"清华大学绵阳分校"几个问题的答案。

清华大学绵阳分校旧址就是我长期工作、学习、生活的地方。1995年我大学毕业参加工作,和鲁元成等老师同一办公室。鲁元成是我的老师、同事和朋友,曾在中央警卫团(8341部队)服役,后成为清华大学的教职工。鲁老师经常给我讲清华大学和绵阳分校的故事,让我对这段历史很早就有认识。但我每次问及"清华大学为什么来绵阳、为什么回北京""你为什么来绵阳、为什么不回北京"这些敏感问题时,他总以"方方面面原因"敷衍我,这让我对这几个问题始终没有弄明白。

正是因为好奇,我组织团队依据档案资料对清华大学绵阳分校这段历史进行了全面系统研究,取得了多个新发现,我举几个例子:一、清华大学三线分校最初定名"清华大学西南分校"。"文化大革命"爆发后,分校建设暂停。后工程复工,更名为"清华大学绵阳分校"。分校建设工程编号"六五一工程",通信邮箱号"二〇一信箱";二、1964年清华大学西南分校选址绵阳是因为该校是一所以新技术为主的多学科理工大学,校址地点必须有一定的工业基础和较方便的交通条件,而当时绵阳地区工业设置比较完备,和学校的多数专业能够配合,交通也很方便;三、中央警卫团(8341部队)来到绵阳是因为中共中央派8341部队进入清华大学实施军管,军管撤销后,执行三支两军任务的8341部队官兵陆续撤回部队,军管期间也有一部分官兵转业到绵阳分校;四、清华大学三线分校聚集了一批名师大家,包括后来担任了清华大学主要领导的李传信、胡健、解沛基、赵访熊、张慕津等,常迵、李志坚、吴佑寿、周炳琨等院士于三线建设时期都曾在绵阳工作过;五、1977年,时任中央军委委员、副总参谋长王诤提出将清华大学绵阳分校通过改造,建成一所规模比较齐全的电子对抗雷达工程学院,邓小平同志曾批示"此事请教育部党组研究一下,提出意见,再决定(我意如对清华无大妨碍,似可同意)",后为了办好清华大学,教育部于1978年9月1日给清华大学下发《关于清华大学绵阳分校迁往北京的通知》,通知指出:"根据邓副主席的批示,同意你校绵阳分校迁回北京,现有校舍移交四川省筹建高等学校"。

四是意外发现父亲也曾参与三线建设。

父亲今年89岁了,年轻时是一名货车司机,1965年从绵阳专区农科所调到马角磷肥厂工作,后又支援雁门硫铁矿建设。马角、雁门都是地名,是绵阳市下辖江油市北部山区的两个偏远乡镇。我小时候父亲有时会给我讲他在马角、雁门的一些工作情况,当讲到他与绵阳地委一些重要干部共同劳动时,看得出他对于那段工作生活是满意和怀念的。母亲有时候会打岔,说那个地方有什么好,就是一个大山沟,连出太阳都只有到中午才看得到,等等。每到这个时候我就会想,父亲怎么会从绵阳城调到江油山区去工作呢?

在调查江油北部山区三线建设项目旧址时,我决定带父母去看看,父亲非常高兴,母亲也同往。在前期研究的基础上结合父亲的指引,我没花多少时间就在马角镇找到了绵阳专区马角磷肥厂,以及宝成铁路罗妙真—马角坝区段改线工程、宝成铁路广元—马角坝段电气化工程、成都铁路局马角坝机务段、成都

江油水泥厂三线建设时期的工程铭牌

铁路局马角坝水泥厂、成都铁路局马角坝采石场、成都水泥厂马角坝采石场、绵阳专区马角水泥厂等一批工业项目旧址。

在调研过程中父亲告诉我,那个时候国家建设任务很重,他开一辆苏联生产的吉尔牌卡车,除单位运输任务以外,还要支援附近工矿企业,包括保密单位。父亲说附近有两个保密单位让他印象深刻,一个是"六五四";另一个他不知道名字,只知道那有一条国防公路通往里面,公路是工程兵修建的,修路时他还给部队拉过高压气罐。父亲说这两个单位的保密要求都非常严格,外单位司机只能把车开到"六五四"门口和那条国防公路入口处,然后停车下人,由里面的司机出来把车开进去,上货或卸货后再把车开出来。父亲说到这,我基本上就认定父亲参加过三线建设,至少支援过三线建设。因为父亲说的那个"六五四",实际是"国营八五七厂",对外代称"西南金属制品厂",1964年11月经中央专委批准建设,1965年4月在江油县文胜乡动工兴建,曾是我国唯一的铀同位素分离膜生产厂。因为是1965年4月动工兴建,该厂就以"六五四信箱"为通信邮箱号,因此外单位的人称呼它为"六五四"。父亲说的那条国防公路现在也已解密,这条公路是中国人民解放军工程兵建筑第54师(8342部队)修建的,主要是沟通绵阳地区境内川甘公路和川陕公路的联系,汽车通过这条公路可以从江油北部开到梓潼、剑阁,不必绕行江油、绵阳。三线建设时期,这条公路入口不远处建有核武器研制基地的物资转运站,核武器研制基地总部机关和部分下属科研所就分散布置在这条公路附近。

2. 参与两个学术会议

这几年受各种因素影响,我已很少参加学术会议,但仍然克服困难参加了一次,主办了一次。

一是首届国家工业遗产峰会。

受三线建设工业遗产领域上海大学历史系教授、全国知名专家吕建昌教授的邀请,2021年10月9日至10日我参加了由工业和信息化部工业文化发展中心等单位主办的首届国家工业遗产峰会,并主持学术研讨会的三线建设工业遗产分论坛。在会上我介绍了团队近年来取得的研究成果,当介绍根据团队研究统计,三线建设期间,中央有29个直属部门在绵阳地区下辖的13个县域建设了113个项目,实际建成104个,以及团队新发现的一批三线建设工业遗产时,我能够感受到与会专家学者是认同团队的研究成果的。

二是第三届全国三线建设学术研讨会。

2021年10月22—23日,中华人民共和国国史学会三线建设研究分会、上海大学和西南科技大学主办的"第三届全国三线建设学术研讨会"在绵阳举行,来自工业和信息化部、国家国防科技工业局、中国社会科学院、军事科学院等单位的专家学者参加会议。中华人民共和国国史学会会长朱佳木、国务院参事室原副主任蒋明麟、原国家计委三线建设调整办公室主任王春才等老领导出席会议并讲话,武力、陈东林、郑有贵、徐有威、吕建昌等三线建设研究领域资深专家做主旨报告。我在会上做的"四川省原绵阳地区三线建设的中央直属项目研究报告"引起与会人员的强烈反响。

此次会议被新华社和人民网等广泛报道,对扩大绵阳三线建设历史文化影响,弘扬"两弹一星精神""科学家精神"产生了积极的推动作用。

2021年10月,"第三届全国三线建设学术研讨会"在西南科技大学召开,朱佳木、蒋明麟、王春才等老领导,武力、陈东林、郑有贵、徐有威、吕建昌、李德英、周明长、张勇(四川外国语大学)等专家出席会议

3. 开辟了一个期刊专栏

随着研究推进,我发现三线建设研究领域缺少高水平学术期刊专门引导支持。时值《西南科技大学学报(哲学社会科学版)》正在探索通过"名栏"打造"名刊",于是我推动开设了"三线建设历史、文化、遗产"专栏。专栏也需专家办,我便拜托陈君锋老师帮忙,他迅速联络全国三线建设研究领域专家,并聘请他们担任专栏的荐稿人和审稿专家。在同行专家推动下,专栏迅速成长为国内学术界引人注目的三线建设研究阵地。

4. 展望未来研究发展

原四川省绵阳地区三线建设是一个波澜壮阔、惊天动地的故事,区域内现遗留大量弥足珍贵的文化遗产。然而,以往学术界对绵阳地区三线建设研究严重不够,没有形成系统完备的高质量研究成果,导致绵阳这段辉煌历史被岁月湮没,遗产保护利用状况堪忧。另一方面,时间如白驹过隙,三线建设从1964年启动至今已经快60年了,第一批亲历者许多已不在人世,在世的也已耄耋之年,钟鸣漏尽。回顾团队三线建设研究这几年,师生团结协作、栉风沐雨、笔耕不辍,因为我们知道时不我待。绵阳三线建设研究既涉密又涉敏,工作非常具有挑战性,我深知只有亲力亲为方能带领团队尽快取得突破。回顾自己三线建设研究这几年,单位人少事多,研究工作只能下班去搞,而家中父母年事已高、小孩高考升学也需关心照顾,如此唯有牺牲休息、锻炼、娱乐、社交活动,充分利用碎片时间。

其作始也简,其将毕也必巨。绵阳地区三线建设研究成果初成,国防尖端科技遗产神秘面纱徐徐揭开,文物保护传承利用必将加快推进,唯有不忘历史,方能不负韶华,祝愿中国(绵阳)科技城创新发展,再现荣光。

一个暑期三下乡活动参与者眼中的四川自贡三线建设

曹 芯

四川卫生康复职业学院马克思主义学院思政教师

此刻,我坐在空调房间内,适宜的温度,冰凉的汽水,让这个酷暑变得不再那么难熬。但一个月前,我却整日奔波在烈阳之下,带着学生走访了一个又一个三线遗址,拜访了一位又一位三线老人,探寻三线足迹,用实践感悟三线精神……

从本科起,我便与三线建设结下了不解之缘,在研究生期间,我跟随徐有威老师学习,并以三线建设作为我的研究方向,毕业后,来到自贡工作,成为一名高校思政教师后,更是顺理成章地从事自贡三线建设研究,也侥幸获得了四川省思想政治教育研究青年专项课题和自贡市哲学社会科学一般规划课题的资助。然而,对于三线建设的研究,我要么是跟随老师的脚步学习,要么是工作后自己慢慢探索,却从未独立带过学生,更何况是带学生进行田野实践。因此,接到领导的通知,让我带学生暑期三下乡,并以三线建设作为主题时,这对我而言是一个全新的体验,同时也是一个不小的挑战。我该如何将三线建设呈现给学生?该如何带领学生进行实践探索?如何让学生感悟三线精神?

接到任务的前一个月,我都在仔细思考并筹划。摆在我面前的有两个问题,一是学生实践成员的确定,二是行程计划的安排。第一个问题,作为一名新进教师,对学生的学情不是很了解,在老师们的推荐以及在学生群中将招纳计划广而告之的情况下,终于在面试后将实践队伍定了下来。随后,我们商定了实践主题为"探寻三线足迹,传承红色精神",并对实践队员分配好了任务。准备前期,都较为顺利,但到了解决第二个问题时,出现了波折。

  为期七天的探索该如何安排?既要确保活动顺利开展,又要保证主题得以完美实践。基于主题,我们初步确定了实践方式以访谈和走访为主,实践对象以自贡三线建设为主,由于自贡部分三线企业在后期搬迁至成都,所有我们将实践地点确定为自贡和都。新的问题又来了,自贡和成都的三线企业和三线老同志又该如何联系?如何让他们同意参与我们的活动?

  我首先联系了长征机床厂负责三线建设展览的宋经伟厂长,他非常热情地答应让我们前往参观,在此感谢宋厂长的倾情帮助。随后,在徐老师的介绍下我又联系上了原"六五二工程"的老同志们,他们都很乐意接受我们的访谈,但由于天气过于炎热,且他们大多年事已高,最终只与两位老同志达成意向。七天的活动,只联系上一家企业和两位老同志,确实不太够。因此,我着实发愁了一段时间,发动身边的同事朋友帮忙找找是否有合适的访谈对象。这时候,秦丹院长告诉我,她参加活动时正好有位老同志是自贡三线工作者,还替我联系上了对方,并且秦丹院长的父亲也是自贡三线工作者,也愿意接受我们的访谈。得到这一消息,我高兴极了,为我们解决了当下的难题,非常感谢秦丹院长对我们工作的支持与帮助。即便如此,访谈对象和实践企业量还是不够,但也只能走一步看一步了。

  在活动开始前两周,我还在为访谈对象和企业发愁。我的带教老师陈庆红看我急得像热锅上的蚂蚁,替我想了个办法。陈老师之前曾在一家自贡幸存的三线企业上过党课,他帮忙牵线让我去联系试试看。得知还有这一机会,我喜不自胜,赶紧打了电话过去,打了两次才打通。我自报家门,开门见山,说出了我的诉求。对方回答:"这事我不能做主,你找我们领导吧。"我连忙找他要了他们领导的电话,对方犹豫片刻,还是给了。我拿着号码打了过去,听到的却是一个不带任何感情的机械语音:"您拨打的电话是空号。"再次拨打,还是"您拨打的电话是空号"。

  我想,是不是我记错号码了,等我接连几次拨打给那位办事员时,等到的却又是一个不带任何感情的机械语音:"您拨打的电话正在通话中。"

  所幸,天无绝人之路。办公室曹卉老师替我出了一个主意,她让我去自贡东碳厂家属区,那边三线老同志非常多,可以试试守株待兔,并且附近就是东碳厂老厂区。我尝试着联系上了东碳厂家属区的社区街道办,特别幸运的是,他们答应帮忙联系老同志进行访谈。更值得高兴的是,曹卉老师还认识在原自贡东方锅炉厂,后搬迁到成都去的东方电气集团的职员,她还愿意接受我们的访谈。真的是感谢曹卉老师的帮助,替我们将通关难度大大降低。

时间一天天过去,我们的准备也是日渐充分。临行前,在改了无数次后,终于定下了行程安排。万事俱备,只欠东风了。

7月12日一早,我们这支名为"三线建设探寻组"的队伍出发了。上午我们约了原自贡玻璃厂职工秦学信老同志进行访谈。不一会儿,秦老先生赶来了,我们替老先生点了一杯饮品,便开始了访谈。刚开始秦老先生还有些放不开,但到了后面,秦老先生和我们聊开了,话多了起来。秦老先生今年68岁,曾是一名知青,后来被调到了大三线自贡玻璃厂工作,这一干就干到退休。在短短的两小时中,他向我们述说了他一生中最重要的岁月,提起玻璃厂,秦老先生也是感慨满满,他讲道:"(烧制玻璃)这个工作可不简单,土窑里的温度极高,那时没有好的防护用具,我们就裹上厚棉絮,外面再披上打湿的麻布口袋进行隔热,工作时最多十多分钟就要出来换人,因为麻布口袋干了以后就极易燃烧。"让我们深感当年的艰苦。在这拼搏的岁月里,他也悟出了属于自己的人生格言——自己的未来要自己创造,并将这句话贯彻到了子女教育上,将女儿培养得格外优秀。同学们听了秦老先生的讲述都非常感动,纷纷与秦老先生进行交流。

实践队伍采访原玻璃厂职工秦学信,2022年7月12日上午

烈阳当空,室外体感温度高到令人无所适从,但我们的实践还要继续,践行独属于我们的三线精神,艰苦创业到底。下午,我们来到长征机床厂三线展览厅,因没有空调,由厂房改造成的展厅异常炎热。在宋厂长的热情接待下,我们很快投入到看展活动中。活动结束时,我彻底松了一口气,但同时感到脑袋一阵阵发昏,看来是中暑了,害怕学生们也中暑,赶紧叮嘱大家回学校一定要喝药预防一下。伴随着高温与脑袋发昏的感觉,第一天的行程终于结束了。

实践队伍参观自贡三线建设展,2022年7月12日下午

对于今天的活动,学生们也感触颇深,张茹同学在日记中说道:"今天上午去采访了原玻璃厂的老职工——秦学信老先生。在整个过程中我想不应该用我学到了什么或者我感悟了什么来形容这个过程。我想应该是——震撼。是的,我不是想着他们多么艰苦,而代入我们现在的生活方式去体会,其中的艰辛不言而喻。在超高温的土窑里面熔玻璃,身上裹棉絮外面罩麻布,稍微干燥一点就会引燃,头上戴的也是麻布罩的帽子……反反复复地工作。是的,当下的我们要由衷感谢这些三线建设者作出的巨大贡献。就像秦老先生说的,自己的未来要自己创造。"

次日,我们一大早便紧锣密鼓地开始了一天的行程。上午是采访一位东方锅炉厂子弟校的老师——雷月桂同志。我们来到磨子井社区,见到了雷老师,雷老师今年85岁,却精神矍铄,一直活跃在各个领域,是一位非常敬业的老同志。她曾在北京担任高校教师,却为了支援三线建设,放弃了优渥的生活条件来到了自贡,成为一名中学教师。在东方锅炉厂的几十年的职业生涯中,她可谓是尽心尽力,全情投入,对于放弃她曾拥有的一切无怨无悔,并感到非常充实快乐。同学们十分敬佩雷老师,并为她的选择感到由衷的敬佩,同学们还说,雷老师做的一切在今天看来是非常不可思议的。

实践队伍采访原东方锅炉厂子弟校教师雷月桂,2022年7月13日上午

下午在表姨的帮助下,我们成功进入了东方锅炉厂内参观了它们的企业展示馆,这里非常感谢表姨的帮助和东方锅炉厂李老师的讲解。活动结束后,我与学生们开会议总结,大家都踊跃表了自己的看法,他们表示对于三线建设者们的付出特别佩服,同时也感到不可思议,用他们的话来说,放到今天,他们肯定不会做出这样的选择。

对于今日的所见所闻,王欣怡同学在日记中写道:"雷婆婆随着爱人内迁到四川自贡,从一名高校教师变成了一名东方锅炉厂子弟校教师。心里的落

实践队伍参观东方锅炉厂企业展示馆,2022年7月13日下午

差感可想而知,但她却并没有放弃,而是在自己的岗位上,数十年如一日地工作,努力发光发热,实现自我价值,成就一番事业。生活中难免会遇到挫折,当遇到挫折的时候,我们只要直面挫折、奋力拼搏、不轻言放弃,便能跨过艰难险阻。这个世界上有许许多多的普通人,从事的都是平凡的职业,但只要坚守自己的岗位,为社会、为国家奉献自己的一分力量,便是一项伟大的工程。"同学们也在实践中不断成长,不断领悟三线精神。

有了前两日的经验,第三天同学们都逐渐适应了。一大早,我们接到了原"六五二工程"的两位老同志,分别是84岁的陈玉宏老先生和78岁的苟文成老先生。他们便是我们今日的访谈对象。两位老同志年事已高,为了避免出现中暑等情况,我们选了一家茶楼开始我们今日的工作。两位老先生都准备非常充分,甚至还带了讲稿来。陈老先生曾是当年为数不多的大学生,还是大学教师,为了支援三线建设来到了自贡,"六五二工程"是上海化工学院内迁而来的,刚建起的大学并不完善,各个学科的资料都参差不齐,陈老先生就曾为了教学自己动手编写了两本教材,几十万字,日夜不停终于赶在学生使用前编写完成。苟老先生作为一名后勤人员,为了守好仓库的物资,在40℃的高温下,不断洗冷水澡降温,而他看守的物资恰好是电风扇,但他却从未擅自使用过。

　　两位老同志的所作所为,极大地感染了同学们,杨玉亭同学在日记中写到:"在采访中,苟老师讲述了原'六二五工程'搬迁的原因、选址、建设等过程中的感人故事。在三线建设时期,所有人员一起参与劳动,无一例外。我记得最清楚的是其中一位共产党员在搬运水泥时,水泥不慎从颈椎滑落,造成该同志颈椎移位。苟老师回忆:去往医院看望照顾时,只见他头两侧固定着钢钉,与地面形成垂直的三角,在三角下方吊着一个砝码。这项医疗技术被称为'牵引'。后来这名党员同志的病情才见好转,他就背着一块木板,颈部打着石膏回到处于建设时期的大学继续奋斗。在如此痛苦的状况下这名党员同志依然奋力付出,去完成力所能及的工作。让我对老一辈革命同志的敬意油然而生。"邱馨怡同学更是通过此次采访,燃起了对专业的热爱:"采访过程中讲到陈老师在当时学校教学没有书本的情况下自己编写了40万字左右的教材讲

实践队员与陈玉宏老先生和苟文成老先生访谈时所记录的笔记,2022年7月14日上午

义,可见一腔热血入三线,为实现国家革命事业奉献自己毕生的精力和才华。此次采访我特地带上了血压计,采访结束为两位老人测量了血压,利用自己所学服务社会,我想我对护理这个专业也更热爱了几分。"

转眼行程过半,第四天晚上我们便要赶往成都了,但白天我们还有行程。在社区工作者的帮助下,我们联系上了东碳厂的老同志,一大早我们便乘车前往东碳厂家属区。车辆行驶愈发偏僻,我们下车时,看到是远离城市繁华的一座座家属区。走进社区活动室,竟有八位老同志等着我们,在社区工作者介绍下,我们才得知,因为天气炎热,老同志们早已在此等候我们多时了。听到这话,我们赶紧加快手脚,由于今日老同志较多,我让同学们一对一访谈。不一会儿,活动室里人声鼎沸,同学们和老同志们都聊了起来,我挨个前往听了一番,让我加深了对东碳厂的了解。原来东碳厂改制不力,早已倒闭,而东碳厂的老职工们不愿离开,还仍旧生活在此处,有位参加过抗美援朝的老同志也在此列,还有一位上海支援三线建设的老同志也不愿离开,并将上海的房子送给了自己的哥哥,继续待在了自贡。每位老同志都有属于自己的故事,但相同的是他们在最美好的年华选择支援了自贡三线建设,来到了偏远的大西南地区,开启了不一样的人生。

同学们被老同志们的故事所激励,严芳柔同学在日记中写道:"通过今日的实践,我切实地感受到了三线建设时期的艰苦卓绝,对三线精神有了更深层次的认识。当代青年恰逢盛世,我们应该做到与历史同向、与祖国同行、与人民同在,成为堪当大任的时代新人。作为医学生的我经过本次实践后,在今后的学习中会夯实自己的专业知识,提高自己的思想觉悟,丰富自己的思想境界。我们要向三线建设前辈们学习,不怕牺牲、团结奋斗、担当起时代使命,用自己的知识技能为祖国和人民作出贡献。"杨小杰同学写道:"我看到'没有条件就创造条件'这个观点,体会到了老同志们勇于创新、团结协作、无私奉献、艰苦奋斗的三线精神。"李洁鑫同学在日记中记录一个个感染的故事:"今天有幸单独一对一采访到了一位老同志,聊天快要结束时,他给我讲起了当时他修筑公路的故事,看着天天都待在身边的战友一个一个地倒下,因为修路,把自己的生命永远停留在了公路上,老爷爷眼里泛起了泪光。"

结束访谈,腹内空空,但在这一地带却找不到一个饭店。最后,我们找到一个即将收工的早餐摊,我加上学生共11人将摊位坐得满满当当,在棚子下

实践队员与东碳厂老同志合影,2022年7月15日上午

吃起面条来。这简陋的摊位挡不住烈阳酷暑,我们边流着汗边吃着面,虽然热但挺香的。这酷热的天气挡不住同学们的热情,他们高兴地谈论了起来,就好似在春游,而不是坐在接近40℃高温的摊位上吃面,我也被他们的热情感染了,想着这就是乐观的三线精神吧。

吃完面,休息一阵后我们便顺着家属区往老厂区走去。一路上,带有历史气息的建筑瞬间将我们带入了20世纪六七十年代,干打垒的建筑楼房、破旧的窗户引人遐思。走到厂区门口,意外的是还有人看守,一番交涉下,我带着四位同学进入厂区,其他同学在厂外找个阴凉处等待。

进入厂区内,几份凉气扑面而来,原来是参天大树带来的凉幽。往深处走愈发炎热,原来这一厂区竟还在生产,古老的建筑还带着一丝生机,工人们在厂房里劳作,机器隆隆作响,一块块炭黑铺成在室外,在阳光的照射下,黑得发亮。我们边走边拍着照片,路遇几个休息的工人,与他们聊了一会儿,才知道这一老厂区在倒闭后被私人承包,现在仍在生产。这时,我的电话响了,等候

东碳厂老厂区内景,2022年7月15日下午

在外的学生催促我们出去,原是学生有中暑的迹象。赶到厂区外,在外等候的学生们一拥而上,其中一位同学表示她有些头晕,不太舒服。见此,我赶紧让她喝了一瓶藿香正气水,并结束了活动,让大家回学校休息,休息整顿,晚上出发去成都。

晚上七点半,我们在自贡高铁站集合,见到中暑的同学已恢复,我松了一口气。坐在行驶的高铁上正想打个盹儿,却看到消息——成都突发疫情!我连忙打电话向领导反映此事,他建议我们取消行程。但我们此时已经在高铁上,且酒店的房费也无法退,已无回头路可走,只好硬着头皮继续前往成都。经过再三衡量后,我们打算在成都住一晚,第二天一早就结束活动,让同学们立刻回家,后续活动安排在线上。高铁上的一小时,我全程都提心吊胆,就怕一下车就被拉去隔离,也怕疫情管控无法离开成都。

确定了后续活动需要在线上进行,我立马与东方电气的万老师联系了起来。万老师所处的地方正好是疫情中心,无法与我们见面,同意了线上访谈的

实践队伍于成都东站合影留念,2022年7月15日晚

提议。处理好这些事情,正打算把这一决定告知学生们,结果往后一看,一个个都睡得正香,就打消了念头,等下车再说。一下车,我就将决定告知了学生们。大家都有些气馁,尤其第一次来成都的同学感到非常遗憾,但过一会儿都振作了起来,开玩笑说:"我们是到成都酒店一日游,也算到过成都了。"

第五天,原本是计划采访东方电气的万老师的。但这一日,同学们再次拖着行李赶往了高铁站准备回家。由于疫情,我们只联系上了万老师,其他老同志由于不熟悉网络只能以后有机会再组织访谈了。第六天下午,在腾讯会议上,万老师向我们介绍了从三线建设脱胎而来的东方电气集团及其精神——不怕牺牲、敢于胜利,坚韧不拔、艰苦创业,自主创新、勇攀高峰。东方电气集团可谓是三线企业改制成功的典范,让我们看到了希望,同学们也学到了很多。

7月17日下午,在腾讯会议上,我们结束了探寻三线足迹的旅途,这一路上的风景很美,故事很精彩,即使高温酷暑、疫情突发,也没能阻挡我们的探索热情,让我们学到了三线精神。杨红同学在日记中写道:"虽然活动叫停,但我们没有因此闲住,而是各自分工,团结协作,为我们的活动入选省级示范而努力。这也让我看到我们团队每个人的闪光点,大家为了同一个目标努力着,我的感觉是美好的,在我们队伍也体现了三线精神之一——团结协作。"

虽然实践结束了,但我们的故事还没有结束。我们开始努力为实践做宣传,当第一篇宣传稿在中青网发表时,我感到由衷的高兴,这是我与同学们共同努力的成果。随着第一篇稿件的发表,随后第二篇、第三篇接踵而至。活动结束一周后,我接到了罗智凯院长的电话,我们团队获得了省级示范团队的光荣称号!这个消息大大激励了同学们,大家更加有动力继续后续的工作了。

最后,我们总共在中青网上发表了十一篇稿件,在市级媒体发表两篇,其中"志愿自贡"一篇,自贡网一篇;在学校公众号官网发表了五篇推文,在学校官方抖音号上面发布了两段视频,在自己创建的公众号上面发布了六篇推文,学校团委的公众号也进行了转载。

我们还没有停止脚步,宣传固然重要,然而更为重要的是通过这次活动,同学们对三线建设有了一定了解,对三线精神有了自己的体悟。我们作为时代青年,应该继承发扬三线精神,让艰苦创业、无私奉献、团结协作、勇于创新的精神继续在新时代大放光彩,这才是我们最大的收获。

告别"旧友":我的小三线学习历程

杨炎韬

北京大学历史系本科生

在2022年5月的北京大学历史系本科毕业论文答辩场上,我以上海小三线建设为研究主题的论文最终得到了答辩委员会的积极评价。那一刻,我如释重负,两年多的写作终于得到专家们的认可。而在2020年刚刚接触小三线时,我恐怕并未想到它会有如此大的魅力:因为小三线,我的研究兴趣从中国近现代史转移到了共和国史,并最终以小三线建设作为我的主要研究对象。站在毕业的节点回望,才发现自己在不断摸索中已经走过漫漫路程,在沿途中不断得到老师们、同学们的帮助,而随着毕业将至,与这一研究对象似乎也到了告别的时刻。

最初与小三线接触颇具偶然性,可谓是因为阴差阳错才酿成了这段缘分。这段接触始于由2020年北京大学历史系王元周教授主持的本科生课程的社会历史调查。这一课程要求我们采用实地调研的方式来研究某一历史问题,以培养我们搜集、查阅档案和进行口述采访等能力。

我们小组四人原定的调研对象是新疆双语教育问题,对这一问题我们已经进行了一个学期的讨论,已经联系好采访对象,准备较为充分,但因为2020年暑期乌鲁木齐突发疫情难以成行。眼看原本的准备都化为泡影,一时间小组成员都非常焦虑。虽然大家都试图寻找新的可行计划,但是要在一个月的时间内从头再来并非易事:找到合适的选题和采访对象,还要查阅相关档案。最终是在王元周教授的帮助下才找到新的研究对象——小三线建设。

从研究可行性来看，对上海小三线建设进行社会历史调查的条件是相当成熟的：当时上海大学历史系的徐有威教授已经做了成果颇丰的研究，搜集了大量档案，也有丰富的采访经验。当年参加上海小三线建设的职工大多健在，而且集中在上海，便于我们进行采访。

在王元周老师的介绍下，我顺利地和徐有威老师取得联系。徐老师非常热心地向我介绍了小三线的基本情况，并且热心邀请我第二天去上海进一步了解相关情况。收到徐老师的邀请，我除了欣喜，更多的则是惶恐——当时我对小三线建设的研究情况可谓一无所知，如何准备这一领域的社会调查更是心里没谱。这样缺乏具体计划就去探访徐老师，或许只会浪费老师的时间。所幸徐老师很快让研究生张程程学长发了多辑《小三线建设研究论丛》的电子书，我连忙进行恶补。但半天多的补课，只让我有了大概的了解，知识领域仍然有大量空白。

次日我前往上海拜访了徐老师。徐老师在家中与我畅谈了两个多小时，让我收获颇丰。徐老师很快就发现我对相关情况还不太了解，便详细为我说明了小三线的概况和研究进展。徐老师对各地小三线的情况如数家珍，对上海小三线从建立到调整的过程娓娓道来。小三线为什么建立，在改革开放的转折点为什么会遇到一系列问题，而上海小三线为什么要调整回沪。短短的一个多小时，徐老师就让我建立起对上海小三线的全景式认识，上海小三线的兴衰历程，在我面前逐渐展开。

当徐老师了解到我们计划进行一项社会调查之后，又立刻热心地帮我们筹划并联系相关人员。一开始，我对小三线的社会调整只有非常模糊的想法，不知道如何落实。徐老师了解到我们小组从杭州出发，便推荐我们调查位于浙江余杭的上海小三线原协作机械厂，并且很快为我们联系了该厂的老员工和当地的干部。在徐老师的帮助下，社调的准备工作一下子就有了质的飞跃。

现在回望，无论是从地理位置、员工回忆、档案资料来看，以协作厂为研究对象都是当时我们的最佳选择：从杭州出发前往原址最方便（其他上海小三线厂大多位于安徽）；大部分职工仍然健在，集中在上海，并对小三线的口述回忆相当热心；徐老师处也保存了协作厂相当完整的档案资料，并且已经公开出版了一部分。这些便利条件，使得我们之后的社调可以非常顺利地开展。

在徐老师的帮助下，我们在2020年8月进行的社会调查推进得相当顺利。

社会调查小组一行三人先和浙江小三线原红旗机械厂的职工进行访谈。从具体问题来讲，因为我们还没有明确的问题导向，这次采访可能并没有太多成果。但是其价值在于，让我们感受到了这些亲历者对这段历史的认识与体悟，而这种亲历感，是难以从书本中获得的。

采访浙江小三线红旗机械厂原职工杨师傅夫妇（右二、右三）与职工二代俞琳女士（右一）（2020年8月11日，浙江杭州）

同样是为了身临其境获得历史感，我们于次日前往浙江临安县岛石镇仁里村，协作厂的遗址便位于此。协作厂原有的厂房、库房、大礼堂、宿舍楼，在协作厂搬离之后，并没有得到很好地利用。除了部分宿舍楼因有当地居民居住而得以保存外，其他建筑多已残破不堪，还有一些厂房因为要退还为农地（当地可以因此获得一些补贴款项），已被夷为平地，几乎看不出一点踪迹了。因为这些厂房年久失修，多是危房，我们无法入内，只能从外观一窥这些厂房的当年的辉煌。

最壮观的是大礼堂，它是协作厂在20世纪70年代后期兴建的。大礼堂在

协作厂厂房外墙保留的标语（2020年8月11日，浙江杭州市临安区岛石镇仁里村）

当时主要承担电影院的功能，在交通不便的后方发挥着重要的精神娱乐作用，也是职工们回忆小三线生活时津津乐道的地方。而现在大礼堂已经大半坍圮，只残留着小半屋顶，屋顶上的木板已凋零地七零八落，光线顺着这些缺口打在废墟上。从残存的遗迹，仍可想见当时大礼堂规模之宏大，可以想象当时人声鼎沸的热闹景象。正是这一个场景让我受到了极大的触动，不再只是简单地为了完成一个课程任务而调研，而是真的想去了解彼时彼地这一群人的历程——一群人离开城市，来到交通闭塞、条

协作厂大礼堂现状（2020年8月11日，浙江杭州市临安区岛石镇仁里村）

件艰苦的农村,辛苦建设十多年的历程。作为历史学系的学生,我们有责任去了解这段历史,去为他们留下一段记录。

虽然如此,我们第二天在村里的采访却遇到了不小的困难。在岛石镇仁里村村支书周琪林的联系下,我们得以采访一位老职工和一位退休教师,然而因为完全听不懂当地方言,两方的交流只能依靠周琪林进行翻译,加上我们前期准备不足,因此效率并不高,也很难提出一些具有针对性的问题。老职工进厂的时间相当久远,对当时的很多情况也记不太清楚了,一个多小时谈下来,我们并没有太多收获,不禁感到有些遗憾,由此也更深感徐有威老师团队做出如此丰富成果的不易。

小组成员在岛石镇进行口述采访(2020年8月11日,浙江杭州市临安区岛石镇仁里村)

岛石镇之行虽然没能达到预期,但也完成了我们的主要任务。之后在上海的采访、查档更是我们社会调查的重中之重。

到达上海的第二天,我们前往上海市档案馆进行查档。因为疫情影响,查档都需要提前预约,而且每个人的预约次数都有限制,给我们的调查带来了一定的困难。虽然我们在半个月前就已经预约,但每个人只约上了两次。

第一次查档,我面对丰富的资料却不知道从何下手,一开始甚至连最基本的检索功能都不会用,只能进行最宽泛的模糊检索,因而无法快速准确地找到自己想要的档案资料,虽然之前看文献已经搜集了大量的档案号,但这只是按图索骥,缺乏延伸。因为对档案缺乏完整的认识,因此向徐老师的研究生张程程学长进行请教,张程程学长也对我的疑问进行了热心的解答,使得我能够勉强上路,找到了一些相关的档案资料。

虽然遇到了不少困难,但总体而言,这两次查档的经历让我收获颇丰,我这个门外汉摸到了查档的门路,也在浩如烟海的档案中找到了一些相当重要的材料。但因为缺乏经验,也留下了很多遗憾。现在回看,比较遗憾的是这些材料未能得到很好的利用。因为不能拍照,所以只能打字记录,因而记录得较为简略,难以在文章中直接引用。虽然档案馆提供了打印档案的服务,但是涉密、涉及军工的内容都不能打印,因此拿到手的资料也相当有限。

在上海的调研过程中,我们采访了徐梦梅、高球根、袁承锋、蒋嘉毛、劳绍勤等协作厂的老职工,他们所讲述的内容包括了协作厂生产生活的方方面面。徐梦梅先生当时是厂办公室的副主任,对工厂大事、历任领导相当了解;高球根先生当时是协作厂的副厂长,对工厂的整个生产情况娓娓道来;袁承峰先生当时是动力科的职工,非常了解协作厂具体的生产情况,特别是事故维修方面;蒋嘉毛先生当时是厂团委书记、工会主席,较了解工厂职工的生活情况,对日常娱乐、福利措

在上海小三线原协作厂职工徐梦梅家中采访（左起为李蒙、徐梦梅、蔡洋桦、杨炎韬,2020年8月14日摄于徐梦梅家中）

施等方面如数家珍;劳绍勤先生则是协作厂职工的子女,现于上柴厂工作,因为是在协作厂长大,对协作厂的生活有不一样的认识和体会。

通过和各位老先生的交流,我们大大加深了对协作厂的了解。随着查档、采访的顺利完成,我们社会调查的实地调查部分暂告一段落,在采访的收尾阶段,我们得以和徐有威教授进行了一次深入的交谈,加深了对上海小三线建设的认识。徐有威老师也娓娓道出他小三线研究的过程,徐老师在这一领域开拓出如此多的研究方向——涵盖职工生活、产业布局、转型搬迁等方方面面,并且做了大量的研究工作,让我们这些入门者深感佩服。

在上海的最后一天,徐老师组织我们去拷贝协作厂的档案资料,让我们有了丰富的档案作为后续研究的基石。就这样,在徐老师和协作厂老职工们的热心帮助下,我们得以顺利地完成了社会调查的实地调查环节。

实地调查顺利结束并不意味着社会调查大功告成,实际上,这只是研究的开始。

以初学者的标准来看,我们这次的实地调查可谓收获满满,既接触到了档案,也顺利进行了采访,采访的对象也比较丰富。但随着调研的深入,我心中总有些惴惴不安,因为在调研之前并没有确定主题,抱着一种先了解情况的态度进行采访,导致采访缺乏针对性,问的问题很难深入,很多时候是顺着采访者的思路而延伸开来的,这对于了解工厂的全貌自然有不小的帮助,但从针对一个具体对象形成调研成果而言,帮助就相当有限了。

社会调查小组四人,因为各自的研究方向不同,因此关注的问题也各有侧重,最终我们采取折中的做法,主要聚焦于企业生产转型,但每人专注较短的一段时期,最终汇合成文。

社会调查虽然结束了,但是我对协作厂的研究兴趣才刚刚开始。随着对档案资料的深入阅读,发现生产方面有大量的问题尚未得到重视。其中,工厂生产情况到底如何,特别是1978年改革开放之前的生产,尤为引发我的兴趣。老职工们回忆时都称赞企业的生产高质量、高效率,但是档案中反映的情况则与老职工们所说的相去甚远,这不禁引发我探究真实情况的兴趣。本着这一疑问,我依托协作厂的档案,辅以社会调查期间的采访材料,以及已出版的相关回忆录和口述资料,不断深挖。

阅读档案的过程并不像社会调查那么有趣,而真正的是"坐冷板凳"的过程,并没有什么捷径可走——每天读一些,整理一些,思考其中的问题。然而,初期的资料整理以档案为基础,缺乏明确的问题导向,因此难以连缀成文。在这一过程中,我的学年论文导师刘一皋教师给予了大量的指导。刘一皋老师多次就三线建设与我交流,也提供了丰富的三线建设案例,让我对三线企业有了更全面的认识。犹记得当时一直无法构建出文章框架,无法把资料整合起来,最终还是在刘老师的多次修改下,才形成了一个较为成熟的框架。在成文之后,刘老师还不厌其烦地指出我文章中的错漏甚至是错别字,让我深感做学问所需要之耐心、细致。

学年论文虽然基本完成了我设想的部分,但是尚有很多不足,主要问题是"头重脚轻":文章后半段(1972—1979年)的档案很多,又因时间紧迫,因此写得较为仓促,只挑拣出最重要的事件进行讨论,很多也相当重要的内容没有纳入其中。这样,企业发展的脉络在后期就不太清晰。为了弥补这一缺憾,我以学年论文为基础,针对之前未能展开的问题,更进一步进行探究。因为刘老师已经荣休,我又请黄道炫教授作为我的毕业论文指导老师。黄教授对我的文章建构,行文方式提出进一步的意见和建议,并且对小三线的运行逻辑提出了自己独到的见解,帮助我更好地理解了小三线建设背后蕴藏的社会矛盾。

在修改毕业论文的过程中,徐有威老师、张程程学长,以及两位协作厂的老职工都为我提供了相当多的帮助。特别是徐老师的硕士研究生张雪怡学姐,她的硕士论文给予我很大的启发。这一论文与我讨论的问题相近,且在基础性的工作上做了更为充分的准备:她广泛地开展采访工作,更深入地研究了丰富的档案资料。很多我局限一隅难以解答的问题,看到她的研究,有茅塞顿开之感,也更感到自己研究的不足。之后我有幸联系上张学姐,张学姐也非常热心地解答了我的一些具体问题,并分享了她整理的访谈资料。张程程学长从我们社调开始就给予了很多帮助,不仅提供了档案资料,而且还讨论了当时研究的空白,给予我很大的启发,在毕业论文成文之后,在鼓励我的同时,也指出了其中的诸多不足。

虽然我下了不少功夫来阅读档案,但最终成文仍然有很多不足:从文章结构来看,文章还存在很多赘述和冗余,显得有些杂乱,章节之间的连贯性还有些薄弱;更大的问题在于过于相信档案,这些档案作为向上级汇报的文件,有其倾向性,也会隐藏很多问题,本来可以利用口述资料对档案的一些问题进行纠正,但实际利用不足,因此还不能说真正了解了其中的情况。

  我对小三线的学习至此暂告一段落。结束答辩之后,总感觉是在和一个相识多年的老友告别。因为各种机缘巧合,小三线研究最终陪伴了我两年半,随着我对他的了解,感情越来越深。其实有不少同学质疑我这样不断写的意义:学年论文的内容就差不多了,何必再花那么多精力去修改;这类文章难以发表,改多少次也是无用功;你之后大概也不会再做这方面的研究,大可以把这些时间花在其他更有用的地方……

  我也并不是没有质疑过这样做的价值,那么长的文章写出来,恐怕没几个人会有耐心看完。但转念一想,这篇文章既是为自己而作,是自己四年本科学习的句号,总要是一篇自己看得过去的文章;也是为三线建设而作,千万人为此奉献了自己的青春,我只能为他们的经历做一个微不足道的脚注,因此更应尽己所能,记录下那段历史的一个片段。所谓的同情之理解,应该也多少有些这样的含义吧。

八赴河池，完成了我的三线建设博士论文

刘朝华

中共中央党校博士研究生、桂林医学院马克思主义学院副教授

2022年5月29日，当2022年度中共中央党校（国家行政学院）党史教研部博士论文答辩的答辩委员会主席宣布委员会老师们一致同意通过我广西三线建设研究的博士论文时，我那颗悬着的心终于彻底放了下来。尽管自己深刻地认识到论文还有很多需要改进和可以完善的地方，正如委员老师们给我提出的意见那样。

答辩结束后，我首先是向四年来一直关心、帮助和培养我的导师祝彦教授表达了感谢，感谢祝老师对我学术上的悉心指导和人生道路的耐心指引，老师的谆谆教诲让我深受感动，受益一生。之后，我也把通过学位论文答辩的消息告诉了远在千里之外的上海大学历史系徐有威教授。徐老师是我踏入三线建设学习研究的引路人，他对我的帮助为我学位论文的最终完成起到了至关重要的作用。听闻我论文答辩通过的消息，徐老师很是为我高兴，并饶有兴味地和我聊起了我涉足和从事三线建设学习研究的初步经过。话尾徐老师让我写一段自己三线建设学习与研究经历的回忆，虽然我感觉自己的经历微不足道，但我还是应承下来，以纪念这段难忘的人生旅程。

我的三线建设学习研究的缘起看似源于一场与徐老师的"偶遇"，当然，作为晚辈的我，用"偶遇"两字定是不当与不敬的。但以徐老师的为人和胸襟，他是绝对不会计较这些小节的。2018年8月，我通过统一招考进入中共中央党校（国家行政学院）党史教研部攻读中共党史专业博士学位。我与徐老

师的认识,便是从徐老师来中央党校作的一场关于小三线建设研究的学术讲座开始的。

其实,进入中央党校学习之前,我从2017年9月起就一直在中国人民大学访学。受北京浓厚的学术氛围影响,学习期间,我形成了一个到各高校和研究院所"蹭听"讲座和学术报告的"习惯"。一年下来,我大约听了逾百场各类学术讲座。来到中央党校学习,尽管学业任务很重,只要一有时间,我还是喜欢到处"蹭听"讲座。

记得那是2018年10月31日上午,受中央党校党史教研部董洁教授的邀请,徐老师在党史教研部会议室给我们硕博士研究生们作了一场生动的小三线建设研究学术报告。徐老师深厚的学术功底和随和幽默的个性给我们留下了深刻的印象。报告会一直持续到过了午饭饭点才结束,在徐老师去食堂就餐的路上,我和几位同学一直跟随着并抓住机会和徐老师进行各种交流,在分别的时刻,我借机加到了徐老师的微信,徐老师还向我推送了"小三线今昔"的微信公众号。这是我和徐老师的初次见面,感觉徐老师是一位很容易接近、有着深厚学识并善于把艰辛的学术研究当作乐事来做的豁达开朗的老师。

加了微信的我起初并没有和徐老师进一步交流,因为我不敢在自己对小三线建设还不甚了解的情况下贸然与徐老师联系。之后,我曾经到中央党校图书馆把所有的三线建设、小三线建设的图书搜了个遍,并借了几本。很遗憾,最重要的几本已被他人捷足先登了。因为繁重的学业和课程考试任务的缘故,很长一段时间,我几乎淡忘了徐老师和他的小三线建设研究事业。

直到2019年5月中旬,随着我们一年来紧张的博士课程学习行将结束,6月进入课程考试考核阶段,我们博士论文的选题问题开始提上议事日程。经过与导师祝彦教授的多次商量,鉴于我是来自广西的博士生,而且当初考入中央党校读博时选择的是定向类型,当时学校对我们定向生有一个"做博士论文期间不继续提供住宿"的规定,这样一来想要继续在北京完成博士论文,从经济的角度而言我是难以承受的。为此,我把博士论文的选题范围大大进行了缩小,把范围仅限在了广西地方问题上。经过与导师的反复斟酌和自我的艰难取舍,最后我的选题确定为"桂北小三线建设研究"且得到了祝老师的鼎力支持。实际上,之前我虽然在加了徐有威老师的微信却鲜有联络,但学习之余我还一直关注着徐老师以及他的小三线建设研究动态。

2019年江西南昌"首届中国三线建设史研究工作坊"合影

2019年5月19日,我通过微信尝试着联系徐老师,想就广西小三线建设研究问题求教于他。很快,徐老师就给我回复,并把一些广西小三线厂矿名单发给了我。之后,在徐老师的帮助下我加入了全国三线建设研究学者群,并联系上了对广西三线建设已有研究的广西壮族自治区党史办的李艺老师。同时,还与徐老师约好在6月江西南昌召开的全国三线建设研讨会上相见。

6月21日,我从北京赶赴南昌的江西科技师范大学,第一次参加了全国性三线建设研讨会,并与徐老师见了面。会议期间,在徐老师的引荐下我还拜会了许多小三线建设研究领域的知名专家教授们。南昌之行,让我深受震撼与感动。震撼的是,在徐老师的引领下,全国小三线建设研究竟然能开展得如此之好,掀起这么大的热潮。感动的是,对于我这么个以前从未谋面的初学者,三线建设研究领域早已声名鹊起的知名专家前辈们却能没有任何傲慢与偏见地包容我、接纳我。

南昌之行与徐老师的聚首,更加坚定了我选择广西小三线建设研究的信心。回到北京之后,我开始积极搜集各类三线建设研究的文献和成果,尤其关注全国小三线建设和广西三线建设研究的成果。一个月来,整天在学校与国家图书馆来回穿梭的我，不知不觉中积累搜集了众多三线建设文献资料和已有研究成果。基于这些资料，我很快梳理出了三线建设研究的学术史综述，为我年底的开题打下了一定的基础。

时光飞逝，转眼2019年的暑假即至。受限于中央党校不再提供宿舍的规定，我悻然回到了桂林的工作单位。一回来，单位即派我出去学习了一段时间，直至当年8月，我才开始了三线建设档案资料查阅的工作。

回广西之前，为的是方便自

广西长海机器厂山洞车间

广西河池氮肥厂旧车间（广西河池市六甲镇优洞）

已查阅档案资料,我事先开好了几份盖有中央党校相关部门印戳的查档介绍信。我先后三次来到桂林市档案馆,令人失望的是,第一次到档案馆,馆里老师首先就一口回绝了我的查档请求,理由是档案馆没有我要的有关三线建设档案,也没有三线企业的档案。不论我如何再三央求,也无济于事。隔了几天,我第二次来时,档案馆老师说因为档案馆要搬家,馆里的档案都已经打好包了,不可能给我查阅,让我等三四个月。按照他们的说法,4个月之后我又去了,档案馆老师仍然没让我调阅档案,他们不是说三线建设档案还没解密,就是说没有我要查阅的档案资料。

桂林不行,我便调整思路,计划去南宁看看。不久,我来到广西壮族自治区档案馆。第一次接待我的是一位年轻的女老师,她的回答几乎与桂林档案馆的大同小异,而且在我出示中央党校的查档介绍信时,还不忘数落我几句。这让我很气愤,开始据理力争,为了平息我与那位老师的争执,档案馆另一位中年老师便答应给我搜搜看,说如果是涉密的还是不能给我看。我便平和了语气,央求着那位老师说哪怕是给我看一两份也好。在我的央求下,那位老师好不容易答应帮我找找。大约一刻钟之后,中年老师便让我办好手续,说有几份档案可以调给我看,我喜出望外很快登记好证件,便在阅档电脑前如饥似渴地仔细阅读起来,尽管这几份档案与广西三线建设的相关度极其有限,但我还是摘抄了一些内容。离开之前,馆里的老师告诉我,可以三个月后再来,因为那时候他们会解密一批档案。于是,我后来还曾三次再到那里查档,但因为各种阻力和障碍,收获极为有限,至于档案馆老师说的"会解密一批档案"也无从谈起,看来是缓兵之计。

档案馆不行,我便打起了三线企事业单位的主意。通过熟人介绍,我联系上了桂林本地仍然还存在的一家三线科研事业单位。但是结果一样,还是吃了闭门羹,哪怕是我通过努力找到了一位仍健在的从该三线事业单位退休的老领导帮忙引荐也无济于事。稍微令人欣慰的是,在这位老领导的帮助下,我做了一次有关桂林三线建设的初步口述史采访。

桂林档案馆的碰壁,自治区档案馆的失望,被三线企事业单位的拒之门外,让我顿时感觉做点研究真是太难了。失落之余,我开始反思自己查阅档案的方法和搜集资料的途径。甚至有时候,我开始迷茫,开始责怪自己当初为何没有充分考虑到查阅档案资料的种种困难……

档案馆的折戟,并没有让我放弃。迷茫之余,我没有死心,我拨通了导师祝彦教授的电话,跟他诉说着查档过程中遇到的种种遭遇,祝老师耐心地安慰我、开导我,并介绍我去自治区党史志办找找他认识的熟人。同时,我也联系了徐老师,他很是理解和同情,一定程度上说,徐老师实际上都料到了我查档会遇到的这些困难与挫折。更重要的是,在此次与徐老师的交流中,他启发了我另外一条档案资料的搜集路径。徐老师给我发了几页外省档案馆三线建设档案的目录索引和一本广西国防工业志的封面,并引导我可以从企业档案入手,我如获至宝,大受启发。此后,我通过各种渠道逐渐搜集了一些企业史、广西地方工业志和所有研究广西三线建设的已有成果。但是,由于单位正逢开展"不忘初心、牢记使命"主题学习教育活动,我被调到主题教育办公室,工作愈发忙碌起来,我只能一边上班一边大致关照着自己的研究和博士论文开题之事。

广西河池东江氮肥厂废弃生产设施

工作与学习研究的频繁切换之间,转眼到了2019年年底,12月22日是我们学位论文开题答辩的日子。虽然我深知,我的开题工作做得还不够扎实,连广西三线建设的核心档案资料都几乎没有碰过,但是我还是对开题报告进行一番认真的修改完善和精心准备后,便向单位请了假,惴惴然回到久违的母校。

那是一个周日,在中共中央党校(国家行政学院)主楼西附楼四楼会议室里,我们每一位2018级的中共党史专业的博士生们都在认真地准备陈述自己学位论文选题的意义与价值、思路与结构、可行性与创新性……

终于轮到我了,我根据自己的开题报告,鼓起勇气在导师们面前比较流畅地做完了相应陈述。接下来是老师们提意见和提问环节,刚开始是柳教授,他肯定了我的选题,并和风细雨地帮我找寻着论文框架的不足,同时提醒着我论文重点章节的把握。接着是齐教授、卢教授和罗教授,三位教授就没那么温和,而是毫不留情面地指出了我选题的缺点和框架结构的不足,大有狂风暴雨之势。现在想来,老师们尖锐的批评意见才是促使我们快速成长的"清醒剂"和"营养品"。

三位教授的众多批评和意见中,有一条是共同的,那就是担心我的材料不够、史料来源不足,难以支撑一篇博士论。齐老师更是一针见血地指出:"非常担心你的资料,因为三线企业很多是军工,军工又涉密,你通过什么方法去拿资料?""参考资料以方志为主要资料,能写出有深度有水平的论文吗?"罗老师和卢老师也都指出,"非常担心你的材料","目前看你在广西搜集的材料,感觉远远不够"。

开题答辩会上老师们的质疑意见表明,他们对我的博士论文能否做下来是没信心的。此

广西东江氮肥厂废弃车间

仍有人居住的东江氮肥厂职工宿舍

时此刻，我心急如焚。老师们的担忧是有道理的，我前面遇到的查档困难不就是最好的证明吗？开题会上的打击犹如雪上加霜，我也开始怀疑自己，并琢磨着是否要与导师商量换题目。但是，回想起不久前南昌之行徐老师对我的谆谆教导与鼓励，我心有不甘。

开题答辩结束，我顺带代表单位在北京参加一个会议便匆匆回到了桂林。之后，我联系上徐老师，把我开题答辩的情况向徐老师作了汇报。电话中徐老师在查档方面给予了我一些针对性建议，我仔细做记录，并计划着在即将到来的寒假里做一番"大展身手"的努力。

可是，计划永远赶不上变化。2020年初，一场突如其来的新冠肺炎疫情打乱了我所有的规划，我试图利用寒假继续去档案馆和三线企事业单位进行档案资料查阅的计划便泡了汤。所有的档案馆、图书馆、三线旧厂矿给予我的回答都一样：疫情期间，恕不接待。

无奈之中，我只好在家大量阅读已有的一些资料，并有如闭门造车般地尽量梳理着广西三线建设的"编年史"。复学复产之后，单位繁重的行政工作和教学任务仍然让我无法抽出时间去进行档案查阅与搜集。好不容易又快到了暑假，我又开始筹划查档之事，并再一次将设想告诉了徐老师。2020年7月7日，徐老师突然给我电话，说他有一位朋友是广西河池一家三线企业改制后的公司高管，徐老师计划和这位朋友一起去河池，帮助我联系一下查档事宜。我惊喜之余，赶紧向单位请好假，准备随时赶赴河池与徐老师汇合。几天之后，我与徐老师在广西河池如约相聚。

7月12日，徐老师带着我去了河池市档案馆、地方志办公室、工信委等单位，分别与上述这些单位的领导们见面、交流。第二天，徐老师又带着我去了河池的两家三线企业。在其中一家的档案室里，我喜出望外，因为我看到了前所未见的大量三线企业档案，堆满了一大屋子，足足75个铁皮箱！

因为是初次接触，我们只是先联络上关系，并在该单位的允许之下带回来了非常有限的一部分珍贵档案资料的复印件。而之前在河池档案馆，尽管在河池市政府办公室一位领导的陪同下，河池档案馆的一名副馆长也仍然回绝了我们查阅档案的要求。但起码我们建立了初步的联系，为我后来的档案查阅打下了良好的基础。

两天后，我又随同徐老师从河池来到南宁，与南宁市政府人员和党史办的老师进行了交流，为方便我日后的资料查阅做了些前期铺垫。随后，徐老师便匆匆从南宁飞回了上海。

这是我在徐老师帮助下的第一次河池之行，却得到了莫大的收获。一是让我首次接触到了大量的三线企业档案资料，我们还在三线厂矿单位进行了实地探访，这对我的三线建设研究给予了极大的鼓舞。二是我开始逐渐认识了一些地方档案馆、党史办、史志办的老师们，为后来能顺利接触三线档案奠定了很好的基础。三是在实地探访三线厂矿的过程中，我通过交流沟通，又开始意外地了解到一些其他三线企事业单位的信息。四是给了我在三线建设研究的史料来源上一定的启发，至少我开始有了突破口。

十天之后，我第二次来到广西河池，这次我有备而来，还带了几位学生助手。在征得三线企业留守领导的同意后，我带着助手们开始了在档案室里忙碌地工作，可以拍照的拍照，不可以拍的就复印或者摘抄。七八天时间，除了吃饭睡觉，我们就一直待在档案室，不知疲倦地找寻、翻阅、摘抄、拍照、重新排序、二次归档……拼着命地加快速度，手机满了立马导进电脑，手掌累了休息片刻又立即投入"战斗"。几天高强度的工作,我手指关节、腰椎颈椎都疼痛得麻木了也没敢停下。日后才发现自己腰椎病、腱鞘炎的发病就是从那时开始的。因为我一直担心着不知什么时候我们的搜集资料行动会立马被厂方叫停。傍晚我们与留守企业的办公室人员一起下班,晚上就住在企业的招待所。这次河池之行收获颇丰,我还抽时间第二次去了一趟河池档案馆。

一周之后的8月11日,我第三次来到河池,又待了四五天,补充搜集了企业档案。同时,我再次来到了河池档案馆,这次我在那里遇到了另一位对我帮助极大的老师——肖虹老师。

肖老师是我在河池档案馆申请查档时,一位工作人员在向她请示时注意到我的,她留意到我几次三番从两三百公里外的桂林来到河池查档,可一次也没看到相关档案,于是就特意看了我的介绍信,并发现我和她过去的一位邻居家的孩子在同一个单位工作,便问我是否认识她,我喜出望外,心里想着看来这是一个机会,而碰巧肖老师的这位邻居家的孩子和我正是在同一个单位且同一个部门,而且我们关系还很好。凭着这层关系和机会,我和肖老师聊了很久,闲聊之间便熟络起来,档案馆的其他老师们对我的态度也逐渐发生变化,不再拒我于千里之外了,他们开始热心地帮我检索一些三线建设的档案资料。在肖虹老师的帮助之下,我开始接触和阅览一些河池地区的三线建设档案,肖老师也同意我复印一些带回去。此次,我非常庆幸地认识了肖老师,我心想她如徐老师一样,都是我遇到的贵人。

之后的半年中,我又先后三次来到河池,除了继续查阅相关三线建设档案以外,我还做了一些退休老干部和老工人的口述史采访,并在肖老师的帮助下,自驾到河池的一些区县档案馆查阅档案。更令人感动的是,在多次的交往和相处中,肖老师待我如亲人,还几次请我在她们的食堂吃饭。

后来,我两次来到河池,走访了一些还健在的三线职工和还存在的三线厂矿,补充搜集了许多宝贵的资料,这些资料对我的博士论文而言举足轻重。

在徐老师的引领和指导之下,我先后八次赴河池,收获之大让我完全没有料到。八次河池之行,因为疫情和经费的缘故,自己和学生助理们省吃俭用,每次要么来回驱车数公里,要么坐火车挤公交往来于城乡之间,要么住破旧的小旅馆,要么在厂区食堂就餐或者是在附近的路边摊解决,风尘仆仆、风餐露宿。记得有几次我一个人做田野调查,为了节约开支,我在网上订了很便宜的酒店，住下之后才发现吵闹得厉害，自己几天都睡不好，吃饭要么在楼下快餐档解决，要么就路上买些馒头包子对付了事。八赴河池查档过程中，我给学生们的劳务费也仅有区区的每人每天一百元，但同学们都非常支持我，愿意帮助我。回想起这些难忘的经历，我总是感慨万千。

每当我一次次陷入档案资料查阅的迷茫和彷徨之际，是徐老师及时地帮助给我力量，让我走出困境。而在进一步查阅档案时，肖老师给了我无穷的关怀与支持，她不辞艰辛地陪我在档案室翻阅一张张发黄的文件，又不厌其烦地帮我复印一页页允许复印的资料，还强忍着晕车的不适随我长途跋涉来到遥远的小县城和偏僻的穷乡僻壤里搜集能采集到的企业档案……我感恩我所遇见的徐老师、肖老师、李艺老师、黄必林老师、谭宏高主任等，感谢所有好心人。我在河池所经历的所有这一切，与我在桂林和南宁的遭遇比较起来，让我为之动容！所有这一切，与我一年前在北京开题报告会上自己的担心比较起来，让我信心陡增，也让我看到了柳暗花明之后广西三线建设研究的光明前景！

广西河池氮肥厂生产区旧照（广西河池市金城江区六甲镇）

经过近两年的资料搜集和论文撰写，2021年底我的博士论文初稿基本完成。我的导师祝彦教授对我的论文提出了进一步修改的建议，遵照祝老师的意见，我又进行了修改完善。2022年1月7日，我参加了预答辩并顺利通过，尽管老师们对我的论文提出了很多改进意见和建议,但也得到了他们的肯定,这与两年前老师们对我的担心截然不同。

预答辩老师们的认可给了我极大的信心,预答辩结束后,我一边工作一边继续修改完善论文,尤其是在我的导师祝彦教授和上海大学徐老师的指点之下,我又小幅调整了论文结构、参考文献和口述史实录,这对规范我的论文起到了不可小觑的作用。此外,我在河池档案馆肖老师的帮助下,又补充了些档案史料,还跟进了一些口述史采访。

2022年3月,我的论文以5%的极低重复率顺利通过查重。4月,又以全部良好的成绩顺利通过盲审。当我把结果告诉我的导师和徐老师时,他们都为我感到高兴。徐老师开玩笑说:"这是黎明破晓的前兆,'革命'成功指日可待!"

5月29日,正式答辩开始,因为疫情的原因,答辩安排在线上举行。我是第二个进行答辩的,自我陈述之后,是答辩委员会老师们的意见和提问环节。老师们看问题的眼光的确独到,一眼便看出我论文的诸多不足,纷纷从各个角度对我的论文提出意见和改进建议,并相继提出了需要我作答的问题,我虚心地听着并尽可能地做着记录。到了回答问题环节,我依据两年多来的资料查

废弃的河池金城江氮肥厂厂区菜市场

阅和研究积累,还算是比较流畅地回答了答辩委员会老师们的提问。最后是答辩委员会老师们投票和答辩主席宣读结果的时刻,我忐忑地等待着,十几分钟之后,我终于迎来了如文章开头时所描述的一幕……

  这是我初涉三线建设学习与研究的一段旅程,旅程之中我深感做历史研究的不易,尤其是做现时代条件下的三线建设历史研究的不易。历史不能假设,但却可以试想,在我的这段难忘的旅程之中,我常常试想如果我不是遇见徐老师,我还能选择和完成"广西三线建设研究"的博士学位论文吗?还有,如果我没有在河池遇见肖老师等一批善良的人们并获得他们无私的帮助,我还能顺利地通过学位论文答辩吗?答案不言自明……

感恩与坚持：我的小三线学习之路

张 胜

上海大学历史系博士、东华大学马克思主义学院讲师

回忆过往，在我学习和研究小三线的经历中，有五个时间节点在我的小三线建设研究中具有非常的意义。

第一个节点是2014年9月1日，我正式进入上海大学文学院（以下简称上大文院）从事教辅工作。自此以后，我在学院多次接触到历史系徐有威教授，深受徐老师的感染。他在对小三线建设研究过程中所展现出的热情、执着以及成就不仅使我初步了解了小三线的相关知识，更让我渴望追随徐老师进一步学习。

第二个节点是2018年11月20日，我在安徽省霍山县美术家协会副主席张海涛，时任安徽霍山县政府办党组成员、发展研究室专职副主任伍凤麟的协调和帮助下，获得时任霍山县副县长朱静的大力支持和热情邀请，与上海大学历史系徐有威、张童心、吕建昌等老师组成了调研团，赴该县对其小三线工业遗产改造利用情况进行田野调查。由此，我对安徽小三线建设情况有了基础性的了解，并在此后正式开启了小三线相关领域的学习和研究工作。

第三个节点是2020年1月6日，我们研究团队与安徽神剑科技股份有限公司（原安徽小三线皖西机械厂）达成协作框架，在该厂厂级领导刘拥军及厂办主任朱进正的具体协调下，我们有幸获得该厂董事长裘兵给予的巨大帮助，共同就原皖西机械厂厂史研究在实践层面展开合作。此后，我们还针对皖西机械厂有关亲历者、退休老同志进行了采访工作，对相关文献资料进行了

研究。原皖西机械厂的改革历程亦是安徽小三线企业创新发展的重要案例之一。

第四个节点是2020年5月22日，在时任安徽省国防科学技术工业办公室工会主任韦法明的帮助下以及合肥长安汽车有限公司的支持下，"安徽小三线军工史座谈会"得以召开。其间，安徽省原副省长、省人大原代主任黄岳忠以及原省国防科工办多位老领导、小三线厂的老同志均参加座谈，会后，我们对以上安徽小三线建设亲历者做了大量的口述采访工作，为安徽小三线建设研究奠定了重要基础。

第五个节点是2020年7月28日，在徐老师的帮助下，我正式采访了以小三线工业遗产为基础改建而成的"中国月亮湾作家村"的发起人之一——安徽省原文联副主席、作协主席许辉老师，并在他的帮助下进一步对相关亲历者进行了口述采访工作。

我与小三线结缘要从我与上海大学的缘分说起。2011年，我考入上海大学攻读硕士学位，彼时的专业并非历史学，甚至可以说与历史学全无交集。那时的我恐怕从未想过自己日后会走上当代中国史乃至小三线建设史的学习历程。2014年，本人硕士毕业后幸运地进入上大文院从事教辅工作，命运的转向亦自此开始。

在上大文院，我接触到了很多文史知名学者，自然也更容易得到很多学习的机会。实际上，上大文院本就具有浓郁、自由的学术氛围，这与学院诸多文史领域前辈学者多年的耕耘以及他们本身的深厚学养久而积淀密不可分。在此氛围下，向他们学习亦无不可跨越的距离。历史系的徐有威教授就是学院中这样一位自由洒脱、学养深厚、平易近人、令人尊敬的学者。

徐老师最初给我的印象就是"先闻其声，再见其人"。实际上，有徐老师的地方总是欢声笑语，热闹非凡！徐老师周身自带一种魅力，可以感染周围的人，这种魅力来源于他的丰富阅历、真挚情感和对周身事物与生俱来所散发出的热情。而与徐老师紧密相连的一个重要标签就是"小三线"。他是2013年度国家社科基金重大项目"小三线建设资料整理与研究"的首席专家，在小三线研究领域耕耘数载，在他的不懈努力下，上海大学已然成为国内小三线乃至三线建设研究领域的重镇。

随着"小三线"这一词汇不断地在学院及相关新闻中出现，使我产生了巨大的好奇，深入了解后更发现，我还有不少亲人都任职于小三线单位，这使我对小三线的学习有了较其他人更具优势的先天条件和进一步学习的潜在可能性。

在学院的熏陶下，我逐渐萌生了将曾经所学与历史学专业相结合，进而继续深造的想法，但这也意味着需要放弃稳定的工作，并选择一个不确定的未来，对此，我曾犹豫过。其间，我还曾专门就这一问题请教了历史系陶飞亚教授。陶老师在大家心中一直倍受尊敬，早已桃李满天下。在谈话中，他给了我很多的鼓励和肯定，也坚定了我迈出下一步的决心。历史系张童心教授对我多有提携和帮助，我在工作过程中难免有所疏漏，张老师从未对我有过指责，并给予了巨大的信任。在我冒昧提出要跟随张老师进行博士阶段学习的时候，张老师也并没有因为我的专业不对口而将我拒之门外。

2018年秋季，我顺利考入了上海大学历史系，在张老师门下攻读博士学位，方向是文化遗产。随之，我辞去工作，带着满怀的希望，想要在文化遗产领域干出一番事业。后来，我进一步关注到了小三线工业遗产，这成为我进入小三线学习领域的另一契机。

自辞职那一刻起，我就开始思考或者说略微带有一丝的迷茫：博士生活

上海大学三线建设研究中心举办的中英"当代工业遗产：价值及保护与利用"工作坊（2018年10月，上海大学延长校区）

究竟应该怎样度过;博士学习的过程要怎样做,取得什么样的成果,才能让自己在某年的毕业季之后能够从容地面对这个社会,面对自己的家人,面对自己和未来……要回答这一系列的问题,首先即要明确博士阶段具体的学习和研究方向。

在迷茫中,徐老师给予了我不少启发。我们都知道,史学研究非常重视史料的收集和积累,而徐老师在此方面有一套系统的方法和理论,且在实践中成果丰硕——他在小三线建设口述研究领域所积累的成果在学界已然独树一帜。徐老师在史料收集方面多次给予我指导,并对我强调了口述研究的重要性,使我对小三线研究方法初步有了了解。张童心老师则结合历史学、考古学等方向,建议我可以尝试做一些小三线工业遗产的研究。

在此,我要提到历史系另一位教授吕建昌老师。吕老师是2017年度国家社科基金重大项目"三线建设工业遗产保护与创新利用的路径研究"的首席专家。在辞职前的日常工作期间,我就与吕老师交流甚多,吕老师也非常愿意与我探讨关于文化遗产方面的问题,而他彼时所关注的重点就是三线工业遗产,并毫无保留地向我介绍了包括重庆三线建设废弃的八一六地下核工程遗产、攀枝花中国三线建设博物馆等诸多案例,给了我很多的启发。后来,我将自己的想法与张童心老师具体沟通后,正式确定博士论文研究方向为小三线工业遗产。此后,我便开始了资料收集的工作。

我是安徽人,安徽小三线工业遗产自然成了我关注的重点。在资料发掘过程中,安徽霍山县小三线工业遗产改造利用实践引起了我的注意。通过与霍山县美术家协会副主席张海涛,时任县政府办党组成员、发展研究室副主任伍凤麟的沟通,并在时任霍山县副县长朱静的大力支持下,徐有威、张童心、吕建昌等诸位老师与我组成了调研团,于2018年赴霍山县,对其在原小三线遗址基础上所建设的"作家村""画家村"进行了深入的田野考察。

在这次调研过程中,时任霍山县博物馆馆长朱蕾全程帮助协调我们的考察,给我们的调研工作带来了很多便利。调研期间,我们对当地小三线工业遗产的改造利用情况、小三线建设相关历史脉络、遗留史料进行了梳理、记录。我们还就相关问题与时任"画家村"所在地诸佛庵镇党委书记涂必江等人进行了会议座谈。在朱静副县长的帮助下,我们对"作家村"进行了系统性的考察,该村建设成效显著,对当地经济社会发展颇具意义,亦是三线工业遗产改

吕建昌老师、张童心老师、徐有威老师与笔者（左起）考察安徽霍山小三线工业遗产，图中机器为小三企业遗留当地的设备（2018年11月，安徽霍山县东西溪乡）

造利用的典型案例。与我同行的三位老师更是细心地给我出主意，并帮助我梳理了后续的学习方向。

其后，我赴英国伯明翰大学进行了短期访学，得到了该校铁桥国家遗产研究所Mike Robinson教授的诸多指导，也坚定了我在小三线与工业遗产间寻找研究切入点的想法。

2020年以后，我又数次到访安徽省霍山县相关地区，进一步深入调研并进行小三线建设当地亲历者的口述采访工作。其间，安徽省文联原副主席、作协主席许辉老师在"作家村"接受了我的采访。他是"作家村"建设的发起者之一，在采访过程中，许老师对"作家村"建设的始末进行了详细的介绍，给我的学习研究工作提供了重要的口述史料。在他的大力推荐以及徐有威老师的多次沟通协调下，我还获得了霍山县张润之、金从华、汪琴、王飞、姚敏、高武、陈伟、徐守刚等诸位领导以及刘大勇、黎少武、王建国、彭少云、沈继祥、余巧玲、沈定等诸位关心三线建设的人士的大力帮助，并对他们之中的大部分人进行了口述采访。我本科阶段的老院长江河教授一直关心我的学习工作，也曾随同我一起对小三线工业遗产进行考察调研,帮助我梳理学习思路,并一直给予我鼓励支持。

之后,在徐老师的指导下我有幸与徐老师合作完成了一篇学术论文《小三线工业遗产开发与乡村文化旅游产业融合发展研究——以安徽霍山为例》,发表在《江西社会科学》2020年第11期。该文以小三线企事业单位在调整搬迁后遗留当地历经时代变迁而形成的乡村工业遗产为研究对象。这些遗产由于交通不便等原因往往难以有效开发利用,造成资源浪费、遗产损坏。由此,我们提出:位于山区的小三线工业遗产开发利用,应依据自身实际情况,整合各类资源优势,推动建设资金多元化,引进人才,创新管理,扩展社会文化教育职能,加强配套设施建设,着力打造可持续发展的乡村文旅产业综合体,在遗产合理开发与经济效益反哺中实现小三线工业遗产再利用。

基于前期工作的积累以及史料的不断拓展,我意识到研究对象似乎以传统的史学研究方法开展更为合适,为此,我与张老师进行了深入沟通。张老师从我个人发展的角度考虑,支持我对学习方向进行一些调整。在张童心老师和徐有威老师共同应允下,我正式转至徐老师门下学习小三线建设史。其后的日子里,徐老师成为我学习历程中最为重要的引路人。

现在回看我在攻读博士学位期间所学习的内容,大体都在中国近现代史学科范畴内,包括小三线建设史、军事史、工业遗产等,相互间似乎并无直接的逻辑关系,部分甚至一定程度溢出历史学科。事实上,小三线正是其中的轴线。例如,我曾撰写《新四军建立初期武器装备问题研究》发表于《党的文献》2020年第1期,文章缘起我进行安徽小三线军工资料搜集的过程中偶然发现的一些关于新四军军工建设的资料,在此基础上我有幸完成了个人第一篇真正意义上的史学类学术论文。基于对新四军及华中抗日根据地的学习,我又撰写了《困境与转变:1941—1942年华中抗日根据地地方武装建设》一文,并发表于《日本侵华南京大屠杀研究》2020年第4期。

回到小三线的学习与研究,相关史料是否可以收集决定了研究的可行性。如何推进这一工作也是我学习初期面临的最大困难。在这一过程中,徐老师给予了我巨大的帮助。可以说,徐老师对小三线建设研究的宏观积累与微观把握,对于推动学界深化小三线的研究具有重要的意义,他不仅对诸多省区市小三线建设资料进行了大量的梳理与细致的调研,并积极与相关亲历者、学界研究人员开展交流合作,直接促成了21世纪第二个十年小三线建设研究成果的集中性爆发。

我初事安徽小三线建设研究口述资料的收集时并无认识的亲历者。徐老师积极帮我联络相关人员,还亲赴当地助我开展调研实践。在上大文院中文系谭旭东教授的热情协调下,我们研究团队得到了时任安徽省国防工业工会主任韦法明的热心帮助,从此研究工作得到了快速推进。

2020年5月22日,"安徽小三线军工史座谈会"在安徽合肥召开。安徽省原副省长、省人大原代主任黄岳忠,省发改委党组成员、省合作交流办主任侯锋平,省委党史研究院副院长施昌旺,原省国防科工办多位老领导,部分三线厂的老同志,合肥长安汽车有限公司领导,省广播电视台以及徐老师和我等共计20余人出席会议,会议由韦法明主任主持。与会老同志老领导的热情回忆、合肥长安汽车有限公司的精心安排都给我留下了深刻的印象。

安徽小三线军工史座谈会参会者合影(2020年5月,安徽合肥)

之后,我对与会的大部分老同志、安徽小三线建设亲历者逐一进行了采访,这些一手史料为我的安徽小三线的研究提供了重要基础。采访工作进行得异常顺利,这得益于安徽省国防科工办老领导邱正庭、吴大忠、胡斌、方向、

安徽小三线军工史座谈会（2020年5月，安徽合肥）

罗益明、冯德源、秦政奇等的热心帮助和支持。相关小三线企业老领导徐大明、杨明华、蒋德新、朱皖北、韦久跃、靳立新、白和平、王先明等也都积极参与到我的口述研究工作中，给予了尽可能的帮助。

彼时正值盛夏，烈日炎炎，老领导们都已年过六旬，我们约好采访地点，他们都会提前、准时到达，对我的提问无不给予耐心解答。他们还帮助我联系曾经的老同事进行进一步的采访。合肥长安汽车公司徐耀、陈建民等领导还就淮海机械厂的建设调整历程进行了详细的回忆。采访期间，原通用机械厂副厂长蒋德新非常热心地组织了一次该厂老同志座谈会，并邀请我参加，提供了很多一手史料。安徽省国防工业工会原主任罗益明已退休多年，但得知我所做的研究工作后他非常支持，邀我一道赴马鞍山市采访原皖中机械厂的诸多老同志。其后，我亦专门致电原皖中机械厂夏瑞生、王黄来等老领导补充询问了该厂的历史和概况。另一方面，在韦法明主任的大力帮助下，我还与原安徽小三线东风机械厂、原红星机械厂和原江北机械厂的诸多老同志取得了联系，并得到了王本清、邵磊、欧阳文华、原昊等诸位领导的热情帮助，他们或为我提供史料、或帮助我开展采访工作,热情尽力。此外,我还对安徽舒城县小三线原建地的河棚镇许克胜、傅晶晶等诸位领导进行了采访,并在他们的帮助下对该地小三线工业遗产进行了实地调研。

还需提及的是,早在2020年1月,我们研究团队与安徽神剑科技股份有限公司(原安徽小三线皖西机械厂)达成协作框架,就皖西机械厂史研究进行了合作。在与该企业沟通过程中,企业董事长裴兵非常认可我们的研究意义,并同意支持。该厂厂级领导刘拥军及办公室主任朱进正具体协助我们研究团队推进了安徽小三建设史的研究。在他们的帮助下,我们与诸多原皖西机械厂建设亲历者、退休老同志取得了联系,并进行了采访工作。原皖西机械厂的改革历程亦成为安徽小三线企业创新发展的重要案例之一。

当然,为全面了解安徽小三线建设历程,我还需进一步对相关档案进行丰富和整理。学习期间,我多次赴小三线原建地或搬迁地档案馆查询资料,在马鞍山市获得了该市档案馆领导杨勇的大力支持,并就后续开展三线建设研究的合作达成了初步意向。蚌埠市档案馆、合肥市档案馆、霍山县档案馆等诸多专业机构亦提供了不少帮助。当然,走访地不止于上,其他地区还包括安徽省舒城县、金寨县、枞阳县、滁州市、淮南市和六安市。

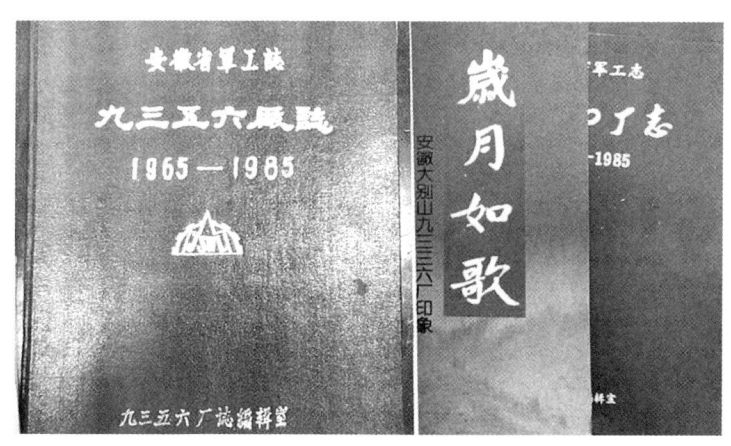

部分安徽小三线史料

并非所有工作都一帆风顺。在资料收集的过程中,部分接触到的单位、部门囿于相关规定限制,无法给予资料查阅的权限。有时候,走访一次无果,我只能在其后另寻找机会,再经数百公里去查询资料。

值得庆幸的是,在徐老师一直以来的鼓励和不懈的支持下,我从未想过放弃,坚持是有收获的。一些单位在经多次协调沟通之后,最终在史料或者相关书籍方面给予了我查阅的便利。又如在资料收集过程中,我一直对原安徽小三线江南机械厂有所耳闻,甚至听说这家企业搬迁至合肥后发展得很好,但很遗憾,早期一直没有与原江南机械厂的老同志取得联系。

2021年赴合肥采访皖东机械厂老同志解启来、汪胜虎先生的时候,偶然得知,汪胜虎先生与原江南机械厂厂办主任翟宁华是很好的朋友,经其沟通联络,我终于在2020年7月的一天采访了翟宁华先生。并几经周转,在他的帮助下赴南京进一步采访了一些原江南机械厂的老同志。

就史学研究而言,史料必然越全越好。在我学习过程中,还曾通过网络加入原江淮机械厂的职工群。虽然,该厂已经破产,但这些职工仍定期聚会。我也有幸参加了2020年11月他们在常州举办的退休职工聚会,参会人员不下百人,场面热闹非凡。其间,主办者还请我在聚会讲话,让我记忆犹新。该厂潘幼润老先生给了我很大的帮助,他曾编著了一本厂史,后慷慨赠予我。该厂老领导石宝山、黄德国、吴连虎等较为详细地向我忆述了江淮机械厂的建设发展历程。可见,不放弃是成功的先决条件啊!总的来说,安徽小三线单位所涉及的建设地区及其搬迁所至地区,我均进行了走访和调研,也算是践行了"行万里路"吧。

整个博士学习期间,我共采访了安徽小三线建设亲历者或相关人员60多人,目前已整理完成的资料达十余万字,在后续工作中,我将在徐老师的指导下把这些采访资料全部整理完成,以期能早日将这些珍贵的口述史料付梓出版。

毕业后,我有幸进入东华大学马克思主义学院继续从事历史相关的教学研究工作。新单位学风浓郁,守正创新,院长及领导班子极为重视对青年教师的培养和帮助,学院前辈及同事们亦时常毫无保留地分享自己的工作学习生活经验,所在教研室总是尽最大可能支持我们开展工作,在生活上也对我关心有加,这些都使我很快融入了新的工作环境和状态。

同时,在徐老师不间断的鼓励和支持下,我与徐老师所共同撰写的《后小三线建设时代的安徽企业发展研究》已发表于《江淮论坛》2022年第1期,该文以徐老师近年所提出的新概念"后小三线建设时代"为轴线,以安徽小三线企业为案例,提出大量小三线企业在改革开放后历经调整搬迁,至20世纪90年代,这些企业大力改革、多措并举获得了较大发展。然而世纪之交,这些企业再次陷入危机,纷纷以兼并、破产和"债转股"等方式应对困局。尽管其效果并不理想,但这些企业在新阶段依然展现了无私奉献、服务人民的优秀品质,对地方经济社会发展亦有积极作用。以上学习亦是我在新阶段学术发展的重要起点,虽然我还不曾有学术上的建树,但是对小三线的学习仍在继续,因为我坚信"锲而不舍,金石可镂"。

浙江省"小三线"探寻日记

浙江财经大学经济学院"寻三线·学四史"暑期社会实践团队

人说,读书还需行路。这样的"行路"不是为了获得经历而选择经历,而是在实践中不断打磨深化自己对事物的了解。阅读了一些书籍后,"小三线"这个词拨开团团雾气,第一次较为清晰地展现在我面前。但书本上的字在脑中往往只能形成一个简单轮廓,只能显露出一点被稀释了的情感,还是渴望"百闻不如一见"。"小三线"企业一方面为国防工业和地方经济作出了不可磨灭的贡献,另一方面也给当地留下了宝贵的历史文化资源。在"四史"学习教育的背景下,为了探索、传承"小三线"精神,浙江财经大学经济学院"寻三线·学四史"团队开展暑期实践活动。这支实践团队由麦正锋和邓斯怡担任指导老师,由华晟、应昂轩、卞祥成、何欣雨、邱葆昀、陶鼎、严嘉韵、潘迅等8名本科生组成。团队自7月19日至8月1日先后辗转六地,分别为余杭、丽水、遂昌、龙泉、德清和淳安,贯穿浙江南北,重走"小三线"建设之路。

杭州市余杭区是团队实践活动的第一站。20世纪80年代,丽水市龙泉的一家"小三线"企业——东风机械厂搬迁到此地,坐落在瓶窑镇,先后更名为"浙江精密工模具厂"和"杭州强立机械有限公司"。

我们起得不算晚,但总是怕有什么东西遗漏,还是耽搁了一会儿。《浙南小三线建设纪实》(吴永水主编,中国文史出版社,2010年)我已经看了不少,因为偏向口述史的记录,所以通篇也是比较清晰好懂的。可光看几页书对我们这些原本对"小三线"一无所知的人来说还是远远不够的。在出租车上,我们既兴奋又担忧,第一次有机会参与这样的采访,却都害怕自己的知识远不够用。

一个多小时后，我们来到原企业职工的聚居地。负责接待我们的是俞玲女士，她是"小三线"二代，其父亲是原东风机械厂的领导，她本人也曾在"小三线"企业工作，因此对"小三线"感情颇深。俞女士为人热情爽朗，细致周到，帮忙组织老员工召开座谈会，便于我们团队访谈。进入会堂内，原厂的职工已来了不少，都是有些上了年纪的，但精气神都不错，对我们也很热情。

东风机械厂老职工座谈会

俞玲女士给我们相互介绍了一下，老员工们也算大概明白了我们的来意。摄影的同学去搭了拍视频的三脚架，其他同学就坐在老同志们的对面做记录。有位叫杨益玖的老先生和我们坐在一边，和我们讲起往事来最为起劲。他是他们中最年轻的，也是最能说会道的，许是当初在大学里学了政治又当了老师的缘故。当然，他们这代人也确确实实有太多故事可讲了。

这些老同志们在当时都是同龄人中的佼佼者，往往都是上了大学或当了兵，响应"好人好马上三线，备战备荒为人民"的号召，就赶往了浙南，人生命运也就随之改变。

杨益玖守着对妻儿的责任，一直把他们带在身边，帮他们谋求更好的发展。他说起这段历史，时不时有些激动，会做些手势配合着描述，虽是困难重重,但也有历经千帆后的喜悦。郑松尧和徐瑞家两位老人当年到厂都早,临生活配套建筑未完成、各种制度不完善的问题。但这两位老同志温和平静,已经到了90岁左右高龄,却仍是容光焕发。他们早年都当兵,徐瑞家老人还参加过抗美援朝,对世事自然也多一分波澜不惊,总是微微地笑着。李建民老人提起当时的一些产品,如反坦克装置制造工具等,用了各种类比,说得形象生动。

当时东风机械厂改制实行"一刀切",到了年纪的职工强制退休,退休福利得不到保障。他们虽有不满、愤慨,但更多的是理解与清醒,他们说"每个时代都是如此,为了成就一代人,必须牺牲一代人"。现在看来,良好的家风成就了他们的子女,生活的苦难也成就了他们自己。中午时分,我们的采访结束了。在我们的提议下,我们一起拍了合照留念。

与东风机械厂老同志们合影

第二天,我们再赴余杭,因为是第二次去了,我们好像对它已经有了熟悉感,也没那么担忧了。和上次不同,这回我们是去一个厂里,要见的人是原浙江精密工模具厂的季厂长。

见了之后才知道,原来这位厂长最初是在新华机械厂工作的,对厂内整体的工作十分了解,甚至对其他小三线企业也知之颇丰,交际面广,记忆力也极好。从发展历史到产品细节,他都很是了解,对一些逸闻趣事,他也津津乐道,我们却开始担心自己记不全了。

而另一个在一旁为我们添茶的阿姨原是解放机械厂的职工,在我们的谈论中会不时补充几句。为了帮我们知晓解放厂当时的代号等概况,她还在微信上问了不少朋友,很是热心。我们在一边跟她聊了《浙南小三线建设纪实》上的一些内容,她对此感到十分亲切,对我们都很和善。

与浙江精密工模具厂季厂长座谈

季厂长说话会用到很多类似"上无天花板,下无水泥地""野狗满街猪乱跑"的形容,都很形象,可惜涉及范围太广,我们记得没有条理。季厂长顺着时间线,把很多往事都说得很清楚,我们也听得很仔细。除了这些往事,他还关注了很多身世浮沉的个人,比如经历丰富、曾经身处高位的某位工程师却最终湮没于历史风尘中,让人很是唏嘘。再谈到各厂适应经济发展的方式,季厂长也探讨了让职工买股权的福利制企业的问题,也讲述了"先生活,后生产""企业办社会"等情况,谈论了他自己的一些观点。

末了,他还给我们介绍起其他几个对小三线建设有了解的朋友,并建议我们去省国防工办和省经贸委等地寻求政府的文书,便于之后的研究。

与浙江精密工模具厂季厂长合影

活动第二站,实践团队从各地来到丽水市汇合。大约九点半,团队已经在车站集合完毕。在麦正锋、邓斯怡两位老师的带领下,我们前往丽水市政协了解丽水小三线建设的相关情况。

丽水市政协文史委主任朱玉康、编辑王鹏热情地接待了我们,并告知了我们许多有关浙西南小三线建设的历史。学习讨论中,我们就厂址选择、职工来源和企业对当地带来的影响等具体问题进行了深入交流。交流中我们体会到,丽水小三线建设过程中涌现出众多宝贵的精神财富,有胸怀大局的爱国精神、艰苦创业的奋斗精神,也有扎根山区的奉献精神和精益求精的工匠精神。

谈到小三线建设工程的伊始,朱主任说道:"建设三线工程的工人们舍小家为大家,一声令下就出发,到祖国最需要的地方去。当时条件恶劣,没有公路,翻山越岭一身泥泞才到达厂址。"他指出,小三线工人有着无比强烈的家国情怀,正是这种责任感与使命感,使三线人能在"山区的山区"建起厂房,艰

丽水市政协座谈会

苦奋斗,精进着生产技术,为祖国的国防事业奉献青春年华。

交流接近尾声时,麦老师邀请朱玉康主任担任团队社会实践校外导师,并颁发了聘书,朱主任表示十分乐意为丽水市小三线建设研究贡献自己的力量。

聘请朱玉康主任为校外导师

丽水市政协座谈会结束后,我们前往丽水市党史方志办。党史方志办了解我们的实践目的后,赠予了我们最新出版的《中国共产党浙江丽水历史 第二卷(1949—1978)》(中共丽水市委党史研究室著,中共党史出版社,2021年)。

下午,实践团队走访丽水市图书馆及档案馆。因为档案馆在三点才开放,我们打算利在这段间隙时间分头行动。一部分成员跟随麦老师先去丽水市图书馆查找资料,另一部分则由邓老师带队,稍作休整,最后在档案馆集合。

来到档案馆,麦老师将介绍信递交给工作人员,工作人员指引着麦老师罗列下需要查询的条目,再由他们根据条目调取相关档案资料。档案馆一行有遗憾也有收获,由于保密性原因,我们没有权限查阅当年小三线各厂具体的生产发展状况等信息,但是我们也收获了几份相对官方的文件,这对我们研究丽水市小三线建设的发展和历史是有益的补充。

在丽水市档案馆查阅档案

此行第三站是丽水遂昌县。上午,实践团队拜访了丽水市遂昌县档案馆、党史和地方志研究室,查阅了"小三线"档案、地方县志、党史等资料。

在遂昌县档案馆查阅资料

丽水市遂昌县档案馆、党史和地方志研究室非常支持我们团队的工作,并且赠送了部分书籍,使我们进一步加深了对县志厂史的了解。

雷金香主任代表遂昌县档案馆赠予实践团队图书资料

与此同时,实践团队的另一路人马也考察了坐落于上江村的解放机械厂遗址。该厂区已经被其他企业使用,无法深入了解,但从外围看,所剩的旧房屋数量已不多。

在解放机械厂旧址前留影

中午,实践团队一同前往位于十三都村的新联民爆器材有限公司遂昌永新分公司(原永新化工厂)进行实地调研。新联民爆器材有限公司遂昌永新分公司综合办副主任刘小平、党务和纪检干事余航与实践团队开展了座谈会,就企业改制前(永新化工厂)的小三线建设历程与工厂现状进行交流。

实践团此次还有幸采访了当年从衢化调来的老员工陈金水老同志。从他的口述中,实践团得知他们初来此地时的艰难处境,也更加感受到他们那一批人高度的工作热情与毕生的奉献精神。

当天下午,实践团队走访了利民控股股份有限公司(原利民化工厂)。利民控股股份有限公司党委副书记兼工会主席李建伟、工会委员陈杰以及团委书记王佐伦与实践团队展开座谈,就企业前身——利民化工厂的小三线往事与改制后企业现状进行交流。

在新联民爆器材有限公司遂昌永新分公司座谈

在新联民爆器材有限公司遂昌永新分公司留影

利民控股股份有限公司座谈会留影

企业领导就公司发展成果进行概括:"利民的成功源自三个方面。其一是产品成功转型,20世纪80年代末的无水硫酸项目使企业逐步扭亏为盈,后企业在国内又首先研制生产了乳化炸药。其二则是体制的变更,1998年公司由国有企业变为股份合作制企业,95%的员工参与持股。2016年的集团化改革和2017年股份制改造都完善了企业制度。其三则是依托小三线建设形成的优秀企业文化。"

遂昌实地调研完毕,傍晚,实践团队又奔赴下一个目的地——龙泉。

第四站,实践团来到了龙泉市。与昨日的遂昌之行相同,我们首先赶赴了龙泉市档案馆——丽水市首个"国家级数字档案馆"。在与接待我们的章科长交代来意、递交介绍信后,我们便开始了资料查阅工作。档案数字化管理提高了查阅效率,不到两个小时,我们在档案馆的查阅工作便接近尾声。章科长非常支持我们团队的活动,向我们赠予了《龙泉民国档案辑要》(浙江省龙泉市档案局编,中国档案出版社,2010年)。

紧接着我们准备出发走访当地的小三线厂原址。三十分钟左右的路程中,我们从开阔明亮的市区大道,兜兜转转开进了尘土飞扬的盘山公路,越往

实践团队与章科长在龙泉市档案馆前合影

里开,两旁的树木渐增,繁茂的枝叶遮挡住炎日,云雾缭绕在层峦叠嶂的山峰四周,车子猛一陡转,停在了一个现代化工厂门口,锃亮的电动伸缩门反射着刺眼的阳光,通往厂房的道路早已被拓宽,两旁的花草修理得精致整齐……这里是龙泉杨连,原是国营九四九九厂——浙江木材厂。如今该厂旧址已经成为浙江龙鑫化工有限公司的厂区。接待我们的是浙江龙鑫化工有限公司副董事长、总经理吴建文,顺着他的指引,我们见到了原厂仅剩下的断壁残垣,红色的泥砖散落周遭,废置的机器早已变形扭曲。

吴总经理告诉我们,曾经的员工宿舍他们翻新后仍在使用,而原有生产车间大都已经被重新改建,这个曾经以生产枪托、手榴弹木柄为主的军工配套厂,1986年搬迁至衢州市龙游县虎头山,1996年因企业转型失败已破产关停。

接着我们再次踏上寻址之路,山路十八弯,一转一天地,历经二十分钟的林野之色,我们来到了龙泉河村。锈迹斑驳的厂区大门,霉渍与青苔附身的厂房墙面,残缺的砖瓦与破碎的木窗,倚着重山而建的国营九四一厂——红旗机械厂,走进昔日的办公楼,墙上挂满了企业的奖状与荣誉证书,领路的老同志

实践团队于浙江木材厂旧址合影

告诉我们，红旗机械厂1966年投产后，在一年的时间内就生产出子弹，受到了毛主席的表扬。

我们逐渐走入厂区深处，映入眼帘的是高耸入云的烟囱、竹林秘处的哨塔，砖瓦脱落、木结构暴露在外的老厂房里青草丛生，"严禁""禁止""闲人勿入"以及鼓励生产的各类红字标识处处可见。据介绍，红旗机械厂已于1995年搬迁至德清武康，2018年与其他两家小三线企业重组成立浙江省军工集团，也是我们明天德清之行所要走访之地。

绕出山野，我们驱车来到河的对岸，在鳞次栉比的建筑旁，那片正在施工的场地便是位于城西的国营九四五九厂——东风机械厂（又称龙泉工具厂）。这座濒临拆除的小三线工厂是浙江精密工模具厂的前身，也是我们此前在杭州走访地之一。格格不入的起重机、围挡护栏，作为曾经的军工配套厂，它以生产军械模具为主，于1988年搬迁至杭州市余杭区瓶窑镇，下放地方管理。我们通过周边居民的口述了解到，当年东风机械厂的建成，对当地就业率与经济发展作出了较大贡献。

阵阵凉风拂过，夹杂着空气中的尘埃，天空蒙上灰色的面纱，灼目的太阳

在红旗机械厂办公楼旧址前留影

实践团队对东风机械厂的航拍

离去,细密的雨点打在了车窗上,龙泉的行程就此告一段落,我们出发前往第五站——德清。

我们来到实践活动第五站——湖州市德清县。1995年,原为小三线企业的新华机械厂、红旗机械厂、解放机械厂由丽水搬迁到湖州市德清县武康镇,开启了它们的转型之旅。现在,它们有一个共同的名字——浙江省军工集团有限公司。我们前往德清,一探小三线企业成功转型的究竟。

在浙江省军工集团合影

浙江省军工集团有限公司副总经理项梅庆等六位领导热情接待了我们实践团队。在交流中,我们了解了浙江省军工集团的前身组成以及其依然坚持生产国防用品的生产规划。"坚守和初心"是项经理向我们着重强调的关键词。"我们一直铭记着'三线'初心,也仍践行着家国使命。"我们也得知,第一代小三线职工的后代们也在该企业工作,不仅感慨无论时空如何变迁,一代代三线人始终传承着小三线建设的艰苦奋斗、无私奉献精神。

谈到企业的发展,项总经理将浙江军工集团有限公司发展至今的内在因素归纳为"艰苦创业、无私奉献、团结协作、勇于创新"的精神和"为天地立心,为生民立命"的使命感。他指出:"正是建设小三线企业的父辈们的初心让他们在工艺上精益求精,不仅保留了群山深处的'三线'火种,还在新时代新地点,聚成'燎原之势'。"

交流后,我们在工作人员的带领下参观了现属浙江省军工集团旗下的生产场所,观摩了现代科技加持下的自动化生产线,对地雷、枪支等国家军工产品的生产工序有了更深入更全面的了解。

最令人惊喜的是,我们发现集团收集了丰富的历史资料,设立了浙江"三线建设"记忆馆。看着墙上张贴的老照片和陈列着的电镀表、荣誉奖章、照片等老物件,党群部主任周莲芳向我们讲述着它们背后的故事,"这是退休老员工的合照,我们每隔几年都会组织拍。这照片上是以前的幼儿园,那时候可热闹了,村民孩子和职工子弟都在里面上学"。她一边指着一边笑着回忆,我们细细观阅记忆馆里三家企业的前世今生,记录下许多小三线的发展资料,对"三线"精神以及初心使命有了更深入的理解。

参观浙江"三线建设"记忆馆

8月1日早上七点,我们乘上大巴,经过一个半小时颠簸的路程,顺利抵达行程的第六站也是最后一站——杭州市淳安县汾口镇。在与之前对接的村干部联系上后,我们来到了国营五三一六厂——先锋机械厂。1970年,先锋机械厂由省国防工办在淳安县汾口公社林深源村筹建,时称"七〇三工程"。村干部告诉我们,当年为支持此项工程建设,淳安县划出2 000多亩土地,选派1 100多名民工和150多名泥木技工,并新建数公里的通厂公路,开展了轰轰烈烈的机枪生产。由于地理位置较为偏僻,旧址整体样貌保存较为完整,遗留下的员工宿舍现已作为村民的安置房。

先锋机械厂旧车间现用于木炭生产

废旧的生产车间已作木炭的生产地;教学楼里堆满了建筑材料,即将改建为仓库;部分厂房外租给一家酒业公司,他们利用原址通气性好、避光、干燥的特点,将其改造成酒窖。先锋机械厂于1992年搬迁至桐乡石门路,下放地方管理。

沿着蜿蜒盘旋的山路而上,锈迹斑驳的门栏映入眼帘,这里便是国营九九六厂——红星机械厂(原浙西化工厂)。1965年投产的红星机械厂,以生

在先锋机械厂留影

在红星机械厂留影

产迫击炮、手榴弹引信为主,管理人员和技术骨干大都来自哈尔滨等老军工基地和部队。这座神秘的兵工厂只有一条路连接厂区与外界,除职工宿舍、职工医院、子弟学校等生活区以外,其核心区域几乎都隐藏在青石坪山麓的狭长山谷里,村干部与我们解释道:"厂址在村后山里头,山虽不陡峭,但从一个山口走进一个主山沟,得有2 000米的距离,又很曲折。"后随我国国防现代化建设,更名为浙江钟厂,实现军改民,下放地方管理,1988年外迁至嘉兴,1992年被外资公司合并。旧址内,许多的老厂房已经坍塌,部分厂区已然变成打谷场与牲畜的饲养区……

实地走访完最后一处旧址,我们的实践旅途也落下了帷幕。

此次暑期社会实践活动得到了多家企业单位和许多热心人士的帮助和支持,尤其是著名的三线研究领军人物、上海大学历史系徐有威教授在百忙之中给予关注,全程为团队提供了重要的专业指导和信息线索,团队的活动才得以顺利进行。

游走在教育研究与历史研究之间：
我写三线建设时期高校迁徙的博士论文

廖 霞

厦门大学教育研究所博士生、湖南理工学院教育科学学院讲师

我已经忘了上海大学历史系徐有威教授第一次提及让我写三线建设研究回忆是何时，但距他在2022年9月我博士论文答辩之际正式邀我也有快半年了。时间久了，这事就渐渐淡忘了，没想到过年之前，徐老师再次问及我进展如何，于是我承诺他年后完成。每过一天，这笔"文债"在我心头就沉重一些，催促着我打开这尘封的文档。

此文之所以搁浅，原因有二。

一是我又面临与博士论文后记中同样的问题。在厦门大学教育研究院的博士论文答辩现场，我的答辩专家张宝蓉教授赞誉我的博士论文后记是她见过的最好的后记，令我受宠若惊又愧不敢当。相比那些流传甚广的博士论文致谢，我的后记既没有记载我一路求学的历程，也没有回顾整个博士生活，只是围绕博士论文写作过程对相关的师友致谢一二，故而势必有太多值得和需要感谢的人未能提及。并且，遵循社会科学研究规范和研究伦理，我的论文没有像历史系的论文那样将受访者信息公开，在后记中也没能一一公开致谢我的受访者。虽然对于这样的处理，我已对我的受访者一一做了说明，并且专程向他们致谢，大部分的受访者表示支持和理解我的做法，但我仍然心怀不安与愧疚。此时，徐有威教授"三线建设研究回忆录"的邀约递到了我的面前。遵循徐老师之美意暂时"混入"历史研究领域之门的我，是否要按照历史研究

的做法公开受访者？是否又能尽数表达我的感恩？这是我犹豫不前的原因之一。

二是我还发现我研究经历中体会最深的问题，前辈已经遇到过并做了专门的深入分析和论述。当我回顾自己在研究中面临的种种两难时，我意识到这是在教育研究和历史研究之间的"隔阂"，于是我拟了"游走在教育研究与历史研究之间"的标题。而在我写了两千多字后，偶然发现本院前辈刘海峰教授已经写过《在教育与历史之间——高等教育史研究四探》《从历史到教育——跨学科研究的学术体验》等系列文章，对于横跨教育学和历史学的教育史研究及他的学术经历进行了系统叙述。既然刘老师都数论教育史研究，我是否还有必要写自己的这一教育史研究经历？这是我犹豫不前的原因之二。

常言道心债难还，文债某种意义上就是一种心债。文以致谢，文章是表达感恩偿还心债的方式。文以传道，文章也是传承前辈真知灼见的方式。我想，如果此文通过回忆博士论文研究和写作经历中的真实故事和体会，能够部分实现上述两个目的，也算有所意义了吧。

我的专业是高等教育学，我的导师邬大光教授在高等教育研究领域涉猎甚广，特别是对高等教育现实问题给予了充分的关注和研究，但近年来却对"大学迁徙"的历史现象格外关注，将其列为"感兴趣的三大主题"之一，称其为"研究的自留地"，并有心长久研究下去。受导师的影响，加之自己对于质性研究方法的偏好，我有幸成为在老师"自留地上"第一个"挖矿"的博士生。而在我选题之初，我远没有料到在教育研究和历史研究之间可能存在的巨大差异。因为历史研究似乎离我们不远，在很多的教育研究中都会涉及相关历史的研究，即便其不是研究的重点。而一个专门的历史研究如何展开，是在我接触历史研究的学者后才慢慢了解到的。

2019年11月23日，由三峡大学等主办的"记忆与遗产：三线建设研究高峰论坛"在湖北宜昌举行。我作为一个历史研究的外行学生写了一篇浅浅的小文，给会议投了稿。令我没有想到的是，我收到了会议邀请函。更令我没有想到的是，在分会场作报告的时候，徐有威教授专程来听我汇报，我讲完还没落座便被徐老师"半路拦截"，徐老师不仅在分会场现场和最后大会总结时毫不吝啬对我的肯定和鼓励，还热情主动添加我的联系方式，在后续给予我更多的点拨和鼓励。徐老师作为三线建设研究的前辈和权威,是我去参会之前就有所了解的,但这位大佬不仅不需要我去主动"套近乎",还如此热情主动,却是我未曾预料到的,也是我前所未见的。后来徐老师慷慨分享各种和我研究相关的史料和信息,帮我联络受访者,带我拜访德高望重的亲历者,关心和指导我调研和论文写作过程中的种种细节和问题,提携后辈之心令我感动。同样对我的研究给予极大宽容和鼓励的还有宜宾学院的周明长教授、四川外国语大学的张勇教授等,会后他们也一直关心和关注我研究的进展。周明长教授看到和想到认为对我有帮助的资料便随时分享给我,即便我有时疏于回复也从不间断。张勇教授一度约我完善我的会议论文并在C刊发表,但由于我的史料收集进展缓慢又不愿草草将就,最终辜负了他的一番美意,张老师因此选用了其他老师的类似论文,为此还专程电话与我说明,其间张老师还曾从重庆邮寄他的新书慷慨赠与我。对于初涉三线建设领域的我而言,能够得到领域内专家这样的支持、鼓励和帮助,实属荣幸,也铭感于心。

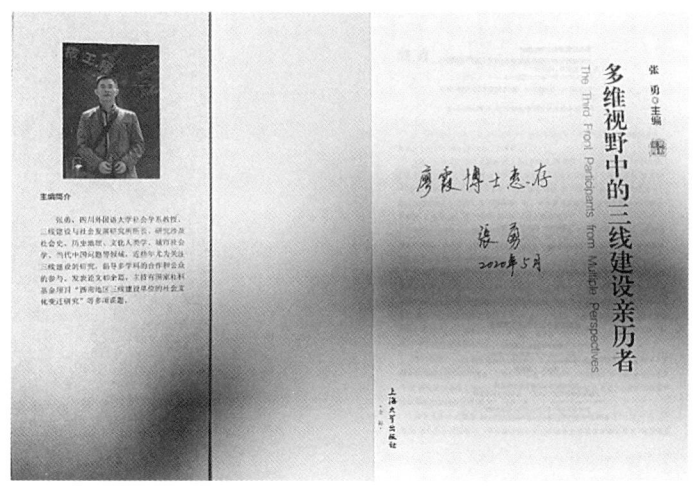

张勇教授慷慨赠书并邮寄给我

经过这次参会,我也几乎确定了我的博士论文要研究的是三线建设时期高校迁徙。一方面是因为当时这个时期高校迁徙的研究仅有北京的中国科学院大学刘洋老师一篇文章,另一方面是因为我认为这个时期离现在尚不太久远,便于我收集一手资料。值得一提的是,这次参会我已经粗略感受到历史研究与教育研究之间的距离,最浅显的例证就是对于文章参考文献的格式都是不同的。后来,类似的不同频频出现,令我不得不多方请教、反复思考、仔细斟酌和慎重抉择,以选定我最合适的做法。

参会回来以后,我已迫不及待想要收集史料,带着满腔热情希望尽快出去调研,这大概是我第一次偏向历史学方向。从宜昌回到厦门,我跟老师传达了三线建设领域专家对我选题的认可,同时也汇报了我的想法和徐老师的建议,那就是尽快去已知的几所学校调研。我满以为导师会支持我的一腔热情,让我尽快进入田野收集史料,但他却给我浇了一大盆冷水,不仅不支持我那么早出去调研,还与我在研究路径上产生了分歧,并且这种分歧持续了很长时间。我希望从微观层面着手,选取案例收集资料,容易聚焦问题和着手进入研究。而我的导师认为作为一个少有人研究的陌生主题,就像一座不为人所知的大山,应该首先全面俯瞰全山,才能知道哪一块是值得细细赏玩的区域,而不是一上来就盲目钻进某一隅,因此他主张我的研究应该从宏观层面展开,并认为当时我的任务应该是收集信息确认所有的迁徙高校,而非进入某些已知的迁徙高校收集资料。为此,老师和我长谈过几次,告诉我他教我的都是方法论,还让我写了几千字的谈话心得,终于又一定程度上将我拉回教育学研究轨道,当时我内心诸多不理解,现在回想起来方能体会到老师的用心良苦。

而另一方面,正如许多做质性研究的学者提及的一样,在去田野之前,主旨问题常常是模糊不清的。历史研究同样如此,在占有和研读史料之前,也常常不确定什么问题是值得研究的。因而在教师发展中心的沙龙活动中,厦门大学历史系郑振满教授向我的导师提议,先广泛收集和占有史料,再让我们从中确定问题。同样,在我选修的厦门大学历史系刘诗古老师的"史学研究与论文写作"课程上,我发现历史系的同学和老师都有其领域内的大量史料,相比之下我已到了迫切需要收集史料的阶段。其时新冠肺炎疫情已经席卷全球,我们也都只能于家中在线上网课,刘老师十分理解我的难处,教会我很多实用的已有文献查阅方法,还将他所收集的相关史料无私分享给我,随时解答我作为历史系外行的入门性和基础性提问。刘老师对课程的每一讲都精心筹划和准备,对每一个学生的研究计划细心修改、辅导和讲解,后来每次我有疑问通过微信向刘老师请教时,他都热情释疑,并关心我论文的进展,给予我热心鼓励和有益建议。同样在历史研究方法和写作方面给予我指点的还有历史系的张金林、苏颂等师兄,教育学与历史学的研究及写作在规范上有诸多的差异,每当我向他们询问相关规范时,他们都详细给我解释他们的做法,并结合我的情况给予我可行的建议。

正是导师把我"拘"在学校,同时又得益于这些老师和同学的启发和帮助,我一定程度上弥补了历史学研究方法上的不足,有效地找到了与我论文相关的大量二手历史资料。因而,也得以从整体上较为清楚和全面地梳理了三线建设时期的高校迁徙图景,这为我后续研究的开展和写作奠定了基础。

历史学的研究重视史料,强调论从史出,根据史料有一说一,这是我上过历史学研究方法课后的强烈感受。而教育学研究重视理论解释,特别是作为一篇博士论文,强调要有理论基础和理论深度,这是我写完初稿后才开始深刻认识到的问题。

关于原始史料的收集,即便找到了一些二手史料,但对于史料的惆怅也从来没有停止,伴随我从确定选题到开始写作的许多个日日夜夜。一有机会,我就找线索找史料。

2021年1月16日,在几位同学的陪伴下,我去了位于陕西汉中的原北京大学汉中分校旧址。相比南方小城厦门的勃勃生机,冬天的汉中显得格外萧瑟,特有的青砖建筑增添了校园的历史沧桑感,想起五六十年前和我一般年龄的

2021年1月16日在北京大学汉中分校旧址

知识分子和建设者曾在这里热情挥洒青春与智慧,满腔敬意油然而生。我在这里见到了曾经在这里工作学习并之后担任北京大学常务副校长的王义遒教授,也真实触摸到了西阶、101等满载亲历者们回忆的教学楼,还听一位亲历者讲述了颇多当时陌生后来渐渐了解的名字和故事。文字里记载的历史场景似向我缓缓走来,历史学研究特有的魅力那一刻开始闯进我的心扉。

2021年9月,我又走访了南京大学中南分校旧址。这一次,我先联系到了南京大学湖南校友会会长李特南老师,李老师热情分享了他们曾组织亲历者重返中南分校的经历,并向我推荐了几位便于访谈的亲历者。南京大学中南分校没有办学,校园后来为军工企业华南光电集团所用,华南光电原党委书记沈林海老先生就是南京大学留下来的随迁老师。沈老师知道我是湖南宁乡人,特意邀请了我的老乡、已经退休的干部张亚晖老师一同来厂,厂领导也精心安排了孔露娟老师、温晓花老师等一起带我参观了校园旧址,沈老师为我详细介绍了分校建校和企业发展的历程,还分享给我许多珍贵的老照片,令我收获颇丰。

2021年9月6日于湖南常德南京大学中南分校旧址,左起依次为温晓花老师、沈林海老师、我、张亚晖老师

2021年7月，徐有威教授来厦门大学参加历史系的会议，邀请我和他几天后一起去北京访谈北京大学汉中分校的亲历者。这一次我的导师没有反对，他刚好要到北京出差，正好带我一起到北京并在经济上全力支持我的调研，路上还细心叮嘱我一些特别的注意事项。

到北京后，我先去访谈了北京大学原常务副校长王义遒教授。王教授2020年8月到厦门大学参加潘懋元先生从教八十五周年高峰论坛，经我的导师邬大光教授引荐和介绍，他知道我在研究三线建设时期高校迁徙后，就对我的研究给予了大力的支持和帮助。王教授基于他的工作笔记，对于汉中分校的经历写了十万余字的回忆录，并将其无私分享给了我。访谈中，王教授对一些我不太清楚的问题做了进一步的解答，并对于三线建设时期高校迁徙办学做出了他的整体评价。我可以深切感受到他对于汉中分校的怀念，对于中国高等教育和国家建设的视野和胸怀，也再次感受到他的平易近人。访谈后他坚持要请我和同行的同学吃午饭，我们事先约好了北京大学教育学院的蒋凯老师访谈，王教授只好遗憾作罢，并邀请我们离京之前再次去他家。

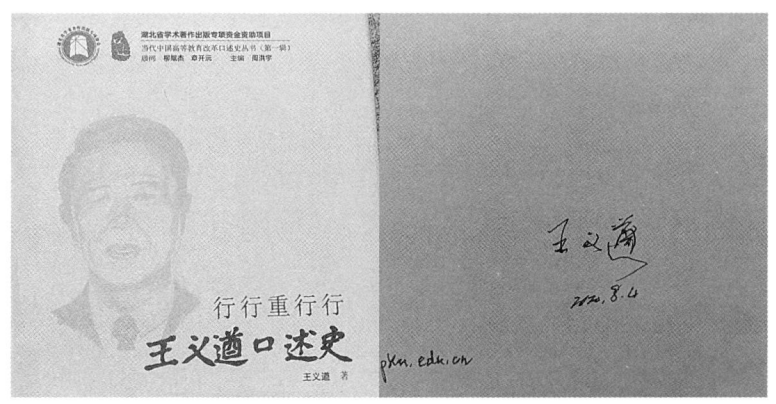

2020年8月王义遒教授来厦门，我请他在他的口述史上签名

第二天，通过张从教授的介绍，徐有威教授带我和北京大学汉中分校部分亲历者进行了座谈并建立了联系。各位老教授谈笑风生忆当年，将各自记忆中的北京大学汉中分校呈现了出来，让不同时段不同空间的校园面貌与故事聚合在了一起。赵丰田教授侃侃而谈回忆其与周培源校长的往事，恍惚间我似看到了数十年前那些风华正茂的北大学子。在张从教授和何永克教授的引

2021年7月17日在北京拜访陈佳洱院士及其夫人,左起依次为徐有威教授、陈佳洱院士及其夫人、张从教授、何永克教授

荐下,徐有威教授还带我拜访了北京大学原校长陈佳洱院士及其夫人。陈院士温文儒雅,在我们即将离开之时,陈院士又陪我们在院子里逛了一圈,才将我们送了出来。

特殊年代汉中的生活和科研条件都十分艰苦,但却历练和培育了一大批优秀知识分子,且学者、学生、后勤人员之间的交往也甚密,关于这些大学者的趣闻和美谈,我在汉中探访时已经听到很多。我曾听汉中的亲历者讲过陈佳洱院士与馒头山的故事,这次亲见陈院士和他的夫人,也证实了许多当时的趣事。陈院士坦言在汉中时他一直不间断做科研,为后来回京后的学术发展厚积了基础。王义遒教授也曾透露,他在汉中的科研已经建立了良好的校厂合作条件,在大家的精诚合作之下,原子钟的相关研究成果在国内外都居于前沿,而后来回京后由于土地、人员等资源条件不足而遗憾中断,这令我们都唏嘘不已。陈院士的夫人在汉中时担任过当时还是本科生的张从教授、何永克教授的班主任,在他们共同回忆当初学习生活的谈话中,大学生活的青春气息扑面而来,却又带着时代的特殊印记,那种师生团结一致共克时艰的时光在只言片语之间叫人无比动容。

后来,我又和部分亲历者做了更深入的访谈。张从教授不仅分享了他大学时代从北京迁到汉中的经历,还分享给我多本他参与主编的回忆录,从那些真实又传奇的故事中,我仿佛看尽一代人从青年走过来的风雨人生,那些特殊年代的纪实性文字拉近了我与历史的距离,也增进了我对那个时代的理解。在白郁华老师的周到安排下,我在李金龙老师的家中访谈了白郁华老师、李金龙老师及其夫人,并在他们的热情推荐下,又访谈了唐孝炎院士、刘元方院士等亲历者。唐院士的温柔,刘院士的耿直都给我留下了深刻的印象。在约访于年才教授时,于教授说我们从北海北到蓝旗营太远,提议在中间的紫竹院公园进行访谈,还周到地为我们查好了公交路线。于教授年过八旬却身手矫健,但看着他坐公交回去的背影,我心中既感动又愧疚。姚淑德老师当时家事繁忙,后来陕西理工大学的相关老师到北大展开座谈会,姚老师第一时间邀我参加,可惜因为疫情我难以赴京,只好作罢,但我仍十分感念姚老师的用心。

这些老师们有从北京随迁到汉中的,有从其他单位调到汉中的,还有从北京随迁到汉中的学生后来留校任教的,他们不仅见证了学校迁徙和办学的历程,也经历了自身曲折成长历程,还见证了那个时代里一大批青年人才的成长。我原来只知道在北大汉中分校工作的教师中有诸多著名的院士、校长、副校长等知识分子,后来才知道就是在北大汉中分校培养的工农兵大学生里也有院士和众多著名学者,北大在汉中的14年中为国家培养的人才可见一斑。

听从导师的建议,我研究的重点还是放在了宏观层面,访谈面没有铺太广,访谈内容也没有问太细。访谈资料一是作为宏观背景层面的佐证材料,二是主要作为"迁建历程"及"迁徙高校办学"章节的相关支撑材料。但不论从哪个方面来说,这些珍贵的访谈资料都为我的论文注入了鲜活的生命力,和这些老教授的交流也是我博士论文研究过程中最难以忘怀的经历,我对他们满怀敬意和感恩,这种情意似用任何文字都难以尽表。

调研期间,我还去了部分地方档案馆收集史料,如北京市档案馆、湖南省档案馆,不知是我查阅档案经验不足,还是关于三线建设时期高校迁徙的档案资料在地方档案馆确实较少,查档的收获并不太理想。但是每当将所查档案

2021年7月17日于北京与徐有威教授一起访谈北京大学汉中分校亲历者,左起依次为徐有威教授、白郁华教授、姚淑德教授、李金龙教授、赵丰田教授、王义遒教授、张从教授、于年才教授、何永克教授、笔者

资料用于论文写作时,却有只言片语胜过万千旁证资料之感,档案资料的魅力尽显无遗。可惜的是,由于疫情和历史等原因,去高校档案馆查阅相关档案十分困难。

另外,调研过程中亲历者还分享给我各种相关的文字图片材料。有些是亲历者的回忆录,有些是相关学科的发展史,有些是校园和亲历者的相关资料,这些资料帮助我更好地了解了当时的史实全貌,对我的论文写作起到了重要作用,有的虽不一定在论文中一一呈现,但其对我潜移默化的影响也不可不计。

写完初稿后,我的导师给予了我极大的肯定和包容。虽然他已然意识到我的论文在理论深度上的不足,但他和大部分历史学研究者一样,十分肯定我在史实梳理上的贡献。但在预答辩过程中,教育学和管理学的专家犀利指出我必须用一定的理论框架对论文进行分析,否则论文将没有落脚点,也无法深入,无法体现理论深度。更有老师直言我的博士论文没有体现出博士生应有的学术训练,没有理论框架和理论分析,我还是一个没有入门的博士生。历史学研究的老师赞誉我的论文弥补了历史空白,而教育学的老师却批评我的研究尚未入门,这样的反差令我迷惑又委屈。

即便历史系的老师和博士生告诉我他们的博士论文不一定要有理论分析框架,但是我毕竟是教育学的博士生,还是要按照教育学的规范来做。得益于预答辩专家的宝贵建议,得益于导师的关心鼓励,以及朱平教授、李枭鹰教授等老师的点拨,扎根于史料与史实反复推敲,适宜的理论终于渐渐浮现出来。最后,我以历史制度主义的"宏观深层结构—中观制度—微观行动者"为整体分析框架,分别运用潘懋元先生的教育内外部关系规律理论、资源空间配置理论、资源依赖理论对应宏观、中观和微观的具体分析,对这一时期高校迁徙进行了理论反思。现在看来,也许我的理论分析深度还很不够,但至少至此为止是一篇较为完整的教育史博士论文。在论文开题到论文答辩的过程中,要感谢参与我开题的徐岚教授、谢作栩教授、陈武元教授、郭建鹏教授、郑宏副教授,参与我预答辩的赵婷婷教授、朱水涌教授、计国君教授、张宝蓉教授、郑宏副教授,参与我答辩的周川教授、蒋凯教授、朱水涌教授、赵婷婷教授、张宝蓉教授等众多专家,是他们的严格要求和宝贵建议,让我的论文日臻完善。同时,我也要感谢别敦荣院长、刘振天书记、黎之静老师、吴晓君老师、冯波老师、郑雯倩老师、陈若凝老师、赖珊珊老师、贾佳师姐等众多老师们给予我的各种关心、鼓励与支持。

诚如刘海峰教授所言,"对教育史学科而言,教育与历史二者缺一不可,没有教育学作指导的教育史研究可能较为盲目,而没有历史学作基础的教育史研究则可能流于空洞",我的这一经历可能完美地诠释了他这一论断,或可说他这一论断完美地总结了我对于教育史研究的体会和认识。

是非经过,不能体其情、察其意、知其难。在我修历史系刘诗古老师的史学方法课的同时,我还修了本院张亚群教授的"教育史学"课程。张老师在课堂上其实介绍过刘海峰教授的文章,但我却印象不深,直至我的博士论文做完来写研究经历时我才发现我的经历前辈早已经历,并做了高度的理论反思。要说有不同之处,刘老师是从历史学走进教育学,并在两个学科里长期耕耘硕果累累;而我只是一个初出茅庐之辈,从教育学研究走进历史学研究,浅尝其意,竟能有此共鸣之感,也是我作为后辈的幸运,以及作为初入门研究新手的幸福吧。故而谨以此文再次深切致谢我研究的所有受访者,所有支持和帮助过我的老师和同学,是你们让我拥有了这一份幸运和幸福!

十驾难及：我的三线建设研究经历

张 杨

上海交通大学马克思主义学院助理教授、硕士生导师

2023年3月21日，当得知《新华文摘》第6期全文转载了我和上海大学历史系徐有威教授合作、发表在《华东师范大学学报（哲学社会科学版）》2022年第6期的《三线建设时期文化备战研究》一文后，心中不胜惶恐：该文是我们拓展三线建设研究领域的一次尝试，文章属于概述性质，许多更深入的问题尚未讨论。因此，于我而言，三线建设又多了一重意义。

近年来，三线建设在党史国史领域日益成为研究热点，加以社会科学的历史化转向，多学科交叉融合的特色愈发鲜明。为了梳理各学科的研究范式，加深彼此理解，进而提出新的学术问题，在徐有威教授组织下，两年多来陆续有三线建设参与者和研究者撰写自己与三线的情缘。拜读前辈大作后，我的内心可谓百感交集：既感叹于这场60年前由最高领袖主导的国防战备和工业迁移活动之不易，又庆幸如此多的前辈能将自己的经历以文字的形式留存下来，守先以待后。而我作为三线建设研究领域的新兵，既不是这段历史的创造者，也不是这场活动的见证者，我能做的只是阅读前辈们留下来的一份份档案、一本本论著、一篇篇回忆。

因此，在徐有威教授组织三线建设研究者撰写回忆录之际，我一方面感觉此项工作十分必要，可以让学界后辈了解三线建设研究怎么走过来、现在在哪里、未来怎么走以及三线建设研究者未能发表在纸面上的心路历程，进一步增进该研究对学界的贡献；另一方面对于受命撰写自己的"回忆"则压力颇大，

因自觉积累尚浅,并无这份资格与荣幸。对于写点什么,我始终徘徊不定,难以下笔。

不过自2019年开始进入三线建设研究领域,至今已满四年,虽然资历、阅历和水平皆有不足,但回顾这一路走来竟也发表了一些不成熟的文章,成为个人学术版图重要的组成部分。因而不揣冒昧,懵懵懂懂地将自己从事三线建设研究的历程做一番简单地梳理,并将阅读史料和田野考察的点滴心得记录下来,权当是向学界前辈提交的一份思想汇报,也希望没有辜负上千万三线建设者创造的那段辉煌而又惨痛的历史。

我出生于豫西山区,自幼即听说在伏牛山、桐柏山有一些管理很严格的神秘工厂,但一直无缘得见。2008年我考入四川大学历史系,在这个三线建设的核心区学习了九年,但因自己孤陋寡闻,从未获取过三线建设的相关信息。直到2017年10月在华中师范大学组织的"全球化与近代以来中国传统经济转型学术研讨会"上,徐有威老师与我的导师李德英教授谈起三线建设,我才第一次听到这个名词,并知道四川(含重庆)是三线建设项目最多、投资最大的地区。

事实上,不单是我对三线建设一无所知,在2018年我去拜访原国家计委三线建设调整改造办公室主任王春才先生之时,王老向我讲述了一个令人啼笑皆非的"故事":退休后他一直致力于记录三线,曾花费很多精力写作《彭德怀在三线》一书,北京一家媒体在发表他的《苍凉记彭总》时,将文中几次提到的"彭德怀在三线"都改成了"彭德怀在三八线"。作为中国人民志愿军总司令,彭老总在抗美援朝中的功绩几乎尽人皆知,然而作为西南局三线建设委员会副主任,其在西南一年多的三线经历却知之者甚少,在王老的解释下,编辑方了解三线与三八线虽差之毫厘却谬以千里,其事后向王老道歉,他笑了笑说:"没什么,都怪我们宣传三线太少了。"此后我又多次去拜访王老,他又兴致勃勃地跟我讲了另一个"故事":2014年三线建设研究会成立之际,他邀请三线地区某省国防工办主任出席成立大会,然而该主任相对年轻且新官上任,对三线建设亦所知无几,在王老的耐心解释下,主任方了解该省国防工业是在三线时期奠定的根基。

事实上,三线建设由毛主席亲自部署、中共中央直接领导,横跨三个五年计划的建设时期(1964—1983)和二十余年的调整改造时期(1983—2006),涉及中西部十三个省区，上千万三线建设者在山区"献完青春献终身，献完终身献子孙"，然而长期以来并没有引起学界足够的重视与回响，多年来一直处于资料积累和史实重建阶段，可以说三线建设领域仍是一片有待更多学者参与耕耘的原始地。不过值得期待的是，近十年来随着越来越多的三线建设者撰写回忆录、高层文献和档案资料接续不断地出版，不同学科的学者在扎实资料的基础上进行多面向解读，三线建设研究呈现出蔚为大观的态势。

2017年武汉会议之后，李德英教授便组织我们论证三线建设研究的可行性，因我们学术团队基本以民国时期乡村和土地问题为研究对象，转型之后便要分出一部分力量从事共和国时期的工业建设、国防安全研究。我当时的心态一方面是颇为不舍，因为乡村和土地问题是理解近代中国的关键议题，也是学界研究的热点领域，学术积淀时间较长，且有许多国内外知名学者可以对话，自己在此领域也耕耘数年，资料积累和研究方法都有一定基础。另一方面则又比较动心，因为乡村和土地问题突破既存研究范式颇为不易，大多是对名家的研究做一些补充修饰的工作，而三线建设是一个全新的研究领域，我们又身在三线地区，有大量资料有待挖掘，有大量三线建设者可供访谈，未来前景值得期待。在多次协商后，我们决定不放弃本来的研究领域，同时开始三线建设的学术积累。

2018年教育部哲学社会科学重大攻关项目征集题目，李德英老师带领我们上报了"三线建设口述历史资料搜集整理与研究"，经过专家论证，题目公示时变为"三线建设历史资料搜集整理与研究"。我们团队在李老师带领下，花了大量的时间阅读三线建设公开出版物，撰写一份厚重的申报书，11月公示获批立项后，我便正式投身三线建设研究。

2019年1月，李德英老师带领我们主办了"三线建设历史资料搜集整理与研究"开题报告暨学术研讨会，本次研讨会七十余位出席嘉宾大致由三部分人构成：一是三线建设研究领域的前辈学者，如中国社会科学院陈东林、郑有贵研究员，上海大学徐有威、吕建昌老师等；二是三线建设亲历者及其后代，如王春才、焦天佑、陆仲晖、何民权等；三是三线建设所在地的政府工作人员和宣传者，如江红英、莫兴伟、张鸿春、刘洪浩等。这次会议使我感到三线建设不仅仅是一个历史事件，而且和当今中国有深度的关联，做三线建设研究既需要阅读传统的文献，也需要到当年三线厂进行田野考察，并对三线建设者开展口述访谈,如此才能建构起立体多元的叙述模式,才可能得到三线亲历者的认可。

2018年下半年,我在阅读了一部分公开出版的文献资料之后,对三线建设勉强有了一个相对宏观的认识,不过所读文献多停留在制度层面,基层的实践样态究竟如何,我还没有直观的感受。为了在经验世界中理解三线建设,李德英老师带领我们于2018年底前往四川广安的华蓥山光学工业基地进行田野考察。

在原五机部三九八厂蒙庆老师、原广安市委政策研究室傅琳老师、广安市文管所段德强老师的带领下,我们细致考察了永光厂等三线企业。本次考察是我第一次走进三线厂,以前文本中的"靠山、分散、隐蔽"和"进洞"等抽象概念直观反映为渠江侧畔、山丘之下、紧邻村庄、互不连接的一大片工厂区,这种植入眼帘的感受加上蒙庆老师对每一栋建筑历史的讲解,使我对三线建设的选址模式产生了浓厚的兴趣,作为军工企业,选址之际牺牲经济效益的安全第一原则使我对六字方针产生了更多"了解之同情"。

在考察完三线企业后,我们前往广安市广安区档案馆和华蓥市档案馆查阅原广安县和华蓥工农区的档案,地方档案馆所藏三线建设档案大多是地方支援三线以及与三线厂日常交往的内容。我们在档案中发现了大量工农结合、厂社结合、征地补偿等内容,由于我以前研究的是乡村史,探讨土地和租佃问题,所以看到大工业深入乡村后与农业、公社、农民的互动材料时非常兴奋,遂产生了将工农关系作为三线建设研究突破口的设想。

2018年秋,李德英老师带我们前往成都西北郊彭州的锦江油泵油嘴厂调研,一同参与调研的还有锦江厂子弟、时在川大历史系读本科的任柏宗同学。以前读张勇老师关于该厂艰难选址的研究,加之陆仲晖老师赠送了许多该厂自编自印的文稿以及我自己上该厂贴吧看到的每一条帖子,自信对该厂的历史已有初步的了解。不过到了该厂后才发现文字能够表达的意思着实有限,一个个厂址、一栋栋红砖房、一排排树木,在陆仲晖老师的详细介绍下,文字中昔日的热闹辉煌与现实中破产废弃的荒凉厂房形成鲜明的对比,无数酸甜苦辣的鲜活人生顿时浮在眼前。尤使我震撼的是参观该厂的档案资料室,虽然该厂破产后大部分文书档案移交给成都市破产企业档案馆,但仍有一些零星散件保存在资料室中,人事档案因办理退休社保等手续需要查阅则保存在退管站中，一卷人事档案便是一个人生。因而我们在2019年夏天再赴锦江厂，在陆仲晖老师的帮助下，系统地查阅了这批档案，此后读到陈超老师以锦江厂社会结构为主题的博士论文后，为我更好地利用这批档案提供了一定的参考。

2019年春节期间，我们通过四川大学温故口述史协会开展了"共和国三线建设"口述历史调查社会实践活动，近五十名同学报名参加，遍及祖国各地，且有相当部分是三线子弟。我们制定了三线建设历史概况和三线建设口述提纲两份文件分发给参与同学，鼓励他们访谈自家参与三线建设的长辈，并邀请左玉河老师做口述史理论与方法的培训，在寒假前我们又对所有参与者进行了三线建设史和口述提纲解析的培训，这是我们利用大学生假期社会实践开展大规模三线口述调查活动的开始，2019年春季开学后，活动共收集到31份口述文本，近五十万字口述资料，采访对象既有浙江、黑龙江等一线支援三线的老工人，也有贵州、四川等当地的三线建设参与者。

2019年1月下旬，我动身前往攀枝花开展田野调查，并查阅文献资料。攀枝花钢铁基地可谓三线建设的重中之重，在一片不毛之地建成了西南钢都。

"共和国三线建设"口述历史调查社会实践交流分享会，前排右一为范瑛老师、右二为李德英老师

从成都乘坐火车沿成昆铁路一路南下,过峨眉山后基本是隧道连着隧道,火车穿行在深山峡谷之中,道路两旁的烈士陵园不时地映入眼帘,不由感叹半个多世纪前缺乏重型装备的铁道兵"逢山开路遇水搭桥"的艰辛。到攀枝花后,在王华师兄的带领下,我先来到了弄弄坪的攀枝花钢铁厂,参观了厂区和生活区,对攀钢的整体布局有一个基本了解,而后来到攀钢档案室查阅并复制相关资料。

当年攀枝花钢铁厂建设主要依靠十九冶的施工力量,虽然十九冶总部搬迁至成都,但其在攀枝花仍留有档案室,当工作人员搬出一摞摞档案目录后,我迫不及待地翻开那泛黄的纸张。当我看到一条条清晰规范、笔迹工整的档案目录时,便感到十九冶的档案是一座宝矿,三线建设研究大有可为。在对企业档案有一个初步的了解后,王华师兄带我来到攀枝花市档案馆,该馆所藏资料甚为丰富且已经数位化,检索利用起来极其便利,尤其是这里藏有的西南三线建委的简报等资料对了解西南整个三线建设情况助益甚多。

攀枝花铁矿山

冬日的攀枝花阳光明媚、气候温和,时令水果品类也繁多,着实是休闲度假的好去处,也难怪这一西南钢都现在转型发展以康养为主的旅游产业。在攀枝花待了五天后,我又动身前往西昌,希望查阅成昆铁路和西昌卫星发射中心的相关资料。我先后到了凉山州档案馆、西昌市档案馆,查询并复制了大量成昆铁路征地、民工等档案资料,可惜卫星发射中心资料因特殊原因无法查阅。不过,在凉山州党史办,其领导告知正在编写《三线建设在四川·凉山卷》,不过尚未完稿,待完稿后再联系(现已完稿)。鉴于春节临近,我便返回了成都。这一趟西南之行,使我对三线建设的中心"两基一线"(攀枝花钢铁基地、重庆常规兵器工业基地和成昆铁路)有了更深的认识,看到攀西地区的山川形胜,也更理解了为何毛主席心心念念要建设攀枝花,并开展西南铁路大会战。

2019年暑假,我们和攀枝花学院合作开展了以成昆铁路为主题的口述史社会实践活动,攀枝花学院负责成昆铁路南段和攀枝花支线的口述史,我们负

铁道兵第五师老战士高晋芙(左)、刘道根到四川大学历史文化学院接受口述访谈

责成昆铁路北线的口述史。通过铁道兵联谊会，我们寻找到了当年参与成昆铁路建设的来自铁道兵第五师等的数十位老战士，在组织学生进行成昆铁路历史学习和口述史规范培训后，请他们暑期前往成都、绵阳、南充等地开展口述史调查。我还前往攀枝花学院为口述实践团队作了一场口述史理论与方法的培训讲座。本次口述活动使我们采集到许多意料之外的个人经历，反映了铁道兵选拔运作机制、地方发展史、成昆铁路与彝汉关系等珍贵内容。

2019年秋，我前往德阳市、广汉市档案馆查阅新中国成立初期的乡村档案，不意在此两地竟也查到不少三线建设的档案资料，涉及三线厂与地方关系的诸多面向，当年举全国之力建设三线，四川亦是举全川之力支援三线建设，遂意识到三线建设研究不仅是事件史的研究，更应通过此事件看到背后的局势和结构。2019年末，我们和攀枝花学院举办了"三线建设与新中国七十年发展道路探索"学术研讨会，来自全国三十余所高校和科研机构的专家学者齐聚攀枝花，研讨三线建设与新中国史。在攀枝花学院的联络下，我参观了中国在二十世纪建成投产最大的电站——二滩水电站，并深入攀枝花钢铁厂生产车间，从头到尾观看了从铁矿石到钢材的全过程。

笔者（左）和三线音乐研究者苏世奇教授在攀枝花钢铁厂生产车间参观

2020年春节前后爆发的疫情,加之我的工作单位由四川大学调至上海交通大学,打乱了许多田野考察的计划。直至2021年7月,在苏世奇老师的协调下,我前往六盘水参加"三线建设口述史料搜集整理与研究"学术研讨会,期间考察了六盘水煤炭基地、水城钢铁厂和贵州三线建设博物馆。考察间隙,我们还前往了六盘水市档案馆、六盘水市图书馆、六枝特区档案馆查阅档案资料,并在水城钢铁厂开展口述实践活动。此次考察对我触动最大的是在三线建设博物馆参观及之后的座谈经历,六枝是三线建设时期设立的、全国现存唯一的一个县级特区,形成了以汪家寨煤矿为代表的一批工业遗产,三线建设于我而言是一个历史事件,但对于六枝特区以及生活于此的民众,则不仅仅是历史过往,更是现实生活。如工业遗产保护、三线研学基地建设、地方社会经济发展、集体记忆建构等,地方政府和三线建设者们都为此倾注了大量心血,却苦于无良好的路径能够将历史遗产变现造福当地人民。六枝特区的现状代表着三线建设所在地的普遍状态,其一方面承继着大量三线工业遗产,另一方面却也因三线建设而产业结构单一、转型困难,可以说三线建设对于他们而言,既是宝贵的财富,也是沉重的负担。

2021年7月参观六枝特区汪家寨煤矿

历史学研究遵循史料本位原则，田野调查一方面是为了搜集民间文献和口述史料，另一方面也是为了在田野中更好地理解文字材料。三线建设因具有军工属性而在长期内无法公开其史料，不过近十多年来这一情况已大为改善，无论是中央文件和领导人文集的出版、地方档案与民间文献的整理，还是口述史料和影音资料的采集、地方报刊与史志资料的编纂，皆取得了突破性进展，史料的开放多元是三线建设研究能够取得蔚为大观场面的重要原因。

我的史料阅读分为四个层次：首先，阅读高层文献，尤其是陈东林、徐有威老师于2014年编辑出版的《中国共产党与三线建设》一书，使我了解中央高层对三线建设战略决策和开展方式的具体考量；其次，在对中央层面的史料有一个基本把握后，便转向地方三线建设史料的阅读，尤其是四川省委党史研究室组织编纂的"三线建设在四川"丛书，目前已编纂并内部出版的有四川省省卷和绵阳、德阳、自贡、宜宾、泸州、攀枝花、广安、达州、眉山、乐山、遂宁、凉山、雅安、资阳14个地市州分卷；再次，阅读地方档案馆和三线企业所藏三线建设的原始档案，李德英老师团队先后前往甘肃、陕西、四川、湖北、贵州等省及下辖市搜集了大量的档案文献，并在此基础上开设了三线建设史料阅读课以及定期的师门讨论会，集思广益分析史料背后的信息；最后，阅读三线建设有关的回忆录，如王春才老师主编的"中国大三线报告文学"丛书、各地文史资料选辑、张勇老师主编的《多维视野中的三线建设亲历者》等，使我能够

2021年7月在六盘水参观水城钢铁厂展览馆

了解三线建设者如何叙述这段历史,增加了一个思考的维度。

当然,作为一名学术工作者,我平时也会阅读三线建设有关的学术研究,以了解学界动态,虽然每次阅读学术论著都能给我启发,不过实话实说,对我触动最大的一本书反而是学术圈外的人士所写。2020年12月,我从微信公众号看到了王老建(本名王建)先生所著《代号二三四八:从三线建设到国企改革》一书出版,遂订购了三册,一口气读完后不胜感叹。二三四八厂是中央军委总后勤部布局在三线地区的纺织企业,选址在湖北蒲圻(即今赤壁市),曾在该厂工作十年的作者查阅了大量档案、访谈了许多工人,详述了一个四万余人的三线企业在四十年的时间内如何从辉煌走向破产的沉重历史,其中既涉及到三线建设和调整改造的情况,也反映出从计划经济到市场经济转型过程中企业与职工的历史宿命。这本三十余万字的著作描绘了一个企业完整的生命史,并将国家政策变动、企业因应时局、职工抗争命运融合在一起,读来"心如刀割"。这曾是一个让中国人穿上涤纶面料衣服的企业,这也是湖北和二汽并列数一数二的盈利大户,最终却倒在了改革的路上,留下了数万他的子弟们"集体下岗"。因此,写出有血有肉的三线建设史,关注大历史进程中企业与个人完整的生命历程,应是三线建设研究未来努力的方向之一。

在阅读三线建设史料的基础上,我的研究兴趣聚焦在工农关系、企业选址等问题上。2019年上半年为了参加"首届中国三线建设史研究"工作坊,我写成《三线建设初期党和政府协调工农关系的尝试(1964—1966)》一文,希望探讨在工农联盟的口号下,所有制

参观位于六盘水的贵州三线建设博物馆

形式不同（三线企业属于全民所有制、农村公社属于集体所有制）、生活样态、思想觉悟都差异甚大的工农双方在近距离接触后，如何互惠、如何博弈、行为选择背后有何理性等问题，在与会专家的帮助下进行修改，经徐有威老师推荐发表在《开放时代》杂志上。2019年下半年为了参加"记忆与遗产：三线建设研究"高峰论坛，我写成了《三线企业选址与内地工业协作关系研究（1964—1969）》一文，希望探讨"靠山、分散、隐蔽"六字方针的具体内涵是什么，其间蕴含着何种无奈下的妥协，依照六字方针分散布局的三线企业之间如何建立起横向的上下游协作关系等。该文在与会专家的指正下进行修改，经徐有威老师推荐发表在《浙江学刊》杂志上，并被《高等学校文科学术文摘》转载。

  2021年六盘水会议期间，得知徐有威老师主编的《新中国小三线建设档案文献整理汇编》第一辑8册已经印刷出版后，遂购入一套，该辑资料主要为上海最大（也是全国最大）小三线企业八五钢厂主办的《八五通讯》和《八五团讯》，企业报刊这类型资料目前在学术研究中所用不多，但这三百多万字的资料充分反映出一个典型小三线企业的内部日常，因而写了该书的述评，发表在《当代中国史研究》杂志上。

  2021年11月，我与徐有威老师、上海市档案馆马长林老师一同去原上海市革委会清档组负责人吴起文先生家中做口述史料采集，吴老讲述了很多档案备战的相关情况，我深感三线建设不仅有工厂内迁这一面向，而且各领域都进行了备战活动，即党中央要求的"各行各业都要在三线搞成一套"。2022年暑期在与徐老师日常闲聊的过程中，我向他报告了"三线建设文化备战"的相关研究内容，包括档案、文物、图书、出版印刷、电影、广播、高校、科研院所等领域，徐老师鼓励我写出来并贡献了许多思路和资料，此时恰逢《华东师范大学学报（哲学社会科学版）》向其预约三线建设文稿，与徐老师合作的《三线建设时期文化备战研究》一文遂得以发表。

  与此同时，随着近年来中国所面临的地缘政治环境变化，从高层到学界都非常关注三线建设的研究，因而我也得以顺利申报一些课题项目。2021年上海市马克思主义理论教学研究国情市情调研专项资助我开展"上海支援云南三线建设的历史经验与现实启示"研究；2022年我以"三线建设时期党领导内地工业协作体系形成的历史经验研究"为题申报上海市社科规划年度项目并顺利立项；该年申报的"从《你好，李焕英》看三线建设的历史进程与当下

吴起文先生谈档案备战情况（左起吴起文、笔者、徐有威）

启示"入选2022年度上海高校思想政治理论课精彩案例名单。科研项目和教改项目的申报一方面促使自己不要懈怠，另一方面也为开展田野考察和查阅资料提供了充分的支持。

可以说，我真正进入三线建设研究领域至今差不多四年时光。回首过往，我以参与李德英老师课题之便，跟随团队调研三线单位、访谈三线建设者、搜集三线建设档案，工作紧锣密鼓也有条不紊地进行。同时，全国三线建设研究的同仁结成了一个亲密无间的团体，互相开会研讨、一起调研考察、互相分享资料，在一些期刊编辑老师和学界前辈的帮助下，部分刊物选择开设三线建设研究专栏，并选稿组稿，使三线建设研究成为共和国史新的学术增长点。我自己沉浸其中也受益颇多，这可能是在学术发表日益困难，尤其是国史研究禁区颇多的情况下，特别值得欣慰之处。

总之，无论是资料积累、研究路径、田野调查，我都属于尚在门外的徘徊者，幸得三线建设研究领域内的前辈们时常提点，使我逐渐产生学术共同体的认同，而三线建设是一个开放的领域，前辈学人们从历史学、政治学、社会学、经济学、建筑规划学、音乐学等角度开展的研究在开阔眼界的同时，也使我看到了该领域更多的可能性，坚定我从事此项研究的信心。在此特别感谢李德英老师、徐有威老师、张勇老师、周明长老师等三线建设研究的前辈学者,他们秉持"学术乃天下之公器"的理念,关心"青椒"、提携后辈的公心令人感佩;同时,也感谢我的师弟师妹们,许多的研究资料都是他们赴全国各地查阅档案后分享于我的,大家结成研究团队,互相汇报研究计划,常令我有意外收获。

我参与三线企业田野调查的时间和次数较少,所以只能学习"在文献中做田野"的理念和方法,用看三维地图的方式搜索史料中的每一处地名,希望能够更贴近历史现场。四年多来也读了不少三线建设的史料和先行研究,逐渐形成自己不太成熟的如下想法,作为自己下一步努力的目标和方向:

第一,建立在学科反思基础上的交叉研究。三线建设自1964年开始至2006年调迁完成,前后经历四十余年,内涵和外延都较为丰富,近年来政治学、经济学、社会学、历史学等各学科都参与其中,在促进研究进一步深入之时,也存在各自表述、各说各话的"嫌疑"。学科交叉融合是目前学界的共识,三线建设研究学科交叉还有很长的路要走,但在学科交叉过程中也应该有一定的学科反思。谨举一不太恰当的例子:理性人假设是经济学乃至社会科学最重要的一种前提预设,即所谓人的"趋利避害"属性,在探讨三线建设者支援内地的动机之时,虽然我们也能看到诸如企图解决农村家属工作、三线职工子女可在上山下乡时受到照顾,以及到内地后与三线单位谈工资福利乃至发生群体性事件等从个人利益计算出发所做的行为选择,但实际上在国家政令、意识形态教育、强制性动员机制的综合作用下,被挑选成为"好人好马"的三线建设者即便有心抗争也并没有太多途径,正如卢梭所言"人生而自由,却无所不在枷锁之中",每个人都生活在各种关系组建的网络之中,在高度集中的政治经济体制下,虽然个体仍有趋利避害的操作空间(弱者反抗、反行为、不被统治),但余地已然不大,作为个体的三线建设者的调适机制如何突破既存研究框架仍值得探讨。

此外如利用布迪厄社会理论时如何通过建构场域,并在场域中理解惯习如何演化为资本,而非将其割裂开来单独使用。上海工人常被视为技术水平高、政治觉悟好、生活有情调,因而其一举一动、一言一行等惯习都可以被视为文化资本,不过这种惯习演化为资本的适用范围是有限的,三线厂内职工如果大部分是上海人则这种惯习可以演化为资本进而形成在工厂中的优势地位;如果少部分上海人内迁合并到内地厂则情况可能大为不同,内地厂的工人会

2020年12月与徐有威教授一起参加南开大学"第一届中共学论坛",徐有威教授报告全国三线建设资料情况

将上海人的一言一行、一举一动视为小资产阶级情调(不合群、搞派性),甚至在四清运动中开展批判。因此,理论的使用必须反思其预设并考察前提假设是否相同。事实上,三线建设史料丰富,有许多反映过程性(而非结果性)的材料,且有诸多亲历者可提供口述材料,当在重建历史场域和历史进程的前提下,在学科反思基础上开展学科交融,在此意义上,三线建设才能融入现有学术体系,并对其有所贡献。

第二,长时段的分析框架。三线建设虽然是中共中央对20世纪60年代前期特殊国际环境的因应,但其解决的也是近现代中国面临的诸多结构性问题。如国防战备与工业布局的关系,近代中国工业化进程随着西方在华势力范围的扩张经历了由东向西扩展,虽然经过了洋务运动、实业救国、黄金十年、抗战内迁等一系列建设,在新中国成立初期沿海与内地工业占比仍有7∶3的巨大差异。中共中央虽然在一五计划时期有意将苏联援建项目集中布局于三北地区,但随着中苏关系恶化,三北地区亦有可能成为战争前线。三线建设解决的是国防战备需要与工业平衡布局的问题,毛主席一再强调刘备在川中立足的经验以及蒋介石搬家不力的教训,在判断敌人仍可能从海上来后,三线建设便要求在短期内在三线地区新建一套可以支撑反侵略战争的后方工业基地。经过三个五年计划的建设,内地也确实形成了相对完整的工业体系,实现了工业备份,促进了国防安全。

工业体系的建构即地区间、工厂间如何建立上下游"产业链",1964年国家经委提出要开展"固定协作、定点供应",即深化专业化分工,并在此基础上建立工业协作关系,而当时中国专业化协作的工业组织理念是沿袭自苏联。因此,三线工业协作关系建立的过程也是苏联模式在中国扩展的过程,即三线建设一方面为了反苏修,另一方面则在企业横向组织架构上又沿袭了苏联模式。因此对工业组织形式的探讨需要放置于苏联模式在中国的推广及其修正的视野下,其历史脉络可从一五计划,至少应该从1958年二五计划时期毛泽东提出的协作区开始讲起,并延续至1970年四五计划时期中央再度提出的经济区,甚至于到改革开放开始后关于工业协作的再讨论。

再如全国工业分散布局与工农关系问题,从1878年恩格斯在《反杜林论》中提出"大工业在全国的尽可能更平衡的分布,是消灭城市和乡村的分裂的条件",到1959年陈云提出"企业布置的集中和分散,不仅是工业内部的问题,而且是工业和农业、城市和乡村的关系问题",消灭工农、城乡、体力脑力劳动差别是中共中央追求的目标,三线单位依照"靠山、分散、隐蔽"的原则布局于内地乡村,使这一设想有了实践的可能。当然,以后见之明来看,三线单位围墙高筑,俨然成为深入乡村的工业飞地,这种大规模改造社会的实验失败了,但起码也是中共中央致力于解决这一结构性问题所做出的努力和尝试。因此,三线建设不是一个从天而降、领导人面对战争临时起意的策略,而是要解决国家建设中面临的许多结构性的问题,是承接前史、开启后史的一段历程,如何将这些结构性问题纳入研究范围,打通与其他领域的壁垒、互相参照,值得深入思考。

第三,将三线建设放置于具体历史场域中理解。目前关于三线建设决策形成的原因,基本归因于国际局势与我国工业布局问题,然而抗美援朝、中苏关系恶化、中印边境冲突都发生在三线决策之前,中共中央并没有大规模加强内地建设的举动。而外部因素往往在与内部因素的互动中起作用,在毛主席领导"大跃进"的背景下，毛主席认为国家工业化的道路应当坚持并加快进行，尤其是基础工业和国防工业，因此我们在史料中看到三线建设决策形成之初几乎是由毛主席一手推动的。毛主席认为掀起群众性运动是加速工业化建设的路径之一，所以在三线建设之初各地提倡设计革命、提倡工农结合建厂。因此，将三线建设放置于党史、国史的叙述脉络中理解，可进一步丰富三线建设的多重镜像。

第四，反思20世纪80年代对三线建设的批评意见。改革开放后，中共高层对世界形势的判断发生改变，将党和国家的工作重心转移到经济建设上来，在商品化、市场化改革的过程中，三线建设高投入、低产出的经营模式受到大部分领导层和经济学界的批评，尤其集中于三线单位依照"靠山、分散、隐蔽"的选址模式给企业经营管理和上下游产业配套带来的困难。通过阅读材料可以发现，三线建设初期中央高层一直强调要将国防安全和经济效益结合起来规划工业布局，经济效益虽处于次要位置，但并非被完全忽略；中央高层一直强调三线单位相互之间要加强工业协作，并采取兴办地方工业、发展小城镇、完善交通线、从沿海搬迁配套工厂或由原协作单位进行技术支援、适当产业集聚等手段在内地解决三线单位之间的上下游产业配套问题。而三线单位基本布局于成渝、宝成、陇海等铁路沿线和长江、汉水两岸，并新建成昆、襄渝、焦枝、川黔等铁路连接不同的工业区。因此，三线单位选址采取毛主席所提出的"大分散、小集中"的布局模式，与现代城市产业园区的产业配套理念并不相同。从此后三线建设的历史进程来看，三线地区也的确形成了一个个工业协作区，调迁之后也兴起了大批工业城市。当然，这种协作关系是在高度集中的政治经济体制下形成的，当20世纪八九十年代由计划向市场过渡之际，三线地区因市场、技术、资金、人才、信息等方面的劣势，逐渐落后于沿海地区，当国家投资和订单减少之时，三线单位相互之间形成的协作关系便被打乱，依靠市场进行重组的过程中，三线单位又开启了转型的阵痛。

第五，从逆向迁移看三线建设。当前关于三线单位迁移路线的论述，基本局限于东部沿海（以上海为中心）和东北沿边迁移至西南、西北等三线地区，这当然是三线迁移的主流，然而三线时期也有许多逆向迁移被有意无意忽略了。以支援四川（含重庆）的三线国防工业为例，迁移人数排名前八的省份依次为：陕西、内蒙古、黑龙江、北京、上海、江苏、辽宁、甘肃，其中陕西、甘肃本来就属于三线地区,却积极支援四川。另外,四川除了接纳其他省份迁移而来的国防工业外,也参与支援其他省区的三线建设,如成都在一五计划时期成为全国电子工业基地之一,三线时期主要支援凯里和广元电子工业基地建设;此外,重庆军工企业如长安机器厂除在四川分建包建3个厂外,还支援了江西、山东、河南、广东、北京、辽宁、江苏、浙江、安徽、上海、甘肃、湖北等地共189个三线(小三线)单位。这种逆向迁移促使我们反思三线建设的性质并不仅仅局限于备战时期的工业西迁运动,而是将各地具有技术、人员、设备优势的企业一分为二(或一分为多)地在全国重新组合起第二套(或第三套)生产基地,此后这些"独生子"项目分出支援的企业又形成了与自身的竞争,在改革开放过程中促进了市场体制的完善。因此,三线建设也可视为一次关系国民经济和国防安全的骨干式企业在全国范围内的重组、备份、塑造竞争对手的过程。

以上便是我目前阅读三线建设之初历史资料的点滴心得体会,并不成熟甚至或还有许多谬误,记录下来一方面是希望得到三线建设者和学界前辈的批评指正,以求进一步修改完善;另一方面也鞭策自己更加努力地寻找史料、扩展思路、开拓渠道,为三线建设研究的繁荣做出些许贡献。

我与北京"小三线"的情缘

李晓宇

北京师范大学历史系硕士研究生、
中国人民大学附中航天城学校历史组教研组组长

2012年,我怀揣憧憬面见了我的导师——耿向东老师。经过半年的专业课训练后,一次课间休息时,耿老师突然询问我:"你的毕业论文想做什么方向啊?"我尴尬地笑了笑:"还没有什么想法。"耿老师很亲切地对我说:"你可以关注一下'小三线'。""小三线?是'县城'的'县'吗?"我追问道。现在回想起来自己真是孤陋寡闻,但这确实是我第一次听到"小三线"这个历史名词。经过导师的耐心解释,在一个凉风习习的午后,我就这样不经意间遇到了我硕士三年的研究对象——北京"小三线"建设。作为女生,我更感兴趣的是社会史,对这个突如其来的题目,如果要用一个词来形容,就是无感。后来,导师介绍道:"这是上海大学徐有

笔者有关北京九六〇厂的三线建设研究成果发表于《当代北京研究》杂志2015年第2期

威老师的一个全国社科项目,目前在寻找北京地区的研究者,如果你愿意的话可以尝试着做一做。"或许是好奇心的驱使,在导师的鼓励下,我抱着开放的心态决定先了解一下这段我居然连听都没听过的历史。结果,这一了解就是三年。在了解到过程中,我也深深地被那段历史所吸引。

在初步了解了三线建设后,我才明白自己为什么学了这么多年历史,居然对这个概念如此陌生。由于保密性质以及涉及"文化大革命"时期等原因,直到20世纪90年代才有人开始对其进行研究。世纪之交中央提出西部大开发战略后,三线建设研究作为前驱也得到关注,至此各地区才陆续开始出现对本地三线建设历史的研究,被称为"地方部队"。学术研究尚且如此,在我们的初中、高中甚至大学教材里更是鲜有提到。因此,"三线建设"这一领域长期以来鲜为人知。或许是它的保密性,或许是它填补了我已经构建起来的历史知识结构的空白,在逐步了解的过程中,我对它的兴趣也越来越浓。它自带的神秘感也一步步吸引着我去探知历史上这段被"尘封"的岁月。

在我向导师表达了我想以"北京'小三线'建设"为硕士论文选题后,上海大学的徐有威老师不辞辛苦,千里迢迢从上海赶到北京对我进行指导。在此之前,徐老师已经对"三线建设"做了大量的研究,特别是各个地区的"小三线"研究。这次北京之行,也是特意为我之后的研究做方向上的指引。徐老师向我介绍了各地的"小三线"建设情况以及研究者在研究过程中遇到的一些困难,

2010年5月25日,在原北京市国防二办副主任郑尊三家里(中间)合影。左起翟康乐、张绍先(原960厂党委书记),右起彭铀(原车间主任)、杨正本(原总工程师)

这让我少走了很多弯路,现在接着这篇回忆文章,我要再次向他表示感谢。

现在回想起来,我的硕士论文在写作和构思上其实难度不大,最耗费时间和精力的是对材料的搜集。在我做北京"小三线"之前,学界鲜有人涉猎,因此相关的文献极少,这既给我的研究造成了困难,也让我深感责任重大。在这片学术空白领域进行第一次耕耘,更需要严谨的治学态度,为后来的研究者提供真实、有效的史料。

在耿老师和徐老师的指导下,从研一下半学期开始,我便成为北京市档案馆的常客。依稀记得档案馆是早上9点开门,下午5点关门,档案不能自行取阅,需要提前查好要借阅的档案,手填档案卷号提交给工作人员,一次还不能借阅太多,总之各种手续又要花掉一些时间,因此每天能够翻看的档案数量十分有限。不仅如此,档案还不允许拍照、复印,馆内只提供白纸和铅笔供读者摘抄,抄了大概一个月后,才知道可以带电脑进入档案馆码字录入。尽管也没有提高多少效率,但比起手抄来说还是要快了不少。

九六〇厂军工产品——半自动步枪(拍摄于20世纪70年代)

回想起泡档案馆那些时光,最记忆犹新的就是三环上的300路"特快"公交车,这趟车从学校直达档案馆,路上会路过北京的标志性建筑——央视"大裤衩"。去档案馆最频繁的是暑假期间,每天迎着七八点钟的太阳,飞驰在三环上,晚上再迎着落日回到学校。为了能提高摘录档案的效率,我会早上多吃点儿,中午就在馆内泡个泡面或者啃面包解决。虽然档案馆门口就有很多小餐馆,但是只要人离开档案馆,所有的档案就得被收走,等再进来的时候还得重新填表登记借阅。现在想起来感觉很苦,但当时沉浸其中还是挺怡然自得的。也是在那时懂得了老师说的"历史研究要耐得住寂寞和辛劳,要习惯坐冷板凳"的深意。

除了在档案馆整理原始资料外,在导师和徐老师的帮助下,我还跑到了当时的兵工厂实地考察。这个厂是北京"小三线"建设的重点工厂之一——九五五厂,现在已经由军工转民用了。因为当初建厂时的保密要求,该厂选址在房山的山坡上。一早坐车,中间换乘了不知道多少次,花了大半天的时间才找到厂子。负责人对我很热情,在厂子的餐厅简单吃了口饭后,我便随着他开始参观。厂子里几乎没什么平地,车间都分布在山坡上,分散、隐蔽,据说当时就是为了避免遭受空袭才这样建设的。在参观的过程中,我脑海里不时浮现出档案里的内容,真的和当时党中央对选址和建设的要求无任务差别。参观后,我又请求翻看了厂里的档案。一走进厂档案室,看到排列整整齐齐的档案,我顿感如获至宝。只可惜当天到得太晚,没有翻阅多少卷天就黑了,只能先行返回,再待时机。没想到,之后没多久厂档案室进行封闭管理,不再对外开放了。

毕业后我成了一名光荣的人民教师。在教学过程中,我发现新修订的部编版高中历史教材增加了关于"三线建设"的内容。尽管只是以注释说明的形式作为对正文的补充,但它体现了学术研究对中学教材编写的影响。在授课中,我也很自豪地向学生介绍了当前关于"三线建设",特别是北京"小三线"建设研究的情况。毕业多年,再次看到"三线建设"时,当年做论文的点点滴滴历历在目。这时恰逢徐有威老师联系我写一写当年做研究的情况,就像冥冥之中的默契和老天的安排。尽管时隔多年,但想起来那段码字、调研、采访、整理档案的学术研究时光,依然感到充实和幸福。

九六〇厂职工的文艺演出(摄于20世纪70年代)

历史工作者需要具备很多优秀的品质,比如坚韧、严谨,有时候还需要浪漫、需要富有想象力。虽然我没有坚持在学术的道路上继续前行,但我依然享受不断思考、不断接受新知、探究未知的过程。"小三线"建设的研究在徐有威老师等众多学者的努力下,已经取得了非常丰硕的成果,但它依然是片学术宝地,值得更多人去关注和研究。

九六〇厂职工篮球队(拍摄于20世纪70年代)

在故纸堆与田野中寻访三线工程皖赣铁路的往昔

黄华平

安徽师范大学历史学院教授、博士生导师

在老一辈的皖南人和南京市民的记忆中,从南京到国际旅游名城黄山之间曾经运行着一趟缓慢的绿皮火车——7101/2次列车。每天清晨6点,它从南京西站始发,穿过南京西部的一片密林进入安徽境内,先后停靠马鞍山、芜湖、宣城、宁国、绩溪、歙县而至终点黄山,全程近9个小时。它行经的这条路线,南京至芜湖段称宁芜铁路,民国时期曾是赫赫有名的民营铁路——江南铁路。芜湖至黄山段则称皖赣铁路,是抗日战争全面爆发前国民政府规划的京赣铁路主要组成部分。该线自宁铜铁路火龙岗车站(今芜湖南站),经安徽的芜湖、宣城、宁国、歙县、屯溪、祁门,在倒湖镇进入江西,再经景德镇、乐平至浙赣铁路的贵溪车站,全长539.9千米,是京沪和浙赣两条铁路干线的连接线。

这段并不算很长的铁路,却经历了

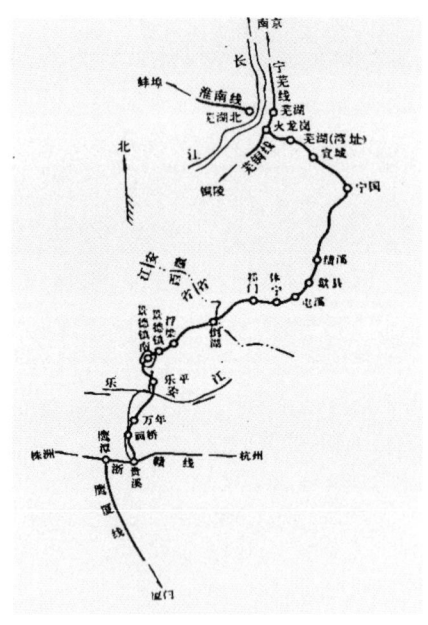

皖赣铁路线路示意

长达80年的建设历程，凝结了无数人的智慧和汗水，也承载了三线时期芜湖人民参与铁路工程建设的峥嵘岁月。

2021年的夏天，骄阳与暴雨交替，抱着对三线铁路史研究的热情，笔者对皖赣铁路进行了档案调研和实地寻访，跑过合肥的档案馆，到过宣城和宁国，但所获无几。好在功夫不负有心人，偶然的机会在芜湖市湾沚区档案馆发现了一批当年芜湖县修筑皖赣铁路的档案。该档案名为"芜湖县皖赣铁路建设指挥所档案"，时间从1970年至1973年，内容涉及政治、工程、财务、思想宣传等各个方面，计有50余册。由于档案保存得不是很好，有些字迹已经看不清楚，一批铁路建设现场的图片更是模糊不清。

根据这批档案记载，1970年初在"备战、备荒、为人民"口号引领下，安徽省革委会向中央政府申请自主修筑皖赣铁路安徽段。其理由是，皖赣铁路建成既可沟通苏、皖、浙、赣、闽诸省，一旦战争爆发可作屯兵运输的军运干线。同时也将大大缩短由南京至福建或南昌的运输时间，减轻沪宁、沪杭等干线负担，能显著提高运输效率、降低运输成本。除此之外，另一个原因是皖赣铁路线路穿行皖南、赣北地区，沿途土地肥沃、物产丰富、山区亦有大量矿物资源，若顺利建成既为土货输出提供渠道也可促进沿线矿产资源的开发，尤其是皖南、江西煤田的开采，对于扭转北煤南运具有深远意义。由此可见，皖赣铁路也承担着加强战备、巩固国防的重要任务，是名副其实的三线建设工程。

1970年9月，安徽省成立了省、专区和县三级皖赣铁路建设指挥机构，计划在2年内修通皖赣铁路安徽段。为实现"多快好省"，安徽省将工程建设中的路基土石方、小桥及大小涵洞等任务包干给铁路沿线各县，由当地政府动员与组织民工兴修。芜湖专区下属的芜湖县（今芜湖市湾沚区）是皖赣铁路安徽段起点，全县共承担约36千米的建设任务。为完成任务，芜湖县以公社为单位，将全县32个公社编成32个民兵团，民兵团下设营、连、排，明确各民兵团的建设任务。同时，民兵团为参与筑路的民兵提供粮油补助，并发放建勤补贴。补贴的基本标准是每人每天1元，其中0.3元为间接费，归集体支配，0.7元为直接费，发放给个人。芜湖县筑路期间，民兵最多时达4万余人。至1973年，在皖赣铁路建设任务移交给交通部第四工程局前，芜湖县路段的土石方任务已全部完成。

2022年夏，为印证档案记载不虚，由我担任指导教师，安徽师范大学历史学院硕士研究生邢蕾、郭少伟、史孝武和本科生李天昊、神嘉俊、吴洪洁、曾繁美、李新月、李笑丽等9位同学组成的"芜湖市周边铁路遗址"校重点社会实践团队,冒着炎热酷暑,走进田野,对皖赣铁路芜湖县境进行了重点调查,实地探访了路线、车站和桥梁,寻访了沿线周边当年参与筑路的民兵,查阅了芜湖市湾沚区档案馆的筑路档案,在市内还采访到了一位铁路干部,获取了非常有价值的口述史料,基本上印证了档案记述的真实性。当然,也有一些口述资料与档案记载存在着差异。

学生在皖赣铁路沿线寻访修路民兵

据多位被采访者反映,芜湖县修筑皖赣铁路时,吃饭问题由生产队统一解决,但蔬菜要自带,也没有什么建勤补助,只算工分,男子每天10个工分,女子则为7—8个工分。工分积攒起来可以换粮食,相当于每天0.3元至0.5元,这比档案中所述的标准0.7元要低不少。另外,民兵的工作非常辛苦,除非雨天否则不会停工,每天清晨天没有亮就上工,下午要7点多才收工,也没有什么娱乐活动。

通过对档案资料的查阅,结合部分被采访者的口述,我们已基本上能够复原出1970年代芜湖县兴修皖赣铁路的真实场景。基于此,我的研究生邢蕾申报了安徽省高校研究生科学研究项目"芜湖市湾沚区档案馆馆藏皖赣铁路档

档案资料中皖赣铁路的建设场景——芜湖县民兵在挖填路基

案资料整理与研究"并获得立项。我和邢蕾同学一起合作写成的《三线建设时期党和政府运作民工筑路实态探赜——以1970—1973年芜湖县兴修皖赣铁路为考察对象》一文也刊发于《安徽史学》2023年第4期。

小切口中的大世界,芜湖人民兴修皖赣铁路深深镌刻着的时代印迹。在高涨的政治热情的引领下,数万名男女老幼于长江南岸水网交织的田野上挥汗如雨,垄起高于两边田地1米左右的铁路路基;在成昆、襄渝、焦柳和湘黔等铁路沿线,数十万民兵,于崇山峻岭、江河湖海之间,挖隧道、架桥梁、铺道渣。这是他们不得不完成的时代赋予的政治任务,那淳朴的理想信念,支撑起他们巨大的身体之苦和无趣的生活之苦。

1982年,皖赣铁路终于全线通车,客货运输业务繁忙,成为华东地区重要的线路之一。随着中国高铁事业的快速发展,如今的皖赣铁路繁花落尽,辉煌不再,2023年从芜湖到黄山走皖赣线,仅有K1109/1110和K8381/2两列快车每天往返一趟,湾沚、宁国和祁门等站也早已停办了客运业务。随着时光的流逝,皖赣铁路作为曾经的三线建设工程已尘封在一代人的回忆当中,作为历史学工作者只有通过最真实的历史去记录、揭示这段可歌可泣的峥嵘岁月,才能不负为社会主义建设付出青春芳华的芸芸众生。

探寻一段特殊的工业历史
——我的三线建设研究经历

崔龙浩

华东师范大学历史学博士研究生,长春理工大学马克思主义学院、
长春理工大学中国工业文化研究中心教师

时光如白驹过隙,自我本科进入历史学专业,逐渐对中国当代工人史、工业史产生兴趣,到读博期间具体进入三线建设史领域,非常庆幸地得到了学科、专业内外多位老师、前辈的指导。稍有遗憾的是,我在学习中不够主动,也不够勤奋、务实,没有能够向各位老师和其他的优秀前辈求教更多的学问、学到更多的知识。

我的华东师范大学历史系的导师冯筱才教授是引导我走上三线建设史研究、中国当代工业史研究的最重要的领路人。冯老师长期深耕于近现代经济史领域,并在不断开辟深化新的研究领域。他特别鼓励学生进行学术创新,我的同门中,既有用新理论、新视角、新材料研究较为传统的地方社会史、家族史和基层政治动员等议题的,也有直接研究环境史、消费文化史等新兴领域的。创新总是艰难的,我们对新领域、新视角的探索,都离不开冯老师的指导和鼓励。他还与香港中文大学的科大卫教授(David Faure)等多位学者,共同建立了华东师范大学民间记忆与地方文献研究中心,致力于进行面向民间、基层的史料收集与调查研究,多次邀请香港中文大学、厦门大学、中山大学等多所学校的历史学、人类学、社会学学者参加学术会议,并组织进行田野考察。我作为会务人员,有幸参与了这些活动,耳濡目染中学到了许多田野调查、口述访

谈方面的方法与技巧。也正是在这一过程中,冯老师带队前往湖北进行田野考察,采访了一些"二汽"建设亲历者,我也得以初步接触了湖北十堰市和第二汽车制造厂(东风汽车集团前身,以下简称"二汽")的历史。

恰逢此时,2018年,四川大学历史文化学院李德英教授邀请冯老师作为课题组成员,共同申请教育部哲学社会科学研究重大攻关项目"三线建设历史资料收集整理与研究"并获成功。因为对中国当代工业史、工人史的长期兴趣,以及前期田野调查的一些积累,我也有幸进入课题组,真正涉足三线建设研究领域。

在多位老师支持和鼓励下,我得以参加了几次全国性的三线建设学术研讨会,如四川大学历史文化学院举办的"三线建设历史资料搜集整理与研究"开题报告暨学术研讨会(2019年1月,四川成都),三峡大学和上海大学主办的"记忆与遗产:三线建设研究"高峰论坛(2019年11月,湖北宜昌),攀枝花学院、四川大学历史文化学院主办的"三线建设与新中国70年发展道路探索"学术研讨会(2019年12月,四川攀枝花),并报告了自己的阶段性研究成果。

在这些学术会议上,不同学科、领域的学者们从政治、军事、外交、经济、社会、文化等各个视角对三线建设进行了深入、细致的研究,极大扩展了我的学术视野。各位学界前辈、同仁对笔者论文的评阅讨论,也极大帮助我不断纠正错误认知,逐渐厘清研究的重点与难点。中国社会科学院的陈东林研究员,上海大学的徐

2019年11月于湖北宜昌参加"记忆与遗产:三线建设研究"高峰论坛期间参观白马营三线遗址

2019年12月于四川攀枝花参加"三线建设与新中国70年发展道路探索"学术研讨会期间参观攀枝花钢铁厂车间

有威教授、吕建昌教授,四川大学的李德英教授等三线建设领域的前辈、学者,不仅以身作则不断深化三线建设研究,也鼓励、帮助我这样的后辈投身三线建设相关研究中。徐有威老师不仅带领团队做了很多资料收集、口述访谈的扎实工作,更不断开阔三线建设研究的新领域、新视角以引领后辈、学者的深入探索,我也深受徐老师启迪和鼓舞。在相关学术活动与平时学习研究中,宜宾学院的周明长教授、四川外国语大学的张勇教授、三峡大学的冯明老师、攀枝花学院的王华老师、上海交通大学的张杨老师、四川大学的粟薪樾老师、国防大学的蔡珏老师等都给予了我极

2019年12月四川攀枝花参加"三线建设与新中国70年发展道路探索"学术研讨会期间与上海交通大学张杨老师等参观兰尖铁矿

大的帮助与启发。

对于博士论文具体研究的"二汽"和三线工业史领域,我最初是有一些畏惧的。虽然我从本科开始,就进行了一些工人史、工业史方面的研究,但都不够深入。对于工业史、汽车工业史涉及的经济学、管理学,以及机械、材料等理工科知识,文科出身的我知之甚少。冯老师以他多年对中国近现代经济史的深入研究,敏锐地察觉到这一领域的研究价值,鼓励我进行相关研究。

在博士求学期间,我的硕士研究生导师中国人民大学的辛逸教授也一直对我的学习和研究给予了极大的关心。他一直鼓励学生关注学术界前沿理论、优秀作品,在研究的基础理论与逻辑起点上力求创新和突破。老师们的鼓励帮助无疑是我进入三线工业史这一研究领域的重要动力。

通过一定的了解和学习,我也逐渐认识到无论从学术价值还是现实价值而言,中国当代工业历史均有可以深入研究之处。从国际学术发展趋势而言,发达国家在经过一段时间的现代工业发展后,学界均开始重视对于本国工业史、技术史的研究。从理论角度而言,近年来学界多强调金融化的新自由主义经济学反思,重新重视起实体产业的意义,特别是其中先进复杂制造业的重要作用。为此,一些经济学家提出了衡量实体产业发展水平的指标,如早在2009年,哈佛大学的经济学家就提出了经济复杂度指数(Economic Complexity Index,即ECI指数);著名跨界物理学家、经济学家,麻省理工学院的伊达尔戈教授也提出以知识技术为代表的"信息"所造成的"产品复杂性",能够在很大程度上衡量一个国家的经济发展水平与增长

2017年到湖北十堰进行田野考察:由于特殊的地理条件,"二汽"许多厂房依山而建,呈长条状布局

潜力。作为现代复杂制造业的代表,梳理总结三线建设中汽车工业的建设历史、经验与成效,无疑是进一步理解中国当代工业历史的一个重要窗口。

经过和冯老师的多次讨论,我确定以第二汽车制造厂的初期建设历史为中心撰写毕业论文。在搜集资料的过程中,冯老师提供了非常重要的人脉资源,帮助我联系湖北汽车工业学院的黄永昌老师、马保青老师等,他们进而帮助我联系到多位亲历"二汽"早期建设的老职工,为这篇论文提供重要的材料支撑。从上海前往湖北十堰查阅档案,花费颇大,车费、住宿费等对我们学生来说是一笔不小的开支。冯老师都尽可能帮我报销这些费用,让我们尽可能多去进行田野调查、去当地查阅档案,我真的感激不尽。

2017年到湖北十堰进行田野考察:"二汽"初期建设时,大量厂房、住宿区就是如图中一样建在山腰

2017年到湖北十堰进行田野考察:为节约建设材料等,"二汽"初期建设时,大量生活用房采取"干打垒"的方式建设

由于深感我在工业史方面视野与理论的局限,在历史学系和冯老师的帮助、联系下,我有幸获得华东师范大学国际交流基金的资助,得到了前往印度德里、荷兰阿姆斯特丹参加相关会议,以及到德国波鸿鲁尔大学东亚研究系交流访学的机会。在2017年3月由印度劳动与就业部吉里国家劳工研究中心

举办的"全球劳动关系史研究网络第一次会议"上,我作了主题报告——《从"身份"到"契约"的艰难转型——1500年以来中国劳动关系的研究回顾》。2018年6月,我有幸参加由国际著名劳工史研究机构、马克思手稿主要收藏地荷兰皇家艺术科学院国际社会史研究中心(IISH)举办的"20世纪中国劳动人口国际工作坊",并向大会报告了我的论文——《对1950年和2000年中国劳动人口的试分类》。在与各国学者的交流学习,在对当地图书资料、工业历史遗产的查阅考察中,我逐步加深了对世界工业史的了解。

从广度和深度方面而言,在工业史研究方面对我帮助最大的还是在波鸿大学访学的经历。我的德方导师莫克莉教授长期从事中国近现代经济史、工业史和中西方经济史的比较研究,治学严谨精深。她不仅向我介绍了德国学界对中德工业历史研究的基本情况、推荐相关书籍、与我讨论研究成果等,也在生活上给予了我极大的帮助。每到周末,她便带我考察鲁尔地区的主要工业遗迹,还与她的家人聚会,熟悉德国文化。在她的引荐下,我还有幸结识了波鸿大学历史学系的贝格尔教授。贝格尔教授是欧洲著名的史学理论专家、

在德国访学期间,参观位于世界文化遗产关税同盟煤矿

社会史专家、工业史专家，在与他的交流中我受益良多，并获得他的赠书。在德访学期间，在波鸿大学读博的李正东、范妮乐和汤秦等好友，既为我提供了研究上的启迪，也极大帮助了我适应德国的生活。正东兄作为贝格尔教授的高徒，学术方向是中德工业遗产的比较研究，我们共同参观了位于埃森市的世界文化遗产——关税同盟煤矿、莱茵工业博物馆等，深感德国对自身工业历史发掘与工业遗产保护利用之重视。

对世界工业史有了初步了解后，我最大的感受就是与欧美等工业化先行者相比，中国工业化起步时在自然地理、政治、经济、社会、文化等各方面均差异极大，这种状况使得中国的工业化、现代化的过程既带有一定的普遍性、遵循了一些工业化的本质规律，也的确在具体路径、表现等方面有一定的特殊性。其实，从"李约瑟难题"到"加州学派"，对于中西方历史"大分流"的研究都已经暗含了这种学术思考。在20世纪90年代的"现代化"研究热潮中，亦有诸多学者讨论过"多元现代性"的问题。抛开这些理论问题不谈，仅从实践层面而言，我也在对三线工业历史的初步研究中发现了大量独特的建设经验。对这些特殊路径、经验及其背后因素的分析，或可加深我们对共和国前三十年甚至整个中国近现代工业历史的认识。

但要达成上述研究目标，除了要尽量收集、整理相关上层文献史料外，还需要收集大量能够更加体现中下层微观历史状况的档案资料、文史资料、民间史料和口述史料等，这是一个不小的考验。为此我先后多次前往东风集团档案馆、十堰市档案馆、上海市档案馆等档案机构，查找摘录相关档案资料；还于2017年11月、2019年11月至12月，两次前往湖北十堰市，进行了前后近两个月的实地资料收集、田野考察和口述访谈。2019年7月，我随四川大学三线建设研究团队前往四川成都，贵州贵阳、安顺、都匀等三线建设地区，进行了田野考察与口述访谈。

这些考察访谈经历，不仅帮助我收集了大量档案文献资料和口述资料，还加强了我对三线建设、三线人的主观体认。在进行口述访谈的过程中，面对作为后辈和非专业人士的我，这些亲历历史、从业数十载的"二汽"老职工、老工程师，耐心地解答着在他们看来是一些基本常识，甚至是有些幼稚的问题。比如作为专业技术人员、企业管理人员，他们自然知道"二汽"初建之时在体制、制度、产品和技术方面的不足，但也更加理解这些不足背后的现实局限。他们

2019年12月在湖北十堰田野考察期间采访原"二汽"锻造厂厂长王治宝先生(右)

2019年12月在湖北十堰田野考察期间采访原"二汽"发动机厂厂长丁冬喜先生(左)

2018年7月,笔者与四川大学李德英教授团队在三线企业贵州飞机制造厂进行田野考察,从左至右分别为李德英、张万欣、吴金贵、万兴驰、王艳庆、粟薪樾、蔡珏、笔者

耐心地向我解释,当时汽车工业更多是解决"有无"的问题,而不是"好坏"的问题,同时也会坦率地对一些当时甚至是后来长期存在的体制问题、技术问题表示遗憾。原"二汽"副总工程师、总冶金师支德瑜老先生,九十余岁高龄仍笔耕不辍,不仅在他长期从事的汽车材料领域继续建言献策,也早在20世纪90年代就提出我国汽车工业应该进行新能源转型,极具前瞻性。在接受我们访谈的过程中,支老先生具体介绍了"二汽"材料工作的特点,让我们看到了作为一名科技工作者的责任与追求。在后来的资料阅读中,我了解到在"文化大革命"期间,一些"二汽"的技术人员、干部职工,为了坚持基本的科学建设规律、建设原则,与极"左"思潮进行了艰难的抗争,承担了极大的政治风险。其中比较有代表性的,就是围绕厂址问题产生的一系列风波。在档案资料和口述史料的基础上,我撰写了《"备战"与"运动"下的三线企业选址——以二汽厂址问题为例的考察》一文,对二汽初期选址的过程与相关争论、政治

风波进行了初步梳理。

在湖北十堰进行资料收集与田野考察的过程中,我得到了湖北汽车工业学院的邱春江老师、计毅波老师、黄永昌老师、马保青老师、刘明辉老师等多位师友的帮助。邱老本身就是"二汽"早期建设的亲历者,不仅接受了我长达数小时的访谈,还为我介绍了其他亲历者。黄永昌、马保青两位老师不仅帮我联系了数位"二汽"老职工,马老师还驾车陪同我进行了数次访谈。因为他们本身都是历史研究者,在学术研究方面也给予我极大的启发,我为提供了许多历史背景资料和他们的学术观点、成果。湖北工业职业技术学院的田运科老师对于"二汽"历史的研究亦颇深,对我学术上的启发亦及其深远。如果没有诸位前辈、学者的帮助和启迪,我的研究是难以进行的。

笔者的阶段性研究成果《"备战"与"运动"下的三线企业选址——以二汽厂址问题为例的考察》,刊载于《历史教学问题》2021年第2期

在这些前期研究中,我逐步加深了对三线工业、"二汽"建设的认识。曾有学者用"螺蛳壳里作道场"来形容攀枝花钢铁基地在弄弄坪地区的艰难建设,其实整个三线建设,又何尝不是这样?无论是外部的技术、贸易封锁,还是内部的资金、技术匮乏,经济基础薄弱,生活条件艰苦,都给三线工业建设造成了极大的困难。但是即便在这样的情况下,我们依然看到了许多三线建设者结合实际条件,采取了多种举措推进建设,并且取得了一定的成效。比如我具体研究的"二汽"建设中,大量史料表明其在生产组织、产品、技术、管理制度等诸多方面,建设者们均进行了一定的探索、创新、升级。在这一思路基础上,我撰写了《"三线建设"前后中国复杂制造业的探索——以第二汽车制造厂为例的考察》一文,并在中华人民共和国国史学会三线建设分会、上海大学、西

南科技大学主办的"第三届全国三线建设学术研讨会"（2021年10月，四川绵阳）上做了了报告。

当然，在这些建设中，我们也能看到很多不足与问题。其中让我感触最深的就是与革命战争时期及至新中国成立初期，仅仅依靠群众动员式的"大干快上""人民战争"就可以取得一定的建设成效不同，在"二汽"等更为复杂的三线工业建设中，只有依靠科学、合理的建设规划与生产管理等，才能取得较好的建设效果，否则就会影响建设、生产，甚至造成严重的损失。

在更深一步的史料阅读和口述访谈中，一些生动的故事也促使我进一步思考三线建设中政治、社会、

2019年11月参观位于湖北十堰的湖北汽车工业学院校史馆，"二汽"建设亲历者、湖北汽车工业学院的邱春江老师为我们进行讲解

文化转型等问题。

在一些传统印象中，三线建设主要是一场以国家利益为导向的建设运动，基层民众只是被动的承担者。但在实地的考察访谈中，我经常能够听到三线建设对于亲历者个人际遇的重要改变。比如我访谈过的一位湖北当地的中专毕业生，毕业后被分配进入"二汽"。对于出身农村的青年来说，读完中专要付出很大的代价，能够进入"二汽"这样的大型国营企业，他本人和家庭都感觉非常满意。与"二汽"一样，大量三线企业都进行了大规模的本地、本省招工，极大改善了当地青年的就业状况。而对于一些老企业的工人来说，迁入新厂也未必就是坏事。我采访到的一位"二汽"老职工，因为家庭出身原因，虽然成绩优异但没有机会进入大学，通过招工考试进入了"一汽"。但在人才济济的"一汽"，高中学历的他想成为技术人员并不容易，而他的师傅、领导，大多也三十几岁正值壮年，他在评级、晋升方面的前景也不乐观。同时，作为建厂十几年的老企业，难免存在一些人际矛盾、圈子文化，在"文化大革命"中，

2019年12月在湖北十堰田野考察期间对原"二汽"发动机厂老职工进行集体访谈

更产生了一些"派性"矛盾,作为普通职工很难置身事外。当听说援建"二汽"时,这位老职工选择主动报名,希望可以在新的企业发挥更大的作用,也摆脱了原单位复杂的人际关系。后来他不仅在"二汽"兴办的职工业余大学(即现湖北汽车工业学院)圆了自己的大学梦,还逐渐成长为一名工程师,为"二汽"建设作出了优异的贡献。而当时与他情况、想法类似的,并不是个例。

当然,对于参加三线建设,在一些职工中也存在着一些异议。这当然与当时一些政策不够合理、过于强硬等有关,比如黄龙滩水库移民中对当地农民生活的冲击等。同时可能还有一个更加宏观的背景,那就是随着经济工业建设的不断推进,社会群体的利益取向更加复杂,"人民内部矛盾"更加凸显。我在口述访谈中发现,往往是一些已经在原单位、原城市生活比较安稳满意的职工,对于进入偏远山区参加三线建设的意见较大。这些职工原生活的上海、北京、长春等城市,在工作、生活方面的都相对比较优越,与大部分三线企业所处的山区农村相比更是天差地别。我从网络购得到一本从"一汽"调入"二汽"的职工的生活笔记,从中看到他在"一汽"时,几乎每个星期都可以去观看一到两次电影、话剧,业余生活比较丰富,而到"二汽"后全然没有了这方面记载。工作生活条件上强烈的落差、背井离乡的困苦、对于自身和子女前途的担忧,自然引起了许多职工的不满。时至今日,一些来自北京、上海的老职工在谈到留在原城市的亲戚、同事现在的家庭条件、退休待遇、医疗条件和子女教育就业等问题时,仍不免流露出羡慕之情。正是基于这些现实因素的考虑,在一些回忆文章中也能看到,个别三线企业的领导干部并没有很好地以身作则将自己或家人的户口迁入三线地区,而是留在了北京等原工作城市。我们也常常能够看到,相比于一些资格较老的行政干部,反而是一些政治、人际背景不够深厚,饱受政治运动冲击的技术干部,在这方面表现得更好,将自己和家人的户口牵制了三线建设地区。虽然在"二汽"中这种情况属于个案,但仍能从中嗅到一些社会风气的变化。据上文提到的那位湖北本地中专毕业生回忆,与他进入"二汽"感觉非常满意不同,他认识的一位湖北某地市级领导的子女,对于进入"二汽"并不是特别满意,后来还私自离厂,不知所踪。

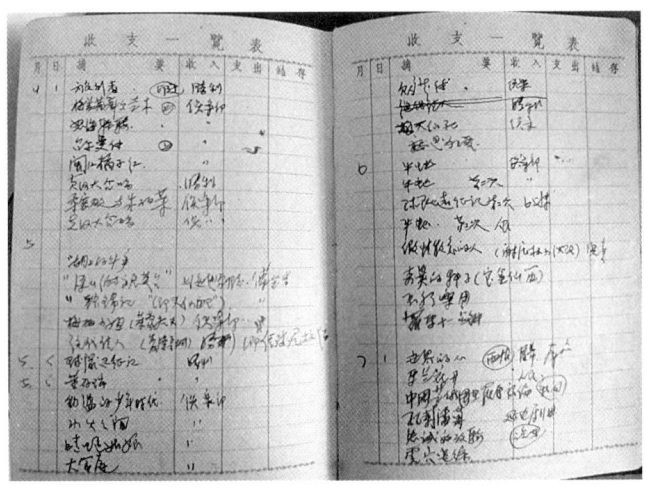

某"一汽"调"二汽"职工个人笔记中有关在长春工作期间所看电影、话剧等的记录

从这些田野考察与研究思考中,我深深感到三线建设研究对于探讨中国当代经济、工业历史,甚至是政治、社会、文化转型均有较高的学术价值。因此在博士论文中,我不仅从工业史角度梳理总结了"二汽"的初期建设史与一系列独特的经验、教训,也从厂地关系调整和企业、社会管理模式转型等角度,探讨了这一时期中国社会的悄然转变。生产力和生产关系的双重困境,说明彼

时中国无论是政治体制、经济体制,还是对内对外政策,均需要进行一定的调整、升级,并最终发生了改革开放这一重大历史转折。另外,从现实意义而言,三线建设研究亦有较高的价值。当今中国的内外部形势与三线建设时期存在着诸多相似之处。在外部局势方面,国际变革加剧,诸多不确定因素并存,不仅面临外部技术制约,对科技、产业自主创新的要求也越来越高。在社会层面上,社会利益格局更趋复杂,阶层、资产、地域、职业等之间的利益差异不容忽视。如何在保证国家政治、军事战略需求的同时,"自力更生"进行科技创新、产业升级,保持经济发展,平衡不同群体利益,凝聚发展力量,三线建设中有着大量相关经验教训,值得进一步挖掘,或将成为我们理解和推进"中国式现代化"的重要参考。

我也受到过多位老师的提醒,历史研究者往往容易在个案研究中对研究对象产生情感倾向,并夸大研究对象的意义与普遍性等。在这一方面我无疑没有做好,在以往的研究与行文中,难免出现情感倾向于各种层面上的"过度阐释"。在此只能提醒自己在以后的研究,谨记"二汽"只是一个个案,从其政治、经济地位而言,甚至是带有一定特殊性的个案,并不能单纯以其为依据,判断三线建设的成效与得失。如果想要进一步加深对三线工业的认识,无疑需要更多企业和行业个案的研究,并且深入到企业、行业内部的制度、产品和技术能力等变革。对于"二汽"的初步研究,也无疑只是我三线建设研究的一个起点。

在不断开拓三线建设研究疆域、扩大三线建设研究队伍方面,徐有威教授等三线建设研究界的前辈为我们树立了优秀榜样。

徐老师不仅在国内外撰写出版了大量小三线建设领域的研究论文与论著,更是一位杰出的学术组织者,主持召开了多次三线建设研究学术会议。于我这样还处于起步阶段的研究者而言,徐老师都积极帮助我们梳理、展示、反思自身研究经历与思路,鼓励我们进一步推进研究的广度与深度。但是更重要的,以徐老师为代表的前辈们通过相关学者对各自三线建设研究经历的撰写,在很大程度上可以形成三线建设的学术史和学术分支。与所有学科领域类似,三线建设研究的研究史理应成为三线建设领域的一个重要组成部分。

不同学科、专业、研究主题的三线建设研究者,有机会交流自身的研究经历与心得,也有助于我这样的入门者丰富、深化对三线建设的认识,尽量避免

"只见树木不见森林"。

以徐老师鼓励学界同仁包括学生进行三线建设研究的计划而言,他所推动或召集的诸多活动无疑也有利于向学术界与公众展示三线建设丰富、深厚的学术意义与现实意义,感召更多各行各业的有志者进入三线建设研究。而近年来不断涌现的三线建设研究成果,也充分证明了这是一个极具学术潜力的新研究领域,值得更多各界研究力量的投入。我的经历就是最好的明证。愿与国内外各位朋友一起添砖加瓦,为当代中国史的学科建设略尽绵薄之力。

我与三线建设"歪打正着"的缘分和我的口述史研究经历

粟薪樾

四川大学历史文化学院2017级博士研究生、
四川大学马克思主义学院助理研究员

得知徐有威教授组织三线建设研究者撰写"回忆录"的消息后,我深感此事意义非凡。作为学术档案的一种文本形式,回忆录是研究学术发展史的重要文献。但是作为一个三线建设研究的"小白",我从未想过自己会写"回忆录"。因为以往总觉得回忆录是大佬们回忆自己一路"升级打怪"走上人生巅峰后传道授业解惑、为后人指点迷津之作,跟我能有什么关系呢?承蒙徐老师不弃,希望我能够回忆做三线建设研究的心路历程,我也开始思考自己能写些什么,写的东西有什么意义。

做三线建设研究时,我们常常说要抢救性发掘口述资料、回忆录、日记等各类史料,就是因为作为构成历史的活动事件与行为主体的那些人和事,大都因没有文字记录而湮灭在历史的尘埃中。古语有云:"盖文章,经国之大业,不朽之盛事。年寿有时而尽,荣乐止乎其身,二者必至之常期,未若文章之无穷。"(《典论·论文》)文字记录的重要性不言而喻。作为研究者的一员,我们更应该有意识地留下一些文字记录,既做历史的研究者,也做历史的创造者,承担起这份责任!

想到这里,我恍惚间像是看见了历史的长河,低头看看,原来自己也在水中,也是过去的一部分。回到过去,我是怎么和三线建设结缘的呢?2012年我考入了四川大学历史文化学院,后跟随我的导师李德英教授,在她的悉心指导下于2016年决定研究土地制度相关问题,2017年确定主题"土地陈报"后开始收集资料,但2018年迎来了我人生的转折点。2018年是我博士生涯的第二年,在这一年年初,李老师和几位师兄讨论后向教育部提交了"三线建设口述历史资料搜集整理与研究"的选题,后来教育部在此基础上略作修改公布了"三线建设历史资料搜集整理与研究"选题;5—6月,李老师组织团队申报课题,我也是团队的一员,主要负责口述历史资料部分;10月教育部公示我们的项目入选;12月下达立项书。

其实在申报课题和等待结果的过程中,李老师已经带领团队开始工作,2018年10月13日到雾山农场参加雾山三线记忆展览馆开馆暨《三线人诗书影画作品选》发行仪式;14日到十陵街道参加中华人民共和国国史学会三线建设研究分会调研十陵街道三线文化传承基地建设座谈会;20日专程到锦江油嘴油泵厂参观考察。这些会议和考察我都没有参与,因为当时一心一意搞"土地陈报",那时我的资料已收集了百分之八九十,又处在博士二年级的开始阶段,时间紧迫,按照原定计划,应当立即投入到博士论文的写作中,争取早日毕业,所以当时没有考虑过投身一个全新的领域从零开始。可是缘分就是这么奇妙,我和三线建设的正式接触即将开始。

我出生于成都郫县(现郫都区),虽然听说过"三线建设"这个名词,大致知道指的是什么,但总觉得非常遥远,没有发现三线建设原来离我这么近,地理意义上的近。从小到大,和家人朋友日常沟通交流会说"在三九八门口等你","去五九八菜市买菜",所以我印象中的三九八、

地图上的三九八和五九八

五九八就是"地名"。直到2018年10月,李老师在雾山农场和十陵街道的会议上得知了蒙庆老师的联系方式,蒙老师是原三线企业三九八厂的工会副主席、党群工作部部长,也是厂史的撰写人之一,非常值得拜访。这时我才知道原来三九八、五九八就是三线企业,原来三线企业离我这么近。和蒙老师联系上后,采访地点定在了蒙老师的家中,而李老师希望我作为团队成员能够协助她一起完成这次访谈。按照惯例,每次采访我们团队都会提前阅读相关材料,线下或线上展开研讨,然后拟定采访提纲。作为一个"门外汉",我得赶紧"补课",当时放下了手中的"土地陈报"资料,开始阅读三线建设,特别是广安三线建设的史料。

四川由于历史条件、地理环境、资源等方面的原因,成为三线建设的重点省份。中共中央在四川确定的三线建设的重点项目为"两基一线",即重庆常规兵器工业基地、攀枝花钢铁工业基地和成昆铁路。中共中央决定以重庆为中心,要求用三年或者更多一点的时间建立起一个能生产常规武器,并且有相应的原材料和必要的机械制造工业的工业基地。广安各县位于四川省东部,依托华蓥山中段主峰,有渠江和嘉陵江环绕,紧靠西南工业重镇重庆,符合"靠山、分散、隐蔽"的三线建设方针。因此,西南三线建设筹备小组将广安各县列入了重庆常规武器工业基地建设以及与之配套的冶金化工机械等方面重要项目的选址规划之中。此后,多家企业先后在华蓥山布点建设,包括永光仪器厂(三九八厂)、兴光机械厂(五九八厂)、金光仪器厂(二九八厂)、红光仪器厂(三四八厂)、江华机器厂(三五四厂)、华光仪器厂(三〇八厂)、明光仪器厂(三三八厂)和西南玻璃厂(一五七厂),还有两个配套的小三线企业,即长城机械厂(九八四六厂)和燎原机械厂(九八二一厂)。到了20世纪80年代,随着市场经济的逐步发展和国家政策的调整,企业受交通、通信等多重因素的制约,发展受限,开始逐步迁出华蓥山,三九八和五九八两厂就这样来到了郫县。

初步了解三线建设和广安三线企业情况后,我向父母询问关于三九八的记忆。父母回答我:"杜校长就是三九八的呀!你可以问问杜校长嘛。"杜校长是父母多年的好友,长期担任三九八子弟学校的校长。我当时对三线建设还不敏感,还不能做到及时把身边的人和事同三线建设联系起来。于是,李老师和我先对杜校长和他邀请来的杨书记进行访谈,杨书记曾任三九八厂的厂办主任、党办主任、宣传部部长、子弟校书记、总务处书记等职务,和蒙老师是

2018年10月22日采访蒙庆老师（从左至右：李德英、蒙庆，拍摄者：粟薪樾）

校友，当初一起来到三九八厂。经过杜校长和杨书记的介绍，我们对三九八厂的情况更为了解，随后对蒙老师的采访也很顺利。

蒙老师给我们讲述了很多细节，其中有两个细节特别吸引我们的注意：一是轮换工，这是我第一次听说轮换工的机制，"我们当时建设期间有这样一个问题，需要大量工人，而早期又没有办法培养那么多工人，也没有那么多指标。于是就从当地农村抽调人手到厂里帮着干活，但是需要轮换，如干三个月轮一批。"后来轮换工成为我博士论文的重要章节和主题。二是厂社结合，蒙老师介绍了广安三线建设的两个经验，其中之一就是厂社结合。这两个细节的共同点在于证明了三线企业并不是完全脱离地方存在的，而是和地方有着千丝万缕的联系，农民和工人之间也不是完全割裂的状态，甚至农民有着向工人身份转变的可能。因此，三线建设的城乡关系、厂地关系、工农关系让我感到非常有意思，而兴趣正是我研究的初始动力。

采访完后，我们对广安的兴趣越来越浓，决定邀请蒙老师一起去一趟广安,实地看一看当年的三线企业。

三九八厂在青山绿水中若隐若现,能够想象到当年选址为了"靠山、分散、隐蔽"仔细斟酌的场景。蒙老师专程带上了当年拍的照片,我们站在同一个角度望向远方,仿佛时光倒流。

2018年11月27日探访原三九八厂（老照片由蒙庆提供）

三九八厂因为当年"进洞"的口号,有的车间建在山洞里,其实山洞潮湿不适合生产,现在山洞倒成了泡菜坛子的天下。

旧日的荣光在剧院的身上显得有些斑驳,一栋栋宿舍楼依稀能够看到往日的繁荣,河水依旧静静流淌,小镇却热闹不再,难免让人感到唏嘘。

从广安回来后,我对三线建设有了感性上的认识。李老师和我决定合作写一篇关于厂社结合的论文。

在之后的日子里,我先后参与到团队对王春才主任的访谈。

然后团队开始准备项目的开题。

2018年11月27日探访原三九八厂位于山洞内的车间

2018年11月27日探访原三九八厂剧院

2018年12月3日于王春才老师书房合影（从左至右：黄俊林、粟薪樾、王春才、李德英、张杨）

2018年12月12日参观德阳金鑫厂

"三线建设历时资料搜集整理与研究"学术研讨会合影（2019年1月于成都）

开题后，我潜心于小论文的写作，在写作中对三线建设越来越感兴趣，决定从零开始，放弃"土地陈报"方向的选题，将三线建设作为博士论文的方向。最终"三线建设"帮助我顺利拿到博士学位并找到工作，算是"歪打正着"的一段缘分。如今的三线建设对于我来说不仅仅是为了成就自己的学业和事业，更多的是对三线的感情和责任。我从当初身边就有三线人而不自知，到今天闲暇时分看博主视频都能雷达一响立刻意识到和三线有关，这样的转变和长期的口述访谈经历有关。

说起我的口述经历，还要从4年前开始。

2019年5月，我带着小论文初稿和李老师一起踏上了前往深圳和海南的路途。我们一边采访，一边修改论文，在深圳采访了邓昌德先生（曾任孝感书记）和潘广焱先生（曾任三〇九局局长），在海南采访了李庆先生（曾任湖北三线办主任）。这三次访谈，我们接触了不同身份的"三线人"，有三线调整时大力支持工厂迁入的当地领导，有积极推进三线调整、支持企业摆脱困境的三线办主任，还有三线企业的领导者，从不同角度为我们展现了三线调整的艰难历程。这也加深了我对厂地关系的理解。

不久，我们带着修改后的论文参加了中国社会科学院当代中国研究所与河南大学在开封举办的"新中国70年的建设成就与经验"学术研讨会，经过专家的批评指正，论文的方向更为明确。因为河南离湖南不远，我们和潘广焱

2019年6月3日于安陆家属区、安陆老基地、孝感家属区和孝感新办公区采访了几位老人

先生联系后,决定前往三〇九实地考察。

回成都后拜访王老,讲述我们的访谈经历。

2019年6月13日拜访王春才先生(从左至右:李德英、王春才)

团队及时召开工作会议,讨论了下一步的工作计划,决定到绵阳采访铁道兵。

2019年7月4日采访多位铁道兵(从左至右:粟薪樾、谢宗年)

2019年7月7日,我暂时离开团队,回到成都和李老师一起参加中华人民共和国国史学会在成都大邑雾山举办的中华人民共和国国史学会三线建设研究分会代表会议和"不忘初心,牢记使命,弘扬三线精神"研讨会。

会议期间我采访了纪录片《大三线》的导演刘洪浩先生和电视剧《铁血》的制片人隋文波先生,以及原攀枝花市委书记秦万祥先生和三线工人代表周成楼先生。

7月,团队乘暑假期间兵分几路查资料和跑采访,我到了贵州,先后去往双阳厂、黎阳厂、振华集团。

假期结束后,团队汇总搜集到的各类资料,进行资料的整理和归档工作,我也在此期间完成了第二篇小论文。

2020年1月,团队再次出发前往各地,我到了小论文中多次提及的华光厂实地考察,如今该厂已搬迁至重庆北碚。

2020年7月,我再次来到广安。第一次到广安时,我对三线建设只有粗浅的了解;第二次到广安,我已经完成了两篇小论文的写作,对自己想要获取哪些信息、怎么提问等都清晰、明确,对各个厂也是如数家珍,看到旧厂址整个人更处于完全不一样的状态,深深地被触动和激发,将文字和实际联系起来。

2019年7月22日贵州贵阳·拜访振华集团（从左至右：蔡珏、李德英、黄德斌、粟薪樾）

2020年1月14日重庆北碚访谈（从左至右：李德英、汤大德、杨晓晓、粟薪樾、傅冠雄）

2020年7月30日华蓥市庆华镇江华厂社区合影

2020年7月30日华蓥天池公社华光厂旧址合影

2020年11月,因为我们团队的几位成员都想再去一趟华光厂补充资料,另外新联系上了明光厂,所以相约再次前往北碚。

2020年11月3日重庆北碚华光社区访谈(前排左起:汤大德、杨晓虹、杨近争、张顺相、吴长惠、王大顺,后排左起:傅冠雄、余剑秋、粟薪樾、王刚)

之后的时间,一是受到国际国内大环境的影响;二是资料搜集已达到一定数量,需要进入下一个阶段,所以基本上没有再外出访谈。

口述史研究经历对于我和我的写作、我的学术研究来说都特别重要。三线建设因其是一项国家工程,且涉及诸多军工机密行业,至今仍有很大一部分的档案资料没有解密,无法查阅。一些相关的重要事件,由于政治保密、历史变迁等原因,也没有留下文字记载。而能够查阅的部分文献材料大都属于政治宣传范畴。不过三线建设距今半个多世纪,当年亲历三线建设的许多老职工、老同志仍然健在,这就为三线建设口述史的研究提供了可能和便利。口述访谈,成为扩展三线研究学术空间的一个重要方法和途径。文字资料、口述资料和影像资料的结合,互相比对、互相印证,让我能够尝试分析三线建设者的历史记忆和历史感悟,用整体史视角看待三线建设这一历史事件,将微观与宏观相结合,反映三线建设的另一个面向。

我的博士论文《新中国工农结合实践探讨(1958—1971年)——以三线建设为中心的考察》是基于三线建设相关课题基础的研究,如前文所述,我从蒙老师口中第一次听到厂社结合、轮换工的概念,后来在进一步搜集资料以及写小论文的过程中,又发现这些政策与工农关系息息相关。同时由于三线企业的档案难以查阅,需要借助地方档案馆的资料,而地方档案馆馆藏档案中与三线建设相关部分,大多也与厂地关系、工农关系相关,因此有比较丰富的资料能够支撑论文的写作,于是我将自己的研究方向初步定为三线建设的工农关系。可是在写作过程中,我发现不能单纯就三线建设而论三线建设,因为三线建设的诸多指导思想、原则和措施,与新中国成立后中共中央关于工农联盟的理论和实践是一脉相承的,与三线建设前的诸多政策也息息相关。所以最终定为这样的主题,旨在关注马克思主义工农联盟思想在新中国成立后的运用以及三线建设时期工农结合实践给工农关系带来的变化,反思工农并举局面难以实现的深层因素,从学理层面认识三线建设与中国社会经济结构之间的互动关系。

进入四川大学马克思主义学院工作后,我开始思考如何拓展新的研究领域,目前的计划是将三线建设作为国家安全体系和能力现代化进程历史经验的一部分进行研究,为打造新时代国家安全现代化新局面提供历史借鉴和参考。

记录与纪念：我与锦江油泵油嘴厂的三线情缘

都 蕾

华东师范大学政治学系本科生、上海交通大学中国史专业硕士研究生

首先感谢上海大学历史系徐有威教授提供机会，让我能够对四川锦江油泵油嘴厂的三线建设研究做简单的梳理与回顾。对于三线建设，对于锦江油泵油嘴厂，我有太多的话要讲。我从未想过那些童年时代就已结下的隐秘联系会在多年之后对我产生如此之深的影响，也从未想过三线会给我带来如此之大的归属感，让我在某个脆弱的时刻与三线人达成情感上的同频，更未想过那些破碎的记忆碎片、那些尘封的生活历程，会在我的笔下生动起来。当我落笔写下与三线相关的文字，既有对于祖辈和父辈曾经历的青春岁月的记录，也有记录之下对三线人本身深深的怀念。

我出生在上海的杨浦区，家住军工路旁。轰鸣的火车、来回的集卡、凹凸不平的路面、飞扬的尘沙，这是我童年关于工厂、对于单位制最直观的印象。奶奶的子女很多，基本是工人出身，足迹遍布上海第五钢铁厂、上海柴油机厂等。但记忆中，大姑妈总是不一样的。

比起父亲朝九晚五的工作，大姑妈总是格外辛苦，我曾无数次听见她和奶奶说要早上四点出门才能赶上早班，夜晚十一点多才能回家。还在上幼儿的我因病在长海医院住院时，大姑妈也在马路对面的东方肝胆医院开刀。我在医院住了整整半年，而她在手术后一个星期就出院继续工作。她似乎在四川待过很长一段时间，会一口流利的成都话，多年之后我的重庆室友都惊叹"这样地道的四川话，我都不会讲"。在我学会使用互联网后，大姑妈便总让我帮

1980年代位于四川彭县丹景山的锦江油泵油嘴厂（图片来源：锦江油泵油嘴厂退管站）

忙在贴吧打开"陆仲晖吧"和"锦江厂人吧"，帮她浏览帖子、查阅信息。我从此对锦江油泵油嘴厂有了一个模糊的印象，它是大姑妈工作了几十年的地方，它在四川成都。

这便是三线建设在我年少时期留下的痕迹，这些细碎的、模糊的记忆在很长的时间中都被我所忽略。我并不清楚"三线"的概念是什么，我甚至一度将它完全等同于知青的"上山下乡"，我也不知道它对我意味着什么。

真正认识三线建设，从而产生对三线建设的兴趣，大约是在2021年。2021年4月，我以"疫情之下基层公务员的心理契约研究"为选题，成功获批国创项目立项，有关保研升学的压力骤降。伴随立项而来的不是轻松，而是迷茫与恐惧。基于心理契约模型的定量研究的确有趣，研究出理想的数据模型也的确有成就感，但我却时刻感受到内心的质问：你真的喜欢这个选题吗？你真的能够将它作为你未来几年甚至十几年的研究兴趣，并且一直怀着热情去研究吗？答案显然是否定的。

颇具偶然性的是，我那学期所选的党史课程因人数不足而未成功开课，我阴差阳错地选了当时还在华东师范大学政治学系的刘亚娟老师所开设的"新中国历史镜像"作为选修课。在第一堂课中，刘老师对"新中国史"做了简单的历史脉络梳理,并鼓励我们从自身经历出发,寻找研究兴趣。童年有关大姑妈的记忆突然闪过脑海:她为什么远离家乡很长一段时间到四川的工厂工作?爷爷曾是上海柴油机厂的职工,他又为什么会去锦江油泵油嘴厂工作?上海柴油机厂和锦江油泵油嘴厂有着怎样的联系?

  课后,我壮着胆子,将我的困惑告诉了刘老师。刘老师告诉我,这些现象都与中国工业史上的一场重大战略事件——三线建设有关。和刘老师聊完,我独自一人走在回寝室的路上,我突然回想起奶奶在世时提及四川生活时的泪水,回想起爸爸、小姑妈因爷爷奶奶不在上海而长期住在二伯家的往事,回想起在四川长大所以格外爱吃辣的哥哥。如果说童年的模糊记忆在我和三线建设之间牵了一条隐形的线,那么在这一刻这条线终于有了清晰的实体。我迫切地想要知道他们曾经怎样生活,我迫切地想要将他们的经历记录下来。

锦江油泵油嘴厂区域卫星图(图片来源:锦江油泵油嘴厂退管站)

下　篇　三线建设研究者回忆录 | 499

虽然自幼生活环境的耳濡目染让我对三线建设有大概的认知，但真的进入三线建设研究领域，我的知识面仍是狭窄的。因此，从2021年4月到7月，我开始搜寻与锦江油泵油嘴厂、与三线建设相关的资料。我意外地发现锦江油泵油嘴厂留存了非常丰富的历史资料：有三卷几十万字的回忆录《锦江岁月》，有集合了大量历史照片的《锦江情韵》，更有无数与我住在同一小区、愿意接受我访谈、曾经在锦江油泵油嘴厂工作的老职工。同时，前辈们积累的大量研究与编撰的资料集也给予了我很大帮助。徐有威老师与陈东林老师主编的《小三线建设研究论丛》、陈夕老师主编的《中国共产党与三线建设》以及张勇老师的《多维视野中的三线建设亲历者》让我对三线建设的历史背景、发展过程以及研究现状有了一定的认识，这些书籍中涉及的文件资料、厂志内容对我这个中国史的初学者来说更是宝库一样的存在。

虽然前期的资料搜集让我对三线建设的概况与研究现状有了大致的认识，但直到2021年8月，我仍没有建立明晰的问题意识，对访谈的提问毫无头绪。一方面，锦江油泵油嘴厂作为三线建设史上一个被大量关注的个案，已有大量的问题被发掘并研究，如张勇老师对锦江油泵油嘴厂建厂初期厂址变迁与博弈的研究、陈超老师对工厂内部社会结构的研究。如何在大量前人研究的基础上找到新问题，是我面临的难题。另一方面，虽然我能与大量锦江油泵油嘴厂的老职工建立联系并对他们进行口述访谈，但我并不知道该如何从这些亲历者对这段历史的回忆中提炼具有共性的议题。有时因为我与他们过于熟悉，我很容易在访谈中提出一些具有引导性的问题，而无法触及历史的本质。我也曾试图将三线建设企业放在政治学理论的角度思考，希望从过往学习的"当代中国政治制度""当代中国政府与政治"等多门中国政治相关的课程中汲取视角，但我发现我所掌握的知识太少了。我陷入了深深的焦虑。

直到2021年8月底的某一天，在刘亚娟老师的牵线介绍下，我与上海大学历史系徐有威老师取得了联系。我时常觉得这是我与三线建设的缘分：曾经的锦江油泵油嘴厂因为搬迁问题苦恼了很久，最终是在调研员刘今复的帮助下，与新都县政府达成了联营协议，终于开启了分厂的建设；而多年之后，我也是在刘老师的帮助下得到了徐老师的指导。徐有威老师当天与我电话畅谈许久，为我详细地说明了三线建设的研究现状，并鼓励我先根据当前的资料写一个简单的研究综述，再基于综述制订田野调查的计划。徐老师还在电话结束后发送了多本三线建设的电子书,其中不乏柯尚哲老师、陈超老师以及李菊老师的著作,对我问题意识的提炼提供了很大的帮助。在徐老师的帮助下,我也得以初步接触到倪同正老师。当这位在我记忆中活跃在每个"锦江厂人吧"帖子下的热心人通过了我的好友申请,我突然对"起步"有了实感的认识。跨越几十年的时间、跨越上海与四川的空间距离,我真正地与锦江油泵油嘴厂、与三线建设建立起了联结。

在诸多著作中,给我启发最大的莫过于陈超老师对锦江油泵油嘴厂的个案研究《容忍:一个中国三线企业的群体治理》。陈超老师指出,在锦江油泵油嘴厂工人的日常交往中,由于与外界环境的高度隔离,工人们的身份"标签"不断固化,最终形成了趋向于"标签化的族群"的社会结构。这种结构中,工人们被分为支内职工、返城知青与复员军人三个"标签化族群"。一个族群的工人们往往不愿意同另一个族群的工人们建立亲属关系或亲密朋友关系。陈超老师虽然也提到锦江油泵油嘴厂中的确存在跨越不同族群界限的

锦江油泵油嘴厂远景图(由倪同正老师摄于2007年11月2日)

"强关系",但这种情况具有偶然性,不足以改变总体上不同族群的孤立。在阅读这本著作的过程中,我不由得想起身边不少锦江油泵油嘴厂老工人的状况:他们基本是支内职工的子女,并且曾在锦江油泵油嘴厂技校就读,但婚姻状况并不符合陈老师的结论,甚至跨越不同族群界限的婚姻关系在他们中发生的概率相对较高。于是,我产生了最初的问题意识:在三个"标签化族群"之间,是否存在未被发现的、具备普遍性的跨族群交往?这种交往与技校生的社会身份又有多大关联?

我将大致的问题方向告诉了倪同正老师,倪老师给予我热情的回应,并邀请我在国庆假期的末尾到他家中详谈。在这次访谈过程中,倪老师向我详细介绍了锦江油泵油嘴厂技校的制度结构,并着重讲述了他在技校实习车间工作的经历,让我对于问题有了更深入的认识。倪老师在得知我缺少锦江油泵油嘴厂部分原始资料后,甚至还将手中仅余的一本《锦江情韵》转赠给了我。

在倪老师的帮助下,我的问题意识逐渐建立并清晰。锦江油泵油嘴厂的技校生虽未构成一个独特的"族群",但因为技校生的构成非常复杂,包含知青、厂内职工子弟、附近村庄的村民、兄弟厂的工人等多个群体,他们在学习生活中建立了紧密联系。于是,技校生的社会身份便拥有了双重性:一方面,由于从背景来源复杂且不加区分的锦江油泵油嘴厂技校毕业,他们与技校同学建立了密切的关系网络,形成了"技校生"的身份认知;另一方面,他们在进入技校前就与锦江油泵油嘴厂的职工存在社会关系,如父母是该厂职工,因此当他们进入工厂,不可避免地成为返城知青、复员军人、支内职工这三个"标签化族群"中的一员。这两种不同的社会身份间可能存在着某种张力,最终使得技校生产生了较为独特的社交关系网络。

在明晰问题意识的过程中,华东师范大学政治学系的多位老师为我提供了相当多的帮助。刘亚娟老师建议我以此题申请双创项目作为经费保障,并建议我从布迪厄的场域理论中汲取思考的灵感;田锡全老师建议我进一步了解陈超老师原著中所提及的"族群"观念,以免概念运用不当;郑维伟老师提议我从生命历程理论的角度思考,将工厂、技校的宏观发展与技校生的个人命运联系起来;张振华老师、杨建党老师也给予了我很多建议,让我受益匪浅。

最终,在2021年11月,我基本确定将锦江油泵油嘴厂技校生的身份认同作为研究主题,并拟定"融入与排斥:三线企业技校学生的身份认同研究——

以成都锦江油泵油嘴厂为例"为题,希望以此个案为切入口,与吉登斯的结构理论以及塔吉尔的身份认同理论进行对话。

2021年12月,在倪同正老师的介绍和帮助下,我正式开启了田野调查。最初的田野调查地点主要在上海,访谈对象基本是曾经在锦江油泵油嘴厂技校中担任重要职位的工人。在进行访谈的过程中,我很快发现最初的研究计划实行存在诸多问题,并且问题直指我所使用的身份认同概念:身份认同该如何界定和测量?我该如何从访谈中提取与身份认同相关的信息?一旦进行提炼,是不是会导致个体的实际感受被模糊化?庆幸的是,与多位技校老领导的访谈给了我新的方向。

其中,给我启发最大的莫过于和锦江油泵油嘴厂技校第一任校长吕培堂先生的交流。我们从上午一直聊到晚饭时间,在吕先生家用完晚饭后,我们又继续访谈,直至晚上10点才结束。在接近8个小时的访谈中,吕培堂先生如数家珍般地讲述他在技校工作的经历。从建校初期的招生轶事、购置教材教具的艰难过程,到实习工厂建立后的多次零件技术工艺的突破,再到学生操作比赛与实习工厂零件订单的"两开花",他都不厌其烦地娓娓道来。

2021年12月29日于上海吕培堂先生家中进行访谈(从左至右:笔者、吕培堂)

吕先生在担任技校校长的十余年中,最得意的莫过于帮助东方锅炉厂加工锅炉汽包所需吊架连接件的往事。小小的锦江油泵油嘴厂技校,不仅在短短十天内完成了所有连接件的加工，并且在技术上得到了很好的反馈。在我印象中，厂办技校似乎只算是工厂"后方"中的一个小部门，其技术水平大概率是不如工厂的，却不承想锦江油泵油嘴厂的技校能迸发出如此蓬勃的生机。直觉告诉我，也许工厂与技校的关系是我破题的关键。

在访谈结束后，吕培堂先生还专门将他保存多年的技校财务支出表转赠给我，希望能对我的研究有所助益。根据财务支出表，除了锦江油泵油嘴厂本厂为技校提供的资金拨款，技校自身还依靠加工零件获得了一大笔收入。我不由得对技校与工厂的关系产生了进一步的思考：虽然看似工厂处于支配地位，给予了技校大量的资源保障，但技校本身也有一定财权，具备较强的自主性。工厂与技校的关系是不是也会对技校生的身份认同产生影响呢？

《锦江岁月（第二卷）》中记载的东方锅炉厂向锦江油泵油嘴厂的回函

由原锦江油泵油嘴厂技工学校实习车间主任倪同正编制的1983年度技校财务预算表

2022年1月，怀着疑问，我与双创项目组员一同奔赴四川调研。在倪同正老师和锦江油泵油嘴厂退管站站长陆仲晖先生的帮助下，我们先在新都区访谈了多名锦江油泵油嘴厂退休职工。其实在访谈开始前，我很担心自己会不会无法理解成都话，但真的进入访谈，我意外发现地发现与他们的交流格外顺畅。

2022年1月9日于四川新都的竹叶青茶馆中访谈技校退休职工（从左至右：笔者、辜际康、杨本善、王世铭）

在新都的五天可谓收获满满，每位接受访谈的锦江油泵油嘴厂老工人都描述了许多在技校的工作细节。其中有三点引起了我的注意。第一，锦江油泵油嘴厂技校虽然是厂办社会的一部分，但实际已接近一个半经济独立的部门，甚至一度出现过股份制等制度，技校在工厂之下，仍客观存在着"自主权"。第二，几乎所有技校老师都提及了技校历史上的"转折点"——吕培堂校长的调离。他们直言，在吕校长调离后，技校从制度到风气都发生了翻天覆地的变化，曾经让他们引以为傲的自主运营能力也随之消失，技校从一个自给自足的生产部门沦为纯粹的锦江油泵油嘴厂职工子弟的教育机构。第三,工厂对技校的态度也存在变化,从一开始的全力支持技校"自主",到中期与技校发生多次矛盾冲突,再到最后极力打压技校的"自主权"。工厂与技校的关系可以说非常复杂,既有作为一个单位整体的相互支持,也有作为两个独立部门的相互博弈。在如此复杂的环境下,锦江油泵油嘴厂的技校学生身份认同是不是也会伴随着工厂与技校关系的变化而改变呢?不同时期的技校学生是不是会产生截然不同的身份认同呢?我觉得这些问题都非常值得深入探讨。

坐落于成都市新都区的锦江油泵油嘴厂生活区,现在部分建筑已改建

新都区的社会调研结束后,我们原计划到达彭州市在陆仲晖站长的帮助下对锦江油泵油嘴厂中的技校生进行访谈。但新冠肺炎疫情防控形势日趋严峻,对我们的计划造成了诸多困扰。此外,不少曾经的技校生在锦江油泵油嘴厂倒闭后另谋出路,即便年关将至,为了子女的生计他们仍在辛苦打工。我不愿意让潜在风险影响他们工作,因此彭州预定的访谈基本被取消了。随之而

来的问题是,新都区的访谈对象基本是技校的教职员工,如果不能对锦江油泵油嘴厂的技校学生进行深入访谈,那身份认同的研究基本无从下手。

得知了我的焦虑,陆仲晖站长建议我们重访锦江油泵油嘴厂旧址寻找思路。从彭州市中心到厂区所在的丹景山镇还有较长的车程,下午有会议安排的陆站长仍坚持带我们一程,将我们送到锦江油泵油嘴厂。

2022年1月12日小组成员在陆仲晖站长的带领下调研四川彭州的锦江油泵油嘴厂旧址,图为锦江三村生活区(从左至右:解默涵、笔者、陆仲晖)

刚下车,我的第一反应是"锦江油泵油嘴厂"究竟在哪里。面前是不见尽头的高速公路,路旁只有几座陈旧甚至破败的建筑,周边的土地被杂草覆盖。陆站长告诉我,这便是曾经的锦江三村,5·12汶川大地震后这里被列为危楼,已被陆续拆除。

随后我们驱车驶入锦江油泵油嘴厂厂区。比起破败的生活区,锦江油泵油嘴厂厂区保存得较为完整,总泵车间、机修车间似乎依稀还能看见20世纪80年代最红火时期的辉煌。只是远方早已拆除的厂牌、被雨水冲刷斑驳的

位于四川彭州丹景山镇的锦江一村现状,图中建筑为锦江一村的邮电大楼,属于典型的待拆建筑。在锦江油泵油嘴厂厂区有很多类似的建筑(摄于2022年1月12日)

位于四川彭州丹景山镇的锦江油泵油嘴厂的偶件车间旧址,原是一栋三层建筑,第三层已拆除(摄于2022年1月12日)

位于四川彭州丹景山镇的锦江油泵油嘴厂机修车间旧址（摄于2022年1月12日）

"锦江魂"碑，默默地提醒着，这一切都已经过去了。

最后，我们来到了技校的旧址。因为新高速的建设，技校的主楼、操场、实习工厂都已被拆除推平，我没有机会亲眼见证吕培堂先生口中那座"石打垒"的大楼。围墙之外是新修的高速公路，汽车飞驰而过，满是现代化的气息；围墙之内是断壁残垣，植被覆盖了砖瓦，一片荒芜。锦江油泵油嘴厂技校在三十年后，唯一留下的痕迹是一间从前用来存放体育器材的小房子。它孤零零地站在那里，似乎还在倾诉曾经的辉煌。

对锦江油泵油嘴厂旧址的访问，并未给我以重返历史现场之感，带给我的更多是唏嘘与遗憾。对一个未曾在锦江油泵油嘴厂生活的人如此，更何况对于曾经的锦江人呢？曾经生活工作的家园被岁月所侵蚀，被现代化所覆盖，其中辛酸，只有他们自己知道。在探访锦江油泵油嘴厂的过程中，我的问题意识也发生了变化：如果不能对技校生的身份认同进行深入研究，我为何不将研究内容主要聚焦于锦江油泵油嘴厂与其厂办技校的关系变迁中呢？我想起曾

位于四川彭州丹景山镇的锦江油泵油嘴厂技校旧址（摄于2022年1月12日）

经在华东师范大学政治学系江远山老师开设的"中国政府与政治"课程中所学到的国家与社会视角，便决定以此为角度观察厂校关系。

在得知我们还需要锦江油泵油嘴厂档案文献作为论文的资料后，陆仲晖站长给予了我们很大的帮助。除了工厂编写于1986年的厂志、退管站内留存的少量档案复印件外，他还将刚刚编撰完成的锦江油泵油嘴厂新版厂志初稿赠予了我们。

完成对锦江油泵油嘴厂老职工的访谈后，我们马不停蹄地回到成都进行档案的检索。然而我们忽略了三线建设的涉密性质，遇到了大量档案还未解密的情况，在四川省档案馆、成都市档案馆的查档都收获不大，只找到了一些较为宽泛的资料。锦江油泵油嘴厂留存的档案在几年前也进行了转移，虽然倪同正老师、陆仲晖站长向我们提供了当时转移档案负责人的联系方式，但我们最终仍未能找到锦江油泵油嘴厂的档案。

在搜寻档案的过程中屡屡碰壁是令人焦虑的，但庆幸的是不少老师都给

位于四川彭州丹景山镇的锦江三村旧址,图为锦江三村二号楼(摄于2022年1月12日)

予了我们很多帮助。在得知我们在档案搜集中的困难后,徐有威老师与刘亚娟老师都给予了我们很大的帮助:那天给徐老师发消息时已经是晚上九点,但徐老师在收到消息后第一时间给予了我们回复,并直接给我们打来电话,在查档方面给了不少有针对性且实用的建议;刘亚娟老师也帮我们询问了民间文献中心,看是否能从民间留存的资料中寻找突破。回到上海后才得知我们遇到困难的倪老师,建议我们将锦江油泵油嘴厂技校与上海柴油机厂技校联系起来。由于上海柴油机厂是锦江油泵油嘴厂的对口援建厂,且锦江油泵油嘴厂技校的不少职工都有在上海柴油机厂学习或工作的经历,两所技校的制度存在延续性,上海柴油技校的材料应该能从上海市档案馆中找到,可以作为锦江油泵油嘴厂技校的参照。

　　实地考察顺利结束,但我知道这只是研究的开始。回到上海后,我前往上海市档案馆进行查档。虽然在查档前,我已从文献中对档案馆中的档案号进行了前期调研,但真的进入到档案馆,面对浩如烟海的档案材料,仍不知从何下手。有时候在档案馆看了一天的档案,都未能找到几篇相关的。档案馆的预约限制、打印的页数限制,更是让我的档案搜集难上加难。

庆幸的是,我搜集到一张上海柴油机厂技校的《中等专业学校、技工学校情况调查表》,其中对于技校的制度架构、历史变迁有详细的描述,只是字迹十分潦草模糊,有些地方难以辨认。在打印下这份材料后,我又与吕培堂先生、倪同正老师进行了几次访谈,通过口述史和文字材料的相互比对、印证,终于将这则材料的所有内容辨认完毕。基于此,我终于能够深入锦江油泵油嘴厂的制度架构。

正当我计划按照现有收获进一步搜集材料时,疫情再次打乱了我的计划。2022年3月初,我被封控在学校,在短暂的开放后我回到家中,却不料第二天小区也开始封控,一直到6月底才正式解封。学年论文的期限将至,我只得利用手中的材料开始写作。

前期整理档案的过程还算顺利,但进入写作阶段后,我切身感受到了何为"坐冷板凳"。有时一天下来都写不了几百字;有时思路有所突破,但却找不到需要引用的材料;有时终于文思泉涌,但写了几句就被其他事务打断思路。2022年5月,各大高校的保研夏令营的投递开始,我更是在论文写作、学校课程作业和保研材料中四处奔波,焦虑的心情经常让我整夜失眠,一度在写作过程中陷入迷茫,完全不知道后续该如何继续。2022年6月,我在阅读《近代中国》期刊2021年第2期时,意外看见了北京大学政府管理学院罗祎楠老师的文章《重新审视毛泽东时代的派系理论——以1959年庐山会议为例》,这给予了我很大的启发。虽然这篇文章讨论的问题与我的文章差别很大,但这篇论文的方法让我有了茅塞顿开之感。在罗祎楠老师文章的影响下,我又阅读了不少具有历史人类学与历史政治学特色的文章,这些文章都深刻影响了我论文的写作。

虽然写作的过程是痛苦的,但身边人给予了我大量的帮助,终于让我完成了《自主的限度:三线建设企业与其技工学校权力关系演变研究——以成都锦江油泵油嘴厂为个案(1974—2001)》的写作。彼时正值夏令营投递期间,我多番思考后,最终决定将我更感兴趣的中国史专业作为投递方向,并将这篇文章作为入营论文。夏令营投递的过程是艰难的,我投递的几所学校的中国史方向都因专业原因拒绝了我。直至2022年7月,我只收到了上海交通大学的入营通知。

交大夏令营只有短短三天，却给了我不少启发。在论文展示环节，章毅老师、储欣予老师、车群老师提出的意见为我文章的后续修改给予了非常大的帮助。印象最深的就是章毅老师的意见：章老师在看见我从国家与社会视角讨论厂校关系后，指出计划经济时代发展出的社会力量可能出现一些"异化"或"变体"，比如锦江油泵油嘴厂的技校实习工厂存在使用童工、违反企业保密协议的情况。如果能从这个角度进行讨论，会让文章更加深入。在章老师的启发下，我在文章末尾对技校的"自主"行径进行了讨论，最后将其定义为"以一种旧的政治组织形式与新的经济经营方式并存的方式，无可奈何地释放社会能量"的自主性。

2022年9月，我意外发现云南大学正在进行"西南地区三线建设"主题的文章征集。抱着试一试的态度，我进行了投稿，不料在论坛上得到了云南大学不少老师的表扬，有幸获得了二等奖。其后我又在这些老师的意见上对文章进行修改。不过如今回头看来，虽然这篇文章的问题意识已较为清晰，但缺乏档案的基础，总让我觉得这篇文章比起历史学论文，更像一篇政治学或社会学的论文。正是经历过搜寻档案的艰难，我才愈发认识到徐有威老师能在三线领域取得如此成绩，究竟是付出了多大的心力。想起未来硕士时期的导师张佩国老师"强调史料学的功夫，也要强调理论的功夫"的教诲，我认为我在三线建设研究的道路上还有很长的路要走。

2022年11月，在完成技校的论文后，我又将兴趣指向三线调整时期的锦江油泵油嘴厂，并将这一历史时期作为我毕业论文的主题。其间，政治学系的多位老师都给予了我很多帮助。郑维伟老师对我的文章结构提出了不少很有价值的建议，并让我意识到了政策文件与实际运作存在张力，让我的文章深度更近一层。田锡全老师多次指导我阅读档案，让我对档案的理解不再局限于文本，而有意识地建构起不同文本间的联系。张振华老师在理论层面给了我很多启发，让我意识到在研究中除了关注个案的独特性，还需要将个案放在宏观的群体中理解，才能做到"既见树木，又见森林"。师义帆老师建议我将锦江油泵油嘴厂与北京东风电视机厂的改革个案建立联系，从改革开放的大背景中理解三线调整的企业改革。此外，徐有威老师也一直跟进我的毕业论文进程，补充了不少我忽略的背景知识，得以让我的这篇文章更好。

在修改毕业论文的过程中，锦江油泵油嘴厂的多位老师也提供了相当多的帮助。倪同正老师替我联系了多位直接参与锦江油泵油嘴厂搬迁改革的老职工；陆仲晖站长得知我因家庭变故无法前往四川调研后，多次致电，希望能让我更好地了解实际情况；而吕培堂先生对我的问题进行了耐心的解答，即便复述分厂的那段经历对他来说是再一次揭开伤疤的过程。

2023年6月，我完成了我的毕业论文《自主、自专擅权与自力更生：三线建设调整中工厂搬迁的个案研究》。在华东师范大学政治学系的四年学习告一段落，未来我即将进入中国史深造。在毕业前夕，身边有同学问我，大三线研究缺乏档案支撑，经常被认为是不够传统的历史学，你研究生时期还是要继续研究三线吗？

我的答案是肯定的。因为三线研究对我不仅仅是研究，更是一场记录与纪念的旅程。那些遇见的锦江油泵油嘴厂职工，与我其实并不熟悉。我与他们的联系是一座已经死亡的老厂，他们对我的印象也仅仅只是食堂都师傅的小孙女（或者只是一位对锦江油泵油嘴厂有兴趣的三线子弟），但在访谈的过程中，他们依然对我知无不言，有些工人甚至在见我的第一面就将自己的日记赠送给我。他们看着我，总会提起我的爷爷与奶奶，回想起爷爷为了满足他们的思乡之情做的各地特色面点，回想起到上海出差时奶奶在上海柴油机厂招待所的热情款待。他们用言语记录自己曾经的三线岁月，也用言语纪念那些已经逝去的人们。而我所能做的，也是记录与纪念。

文章接近尾声，我想在此对每一位曾经在三线研究上帮助过的人们道一声真挚的感谢。我要感谢为我文章修改提出真诚建议的上海交通大学张佩国老师、上海大学徐有威老师、华东师范大学郑维伟老师、华东师范大学田锡全老师、华东师范大学张振华老师、华东师范大学黄波粼老师、华东师范大学刘亚娟老师、上海交通大学章毅老师以及华东师范大学师义帆老师；也要感谢素未谋面，但对我文章造成巨大影响的四川大学李德英老师、四川外国语学院张勇老师、北京大学罗祎楠老师、上海交通大学陈超老师、华东师范大学刘彦文老师、四川大学粟薪樾老师以及长春理工大学崔龙浩老师。我更要感谢每一位接受过我访谈的锦江人，重谈锦江油泵油嘴厂的生活对他们来说无异于"二次伤害"，但他们依然无私地将个人经历向我全盘托出，只因为我对三线建设感兴趣。感谢解默涵同学、张雪菲同学、蔡梦仟同学、文珩人同学在我论文写作期间对我的帮助。

最后,我想感谢一下我的刚刚不幸离我而去的父亲。在为毕业论文资料奔波的几个月,是父亲病情急剧恶化的几个月,他时常因为肿瘤而呕吐,甚至一度吐血。但即便如此,消瘦到皮包骨头的他仍在我面前故作坚强,希望不给我带来心理负担。在过去的二十年,父亲将我独自抚养长大,他将丧妻的痛苦、险些下岗的迷茫全部埋藏在心底,四处打零工供养我。即便在生命的最后时刻,他思考的仍是如何尽可能为我省下一些钱,为此他放弃了更好的治疗。我想,在未来做好三线研究,写好我的论文,是对他最好的报答。

我总认为论文具备超越生命的厚度。有一天,我也会不在,但我的文字会被保存。也许有一天,一位有缘人会打开我的文章,会看见曾经在这片土地上,有一个厂叫锦江油泵油嘴厂,有一群人叫锦江人。这便是我最好的纪录与纪念。

我们小三线的不了情
——谨以此文献给上海小三线的山友们

徐梦梅

上海小三线原协作机械厂厂长办公室负责人

2020年是个艰难的年头,肆虐的新冠疫情,让我们中断了许多社会活动和人际交往。是年岁尾,高球根与我相约,共同去探望我们协作厂的老领导张章权,他已是93岁高龄的老人了。那天,我先一步到他家,开门的正是老张。进门后,他也许认不出我了,只是盯着我看,没有作声,一脸茫然。后来,还是他的夫人应声而来,把我迎进房间客厅。不久,高球根也到了。我们都惊叹:老领导一年没见,变化很大,也苍老了许多。

老张是我厂元老级的领导人。进山前,他长期在上海机电一局下属的机电公司工作,曾先后担任过生产科长和财务科长。因为熟悉企业管理,能力很强,20世纪60年代中叶,先借到机电一局搞"四清"。后来,又参加机电公司"抓革命促生产"的大班子,当起了"救火员",哪个企业有问题,他就赶到那个企业去"灭火",还颇有成绩。1969年后,国际形势严峻,我们协作厂军工任务繁重,要扩大当初设计仅为505人的规模,进一步发展壮大。于是,机电一局决定为协作厂配备一个新的领导班子。因老张"救火"经验丰富,也便入选其中。当时明确他到协作厂后担任的是党委委员兼生产组负责人。这个新的领导班子共有三人。除老张外,另两人一个是1937年抗日战争时期参军的老革命,任党委书记;另一个是现役军人、部队团政委,任驻厂军代表。当年,这三个人号称"三驾马车"。局组织处与老张谈话时,明确"借用一年",工资关系在原单位不动。老张当时没有思想准备,家里有4个小孩,最小的女儿才2岁。但是,他认为:家庭困难再大,与工作相比,也是小的。于是,他决定克服困难,听从组织安排。老张的妻子也是党员,能明白事理。她支持丈夫的工作,自己一个人,既要上班,又要带小孩,十分辛苦。

"三驾马车"进山后配合默契、领导有方,把协作厂新40火箭弹的军品生产很快抓了上去。一年过去了,因工作需要,老张走不了。一晃6年时间,另外两架"马车"先后调离了,而老张还是无法离开。后来,上级有关部门也没有打招呼,就把他的工资关系转到了协作厂。老张心里虽然有些想法,但这时家里4个孩子,也已经都长大。所以,他仍然服从军工生产大局,正式调到了协作厂,一直到1984年才从厂党委书记的岗位上退下来,调回到厂驻沪办事处工作。5年后,他正式退休。因此,老张与协作厂结下了深厚的感情。他说:"我在协作厂工作了20年,参加小三线建设15年。我人生中的一半工作经历,都是在小三线建设中度过的。"老张参加小三线工作的历程,正是我们上海小三线建设者"听党的话,服从国家需要"奉献精神的典范。

2019年6月,笔者(右)和高球根(左)探望张章权(中),共同佩戴"上海小三线建设者纪念章"时的合影留念

回望往事,历历在目。我们周围众多的小三线山友,几乎都有过火红年代的豪迈激情,也发生过类似"以国防建设为重,无私奉献"的故事:

高球根同志,他原来是上海海洋渔业公司机要科的机要员。1967年,中央发文:撤销地方机要系统。于是,上海市委组织部就把机要科"根红苗壮"的98个人安排到后方的协同厂和协作厂,去充实小三线企业的力量。他们这98个人都毫无怨言地服从分配。我们协作厂占大头,一下子来了70个。后来,这些人大多成了我厂的各级领导。高球根当过基动科书记、科长,厂党委副书记和副厂长,以及以协作厂员工为主体的上柴配件分厂厂长等职。直到如今,他还在为维系协作厂的小三线情缘辛苦操办各项事务。特别是精心策划了2015年5月19日"庆祝上海市协作机械厂成立五十周年"的大型纪念活动,有近400名老职工参加。这是从1986年搬迁出山后,协作厂老同志们规模最大的一次聚会,让人难以忘怀。

我是上海市机械工业学校69届毕业生,属于当年上海68届、69届中专技校生的这一批。在上海小三线几乎每个厂都有,属于当时的生产主力军。20世纪60年代末期,正处于知识青年上山下乡和支援大小三线建设的火热年代。毕业前夕,我们校园里的广播喇叭里播放着"毛主席的战士,最听党的话,哪里需要哪里去,哪里艰苦哪安家"的革命动员,播放着应届毕业生的《向毛主席的献忠书》。我接到毕业分配到杭州"505信箱"的通知后,什么也不问,就凭分配通知书,买了一只箱子,打起背包就出发了。我家只有兄弟俩。弟弟是光明中学68届初中毕业生,两年前就去吉林插队落户了。父母为了让我们兄弟各自安心工作,写了对联给予勉励,其中还嵌入我们的名字:"梅工天目支前线,嘉农长白守边疆"。我在《上海滩》杂志刊发的小三线回忆文章中,曾深情地写道:"于是,我就告别了父母,告别了上海滩。这么一走,就走了16年,走过了我们的青春岁月。"

而今,我们上海小三线人撤回上海也已经有30多年了。当年的第一批元老级的建设者,如我厂老领导张章权等这批人,大部分已经离我们而去了。协作厂初期的"三驾马车",也仅剩了张章权这一架了;当年小三线的热血青年,如高球根和我这一代人,也都年逾古稀,正在慢慢老去;当年跟随父母支援小三线的,或在那里出生的"山二代",也都已步入中年。上海小三线建设的历史,正渐渐离我们远去。感谢上海大学历史系徐有威教授,开设了中国三线建设的研究课题,为我们上海小三线建设者提供了回忆峥嵘岁月的平台。山友们还成立了联谊会,大家常相聚,叙友情。这几年,我们搜集和整理了当年在生产、生活中所发生的故事,编写了回忆录,绘测印制了《上海小三线单位分布图》,制作了"上海小三线建设者纪念章",出版了老照片集。

我和老高与老张共同回忆起当年在协作厂所发生的一些往事。聊着聊着,似乎唤醒了他的记忆。他的嗓门变大了,又听到了浓浓的宁波腔。他高兴地从书橱中找出了几张在协作厂时拍摄的老照片和徐有威教授主编的2018年出版的《小三线建设研究论丛(第三辑)》。在此书中,有我们协作厂的回忆专辑"情寄昌北"。其中有老张的一篇回忆文章:《我的最后一份工作报告》。我们这次也带来了一本《小三线建设研究论丛(第五辑)》"上海小三线上海市协作机械厂专辑"送给他。扉页上,有我们的题词:张章权老领导留念,怀念我们共同在小三线度过的难忘岁月。

2021年春节前夕,我和高球根又相约去探望张书记。他非常高兴地与我们一起,回忆了许多在小三线的故事。最后,又与我们在老位置、老姿势拍了下面这张照片,留作纪念。告别时,我们祝福他们夫妇:身体健康,长命百岁。

2022年底,张书记不幸感染了新冠肺炎。这种大面积的疫情传播,是当时的常态,人人自顾不暇,我们无法及时去探望,只能在心中默默地祈福:但愿他早日战胜病毒,恢复健康。

近年来,不少山友为留住上海小三线的历史,寄托深厚的小三线情怀,做了许多令人敬佩的努力。沈嘉麒先生,1940年6月出生,属于山友中的元老级人物。进山前他是上海海运单位的宣

2021年春节前夕,笔者(右)和高球根(左)探望张书记(中)

传干部,是一位音乐爱好者,也颇有文字功底。他曾在特殊年代里,与人合作创作的革命歌曲《毛主席指引革命路》,几乎是家喻户晓、风靡全国。1972年6月进山后,他曾在后方基地局宣传、教育部门工作。在后方,他积极搜集资料,孜孜不倦探索,艰辛跋涉,撰写了有关上海小三线建设的文章共计68万余字。除文章外,他还制有美篇43篇、视频38个。另外,著有《皖南觅踪——上海小三线建设纪事》等著作4部,并写出以上海小三线第二代子弟奋战商场为线索的30万字长篇小说《杜鹃花正红》。目前,他正在撰写另一部长篇小说《"弄潮儿"——军工张的传奇人生》。他还谱了一首歌曲《我们是小三线兄弟姐妹》。沈先生还煞费苦心地整理了许多小三线的基本资料,他的电脑成了我们研究上海小三线的资料库,有求必应。

新光金属材料厂的宋建国先生,72届初中生。当时,他在上海培训三年,1976年2月才进山。他们这一批人属于少壮派。宋建国先生素有集邮等收藏爱好。2018年起,他开始收集与上海小三线有关的纸质纪念品,如实寄封、书籍、本票、照片、工作证、代表证、奖状、表扬信、产品说明书等,五花八门,洋洋大观。尤其是那些书信、来往的实寄封,都是从网上购买或山友们赠送,极为珍贵。有些山友意外地看到自己几十年前写的信件,非常惊喜。宋先生得知后,还专门复印送给当事人留作纪念。

卫海厂的蒋忠华先生也是少壮派山友。他不仅喜欢收藏,而且文字编辑、电脑操作也颇有水平。2020年1月,他在网上创建了"阳光小三线"公众号。三年来,共发表推文200多篇,工作量极大。其推文章大都来自山友们的投稿,内容涵盖了上海小三线的军工生产、企业文化、山区生活、工农关系等,让大家了解了许多原来不知道的人和事,从而增加了对小三线建设情况的全面认知。蒋先生对山友们的投稿件逐一精心编辑、整理,并增配相应老照片等,使得每一篇推文都图文并茂,不仅深受山友们的喜爱,而且也引起了社会的关注。

牛年春节期间,我们上海小三线联谊群计明强先生开设的"季风工作室"发布了一个《难忘的岁月,不了的乡情》的美篇视频,记录了我们上海小三线各个单位近年来山友们聚会和重游故地的活动情况,引起了大家的共鸣。

30多年过去了,我们上海小三线建设者对这段人生经历,依旧有着深厚的感情,无限的怀念。大家都把我们曾经生活工作过的皖浙山区当作是自己的

上海小三线联谊群首次聚会(2018年3月11日)

上海小三线联谊群第三次聚会(2019年5月11日)

第二故乡。

如今,当年青春焕发的上海小三线建设者,大多数都已到了暮年,在共和国历史的丰碑上,也许不会镌刻他们的名字,但一定会记载着上海小三线建设的这段历史,上海小三线建设者的奉献精神,永垂史册。

记得2015年香港凤凰卫视播放了关于全国小三线的五集纪录片《千山红树万山云》。我有幸接受采访,并在第五集结尾处感言:"对小三线的历史,我们是不会忘记的,它将永远铭刻在小三线建设者这一代人的心里。"

最后,我们由衷地祝愿上海小三线建设者们健康长寿,晚年幸福。

为我们上海小三线建设者的友谊干杯!

《小三线建设研究论丛(第一辑)》目录

(上海大学出版社 2015 年版)

特　稿

宋平谈三线建设及工业布局
　　……………………武力　陈东林　郑有贵　段娟采访整理（ 3 ）
毛泽东最早做出决策：三线建设的启动和调整改造………于锡涛（ 8 ）
我与三线建设…………………………………………………王春才（ 14 ）

专题研究

50年后的回眸：三线建设的决策与价值……………………陈东林（ 37 ）
北京市小三线建设初探……………………谢荫明　张惠舰（ 45 ）
20世纪六七十年代广东的小三线建设………杨汉卿　梁向阳（ 55 ）
三线建设对中国工业经济及城市化的影响………徐有威　陈熙（ 63 ）
上海小三线建设在县域分布特点的历史地理考察
　　——以安徽省宁国县为例…………………………段伟（ 78 ）
三线建设研究的发展趋势与社会学视野……………………张勇（ 91 ）
困境与回归：调整时期的上海小三线
　　——以新光金属厂为中心…………………徐有威　李云（ 102 ）

江西小三线专辑

我和江西小三线建设…………………………………………钱家铭（ 115 ）
总结经验　开拓进取…………………………………………钱家铭（ 121 ）

《江钢志》序 ………………………………… 钱家铭（124）
回忆江西小三线建设 ……………………… 张小华（127）
他们铸造了光明精神 ……………………… 程渝龙（133）
我的江西小三线回忆 ……………………… 伏如山（138）
江西小三线光明机械厂(9334厂) …………… 程渝龙（147）

手　稿

三线建设日记选编(1) ……………………… 宫保军（165）
上海皖南小三线调整时期工作笔记 ………… 王德敏（223）

口述史和回忆录

调整三线存量，为国家发展出力
　　——回忆甘肃的三线建设和调整 ……… 宫保军（237）
采访孟繁德 ………………………………… 徐有威等（261）
一个山东小三线家庭变迁史 ………………… 刘寅斌（275）

我和三线建设研究

我所经历的上海小三线田野调查 ………… 李　云（291）
触摸鲜活的历史：我亲历的小三线研究 …… 杨　帅（298）
五集纪录片《千山红树万山云——"小三线"青春记忆》（303）
凡人歌 ……………………………………… 陈和丰等（347）
三线记忆：家国五十年 …………………… 白晓璇等（357）
"小三线"建设50周年|一个上海工人家庭的回忆 ……… 罗　昕（368）
一个人　一代人
　　——记大学生口述历史影像记录计划最佳人气奖得主、
　　　文学院历史系硕士生陈和丰 ……… 张瑞敏（377）
跟着爸爸走小三线 ………………………… 徐其立（381）

档案整理和研究

上海档案馆馆藏上海小三线建设资料介绍（上）……… 霍亚平（387）
上海档案馆馆藏上海小三线建设资料介绍（下）……… 杨　帅（394）

上海小三线八五钢厂《团讯》目录(1) ·················（400）

译　稿

越南战争与"文化大革命"前的三线防卫计划(1964—1966)
　　·················吕德量　著　徐有威　张志军　译（431）

学　术　动　态

弘扬三线精神　促进经济发展——读《三线建设纵横谈》······王春才（459）
"三线建设学术研讨会暨研究生论坛"会议综述 ······徐有威　胡　静（461）
"全国第二届三线建设学术研讨会"会议综述 ······徐有威　杨华国（465）
江西三线建设研究正式启动　课题组第一次工作会议
　召开 ·················张志军（472）

索引 ·················（473）
后记 ·················（476）

《小三线建设研究论丛(第二辑)》目录

(上海大学出版社 2016 年版)

特　稿

三线遗产概念、类型、评价标准的若干问题 ……… 徐嵩龄　陈东林 （ 3 ）
巴山蜀水三线情 ……………………………………………… 王春才 （ 26 ）
20 世纪六七十年代中国国防工业布局的调整与完善 ……… 姬文波 （ 33 ）
20 世纪六七十年代中国大战备的基本过程 ………………… 赤　桦 （ 45 ）
安徽旌德历史上的上海小三线 ……………………………… 刘四清 （ 50 ）

专题研究

皖南上海小三线职工的民生问题研究 ……………………… 张秀莉 （ 55 ）
上海皖南小三线东至化工区个案研究 ……………………… 徐锋华 （ 74 ）
落地不生根：上海皖南小三线人口迁移研究 ……… 陈　熙　徐有威 （ 90 ）
上海小三线与皖南地方关系研究 ………… 李　云　杨　帅　徐有威 （117）
北京小三线建设研究 ………………………………………… 李晓宇 （132）
山东原小三线企业民丰机械厂今昔 ………………………… 王吉德 （154）

手　稿

三线建设日记选编(2)
　　(1991 年 4 月 22 日—11 月 22 日) ……………………… 宫保军 （161）
上海小三线新光金属厂工作日记(1)

（1982年1—3月）……………………………… 孟繁德 （212）
上海小三线自强化工厂厂部会议记录（1）
（1977年10月13日—12月26日）……………… 陈耀明 （244）

口述史和回忆录

上海皖南小三线工程勘察内幕 ……………………… 阮仪三 （273）
一位徽州学生记忆中的上海皖南小三线 ……………… 徐国利 （276）
我所知道的上海小三线自强化工厂 …………………… 陈耀明 （282）
原江西远征机械厂回忆 ………… 倪秀玉口述，沈亦楠、徐有威整理 （297）
遥忆在原江西远征机械厂的少年时光
　　　　　　　　　　　　毕蔚华口述，沈亦楠、徐有威整理 （304）
我们是三线人 …………………………………………… 顾　筝 （309）

我和三线建设研究

上海小三线寻访之旅 …………………………………… 胡　静 （327）
悠悠岁月三线情（剧本）………………………………… 李　帆 （342）

档案整理和研究

江苏淮安地区小三线建设史料选编 …… 江苏省淮安市档案馆整理 （355）
北京市档案馆馆藏有关北京小三线建设档案资料
　　概述 …………………………………… 耿向东　李晓宇 （380）
上海小三线八五钢厂《团讯》目录（2）………………………… （389）

译　稿

中国三线建设的展开过程 ………… ［日］丸川知雄　李嘉冬 译 （433）

索引 ……………………………………………………………… （476）
《小三线建设研究论丛（第一辑）》目录 ………………………… （480）
后记 ……………………………………………………………… （483）

《小三线建设研究论丛(第三辑)》目录
(上海大学出版社 2017 年版)

专 题 研 究

三线建设与中国内地城市发展(1964—1980) ……………… 周明长 (3)
机遇与创新:小三线企业改造与地方经济的腾飞
　　——以宁国县企业发展为中心 ……………………… 段　伟 (20)
为了祖国的青山绿水:小三线企业的环境危机与应对
　　……………………………………………… 徐有威　杨　帅 (32)

情寄昌北——上海小三线协作机械厂专辑

我的最后一份《工作报告》 ……………………………… 张章权 (55)
我记忆中的协作机械厂 …………………………………… 赵岳汀 (68)
我是工厂的生活后勤兵 …………………………………… 徐绍煊 (79)
建厂中的工农关系 ………………………………………… 赵振江 (91)
我在小三线的日子里 ……………………………………… 曾柏清 (98)
我与协作机械厂财务科 …………………………………… 唐定发 (108)
我与协作厂 ………………………………………………… 高球根 (136)
七律两首·去上海小三线 ………………………………… 祁学良 (235)
醉太平·赠战友老汤 ……………………………………… 祁学良 (236)
三回故地 …………………………………………………… 徐梦梅 (237)

口述史与回忆录

上海后方小三线教育工作点滴 …………………………… 陶银福 (319)

宁夏小三线宁夏化工厂(5225厂)筹建始末 ············· 王廷选 （323）
我所知道的上海小三线325厂
　　············· 钱学勤口述，余顺生、武昌和采访 （330）
辽宁小三线新风机械厂(965厂)忆旧 ·········· 冯伟口述，黄巍采访 （335）

我和三线建设研究

残雪浦东 ·· 李　婷 （351）
那些上海小三线女职工 ····································· 邬晓敏 （357）
"难忘的岁月——上海小三线建设图片展"接待日记选
　　············· 李　帆　韩　佳　王来东　耿媛媛 （375）

档案整理与研究

中国地方档案馆和企业档案馆小三线建设藏档的状况与价值
　　··· 徐有威 （393）
江西工具厂早期规章制度选编 ·········· 葛维春　代　祥　徐占春
　　陈荣庆　胡中升　袁小武　辛从江 （408）
江西省宜春地区小三线建设及其档案资料 ················ 张志军 （455）
福建三明市档案馆馆藏上海迁三明企业资料介绍 ·········· 刘盼红 （462）
三线建设研究成果及相关文献目录初编(1)(1975—2013)
　　····································· 徐有威　李　婷 （468）

索引 ··· （513）
《小三线建设研究论丛(第一辑)》目录 ······················· （518）
《小三线建设研究论丛(第二辑)》目录 ······················· （521）
后记 ··· （523）

《小三线建设研究论丛(第四辑)》目录
(上海大学出版社 2018 年版)

江苏省淮安地区小三线研究专辑
江苏省淮安市档案馆 编

江苏省淮安市档案馆馆藏小三线档案资料简介 …………… 王来东 （ 3 ）
江苏淮安市小三线职工口述史选编 …………………………… 王来东 （ 54 ）
江苏淮安小三线口述采访日记 ………………………………… 王来东 （215）

后小三线时代研究

上海小三线企业对安徽贵池工业结构调整和工业经济发展的
　　影响 ……………………………………………………………… 夏天阳 （245）
安徽贵池在上海小三线企事业单位建设生产经营中的作用与
　　贡献 …………………………………………… 余顺生　武昌和 （250）
改革开放以来河南前进化工科技集团股份有限公司的发展
　　纪实 ……………………………………………………………… 牛建立 （256）

档案资料与研究

湖北省宜都市档案馆藏三线建设档案资料概述 …… 冯　明　袁昌秀 （283）

上海小三线八五钢厂《八五通讯》和《八五团讯》特辑

《八五通讯》简介 …………………………………… 徐有威　陈莹颖 （297）
《八五团讯》简介 …………………………………… 徐有威　耿媛媛 （313）

《八五通讯》编辑历程忆往 ……………………………… 谈雄欣 （334）
难忘的《八五团讯》 …………………………………… 史志定 （340）

我和小三线研究

"尘封记忆——安徽小三线纪实摄影展"值班日记选编
　　…………… 陈莹颖　宣海霞　王来东　周升起　窦育瑶　耿媛媛 （347）

口述史与回忆录

安徽师范大学新闻学院皖南上海小三线口述史汇编
　　………………………… 马星宇　王　豪　胡银银　汪梦雪 （371）
上海小三线培进中学追忆 ………………………………… 余瑞生 （390）
上海小三线计划生育工作的回忆 ………………………… 陈金洋 （396）

译　稿

带标签的群体：一个三线企业的社会结构 …… 陈　超著　周明长译 （405）

研究与回顾

三线建设研究成果及相关文献目录初编（2）（2014—2018年）
　　………………………………… 徐有威　耿媛媛　陈莹颖 （437）

书　评

一部意蕴深厚的口述史著作
　　——评《口述上海——小三线建设》 ……………… 李卫民 （465）

索引 …………………………………………………………………… （476）
《小三线建设研究论丛（第一辑）》目录 …………………………… （483）
《小三线建设研究论丛（第二辑）》目录 …………………………… （486）
《小三线建设研究论丛（第三辑）》目录 …………………………… （488）
后记 …………………………………………………………………… （490）

《小三线建设研究论丛（第五辑）》目录
（上海大学出版社2019年版）

上海市协作机械厂专辑

上海市协作机械厂档案资料选编 ············· 徐有威 （ 3 ）
为了让毛主席睡好觉
　　——我的上海小三线17年生涯 ············· 高球根 （265）
撰写回忆录，抢救小三线的历史 ············· （293）
追忆小三线建设者的青春年华
　　——主编"情寄昌北"专辑的始末 ············· （299）
上海市协作机械厂档案资料概述 ············· 张程程 （307）
上海小三线民兵活动档案资料简介：以八五钢厂和协作机械厂等
　　为中心 ············· 宣海霞 （330）
情系仁里：追寻上海小三线印记 ············· 郑　颖 （339）
我眼中的上海市协作机械厂 ············· 屈晨熙 （345）

我和三线建设研究

上海小三线医务工作者采访日记选 ············· 陈莹颖 （357）
为小三线治安工作研究打底色：我的上海大学保卫处实习
　　日记 ············· 宣海霞 （364）
暑假四川小三线寻访记 ············· 曹　芯 （377）

档案资料与研究

四川小三线建设口述史资料概述 ············· 曹　芯 （389）

辽宁省辽阳市档案馆藏小三线建设资料概述 …………… 黄　巍 （395）
江西小三线新民机械厂档案资料简介 ………………… 张雪怡 （403）

研 究 信 息

首届中国三线建设史研究工作坊综述 ………… 张志军　徐有威 （411）
努力打造小三线建设研究的基石：读《小三线建设研究论丛》
　（第1—5辑）有感 ……………………………………… 张程程 （414）
"记忆与遗产：三线建设研究"高峰论坛会议综述 ……… 张梦鸽 （423）

索引 ……………………………………………………………… （430）
《小三线建设研究论丛（第一辑）》目录 …………………………… （446）
《小三线建设研究论丛（第二辑）》目录 …………………………… （449）
《小三线建设研究论丛（第三辑）》目录 …………………………… （451）
《小三线建设研究论丛（第四辑）》目录 …………………………… （453）
后记 ……………………………………………………………… （455）

《小三线建设研究论丛(第六辑)》目录
(上海大学出版社2021年版)

三线建设研究者自述

从参与者到研究者:我与三线建设 ……………………………… 王春才 (3)
从目击者到研究者:我的第一篇三线建设的研究文章 …………… 宁志一 (23)
行进在四川三线建设研究的征途中 ………………………………… 江红英 (28)
从历史研究到遗产保护:我和三线建设研究 ……………………… 陈东林 (42)
难忘的峥嵘岁月
　——攀枝花中国三线建设博物馆诞生记 ………………………… 莫兴伟 (55)

忆峥嵘岁月　树山橡丰碑
　——编辑《山橡记忆》的前前后后 ……………………………… 马　祥 (65)
尊崇历史,唯实求是
　——湖北小三线原卫东机械厂厂史编纂感悟 …………………… 杨克芝 (72)
万水千山不忘来时路
　——国营五〇五七厂建厂50周年文集编纂记 …………………… 吴学辉 (81)
唤起三线记忆　传承三线精神
　——遵义1964文化创意园三线工业遗址的保护与利用 ………… 何可仁 (95)
此生愿做传递三线圣火之人 ……………………………………… 何民权 (106)
从四川雾山深处走来
　——我主持了中国科学院光电所遗址开发利用 ………………… 周　健 (112)

浸润书香,硕果芬芳
　　——读李洪烈先生《我与三线结书缘》有感……………秦邦佑（120）
从参与者到记录者
　　——我和三线建设的一生缘…………………………………倪同正（125）
《我们人民厂》出版记……………………………………………潘修范（149）

从"近"到"进"：我与三线建设的距离………………………………王佳翠（154）
学术之花盛开于特别的学术情缘之上……………………………王　毅（164）
我与青海三线核工业705厂的不了情………………………………左　琰（170）
剑出偏锋：从工业遗产视角切入三线建设研究……………………吕建昌（185）
走近三线的心路………………………………………………………李彩华（193）
我与三线建设研究：四川大学团队所做的工作……………………李德英（204）
情牵八闽：我与福建小三线研究……………………………………刘盼红（216）
寻找那些即将消失的三线建设音乐记忆……………………………苏世奇（228）
巨人肩膀上：我的三线建设研究"速成"之路………………………邹富敏（237）
风起心静：关于三线单位居民生活区研究的心路历程……………辛文娟（246）
拓碑：我的三线研究私家思…………………………………………张志军（257）
八年磨一剑：我与三线建设研究的不解之缘………………………张　勇（266）
我的"三线企业工人"研究……………………………………………陈　超（283）
移民史视角下的三线建设研究………………………………………陈　熙（293）
建主题特色干部学院　让三线精神绽放光芒………………………欧阳华（299）
我的三线建设研究始于我的家乡安徽宁国…………………………段　伟（304）
2013年,在申请国家社科基金重大项目的日子里…………………徐有威（313）
在三线建设之地结下的三线建设学术之缘…………………………崔一楠（320）
探寻三线建设的"非城非乡""非古非今"的建成环境………………谭刚毅（325）
从"我们厂"到"我的杂志"：三线建设与我…………………………翟　宇（337）
大山深处的记忆：我拍上海皖南小三线工业遗址…………………刘　洪（344）

感知历史　记录三线

——电视纪录片镜头外的三线历程 ………………………… 刘洪浩（351）
从三线子弟到三线文化传播者 …………………………… 刘常琼（356）
用照相机镜头记录三线建设，只为那一念之差的缘 ……… 李　杰（365）
我与三线结书缘 …………………………………………… 李洪烈（373）
为三线建设研究办微信公众号和网站：我的三线寻根路 … 余　皓（383）
千山红树万山云：我为三线建设拍了两部纪录片 ………… 钟　亮（389）
传承三线建设精神：我奔走在杂志、散文和新媒体之路 … 郭志梅（401）
噙泪写《归去来兮——一部亲历者的三线建设史》……… 唐　宁（409）
永不褪色的那抹军工彩虹
　　——电影《崮上情天》诞生记 ……………………… 唐　亮（415）
我在追寻三线历史中的爱与际遇 ………………………… 戴小兵（428）

心慕笔追：我的三线建设学习之路 ……………………… 方锦波（445）
蹒跚学步：我的江西小三线建设学习与研究 …………… 朱　焘（454）
皖南上海小三线寻访日记选编 …………………………… 杨华国（470）
勿忘种树人：我心中的小三线今昔 ……………………… 张雪怡（485）
跟着徐有威老师从事小三线研究的"四个一工程" …… 张程程（491）
历史无声处：师门小三线挖掘记 ………………………… 周升起（502）
曲折中前进：我的广东小三线建设研究 ………………… 周晨阳（508）
从无到有：小三线记录者在路上 ………………………… 周曼琳（521）
从不甚了了到心领神会：奇妙的"小三线今昔"运营之旅 … 屈晨熙（528）
"跨界"的我：从身份探寻，到使命担当 ………………… 袁世超（536）
从相遇到相知：我与小三线的情缘 ……………………… 窦育瑶（543）
从旁观者到探索者：一位社会学本科生参与的三线建设研究 … 蔡茂竹（550）

《口述上海：小三线建设》后记 ………………………… 徐有威（564）
《三线军工岁月——山东民丰机械厂（9381）实录》序 … 徐有威（569）
《征程——前进中的江西9404厂》序 …………………… 徐有威（573）
《尘封记忆》序 …………………………………………… 徐有威（579）

《上海小三线在贵池》序………………………………………徐有威（581）

档案资料与研究

湖北省十堰市档案馆三线建设藏档状况及保护利用
……………………………………计毅波 刘明辉 马保青（587）
醉了,又醉了……………………………………………………徐有威（592）

书　评

东风浩荡,回声嘹亮:《十堰文史·三线建设专辑》读后感
………………………………………张程程 计毅波 霍亚平（599）

《小三线建设研究论丛（第一辑）》目录………………………………（606）
《小三线建设研究论丛（第二辑）》目录………………………………（609）
《小三线建设研究论丛（第三辑）》目录………………………………（611）
《小三线建设研究论丛（第四辑）》目录………………………………（613）
《小三线建设研究论丛（第五辑）》目录………………………………（615）

后记…………………………………………………………………（617）

《小三线建设研究论丛（第七辑）》目录
（上海大学出版社2021年版）

艰苦创业十八年...原八五钢厂　陈锁锁（1）
八五回忆...原八五钢厂　金云爵（5）
我的八五情结..原八五钢厂　严国兴（12）
我与《八五通讯》的那些往事...................................原八五钢厂　严明华（17）
深山里的大标语...原八五钢厂　丁日青（21）
参加自学考试的那些日子里....................................原八五钢厂　冯岳宏（23）
自己动手　丰富生活
　　——记八五钢厂04车间二三事..........................原八五钢厂　张锡清（31）
在皖南的岁月里...原八五钢厂　吴兴钢（37）
八五情..原八五钢厂　陈国兰（40）
我在小三线建设中成长...原八五钢厂　石文瑞（41）
三八工程回忆..原八五钢厂　董昌定（48）
从钢厂幼儿园到职工大学........................原八五钢厂　于翠英　陈妙和（53）
跨越半个世纪的友谊
　　——我与一个贵池农家的故事..........................原八五钢厂　董国仕（59）
我的邻居...原八五钢厂　陈殿青（62）
创办《八五通讯》..原八五钢厂　倪国钧（64）
我在八五钢厂小分队习笛时的二三事........................原八五钢厂　程学良（70）
难忘的十八年..原八五钢厂　冯德兴（76）
买栗子的趣事..原八五钢厂　严根发（80）

篇名	单位	作者	页码
八五钢厂基建轶事两则	原八五钢厂	邵德润	(86)
愿好人一生平安	原八五钢厂	谈雄欣	(92)
催熟一代人——记皖南小三线8503二三事	原八五钢厂	曹辉	(96)
白洋河畔的自学小组	原八五钢厂	章军	(101)
钢厂筹建初期的小故事	原八五钢厂	陆中伟	(107)
八五钢厂职工的工余爱好掠影	原八五钢厂	沈卫东	(111)
在攻坚克难中成长	原八五钢厂	叶耀庭	(114)
我在小三线八五钢厂码头过的第一个春节	原八五钢厂	张福根	(117)
我的书法梦,缘起八五钢厂	原八五钢厂	施纯星	(120)
干群一致,创造奇迹——回忆上海小三线八五钢厂18个年头的点滴	原八五钢厂	王友章	(123)
童梦回池州	原八五钢厂职工子弟	姚宏发	(129)
难忘我的1971	原八五钢厂职工子弟	陈柏松	(137)
想你了,八五钢厂	原八五钢厂职工子弟	李金龙	(145)
东至怀旧行	原红星化工厂 宋锦茂	杨企正	(152)
那些年,去后方基地开会	原红星化工厂	杨企正	(156)
在初进山的那些日子里	原红星化工厂	赵纪松	(160)
小记红星化工厂六车间的筹建、安装、生产及后续	原红星化工厂	李光辉	(164)
"干打垒"的记忆	原卫星化工厂	芮永华	(168)
山月清辉	原卫星化工厂	朱海洪	(173)
午夜战山洪　奋力救女生	原火炬电器厂	谭同政	(177)
贵申情,浦江谊——记上海后方长江医院	原长江医院	李耀明	(180)
岁月匆匆——五月的回忆	原自强化工厂	田楼华	(186)
山中寂寞求知忙	原自强化工厂	陈耀明	(189)
1976年的"暑期学习班"	原化工职工子弟中学	李光辉	(194)

篇目	单位	作者	页码
我与小三线的一些往事	原707库	裘新民	(197)
回望三十年前的足迹	原金星化工厂	王均行	(201)
青春的回忆	原金星化工厂	周宝森	(206)
揭示"会战简报"刻录的旧事	原上海市第四建筑公司	计明强	(209)
在东方红厂基建科的十年	原东方红材料厂	杭首平	(212)
情系小三线,命系小三线 ——难忘的1974年	原东方红材料厂	孙大成	(220)
山里看电视杂忆	原光明机械厂	陈国伟	(223)
回沪过年的惊险历程	原光明机械厂	蒋英才	(225)
半个世纪前的记忆	原光明机械厂	王尔祥	(227)
后方基地的红旗食堂	原光明机械厂	杨伯龄	(231)
我的小三线回忆	原光明机械厂	柳光明	(235)
齐心协力,攻克"以钢代铜"难关	原光明机械厂	陆来发	(239)
亲情札记	原光明机械厂	金翠凤	(244)
写给光明机械厂的诗	原光明机械厂	徐敬懋	(246)
我的童年在光明	原光明机械厂职工子弟	吴　菲	(252)
"班车"情缘	原后方轻工公司	梁敏民	(258)
难忘的新安岁月	原新安电工厂	刘润生	(261)
我的新安生涯	原新安电工厂	王益芬	(264)
新安园丁 ——桃李芬芳	原新安电工厂	陈蓉华	(266)
山里的故事	原新安电工厂	陈锦荣	(271)
沉淀的岁月	原卫海机械厂	蒋忠华	(275)
万里生活杂记	原万里锻压厂	金春贵	(279)
追忆我们逝去的青春	原光辉器材厂	殷美玲	(283)
"光辉"岁月	原光辉器材厂	张耀海	(286)
绩溪,我的第二故乡	原光辉器材厂	郭向东	(290)
老照片里的故事	原燎原模具厂	杨志松	(296)
瀛洲旧事	原轻工中学	刘金峰	(300)

篇目	单位	作者	页码
我在绩溪瑞金医院的八年	原后方瑞金医院	吕建昌	(304)
岁月有痕·记忆难忘	原上海后方卫生工作组	陈金洋	(312)
炒青	原险峰光学仪器厂	张 侃	(316)
我的音乐梦	原险峰光学仪器厂	乐清华	(319)
春忆皖南	原险峰光学仪器厂	滕玉辉	(322)
我在险峰当采购	原险峰光学仪器厂	余启明	(326)
谦谦君子胡建华	原险峰光学仪器厂	赵燕来	(329)
难忘厂足球队	原险峰光学仪器厂	叶兆浩	(333)
一部照相机	原险峰光学仪器厂	邱善权	(335)
一盘难忘的象棋对局	原险峰光学仪器厂	陈鸿康	(338)
又忆山中红叶	原险峰光学仪器厂	刘来定	(342)
看电影	原仪电中学学生	高翠玲	(345)
岁月像条河	原工农器材厂	陈敏昆	(348)
一位厂医的手记	原延安机械厂	戴妙法	(352)
回味	原延安机械厂	钟桂芳	(357)
相思梧桐的小三线点滴	原旌旗机械厂	黄志诚	(359)
我的小三线岁月	原旌旗机械厂	丘惠云	(363)
"猴子山"下	原井冈山机械厂	诸国良	(366)
井冈碧云下的生活小浪花	原井冈山机械厂	沈国良	(371)
山沟沟里的读书梦	原向阳机械厂	王静三	(375)
照片和其背后的故事	原安装公司第六工程队	王清逢	(378)
我所经历的青工技术等级考核	原后方仪表电讯工业公司	李海洪	(382)
我在山里放映电影	原后方仪表电讯工业公司	陈 多	(388)
几件性命攸关的事件	原卫东器材厂	冯介忠	(392)
上海小三线：宁国古田医院回忆	原古田医院	陈正康	(396)
善始善终做好古田医院撤离工作	原古田医院	顾月明	(412)
上门女婿忆古田	原古田医院	王敬泽	(423)
后方古田医院是我成长的起点	原古田医院	徐黎黎	(429)
小三线肺吸虫病调研防治之回顾	原古田医院	叶永祥	(433)

标题	单位	作者	页码
我为宁国协同机械厂架设电视信号转播塔	原协同机械厂	刘定建	（437）
我在宁国协同机械厂的日子	原协同机械厂	瞿惠相	（441）
大麻鸭	原胜利水泥厂	胡展奋	（447）
关于胜利厂矿山车间情况的回忆	原胜利水泥厂	戚德平	（450）
光淼述事	原胜利水泥厂	任光淼	（453）
不悔的青春	原胜利水泥厂	刘巽荣	（459）
抢修生料磨的回忆	原胜利水泥厂	沈新康	（466）
潜水情	原胜利水泥厂	陆玉明	（469）
我的思念　我的情怀	原胜利水泥厂	杨　浦	（475）
回忆胜利水泥厂的后勤工作	原胜利水泥厂	徐敏敏	（477）
一名看火工的回忆	原胜利水泥厂	唐丁子	（481）
忆一次从宁国到屯溪的拉练	原胜利水泥厂	郭亨文	（484）
我们的车队叫683	原683场	张永斌	（486）
理发	原683场	罗文生	（488）
两个搪瓷碗	原683场	徐亚平	（490）
1979年，红波厂的那场传染病	原红波设备厂	奚莺娅	（492）
西坑缘，红波情	原红波设备厂	任天玲	（494）
真正的拉练	原红波设备厂	李守仁	（496）
皖南记事	原红波设备厂	邵志刚	（498）
那一年我们抗洪救灾	原朝阳器材厂	赵　杰	（504）
山沟沟里的大年夜	原朝阳器材厂	周林云	（509）
民兵野营拉练日记	原朝阳器材厂	冯金牛	（512）
自己动手建造灯光篮球场	原朝阳器材厂	黄瑞鹏	（521）
救死扶伤 ——山友之情浓于血	原朝阳器材厂	杨宝康	（523）
粪坑救人后他淡然一笑	原朝阳器材厂	王建国	（525）
夸夸朝阳厂小分队	原朝阳器材厂	朱克成	（526）
我的父亲	原培新汽车厂	戚大年	（530）
我心中的培新厂	原培新汽车厂	滕承光	（533）

上海小三线培进中学回忆……………………… 原培新汽车厂　余瑞生（540）
风雨之夜…………………………… 原260通讯站绩溪分站　过正海（546）
半世年华忆绩溪…………………… 原260通讯站绩溪分站　胡勤英（548）
在水泥厂一干十余年，从上海小三线走出来的夫妻画家………… 徐　萧（550）
上海小三线企事业单位名录………………………………………………（558）

《小三线建设研究论丛（第一辑）》目录……………………………………（562）
《小三线建设研究论丛（第二辑）》目录……………………………………（565）
《小三线建设研究论丛（第三辑）》目录……………………………………（567）
《小三线建设研究论丛（第四辑）》目录……………………………………（569）
《小三线建设研究论丛（第五辑）》目录……………………………………（571）
《小三线建设研究论丛（第六辑）》目录……………………………………（573）

后　记………………………………………………………………………（577）

《小三线建设研究论丛(第八辑)》目录

(上海大学出版社2022年版)

绪　言 1

第一章　组织机构 13
   第一节　机构演变 13
   第二节　工作职能 21
   第三节　组织特征 24

第二章　户籍与人口 29
   第一节　来源 31
   第二节　户籍管理 51
   第三节　人口特征 56

第三章　粮食供给与物质保障 58
   第一节　依靠上海与求助安徽 58
   第二节　自力更生 67
   第三节　供应工作的特征 73

第四章　医疗体系与文化生活 77
   第一节　日常生活 79
   第二节　医疗卫生 89

第三节　娱乐文化..100

第五章　困境与挑战..117
　　第一节　职工子女教育..119
　　第二节　青工婚恋..131
　　第三节　社会治安..158

第六章　互动与碰撞..171
　　第一节　相互支援..173
　　第二节　矛盾..184
　　第三节　交接带来的矛盾......................................199
　　第四节　小三线对当地社会的影响..............................203

第七章　"小社会"的回归..210
　　第一节　国内外形势变化......................................210
　　第二节　小三线企业转型......................................212
　　第三节　职工的回城诉求......................................220
　　第四节　调整接收..225

第八章　总结与反思..256
　　第一节　上海小三线建设特殊性................................256
　　第二节　上海小三线建设的历史作用............................263

附录..268
　　一、采访上海小三线有关人员名录..............................268
　　二、上海小三线口述史选编....................................275
　　三、上海小三线档案资料选编..................................294
　　四、上海小三线建设大事记....................................314

参考文献 331

后记 343

《小三线建设研究论丛（第一辑）》目录 345
《小三线建设研究论丛（第二辑）》目录 348
《小三线建设研究论丛（第三辑）》目录 350
《小三线建设研究论丛（第四辑）》目录 352
《小三线建设研究论丛（第五辑）》目录 354
《小三线建设研究论丛（第六辑）》目录 356
《小三线建设研究论丛（第七辑）》目录 360

后 记

2019年7月10日,正在澳大利亚阿德莱德出差的我接到了一条来自内蒙古自治区乌海市的手机短信:徐教授您好,我是内蒙古自治区乌海市海南区九三学社主委李欣荣。我这里正在研究内蒙古小三线企业"内蒙古第一通用机械厂"。我马上加了这位李欣荣老师的微信并开始联系。现在回想起来,正是这条越洋短信,开启了我的内蒙古小三线研究征程。

后来才知道,这位给我短信的李欣荣老师是内蒙古自治区乌海市九三学社委员、乌海市政协委员、乌海市海南区教育招生考试中心的教师。2019年,他开始有兴趣研究内蒙古小三线的历史。在研究过程中读了全国许多学者关于小三线研究的文章和著作,其中就有我的《小三线建设研究论丛》等。李欣荣老师深感我的成果对他研究内蒙古小三线建设给予了很大的启发,同时他通过关注我的小三线建设研究公众号即"小三线今昔",成了我的忠实粉丝。

在时任内蒙古乌海市海南区委常委、统战部部长、现任内蒙古自治区乌海市地震局局长的刘利雄同志的精心安排和鼓励下,李欣荣老师给我的工作单位的上海大学文学院办公室打了电话,想要与我联系。我的同事给了他我的手机号。李老师告诉我,当他得到我的手机号时非常激动,立即给远在澳大利亚的我发了短信,于是就有了本文开头的一幕。

根据1992年中国兵器工业总公司主编的《地方军事工业》显示,内蒙古的乌海市境内有八家小三线军工企业,还有一家在内蒙古清水河县。我虽然已经去过了全国28个省区市中绝大部分的原小三线企业,但是位于内蒙古的这些企业确是从来没有去过。曾经立志走遍全国小三线企业的我,看到有这么一个好机会,自然是喜上眉梢。

2019年7月17日，我第一次应邀来到乌海，随后的2021年4月13日和2021年6月22日，我又二次来到这里。在这三次期间，我在当地好友的陪同下，走遍了乌海的内蒙古小三线企业旧址，同时还去乌海市档案馆查看资料，采访亲历者，并有幸和地方政府的有关部门举行了座谈，也参与帮助筹办内蒙古小三线军工文化园纪念馆等，可谓收获颇丰。

在李欣荣老师的热情介绍下，我还有幸认识了内蒙古师范大学历史系的王利中教授。我曾经拜读王利中教授发表在《内蒙古师范大学学报（哲学社会科学版）》2019年第3期的有关内蒙古乌海小三线的文章，非常敬佩。也就是在乌海，我和王利中教授得以聚首言欢。看到利中教授对内蒙古小三线研究的多年积累和研究，我鼓励他把这方面已经收集到的各类资料集中处理，争取出版。经过几年的努力，今天，利中教授终于心想事成。我由衷地为他高兴，同时也为小三线建设又被填补了内蒙古这一区域的研究空白而高兴。想起来，在小三线建设研究的过程中，我们犹如攻城略地的战士。

在乌海小三线研究的过程中，我得到了乌海市各级领导和亲历者的帮助和支持。我要在此特别感谢刘利雄同志和李欣荣老师，他们的热情好客，特别是对乌海小三线建设的高度重视，以及全力以赴留下历史痕迹的执着，给我留下了极其深刻的印象。

本书为我和陈东林教授合编的《小三线建设研究论丛》的第九辑，因此本书分为上下两篇，上篇的内容为王利中教授主持的内蒙古小三线资料汇编，下篇则按照以往的论丛惯例，收入相关主题的文章，特此说明。

本书的内蒙古小三线的照片，除了红旗化工厂外，其他照片均由内蒙古卓别林文化传媒有限责任公司提供。红旗化工厂的照片则由内蒙古生力资源集团红旗化工有限责任公司组织宣传部的张保良同志提供，特此鸣谢。

最后，我要感谢上海大学出版社各位领导和编辑的大力支持。自从2015年出版《小三线建设研究论丛》第一辑以来，每次和他们的合作都是非常愉快的过程。

徐有威
2023年4月9日